REPORT ON B&R
PUBLISHING COOPERATION AND DEVELOPMENT

"一带一路"

国际出版合作发展报告

（第三卷）

主　编 ◎ 魏玉山

副主编 ◎ 王　珺　黄逸秋

中国书籍出版社

China Book Press

图书在版编目（CIP）数据

"一带一路"国际出版合作发展报告. 第三卷 / 魏
玉山主编. -- 北京：中国书籍出版社, 2021.9
ISBN 978-7-5068-8635-2

Ⅰ.①一… Ⅱ.①魏… Ⅲ.①出版业—国际合作—研
究报告—世界 Ⅳ.①G239.1

中国版本图书馆CIP数据核字(2021)第165633号

"一带一路"国际出版合作发展报告（第三卷）

魏玉山　主编

责任编辑	朱　琳	
特约编辑	甄云霞　　卢安然	
责任印制	孙马飞　　马　芝	
封面设计	闻江文化	
出版发行	中国书籍出版社	
地　　址	北京市丰台区三路居路 97 号（邮编：100073）	
电　　话	（010）52257143（总编室）　　　　　（010）52257140（发行部）	
电子邮箱	eo@chinabp.com.cn	
经　　销	全国新华书店	
印　　厂	河北省三河市顺兴印务有限公司	
开　　本	787毫米×1092毫米　1/16	
字　　数	457千字	
印　　张	24.25	
版　　次	2021 年 9 月第 1 版　　2021 年 9 月第 1 次印刷	
书　　号	ISBN 978-7-5068-8635-2	
定　　价	152.00 元	

《"一带一路"国际出版合作发展报告（第三卷）》
课题组

组　长：魏玉山

副组长：王　珺　黄逸秋

成　员：冀素琛　甄云霞　张　晴　刘莹晨

《"一带一路"国际出版合作发展报告(第三卷)》
撰稿人名单

撰稿人:(按文章顺序排列)

甄云霞　黄逸秋　周似媛　姜　珊

刘欣路　吴若仪　蔡　鸿　窦茹苑

乌云格日勒　王子豪　童梦瑶

卡梅西·普拉巴希尼　周　伊

徐丽芳　袁　萍　李梦涵　宋　毅

王　珺　韩诗语　闫卓文　马　超

李　冰　邱红艳　于　瑛　刘莹晨

沈丽娜　王　璐　王　威　李　旦

前　言

　　8 年来，"一带一路"倡议作为全球治理的新模式，得到越来越广泛的响应，为世界经济与多元化区域合作提供了新的发展契机，成为我国对全人类福祉的巨大贡献之一。回顾过去的一年，世界百年变局与世纪疫情叠加交织，在习近平外交思想指引下，中国特色大国外交迎难而上、开拓进取，团结各国人民抗击疫情，推动构建全球免疫防线，同时加大力度推动共建"一带一路"，助力世界经济复苏，为捍卫国家利益、维护全球稳定、促进共同发展作出新的贡献。贸易往来保持增长，全年与沿线国家货物贸易额 1.35 万亿美元，同比增长 0.7%，占我国总体外贸的比重达到 29.1%；投资合作不断深化，沿线国家企业在华新设企业 4294 家，直接投资 82.7 亿美元；截至目前，中国与 172 个国家和国际组织签署了 206 份共建"一带一路"合作文件，推动与更多国家建立投资工作组、服务贸易工作组和电子商务合作机制。"一带一路"国际合作作为全球金融危机避难所，在有效阻止世界经济衰退方面发挥了重要作用。

　　与此同时，文化、出版领域也积极发挥服务"一带一路"倡议的作用，开展一系列深化友谊、加强交流的活动。出版合作作为出版国际传播的重要组成部分，肩负前所未有的重要使命，在平台搭建、合作机制建设、交流活动频次、深度广度各方面均实现重大进展。在政策持续引导下，我国出版机构对外合作进一步致力于双向交流互动，与多国开展经典著作互译出版等项目，并通过译介习近平系列著作等，阐释执政治国理念，为世界发展贡献中国方案，让世界看到一个真实、立体、全面的中国，让世界更好地读懂中国共产党。

　　在当前的形势下，我国与"一带一路"相关国家的出版合作进入提质增效阶段，呈现出新的发展特点，面临新的形势和议题。习总书记在中共中央政治局第三十次集体学习时作出重要指示，要加强和改进国际传播工作，展示真实立体全面的中国，要更好推动中华文化走出去，努力塑造可信、可爱、可敬的中国形象。我国出版业应在上述精神的指引下，立足大外宣和国际传播的高度，以建设社会主义文化强国为目标，加强和改进"一带一路"出版传播工作，构建完善的对外话语体系，提高话语权和影响力，讲好中国故事，努力实现"一带一路"出版高水平走出去。这也正是《"一带一路"国际出版合作发展报告》（下文简称"《报告》"）的初衷和意义所在。

《报告》沿用前两卷的体例，采用国别报告结合案例的形式。由于第一、第二卷已涵盖多数与我国出版交流合作较为密切、本国市场较为活跃的"一带一路"相关国家，所以第三卷的国别选择、作者寻找成为难点，即使课题组开展大量调研工作，部分国家经历反复论证和沟通，但由于各方面原因终未能成稿。《报告》第三卷最后确定的研究范围为12个"一带一路"相关国家，主要涉及中东欧、阿拉伯、非洲东部、南美洲、南亚以及周边地区等。至此，《报告》三卷已涵盖44个"一带一路"主要国家和地区，可较为全面地反映相关区域出版业的整体概貌。

《报告》通过搜集资料、调研分析、关注国际出版事件活动动态，全面搜集分析"一带一路"国家的出版业发展最新情况，对疫情下各国出版现状、问题、对策进行全面审视，如在意大利出版商协会的不断呼吁下，政府主管部门陆续推出一系列扶持行业复苏的政策，中东欧国家的最新出版数据，阿拉伯地区出版政策、疫情的影响，以及亚洲周边国家、非洲出版的最新动态等。无论是对合作的现状分析，还是对下一步工作的建议，第三卷始终秉承站在我国大外交的高度，着眼于"一带一路"出版合作在协助各国人民共同抗疫，加强舆论引导和话语体系构建，实现文化强国建设愿景，构建人类命运共同体中所发挥的作用。

"十八大"以来，主题出版走出去逐渐成为出版走出去的核心工作和主要任务之一，在政府相关部门的引导下，国内出版单位积极响应号召，加强主题出版对外合作，取得一系列成绩。适逢中国共产党成立100周年，围绕主题出版走出去，本书精心选取6个案例，分享重点走出去出版单位在主题出版原创策划、内容本土化传播、机构平台国际化布局、重点区域战略突破等方面的经验，深度探讨主题出版的对外合作模式，为国内出版机构提供有益借鉴，献礼建党100周年。

在组稿中加大向高校科研力量寻求支持，12 个国别报告中 7 个报告邀请高校权威专家组织撰写，借助高校得天独厚的外语人才和资源，视野更加开阔，另外 5 个国别报告分别由相应出版单位负责人以及研究院的科研团队负责，进行理论和实践的充分碰撞、互动。作者队伍较前两卷有所扩展，包括北京外国语大学阿拉伯学院院长刘欣路、新闻传播学院副院长宋毅、专用英语学院党委书记蔡鸿，武汉大学数字出版研究所所长徐丽芳，西藏民族大学相关领域研究专家，国内重点走出去出版机构具有丰富对外出版合作经验的版贸专家和中国新闻出版研究院从事国际出版研究的科研人员，以所能获取的最新一手资料为基础，并邀请中国国际广播电台相关负责人作为咨询专家，力求保证本书观点的前瞻性、资料的权威性和内容的实践性。

《报告》由中国新闻出版研究院院长魏玉山审阅、统稿，中国新闻出版研究院王珺、黄逸秋、冀素琛、甄云霞组稿、审稿，中国新闻出版研究院张晴、刘莹晨，中国书籍出版社卢安然参与审稿工作。由于人员沟通、材料获取等各方面存在困难，疏漏之处在所难免，请读者批评指正。

《"一带一路"国际出版合作发展报告》课题组

2021 年 8 月 30 日

目　录

主报告 |

服务文化强国目标
加强和改进"一带一路"国际出版交流与合作

甄云霞

日益动荡复杂的世界局势与疫情不利影响相叠加，为全球政治经济状况带来一系列不确定因素。"一带一路"倡议作为全球治理的新模式，在此背景下为世界经济与多元化区域合作提供最佳发展契机。"一带一路"相关国家和地区的出版业呈现出新的发展特点，与我国出版业合作面临新的形势和议题。在这样的形势下，我国出版业应立足建设社会主义文化强国的高度，加强和改进"一带一路"出版传播工作，进一步理顺内外宣体系，构建完善的对外话语体系，讲好中国故事，提高话语权和影响力；应从内容生产和传播链条层层把关，实现更高水平走出去；应抓住数字出版进程加速的时机，增强技术赋能，抢占市场先机；应充分正视"一带一路"出版合作的不平衡现状，制定有针对性的措施，提质增效；应调动对外合作各领域力量，互相借力，互融互通，全面构建"一带一路"出版合作支撑体系。

一、"一带一路"政策大力推动，经贸和文化合作取得新进展

当前，"一带一路"国际合作作为全球金融危机避难所，在有效阻止世界经济衰退方面发挥重要作用，为经济迎来新的发展契机。我国经贸、文化等各领域充分抓住这一机遇，将"一带一路"国际合作不断推向纵深。

（一）促进合作新政迭出、力度空前

近两年，我国政府从对内发展规划到对外合作方面陆续释放强烈信号，不断实施新的政策，将"一带一路"国际合作提高到空前重要的地位。

2020年6月，在"一带一路"国际合作高级别视频会议上，习近平总书记倡导，要同世界各国人民一道，把"一带一路"打造成团结应对挑战的合作之路、维护人民健康安全的健康之路、促进经济社会恢复的复苏之路、释放发展潜力的增长之路。时隔一年，习近平总书记向"一带一路"亚太区域国际合作高级别会议发表书面致辞中强调，中国进入新发展阶段、贯彻新发展理念、构建新发展格局，为"一带一路"合作伙伴提供了更多市场机遇、投资机遇、增长机遇。中方愿同各方一道，建设更加紧密的"一带一路"伙伴关系，坚持走团结合作、互联互通、共同发展之路，共同推动构建人类命运共同体。

《中共中央关于制定国民经济和社会发展第十四个五年规划和二〇三五年远景目标的建议》提出"实行高水平对外开放，开拓合作共赢新局面"，推动共建"一带一路"高质量发展，将"一带一路"倡议纳入我国五年和中长期发展规划之中。

（二）经贸合作纵深拓展、成绩斐然

迄今倡议实施8年，截至2021年6月23日，中国已经同140个国家和32个国际组织签署206份共建"一带一路"合作文件，与相关国家在经济、技术、基建、贸易、文化等各方面合作日益密切，达成更多合作协议、项目、成果，在政策沟通、设施联通、贸易畅通、资金融通、民心相通方面取得瞩目成绩。疫情期间，积极分享抗疫知识和经验，派遣抗疫专家，提供防疫物资和疫苗援助，全力协助各国人民共同抗疫，友谊日益巩固坚实。

同时，我国与相关国家、地区和组织不断拓展合作，本着构建区域命运共同体的理念，通过共商合作机制、签署经济合作协定、加强会议交流等多样化方式，强化共同发展目标，加深合作。如建立"中国＋中亚五国"外长会晤机制，举办中巴经济走廊网络研讨会，倡导中阿、中非命运共同体，签署区域全面经济伙伴关系协定（RCEP）并正式完成成员国核准程序，建立、巩固多重朋友圈，携手应对挑战，共谋发展繁荣；在外贸方面，不断放宽开放政策，中国海关已与20个经济体46个国家和地区实现"经认证的经营者（AEO）"互认，互认数量居全球首位。基于上述努力，我国在"一带一路"相关区域的经贸合作中取得令人瞩目的成绩，获得更多主动权，发挥更大的作用和影响力。

（三）文化交流合作层层开展、全面推进

"十四五"规划提出"要以讲好中国故事为着力点，创新推进国际传播，加强对外文化交流和多层次文明对话"。"十四五"文化产业发展规划提出"坚持共商共建共享原则，加强与共建'一带一路'国家的政策、资源、平台和标准对接，拓展亚洲、非洲、拉美等市场。"随着社会主义文化强国愿景的日益清晰，文化领域的"一带一路"交流合作作为重要战略得到全面推进。

在文化交流方面，"一带一路"在平台搭建、合作机制建设、交流活动频次、深度广度各方面均实现重大进展。包括开展覆盖多层次的文化交流合作，如汉语学习、中文培训、文化遗产保护等；建立对外文化贸易基地，搭建合作平台，建立合作联盟，完善合作体制和机制；以重点文化合作项目为依托，与多个国家开展重点合作，如举办中意、中希文化和旅游年等；通过参加展会、比赛、举办活动、人才培训等多样化的渠道和形式，全面提高交流互动频次；与多国开展经典著作互译出版等，并通过译介习近平总书记系列著作等，阐释执政治国理念，为世界发展贡献中国方案。

二、"一带一路"国家出版业发展差距扩大，努力探索行业复苏之路

根据国际货币基金组织（IMF）数据，2020年全球国内生产总值（GDP）出现3.3%的负增长，进入深度衰退，欧元区和拉丁美洲经济大幅萎缩，非洲、中东、中亚、亚洲及新兴发展国家经济呈现正向发展的也是凤毛麟角。各国经济普遍遭受严重创伤，复苏之路漫长；同时，世界政局动荡、中美博弈及地区间的竞争与调整在全球范围将产生深远影响；疫情仍在持续，包括文化产业、传媒业在内的几乎全部经济领域面临前所未有的危机，经济前景充满不确定性，出版业发展环境空前严峻。

（一）出版业发展受挫，强者恒强，弱者恒弱

相较于经济的全面衰退，部分较为发达的"一带一路"相关国家的出版更为坚挺，受疫情影响较小，呈现不同程度复苏迹象，尤其是少儿因其独特性和普世性引领了全球市场的复苏回暖。部分出版商通过电子商务渠道包括亚马逊和谷歌等全球平台，广泛开展在线销售活动，纸质图书、数字图书的销售都实现翻倍增长。

2021年3月，欧洲出版商联盟发布疫情对出版行业的影响评估报告，显示欧洲图书出版业的整体亏损"接近2%~5%之间的水平"，而夏季的损失率预计为

15%~20%。图书出版行业表现出比许多人预测的更高的弹性，甚至出乎意料。最具代表性的是，意大利出版逆势发展，实现 2.4% 增长，但是在某些中东欧国家，出版销售呈现不同程度下滑，如保加利亚出版销售额下跌 10%~15%，但销量与 2019 年持平；匈牙利和斯洛文尼亚下跌 20%；罗马尼亚下滑了 10%。

对于出版业本身不够发达的国家，疫情影响尤其严重，行业支持经费大幅削减，将越来越多的资源用于应对疫情，国家图书预算被削减；国际与地区书展、线下活动被迫推迟或取消；封闭管理或居家隔离使实体书店每隔几周就开张或关闭一次；一些国家的出版商逐渐产生悲观情绪，担心最坏的情况还没有到来。网络销售基础设施薄弱的国家遭受的损失可能更大。阿拉伯国家出版业在疫情暴发之前已经陷入危机，随着封锁限制销售和关闭所有重要的地区性书展，问题也随之增加，图书不能实现发行和销售，阿拉伯国家间的航运、纸张和出版物的进出口都受到了长时间的阻断，以阿拉伯语市场为销售范围的出版物滞销，资金无法回笼与周转。阿拉伯出版商协会在 2020 年 6 月进行的一项调查结果显示，与 2019 年相比，阿拉伯国家 75% 的出版商在大疫之年的销售额呈下降趋势，34% 的出版社被迫倒闭；新书出版的图书数量减少 50%~75%，线下发行渠道严重受挫。土耳其近十几年出版业发展处于上升趋势，2019 年世界排名为第 16 位，总体规模 13 亿美元，是一个具有较大吸引力的新兴市场；但是自疫情出现至今，由于国内外政策的不稳定，导致其通货膨胀严重，市场混乱，经济形势不容乐观，出版业相应受到较大影响。近些年，巴西出版业一直处于动荡中，2019 年巴西整个出版市场销量仅 4900 万册图书，销售额约 5 亿美元，销量下降 9.2%，营业额下降 7%。

（二）政府普遍采取措施，扶持出版，推动文化复苏

面对疫情重创，在出版机构和行业组织的呼吁下，各国政府陆续出台一系列政策和措施，对整个出版产业链，从创作者到读者，给予多渠道全面支持，以维护行业多样性和文化多样性。

欧洲国家在疫情期间应对出版业困境的措施多样且积极。意大利市场原本是受疫情影响最严重的欧洲市场，但事实也证明，意大利政府为其图书业提供紧急支持方面可圈可点。意大利政府于 2020 年 3 月 17 日颁布《意大利国策》法令，作为提振本国经济并抵御疫情冲击的重要政策，其中就包含由意大利外交部拨款 40 万欧元支持意大利图书对外多语种译介，鼓励出版商版权输出；于6月支持行业机构启动"意大利新书"项目（New Italian Books），鼓励意大利出版企业参与国际合作；于7月份为濒临危机的小型出版商提供总额1000万欧元的新基金，这些政策的密集推出为本国图书市场的复苏提供了有力保障。波兰的固定书价提案在2021年再次引发热烈讨论，保障图书市场长期发展的初衷与疫情状态下是否会引发新书价格上涨从而导致销量下降或阅读减少的矛盾成为关注的焦点。

与发达国家出版商的不同之处在于，阿拉伯地区出版商的市场化程度较低，高达70%~75%的业务依赖于公共机构，如公共图书馆和文化中心。加之阿拉伯地区图书市场更依赖实体渠道销售的现实情况，阿拉伯地区出版机构一方面将复苏的希望寄托在各国政府为专门机构增加预算，使诸如文化和青年部、教育部、信息部、大学和学校等部门扩大图书采购，另一方面，加快自身建设并适应互联网交易的大趋势，双管齐下才能真正实现行业复苏。在该地区出版商协会呼吁下，各国政府加大版权保护力度、减免税收、促进阅读、建立更多公共阅读设施。而在一些经济、文化发展较为落后的国家，如蒙古、肯尼亚等，政府重视文化的意识也逐步提高，纷纷出台中长期规划，提高国民识字率，加大文化基础设施建设投入。

（三）行业积极自救，全面加速数字化进程

疫情期间，书展的减少和书店的关闭使得出版业数字化转型比以往任何时候都更加迫切。2021年初，世界新闻出版商协会（WAN-IFRA）发布的《2020—2021年世界新闻趋势展望》指出，有2/3的出版商对疫情后期业务的恢复有信心，有44%的出版商将加速数字化转型视为"重中之重"。

线上书展和活动是出版业数字化转型的加速器。2020—2021年，意大利博洛尼亚童书展连续两年线上举办，在线参与人数较往年翻一番，与其配套的全球版权交易平台（Global Rights Exchange）不断升级；2021年阿布扎比书展的"聚焦版权"（Spotlight on Rights）项目新设立电子书及有声书领域，用于支持阿语图书内容的数字化转换，确保向全球读者传播；新加坡亚洲少儿读物节（AFCC）线上线下结合，数字阅读、有声读物市场成为被广泛讨论的话题。

线上销售渠道建设是出版业数字化转型的重要一环。出版商在线销售能力的发展提升自疫情而起并将长期持续。鉴于阿拉伯地区图书业大型中盘缺失，销售端也未做

好迎接亚马逊、谷歌等平台的大型仓储基础设施的建设，以埃及为代表的行业协会力图说服当地出版商各自进行数字化转型，如通过在线网站或社交媒体网络销售纸质图书，同时寻求电子书供应商的支持，提高阿语图书的数字转化能力。马来西亚的出版社也是被动进入线上业务，但将英语图书的销售意外扩大到了亚洲范围。

各级网络通信技术的普及和全球大型互联网公司与社交平台的覆盖是出版业数字化发展的推动力量。亚马逊的数字印刷业务布局阿语地区、西语地区，奈飞的移动内容订阅服务进入非洲青少年人口比例较高的尼日利亚。包括这些地区在内的部分非洲、东欧、西亚、南美洲国家都在普及 4G 网络，印度虽然仅有 40% 的互联网普及率，但网络用户数量几乎是美国的两倍，是一个巨大的潜在市场，数字内容生产和传播都有很广阔的发展前景。

三、"一带一路"出版合作进入提质阶段，面临新的挑战和议题

"一带一路"国际出版合作受此起彼伏的全球疫情影响较大，版权贸易在一定程度上受挫，但是国内出版久久为功，厚积薄发，在严峻的形势中，也呈现出新的特点和趋势，合作前景值得期待。

（一）版权贸易数量出现回落，合作进入提质增效阶段

根据中国新闻出版研究院年度全国版权输出引进数据统计，2020 年我国与"一带一路"相关国家的版权贸易总量为 10729 项，其中输出 9118 项，引进 1611 项，与 2019 年相比分别减少 553 项、311 项和 242 项。版权输出引进数量均出现一定程度回落，究其原因，一方面，疫情的影响成为一个重要因素，"一带一路"国家出版合作沟通不畅造成版权贸易协议签订数量减少；另一方面，也反映了由于政策引导，走出去主要出版单位摒弃早期盲目追求版权贸易数量的方式，而将更多精力放在合作项目的落地效果上。总体来看，"十三五"期间，我国与"一带一路"相关国家的版权贸易总数从 2016 年的 3808 项增长到 10729 项，经历了迅猛上升到井喷时期再到逐渐回复稳定状态的过程。

从丝路书香工程来看，在资助项目数量上经历 2017—2019 年的调整波动后渐趋平稳，显示出"十三五"期间政府资助重点从大力扶持规模发展到逐步调整结构、提质增效的过程。在这个过程中，各个方面得到不断优化提升。第一，题材结构不断优化，

调整图书类型，主题图书增加，对于习近平总书记相关论述著作等一批反映新时代中国特色社会主义思想、治国理政新理念新思想新战略等的主题出版类优秀图书加大资助力度，体现内容的导向性。第二，图书质量不断优化，资助前强化目标导向，项目结项前强化内容审读，引导出版单位全面提高输出图书的质量和落地效果。第三，国内外出版单位结构不断优化，国内集中在京出版单位资源优势，发挥地方出版单位特色地域优势，外方合作出版机构中，国际一流、地区知名出版机构逐渐增多，出版中国主题图书为特色的小型出版社逐步稳定。第四，地区、语种布局不断优化，基本覆盖主要"一带一路"相关国家，同时由最初的广撒网、散点式，到规划性、长期性布局，点面结合。

在"一带一路"出版合作的初期阶段，各出版机构摸着石头过河，走过不少弯路、错路，经过实践和时间的验证，正确的得以继承，错误的得以修正，结合阶段性目标和长远规划，切实贯彻一国一策的合作方针，通过搭建合作平台、组织，初步构建良性合作对话机制，打造一大批引领、示范类项目，初步勾勒出"一带一路"出版走出去矩阵和梯队，出版合作基本形成稳定状态和模式，步入良性循环轨道。在主题出版走出去方面，"主题出版第一重镇"人民出版社，将一大批既有深度又有温度的主题出版图书输出到相应国家，实时反映中国政治经济政策与走势，阐释习近平新时代中国特色社会主义思想；中国少年儿童新闻出版总社积极开展青少年版主题出版图书走出去，向世界各地青少年讲好中国故事。在内容生产和平台本土化方面，外文出版社依托"中国主题图书海外编辑部"项目，探索出一条既适合我国国情，又符合海外出版发行规律的国际化出版模式；科学出版传媒集团由借船出海到造船出海再到买船出海，抓住机遇加快海外并购步伐，不断完善出版国际化布局，打造面向全球的现代化科技传播平台，实现做强做优做大。在融合出版方面，上海交通大学出版社基于学术出版优势，创新媒体融合出版走出去，将"平台国际化"确立为出版社四大发展主战略之一，助力中国对外话语体系构建。在区域战略方面，五洲传播出版社优先发展西语、阿语地区，确定农村包围城市战略，逐步探索出一条"传统出版打底、数字阅读先行、抢占区域优势、逐步覆盖欧美"的图书走出去道路。

（二）政策持续引导，双向交流成为共识和努力方向

在国内出版机构的大力开拓下，"一带一路"版权贸易合作成果斐然，但是总体来看，合作明显呈现一边倒、单向输出的状态，相应国家出版界和读者的认同感、参与感严重不足，双向交流的呼吁日益迫切，提高相关国家合作积极性成为急需解决的问题，这也是开展"一带一路"出版的初衷和意义所在。

根据习近平总书记在 2019 年亚洲文明大会上提出的重要倡议，相关部门发起亚洲经典著作互译计划，重点推进亚洲 47 国的文化互译和文明互鉴，截至目前，我国已与新加坡、巴基斯坦、韩国、伊朗、老挝等国签订经典著作互译出版备忘录，以点带面，推动亚洲乃至整个"一带一路"相关国家和地区的双向文化出版交流合作。在亚洲经典著作互译计划之外，相关出版和文化机构还组织实施一大批"一带一路"相关国家的文化著作互译项目，包括"中阿互译项目""中科互译项目""中沙互译项目"等，在项目的框架下，吸纳一大批海外汉学家、翻译家、出版行业主导人物加入，开展高频次学术、实践交流，从而充分了解当地市场和需求，保障合作的针对性、互动性，同时，基于对合作项目质量的共同追求和目标，强化针对"一带一路"小语种翻译人才培养、储备，以及业务培训。

（三）出版合作面临新的困局和议题，有待寻求突破

由于疫情的长期持续性，导致各国线下图书展会纷纷取消，传统的面对面沟通、实地调研任务难以实现；双方版贸人员对线上信息依赖程度提高，往往造成信息不对称，渠道不通畅，很难进行准确市场研判，对合作造成诸多障碍，在很大程度上影响版权合作达成的效率、效果；疫情的阻隔，使得预期的合作停滞不前，落实到举措、行动的难度空前加大，版权项目缺乏精准有效对接、落地，向传播效果精准化过渡面临新的困局；同时，上述原因导致地区间发展的不平衡加剧，尤其是对一些经济文化较为落后的"一带一路"相关国家，需要制定更有针对性的措施，规避合作误区和困境，引导合作的方向。

"一带一路"的重点国家和地区，也往往是西方欧美主流国家出版业关注和联系的热点区域。一方面，世界主要出版集团、亚马逊等行业巨头在很多国家和地区均已建立分社、分销渠道或区域仓储中心，欧美国家新发展和崛起的数字出版公司，如赛阅（Overdrive）、声田（Spotify）、奈飞（Netflix）、斯德拓（STORYTEL）等，以及传统出版社、书店也纷纷加速数字化，布局线上销售渠道，抢占市场，新的在线传播渠道打破了传统版权贸易的地域局限性。面对日益激烈的市场竞争，需要迅速适应新的市场环境，获取更多的资源、用户，在规则制定中掌握主动权，从而在新的市场格局中站稳脚跟。另一方面，很多"一带一路"相关国家作为西方国家曾经的殖民地，英语、法语、西班牙语作品在当地具备先天传播优势，相对来说，汉语的普及程度不够，与当地话语体系存在不同程度的不相融问题。

以上因素叠加，给我国与相应国家和地区的合作带来重重挑战，面对环境、规则的改变，政府急需出台新的政策，完善激励机制，出版机构也需要加强自身建设，发挥快速应变能力，为进一步的合作发展找到新的突破点。

四、加强和改进"一带一路"工作，提高出版国际传播能力

对于当下的环境，乐观的预测和悲观的态度并存。一方认为，随着疫情逐步得到控制，市场复苏看到希望，预测经济将快速复苏；另一方认为，世界局势又充满不确定性，一定程度上可能造成过于乐观的判断，如果急于求成、急功冒进，极有可能带来负面后果。"一带一路"倡议的提出与深入开展适逢百年未有之大变局，巨大挑战往往也意味着巨大的历史机遇，为我国实现对外政策目标提供契机。但也应看到，此倡议给全球治理与世界经济发展注入全新价值理念的同时，必然对世界秩序产生深刻影响。习近平总书记作出重要指示，要"加强和改进国际传播工作，展示真实立体全面的中国"，在此精神的指导下，"一带一路"国际出版合作要立足当下，努力对世界经济政治形势、外部舆论环境、对外传播工作的重点难点作出充分正确的判断，紧紧围绕服务于大外交的使命，不断改进、创新工作方法和手段，积极务实，致力于向"一带一路"国家和人民发出更多的声音，展现一个更加真实立体全面的形象。

（一）从内容生产上构建完善的话语体系，增强国际议题引导设置能力，提高领导力、影响力

习近平总书记多次强调"构建人类命运共同体"理念，"一带一路"倡议就是对这一理念的生动诠释。随着国际局势的日益复杂多变，要使这一理念更加深入人心，需要进一步挖掘其多重、丰富的内涵，强化共同利益诉求，全方位、多维度、立体化丰富人类命运共同体概念和内涵。将人类命运共同体理念与中国特色社会主义价值观、治理体系和社会主义现代化建设经验相结合，在国内出版内容基础上针对对象国读者群进行个性化表述，从而更好地实现对外传播。

首先，构建区域命运共同体。人类命运共同体的实现不是一蹴而就的，可以从区域合作入手，构建中非命运共同体、亚洲国家命运共同体等，从画小圈到画大圈，由点到线再到面，通过组建和加入多维朋友圈、联盟、组织，开展活动、合作，进一步构建紧密联系，加强融通，由构建区域命运共同体到构建人类命运共同体，同心同频、同向同行、同建同享，奏响大合唱。其次，在捕捉传播热点中打造文化共同体。面对当下疫情形势，我们要时刻关注新的事件、热点，并抓住契机，团结各国人民，以思想意识、理念文化共同体为基础，构建卫生健康共同体、环境保护共同体、经济发展共同体、命运共同体。再次，创造充分融合的全新文化。警惕西方文化输出时借助多元文化外壳包裹西方文化内核的做法的同时，努力改变以往以我为主的单一单向传播的方式，由跨到转，在双方身份平等的前提下进行文化对话与互动，将中华文化融入当地文化，实现文化的多向流动与碰撞，最终创造出新的融合文化，为构建人类命运共同体奠定文化基础。

（二）立足国际传播和大外交的高度，理顺外宣体系，改进舆情引导和主题出版走出去工作

"十四五"开启全面建设社会主义现代化国家新征程，建设社会主义文化强国作为 2035 年远景目标之一，是时代赋予的使命，"一带一路"国际出版合作服务于这一历史使命，是其重要实现途径之一。

首先，既要有制度上的自信，也要有文明上的包容。面对后疫情时代的舆论挑战，要充分展现文化自信，针对抹黑造谣，予以坚决回击，委曲求全得不到尊重，要主动让"一带一路"相关国家的人民更了解中国，加强交流，避免误判，发出清晰、坚定的声音，充分阐释百年大党的伟大成就、中国特色社会主义制度的优越性，助力我国国家形象建构及在相关国家的传播。同时，要牢记合作是大方向和主基调。中国是世界各国可信赖的伙伴，而不是相互对抗的制度性对手，传播内容要有温度、人性和共通性，不能一味示强，要激发心理共鸣，强调共同的诉求。其次，主题出版走出去工作切忌内宣化，要充分体现国际出版合作的文化性、市场性。要减少政府行为、淡化行政色彩，主动遵循商业规律，适应市场规则，在此基础上参与、引导新规则的制定；把故事讲好讲生动，把理念阐释清楚到位；有选择地借鉴发达国家的对外文化传播经验，为我所用，在服务"一带一路"建设中传承中华文化、构建文化自信。最后，充分发挥出版的长期性优势。相对于其他文化传播手段，出版虽然时效性略差，但是更容易对相关领域产生长期深远的影响。利用这一优势，对国际舆情的信息来源的全面性、客观性进行充分把握，对趋势进行短周期研判的同时，更要跳出当下，从中长周期视角加以把握；对舆情的引导、形象塑造也要注重多渠道、体系化、提高中长周期影响力。

（三）充分利用技术支撑，在融合出版中实现内容传播的最高效率

近期，国家新闻出版署启动实施出版融合发展工程，这是对新形势下出版业主动探求和适应时代发展呼声的回应。融合发展已渗透在国内出版业、国际合作的方方面面，"一带一路"国际出版合作也概莫能外。传统的纸质图书版权贸易、单一的数字出版授权已经远远不能满足读者和市场的需求，其传播力、影响力大打折扣。"一带一路"智能传感与物联网合作联盟的建立，亚太地区跨境无纸贸易等一系列举措，将出版合作融合发展的迫切性提上日程，并为其实现提供了技术支撑。

国外包括"一带一路"国家和地区的数字出版处于快速发展的阶段，尤其是在疫情期间，催生空前的数字内容市场需求，我国出版机构应充分认识并抓住这一机遇，利用自身的数字资源和平台，如易阅通、That's Books 等，在广度上实现快速覆盖，利用相关国家的技术空窗期，开发适合某个国家或者渠道的批销平台，协助当地进行数字化发展，同时提高在线交流的互动频率，积极举办和参与线上线下相结合的展会，充分利用社交媒体进行互动和营销，加强出版业人员交流培训和人才培养等。然而，从另一个角度来看，唯技术论也是不可取的。技术应服务于出版的节奏，以积累数字化出版内容资源、促进出版合作效能为目的，要根据各国出版业数字化发展阶段的现实情况、出版内容生产和传播的需求来进行技术赋能，实现内容交流传播的最优化，才是出版合作融合发展的最终归宿。

（四）团结和调动各领域力量，互融互通，打造对外出版合作立体化矩阵

在参与主体、合作机制、支撑体系建设等方面，要充分调动各方力量，实现互相融通，努力进行机制化、体系化建设。

首先，在开展"一带一路"国际出版合作的过程中，国家队固然重要，但是也离不开国内大量文化机构、技术公司的支持。由于其发展活力和市场灵活性，民营力量往往掌握更多的内容资源，拥有技术、人才优势，在国内市场具有强大影响力和市场号召力，在国际传播中也应具有不可替代的重要性，因此，应鼓励和调动多领域的力量，优势互补，互相借力，加强民间力量与国有机构的合作，通过政策的引导、扶持，使之能够发挥更多的作用，把优秀的内容更广泛传播出去。其次，在传播理论上，高校科研、出版机构自成体系，文化传播对于出版实践的指导作用远未得到充分发挥。应鼓励双方建立交流机制，将最新的传播理论应用到出版合作实践中，同时提高版权一线业务人员的理论素养，促使双方在对外文化交往中形成进一步的合力。再次，利用中外的国家战略、中长期发展规划、行业发展目标，找到对接点，将我国的视野与对象国的需求精准对接，形成国内国外的互通和助力。要避免单线沟通、孤军作战，强化基地、平台、联盟建设，完善合作机制、支撑体系，只有各方面保障到位，才能实现更深层次的合作，达到更高的目标。

（作者单位：中国新闻出版研究院）

国别报告

阿尔巴尼亚出版业发展报告

黄逸秋　周似媛

阿尔巴尼亚共和国(Republika e Shqipërisë)，简称"阿尔巴尼亚"，位于欧洲东南部、巴尔干半岛西南部，北东南三面环陆，西隔亚德里亚海与意大利相望，国土面积约为2.87万平方公里。截至2019年1月阿尔巴尼亚人口总数为285万，其中阿尔巴尼亚族占82.58%。少数民族主要有希腊族、阿罗马尼亚族、马其顿族、罗姆族等。官方语言为阿尔巴尼亚语。阿尔巴尼亚是唯一以伊斯兰教为主体的欧洲国家，56.7%的居民信奉伊斯兰教，10.1%信奉天主教，6.75%信奉东正教。近年来，随着"一带一路"倡议与中国中东欧"16+1合作"的稳步推进，阿尔巴尼亚作为中东欧地区"一带一路"地中海沿线的重要港口国，受到越来越多中国出版企业的重视。

一、出版业发展背景

进入21世纪以来，阿尔巴尼亚政治秩序相对稳定，经济发展较为平稳。政府机构运行相对有序，法律法规不断完善，为出版业发展创造了较好的外部环境。

（一）政治经济状况

1998年11月，阿尔巴尼亚经全民公决通过新宪法。宪法规定，阿尔巴尼亚为议会制共和国，实行自由、平等、普遍和定期的选举。总统为国家元首，由议会以无记名方式选举产生，每届任期5年，可连任一届。总统任命总理，并根据总理提名任命政府成员。阿尔巴尼亚政局总体稳定，目前执政党为社会党。

阿尔巴尼亚奉行务实的外交政策，近年来一直为成为欧盟成员国努力。2014年6月24日，欧盟同意接受阿尔巴尼亚为欧盟成员候选国。2016年，欧洲议会发表了阿尔巴尼亚年度报告，并出台新一轮的欧盟扩张政策。该政策提出要加快开启阿尔巴尼亚的入盟谈判。其后，欧盟连续 4 年提出要开始阿尔巴尼亚的入盟谈判，但直到 2020 年 3 月 25 日，谈判才正式开始。近年来，阿尔巴尼亚致力于在行政、司法、反腐、人权保护等方面达到欧盟的要求，坚持向欧盟靠拢的政策，但由于西巴尔干地区局势的复杂性，该地区国家加入欧盟的进程十分缓慢。

阿尔巴尼亚经济处于欧洲落后水平，正在向更加现代化的开放型市场经济过渡。根据中国外交部官网发布的数据，2020 年阿尔巴尼亚的国内生产总值为 153 亿美元，经济增长率为 -3.2%，人均 GDP 为 5276 美元，居民消费指数上升 2%。另据阿尔巴尼亚统计局（INSTAT）的数据，2019 年，阿尔巴尼亚的实际 GDP 增长率较 2018 年上升了 2.21%。其中，服务业占 GDP 的 48.85%，较上年实际增长 3.34%，继续占经济的主要份额。工业实际增长 2.72%，建筑业下降 3.72%。农业、狩猎业和林业占 GDP 的比重为 18.63%，实际增长 1.35%。与 2018 年相比，2019 年商品贸易量下降了约 0.4%，其中出口下降 3.8%，进口增长 1.2%。阿尔巴尼亚重要的出口商品类别为纺织品、鞋类和矿产品，2019 年这三类分别占出口总额的 20.5%、19.1% 和 16.8%。重要的进口商品类别为机械与电气设备、纺织材料与成品，2019 年它们分别占进口总额的 14.4% 和 10.9%。2019 年阿尔巴尼亚主要的进出口贸易伙伴为意大利、希腊和德国，与这三个国家的贸易额占阿尔巴尼亚出口额的 56.9%，占进口额的 40.8%。阿尔巴尼亚每年可获得 4 亿 ~6 亿美元的国际汇款援助，主要来源国是希腊和意大利，该援助有助于弥补大规模的贸易逆差。2019 年，阿尔巴尼亚家庭每月的文化娱乐消费约占家庭总支出的 3.8%，较 2018 年上升约 1.1%。

（二）出版法律法规

阿尔巴尼亚现行宪法出台于 1998 年。宪法第 15、22 和 23 条明确规定民众有言论自由权以及自由接收信息的权利，且这些权利受到宪法保护，不可侵犯；第 58 条明确规定创作者的权益受到宪法的保护。基于宪法，与出版业直接相关的法律包括《出版法》（*Ligji i Shtypit*）、《图书法》（*Ligji për Librin në Republikën e Shqipërisë*）和《版权保护法》（*Ligji Për të Drejtat e Autorit*）。

《出版法》出台于 1993 年，于 1997 年进行修订。《出版法》对出版印刷机构进行了定义，明确了出版印刷行业的权利、义务以及特殊时期的行业规定。该法案的第

1 条和第 2 条规定，出版印刷及出版企业的建立是自由的，且其自由受到法律的保护；第 3 条规定出版业须承担公共任务，负责传播新闻、鼓励自由思想的形成等；第 4 条规定出版印刷行业有权向公众传递信息、对官方机构行使监察权利，且政府机构在必要时必须向出版印刷行业提供相关信息；第 5 条规定出版印刷业有义务对消息进行求证，标明信息的来源、辨别其内容的真伪；第 11 条规定每种出版物必须要上交 5 份馆藏格式的复印件以便国家图书馆备案，在首都地拉那以外的地区出版时，复印件需上交至当地图书馆。

《图书法》出台于 2006 年。该法案在《出版法》的基础上进一步明晰了作者、出版社、书商及翻译者等法人主体的定义。其第 4 至第 6 条规定，在阿尔巴尼亚境内，图书的出版及流通是自由的，不可通过非法手段阻止；第 19 条规定出版商及出版作品需要在文化部进行注册登记；第 21 条规定阿尔巴尼亚境内出版的所有图书必须包含标题、作者姓名、出版时间、出版数量、印刷商及其所在地、出版商及其所在地、价格及 CIP 编号等信息。

《图书法》第 31 条至第 40 条对阿尔巴尼亚图书定价及交易作出了规定。根据相关条款，对于进口的图书，引进者需要对其负法律责任并为其制定价格；图书价格应当公开且印刷在图书封面上或用贴签标明，如果使用标签，上面需要标注出版方的名称。阿尔巴尼亚境内没有标明价格的图书需要在 3 个月之内完成定价和重新印刷，以更改其封面上的价格；如果需要重新定价，图书的出版者或引进者需要在 15 天之内完成全部工作，包括商定价格和二次印刷图书；如果某种图书的价格出现大幅下降，只要图书销售方对这一现象进行了统一公告，在交易时图书便直接以低价结账，无需统一重新印刷。

此外，《图书法》还为阿尔巴尼亚成立阅读促进机构、实行促进政策提供了法律依据。第 15 条规定，阿尔巴尼亚鼓励阅读的主要途径包括：通过教育机构和媒体组织文化、教育和信息交流活动；为国家图书馆和公共性质的文献中心提供充足的资金，以购买阿尔巴尼亚境内出版、印刷的图书，帮助其丰富馆藏；确保图书出版、传播和推广的开支透明公开等。第 16 条规定，文化部需要与公私出版商、视听媒体企业和纸媒企业进行年度会谈，以期降低图书、报纸等在国内流通的成本。

阿尔巴尼亚《版权保护法》出台于 2005 年。该法案阐释了版权的定义，限定了版权保护的范围。法案第 10 条规定，作者有权决定作品出版时间、保护作品完整性并对盗用行为发起上诉等；第 12 条规定，作者享有其作品的收益权；第 21 条规定，版权的有效时限为作者在世期间及其去世后 70 年；第 30 条规定，作者或版权所有者可以且仅可转让作品的收益权。法案还包含音频、视频、电影及科研成果版权保护的法律条款，并对出版合同、受版权法保护作品的再创作与利用等作出了规定。

2019 年，阿尔巴尼亚议会对《版权保护法》进行了有针对性的修订，主要在第 16 条后增加了 3 款。新增的条款规范了阿尔巴尼亚境内孤儿作品的登记制度，并且强化了在孤儿作品方面与海外的合作。依据新增条款，所有依照欧盟成员国法律被归类为孤儿作品的著作也将被阿尔巴尼亚归入同一范畴，无须进行详尽求证；如果有证据表明在其他国家发现了作者或版权人的相关信息，应当将追溯作者或版权人的工作尽可能扩大到这些国家，获取更多的信息。

除上述法律法规外，阿尔巴尼亚与数字出版相关的法律还包括《电子通信法》（*Ligji Për Komunikimet Elektronike Në Republikën e Shqipërisë*）和《电子商务法》（*Ligji për Tregtinë Elektronike*）。

《电子通信法》2008 年出台，后多次进行修订和补充，目的是在坚持技术中立原则的同时，促进电子通信服务的良性竞争和高效的基础设施建设。《电子通信法》在运营和技术方面对阿尔巴尼亚的网络数字媒体作出了规定，包括电子通信公司、企业的设施设备、网络装置、终端设施等。为了维护使用者的权益，法案也对公司的税收准则、隐私条例及质量准则作出了规定。在没有特殊解释的情况下，《电子通信法》不适用于电视广播媒体。

《电子商务法》发布于 2009 年，2013 年进行修订，以实现与欧盟电子商务协会规则的统一。依照该法案，网络媒体的域名为 .al，注册网络媒体不需向任何监管平台提出申请。网络媒体为阿尔巴尼亚公民提供信息服务也无须得到官方授权。

（三）出版管理机构及职能

阿尔巴尼亚文化部是阿国出版业的行业管理部门。司法部、国防部、电子和邮政通信管理局在各自的部门职能范围内参与出版业管理。

1. 文化部及相关机构

阿尔巴尼亚文化部（Ministria e Kulturës）成立于 1992 年，其对出版业的管理职责包括登记出版物、规范出版行业秩序、为国内文化管理部门提供资金支持及出台阅读

扶持政策等。目前，阿尔巴尼亚文化部涉及书报刊管理事务的财政预算如下。（见表1）

表1 2020—2022 年阿尔巴尼亚文化部书报刊管理项目预算情况

单位：列克

项目编号	机构名	项目内容	2020 年预算	2021 年预算	2022 年预算	各年度占比情况
91203AI	阿尔巴尼亚国家图书馆	图书馆藏书服务优化及相关创新活动	8.5808 亿	9.8608 亿	9.8608 亿	57.6% 65.9% 65%
91203AK	国家图书阅读中心	旨在提高文学创作积极性的活动	2.505 亿	2.0894 亿	2.0894 亿	16.8% 13.9% 13.7%

资料来源：阿尔巴尼亚文化部

阿尔巴尼亚文化部对出版业的管理职能由版权局（Drejtoria e së Drejtës së Autorit）、阿尔巴尼亚国家图书馆（Biblioteka Kombëtare）、国家图书及阅读鼓励委员会（Këshilli Kombëtar i Librit dhe i Nxitjes së Leximit）及国家图书阅读中心（Qendra Kombëtare e Librit dhe Leximit）具体履行。版权局是文化部内设机构，内部分为登记部门和管理部门。（见图1）版权局直接参与出版业管理，主要负责保护知识产权、登记阿尔巴尼亚境内出版物、协助作者注册其作品等。阿尔巴尼亚国家图书馆、国家图书及阅读鼓励委员会和国家图书阅读中心均为文化部直属机构，接受文化部拨款，共同参与该国阅读行业管理。

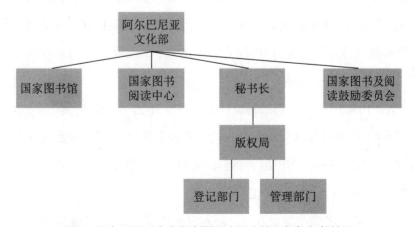

图1 阿尔巴尼亚文化部所属的出版业管理机构架构情况

资料来源：阿尔巴尼亚文化部

阿尔巴尼亚国家图书馆成立于 1920 年，在阿尔巴尼亚文化部的授权下运作。该机构负责组织图书馆专业教学和继续教育，是阿尔巴尼亚图书馆学领域的研究中心、出版物编目中心，同时也是阿尔巴尼亚国家遗产的"守护者"，负责收集、加工、恢复、保存并向公众提供阿尔巴尼亚民族的书面文化遗产。它也是阿尔巴尼亚唯一的特殊藏书保存和恢复中心（详见下文"图书馆建设情况"）。

国家图书及阅读鼓励委员会的主要职责是协助政府部门制定促进阅读、推动出版业发展、保护古籍的政策措施，策划相关项目，并推动阿尔巴尼亚图书的对外出口及境外传播。根据《图书法》规定，文化部应为具有历史、文化及科学价值的作品出版设立单独的预算项目，国家图书及阅读鼓励委员会负责每年向文化部提交可以获得此专门基金支持的作品名单。

国家图书阅读中心成立于 2019 年 1 月，其设立目标是推动除教科书以外的阿尔巴尼亚图书业发展，促进阿尔巴尼亚图书在境外的推广。中心的主要任务包括：支持、鼓励文学创作及外文作品翻译；制定并完善鼓励阿尔巴尼亚图书在境内外推广传播的相关政策，与阿尔巴尼亚海外出版中心合作，拓宽海外读者接触阿尔巴尼亚文学作品的渠道；负责所有与外国图书机构合作的国际项目，包括引进外资；为国内的阅读者提供更加优越的阅读条件、加深公众对于阅读重要性的认知；在国家拨款资助的阅读促进项目中作出专业决策。国家图书阅读中心由文化部拨款，同时也接受其他符合法律规定的财政补助。国家图书阅读中心已经开展的"旨在提高文学创作积极性"的活动包括：2020 年儿童文学创作支持项目（Fondi i Krijimtarisë Letrare për të Rinj）和"隔离时期的创作"竞赛（Libri i Karantinës）。前者的目的是对阿尔巴尼亚当代儿童文学创作者予以经济支持。每年 6 月 10 日至 7 月 15 日，作者需要经过合作的合法出版社向国家图书阅读中心提交申请，以获得中心提供的经费支持。该项目的预算为 70 万列克（约合人民币 4.7 万），入选的每位作者将可得 16 万列克的奖金（约合人民币 1.07 万）。后者开始于 2020 年 4 月 1 日，目的是在新冠疫情流行、多数人处于居家隔离状态的情况下，鼓励所有阿尔巴尼亚籍创作者利用"难得的空闲"进行写作。被评为前两名的作品会由国家图书阅读中心出版。

此外，在推动文化事业发展方面，阿尔巴尼亚文化部于 2018 年推出了新一轮的国家文化建设项目（Strategjia Kombëtare për Kulturën 2019—2025）。该项目的宗旨为：

推动阿尔巴尼亚的艺术事业和文化遗产保护事业繁荣，使其成为阿尔巴尼亚经济及社会发展的可持续动力。主要目标包括：推动阿尔巴尼亚的艺术和文化遗产成为该国社会经济可持续发展的动力；为国有和私有部门的文化服务、创意产品提供更加良好的发展环境；推动民众更多地关注艺术和文化；设立以艺术教育、文化教育为主要内容的教育平台。主要内容包括：国家历史博物馆（Muzeu Historik Kombëtar）的优化，由文化部和国家历史博物馆合作完成；阿尔巴尼亚国家美术馆（Galeria Kombëtare e Arteve）的装修，由文化部拨款；传统文化的宣传推广项目，由文化部全权负责；依据总理埃迪·拉马的指示，推动阿尔巴尼亚国家文化遗产局数字部门（Krijimi i Njësisë Digjitale në IMK）的建立；由文化部和吉诺卡斯特市地区级机构合作举办吉诺卡斯特音乐节（Festivali i Gjirokastrës）。项目的资金支持除了文化部的预算外，还包括社会各界的捐款及欧盟的外资支持。

2. 其他相关管理部门

阿尔巴尼亚司法部下设国家出版中心（Qendra e Botimeve Zyrtare）。中心于1999年6月30日在欧洲议会和欧盟的支持下成立。依照2014年颁布的《国家出版中心组织及运作办法》，国家出版中心的组织机构依据总理的指示、在司法部的支持下进行调整，并由司法部负责制定具体运作细则。国家出版中心的主要任务包括：负责出版、发布官方法规（如宪法）及不同领域的法律摘要，以及官方的数据文书、项目计划书等，保证其真实性；完善官方文件和公告，并将其最终版本整理为电子档案；制作官方文件的电子版并馆藏其纸质母版，永久保存官方文件的2份纸质母版和7份电子母版等。

阿尔巴尼亚国防部下设国防出版物中心（Qendra e Kulturës, Medias, Botimeve të Mbrojtjes）。该中心内设金融部、出版部、媒体部、网络部、广播电视部、市场部、儿童服务部、技术支持部及体育活动部。该中心根据阿尔巴尼亚国防部长和武装部队参谋长的指示开展工作，其主要职能包括：通过出版并向媒体发放高质量的书面材料，向社会公众通报武装部队事务；传达有关战略方向的信息，提高公众对武装部队的认识，帮助公众了解国防部制定或实施中的方案；通过电影和摄影等艺术作品，为武装部队创建艺术和文化档案；负责向公众及武装部队发布和提供媒体信息，出版爱国主义教育读物。

电子和邮政通信管理局（Autoriteti i Komunikimeve Elektronike dhe Postare）负责

管理和监督网络数字媒体。该管理局成员由阿尔巴尼亚议会任命，对议会负责。管理局的职能包括：监督和管控互联网企业的活动，规范其提供的电子通讯服务；确保电子通信网络之间的访问和互连，确保电子通信市场的平等、规范和透明；负责电子通信企业的注册；管理各电子通信平台的网域及其子域等。

3. 行业协会

目前，阿尔巴尼亚出版业最具规模的行业组织是阿尔巴尼亚出版商协会（Shoqata e Botuesve Shqiptare）。协会成立于 1992 年，总部位于地拉那。现任主席佩特里特·伊梅尔（Petrit Ymeri）是该协会的创始人之一。协会的成立目标是支持、促进优质图书出版发行，繁荣阿尔巴尼亚民族文化。主要任务是：引导并鼓励公众阅读优秀文学作品；对出版从业者进行规范引导；为本土的新兴创作者提供竞争平台，以挖掘更多有才华的新人；构建活跃的网络平台以推动出版业健康发展。

阿尔巴尼亚出版商协会的主要活动之一是组织书展，如每年在地拉那举行的地拉那书展（Panairi i Librit në Tiranë）。该书展由文化部拨款、阿尔巴尼亚出版商协会主办。协会还在德国、黑山、北马其顿、意大利等国举办过书展。

（四）国民阅读情况

1. 图书馆建设情况

阿尔巴尼亚境内共有 20 家图书馆，分为国立图书馆、私立公共图书馆和大学图书馆 3 类。国立图书馆包括阿尔巴尼亚国家图书馆、阿尔巴尼亚议会图书馆、中央国家电影档案馆、阿尔巴尼亚国家艺术图书馆以及各个城市的城市图书馆。

阿尔巴尼亚国家图书馆目前馆藏量超过 100 万册，馆藏类型包括图书、摇篮本、手稿、古籍、绘图、视听材料、期刊、论文和时评等。其中，摇篮本、手稿、古籍和绘图属于特别馆藏。摇篮本指的是 1501 年 7 月 1 日前的印刷作品，包括古登堡印刷术时期的印刷品。此类作品阿尔巴尼亚国家图书馆存有 9 部。此外，图书馆存有 1197 份手稿，2491 份 14 至 17 世纪之间的古籍及 78 份绘图。

根据阿尔巴尼亚国家统计局发布的文化统计数据（Statistika e Kulturës），2016 年以来，国家图书馆使用情况不佳。去除受新冠肺炎疫情负面影响的 2020 年数据，仅从 2016—2019 年的数据变化中仍可发现，国家图书馆的馆藏十分丰富，但在服务水平、激发读者阅读兴趣方面的能力仍较为薄弱。2016—2019 年，国家图书馆新增馆藏书目数量呈持续上升趋势，由 1.1 万册增加到 1.9 万册，但服务能力没有相应提高。从服务次数看，2016 年为 15.4 万人次，2017 急剧降至 7.2 万人次。2018—2019 年，服务次数虽然持续上升，分别为 8.9 万人次和近 10 万人次，但较 2016 年仍差距巨大；文化科学活动举办次数也分别仅为 269 次、149 次。馆藏借阅量 2016 年为 15 万册，2017—2018 年锐减至不足 9 万册，2019 年增至 13.2 万册，较 2016 年仍有差距。（见表 2）

表 2　2016—2020 年前三季度国家图书馆使用情况

类别	2016	2017	2018	2019	2020 前三季度
服务情况（次）	153688	72301	89212	99741	20306
借阅量（册）	150086	88032	82414	132462	30002
文化科学活动举办情况（次）	—	—	269	149	95
新增馆藏书目（册）	10768	11642	14186	19008	13559

资料来源：阿尔巴尼亚国家统计局

阿尔巴尼亚图书馆的数字化程度也有待提高。阿尔巴尼亚国家图书馆的数字化项目由文化部发起，自 2018 年 11 月至 2020 年 7 月，超过 26 万部藏书完成了数字化，包括图书、杂志、手稿、学报及国内外学术报告等，尚不及馆藏总量的 1/3。

2. 个人阅读情况

阿尔巴尼亚国民阅读水平在欧洲还处于较为落后的水平。根据 2018 年 5 月阿尔巴尼亚国家统计局首次发布的《成年人受教育程度调查》（*Anketa e Arsimit të të Rriturve*）[①]，2017 年，在 25~64 岁的阿尔巴尼亚公民中，有 69.3% 的人 1 本书都没有读过，这一比例是欧洲各国同年龄段受调查者中最高的。21.5% 的人读过不到 5 本书，6.8% 的人读过 5~10 本书，仅有 2% 的人读过 10 本以上的书。其中，25~44 岁的人相较于 45 岁以上的人阅读图书的数量更多、阅读报刊的频率更高；公民受教育程度越高，阅读报刊和图书的频率越高、数量越多。从不同性别来看，相较男性，女性对阅读的兴趣更加浓厚，阅读习惯更加良好，35.8% 的阿尔巴尼亚女性在 2017 年阅读过至少 1 本书，高于男性群体的 25.6%。（见表 3）

————————

① 该调查主要针对 25~64 岁的阿尔巴尼亚公民，调查目标是这一年龄段的公民在 2017 年的受教育情况。调查内容包括受教育程度、阅读情况、文化活动参与情况以及外语能力等。目前，这是阿尔巴尼亚唯一涉及国民阅读率的调查。

表3 2017年阿尔巴尼亚国民阅读情况调查

单位：人

类别		报刊				图书				
		每天	每周至少1次	每月至少1次	每月不到1次	从不	几乎不	少于5本	5到10本	10本以上
	总量	583196	369732	213155	127589	205275	1033537	320873	102537	33931
性别	男性	355800	187281	90909	38654	83361	559898	131579	49000	12290
	女性	227396	182451	122247	88935	121914	473639	189294	53537	21641
年龄	25~34岁	176808	91363	60664	39422	51673	237127	126033	43335	—
	35~44岁	118702	94669	42659	24822	48804	239797	65449	13978	—
	45~54岁	149075	99706	49080	34332	52626	280149	68554	26833	7847
	55~64岁	138610	83995	60752	29013	52172	276464	60837	18390	
教育程度	义务教育	176512	194490	119788	66838	147493	609356	72190	14871	—
	中等教育	239976	130409	62794	42221	44789	358433	119489	31226	—
	高等教育	166467	44834	28564	18529	11191	63321	127568	56439	22128

资料来源：阿尔巴尼亚国家统计局

目前在阿尔巴尼亚电子书阅读尚未普及。2017年，在18~70岁的公民中，阅读过纸质书的约占32%，阅读过电子书的只有2%。相对来说，男性对阅读电子书的兴趣更浓，阅读纸质书的女性占比达35%，而阅读电子书的仅有2%左右；阅读纸质书的男性约29%，阅读电子书的则仅约3%。（见图2）

单位：%

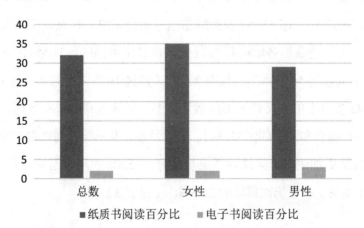

图2 2017年阿尔巴尼亚不同性别国民纸质书及电子书阅读情况

资料来源：阿尔巴尼亚文化局

在受教育程度更高的群体中，阅读纸质书和电子书的公民比例会相应提高。但总体而言，电子书阅读的比例依旧很低，在各群体中都不超过 10%。接受过基础教育的阿尔巴尼亚人中，阅读过纸质书的人约占 17%，而阅读过电子书的人占比不足 2%。在接受过中等教育的阿尔巴尼亚人中，阅读过纸质书的人占比将近 30%，阅读过电子书的人仅占比约 2%。在接受过高等教育的人群中，超过 60% 的人会选择阅读纸质书，阅读电子书的人仅占该群体的 7% 左右。（见图 3）

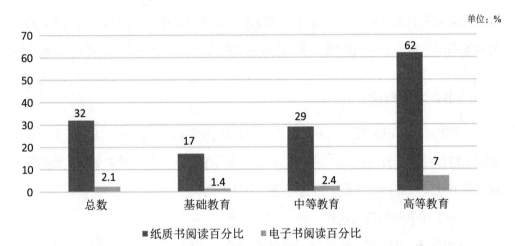

图 3　2017 年阿尔巴尼亚不同教育程度国民纸质书与电子书阅读情况

资料来源：阿尔巴尼亚文化局

（五）互联网使用情况

近年来，阿尔巴尼亚国内的互联网使用率显著上升。据国际电信联盟（ITU）的数据，2000 年，互联网在阿尔巴尼亚还是一种较为新颖的服务，当年阿尔巴尼亚国内仅有 0.1% 的人口使用互联网。据 IDRA 调研咨询公司的调查结果，到 2016 年，互联网使用者已占阿尔巴尼亚总人口的 49%，其中 34% 来自城市，15% 来自农村。2018 年，阿尔巴尼亚使用互联网的人口占比达到了 63%，超过了世界平均水平（10%），其中 38% 为城市用户，25% 为农村地区用户，农村地区的互联网服务发展更为迅速。2016 年阿尔巴尼亚家庭宽带覆盖率仅为 37%，2018 年这一数据则上升到 44%。智能手机同样在近两年获得了更广泛的普及。2016 年，阿尔巴尼亚拥有智能手机的人口占比仅为 40%。而到 2018 年，这一比例上升到 64%。

在阿尔巴尼亚，互联网使用者主要以青少年群体为主。2011年，由联合国儿童基金会和阿尔巴尼亚媒体部联合进行的调查显示，4/5的阿尔巴尼亚青少年每天至少使用1次互联网，其中一半的青少年不仅通过电脑上网，还使用手机上网。根据世界宣明会（World Vision International）于2013年12月至2014年7月在阿尔巴尼亚进行的调查，在900位13~18岁的青少年中，85%的人家庭中有电脑，62%在自己的房间中有电脑。

早在2005年，阿尔巴尼亚教育部就在联合国开发计划署的帮助下开始实施"电子学校"项目。借助这一项目，379所高中和800所小学配备了计算机实验室。目前，阿尔巴尼亚政府正在实施"支持每所学校建立计算机和互联网中心"的政策，政策扶持对象不仅包括位于城市中的大学，还包括主要由公共资金支持建设的农村地区学校。

二、图书业发展概况

近年来阿尔巴尼亚图书业外部发展环境较为稳定，但由于特殊的历史原因，加之国家整体经济、文化实力不高，图书业内部问题重重，多种因素交织，使得阿尔巴尼亚图书业发展曲折而缓慢，行业水平仍有待提高。

（一）图书业历史与现状

20世纪50年代初，阿尔巴尼亚处于社会主义时期，一度与苏联交好，政府积极鼓励现实主义文学创作，认为"阿尔巴尼亚文学的发展无疑应当按照苏联的发展道路进行""苏联文学应当成为阿尔巴尼亚文学创作的灵感来源"。根据1952年联合国教科文组织（UNESCO）《国际作品翻译目录》（*Repertoire International des traductions*）的统计，1939年至1952年间，阿尔巴尼亚84.4%的出版物由俄文翻译而来，原创作品接近枯竭。当时阿尔巴尼亚国内主流媒体《人民之声》（*Zëri i Popullit*）、《团结报》（*Bashkimi*）及地拉那电台（Radio e Tiranës）对苏联的报道数量都远远超过对本国的报道。

1990年政治体制巨变后，阿尔巴尼亚出版业走上了复苏之路，但整体水平不高，发展也面临不少问题。由于阿尔巴尼亚缺乏对出版业的官方统计，下文关于图书业现状的数据除特别注明外主要来自阿国出版研究机构、研究者及阿国主流媒体相关报道。

从市场主体情况来看，阿尔巴尼亚出版机构数量近年来快速增长。2012年，阿尔巴尼亚共有约60家出版社，其中仅有10~15家拥有成规模的商业体系，其他出版社则在为生存挣扎。到 2013 年，阿尔巴尼亚出版社的数量增至约 100 家，印刷企业则有约 380 家，两者都大量集中于首都地拉那。2019 年 9 月阿尔巴尼亚海外出版中心发布的统计结果显示，当年阿尔巴尼亚的注册出版社数量为 169 家，其中 159 家集中于地拉那，7 家位于都拉斯，2 家位于费尔，1 家位于爱尔巴桑。

从图书出版规模来看，阿尔巴尼亚新书种数持续下降。2012 年阿尔巴尼亚共出版了 1675 种图书（不含教科书，下同），2013 年下降至 1086 种，而到了 2019 年仅有 800 种。最受欢迎的图书品类是外国文学作品，占比过半。阿尔巴尼亚文学作品则在本国市场中长期处于弱势地位，品种少，销量低。2012 年出版的各类图书中，仅有 373 种是阿尔巴尼亚文学作品，外国文学作品的数量为 545 种。在近年来出版的各类图书中，占最大比重的依旧是外国文学作品。以 2019 年为例，在当年出版的 800 种新书中，95% 的文学类出版物都是外国文学作品，仅有 5% 是阿尔巴尼亚文学作品。此外，教科书在阿尔巴尼亚图书市场中的比重一直较高，各个教育阶段的教科书始终占据非文学类图书市场的主要地位。

阿尔巴尼亚图书业整体水平不高，一是因为其综合国力及国家文化软实力不强；二是出版业本身起步时间晚，历史基础薄弱，市场空间受限；三是税负过重。阿尔巴尼亚文化部 2018 年 11 月发布的《现行政策对图书业影响的评估》显示，自 2006 年 1 月起，阿尔巴尼亚政府对出版商征收 20% 的增值税，对出售图书获取的利润不征收增值税。相较于欧盟对出版业征收平均 7.6% 的增值税，阿尔巴尼亚出版业的增值税率显然处于过高区间。在高额税收政策下，自 2010 年起至 2013 年，阿尔巴尼亚的图书销售量呈现持续下降的趋势，最高降幅达 40%。到 2019 年，在阿尔巴尼亚出版商协会的推动下，政府对出版商征收的增值税率降至 6%，但因政策实施时间较短，积极效果尚未显现。

此外，阿尔巴尼亚出版商与作者之间没有完全建立起良性的合作关系，一些作者甚至将出版商视为对立的存在。出版社是专门的编印发机构，但这些作者仍然选择自己来完成编辑、排版、设计等工作，再联系可以合作的印刷商完成印刷。对于想要在阿尔巴尼亚发表科学研究成果的学者，印刷商也是优于出版商的选择。造成这一现象的原因，一方面是出版商将部分成本转嫁给了作者。如果与出版商直接合作，作者不仅需要承担较高的前期成本，一旦作品销量不佳、库存积压，经济风险也将由作者全部承担。另一方面，一些出版商内容把关能力不足、出版质量不高，时常在没有文字编辑、语言编辑和校对者参与的情况下直接出版作品。在出版科学研究成果时，也缺少专业编辑的审校。加之没有制定严格的行业标准，一些不符合各行业标准、存在大量拼写及语法错误的作品在阿尔巴尼亚出版，不仅降低了出版物的质量，也影响了人们的阅读积极性。

在引进外国作品时，阿尔巴尼亚出版业也存在不足。尽管阿尔巴尼亚 1994 年加入《伯尔尼公约》，2003 年加入了《世界版权公约》，但由于经济实力较弱、版权意识不足，一部分出版商未经授权便使用质量低劣的译文版本，导致购买了版权的同行利益遭到侵害。这种恶性竞争也是阿尔巴尼亚出版业多年来缺乏业内整合的原因之一。

（二）数字出版情况

阿尔巴尼亚文化产品的数字化生产开始时间较晚，且自身数字内容生产能力较弱，目前绝大部分的数字化工作都依托其他国家的系统以及平台开展。

2010 年，阿尔巴尼亚艺术大学图书馆率先开始数字化管理，包括图书编号数字化、流通管理和藏书数字化，使用的是"时代（Koha）"公开资源系统和"DSPACE"公开资源系统。前者由一家名为"Katipo 通信"的新西兰公司开发，阿尔巴尼亚艺术大学图书馆使用该系统管理图书、图书馆账户及借阅等；后者由麻省理工学院开发，阿尔巴尼亚艺术大学图书馆将该系统用于线上资料的储存及查询。两者都对增加阿尔巴尼亚艺术大学图书馆的借阅量和网站点击量产生了显著的积极影响。2013 年 4 月，在阿尔巴尼亚艺术部的支持下，阿尔巴尼亚艺术大学图书馆开展了一次两大系统的使用展示，引起众多大学图书馆的关注。其后，许多大学图书馆都在尝试引入这两大系统。目前，在美阿合作发展基金会（Fondacionin Shqiptaro-Amerikan për Zhvillim，简称 AADF）和阿尔巴尼亚教育部的支持下，阿尔巴尼亚地拉那大学已经完成了电子图书馆 JSTOR 的订阅工作。

电子书市场方面，尽管现阶段受众覆盖面不大，但发展前景可期。依据统计网站 Statista[1] 的数据，2021 年，阿尔巴尼亚电子书细分市场的收入预计将达到 200 万美元，

---

① 全球领先的数据统计互联网公司，主要帮助用户研究定量数据、统计资料和相关信息，其数据主要来自市场和民意研究机构以及部分商业机构和政府机构。

年增长率将有望达到 0.67%。在使用普及率方面，电子书的用户数量占比预计会达到总人口的 12.9%，2025 年将达到 13.3%。阿尔巴尼亚文化部《现行政策对图书业影响的评估》中也指出，图书业未来政策的重要方向是扶持电子书的发展，解决电子书版权保护面临的问题。电子书市场的发展及完善将大幅降低图书业在传统图书印刷、出版和流通方面的成本。

（三）对外贸易情况

阿尔巴尼亚图书、报纸和其他印刷产品对外贸易长期存在巨大逆差，且近年来逆差呈加大之势。2016—2018 年，图书、报纸和其他印刷产品的进口额尽管整体下降，但始终维持在 1300 万美元以上，最高出口额则不足 300 万美元，最小逆差也高达 1100 万美元。2019 年以来，随着进口额急剧增长至 2600 万美元上下，阿尔巴尼亚图书、报纸和其他印刷产品的贸易逆差也达到 2400 万美元，较 2017 年增长了 118%。（见表 4）

表4　2016—2020 年阿尔巴尼亚图书、报纸和其他印刷产品进出口贸易情况

单位：美元

年份	进口额	出口额	差额
2016	17905702	1403638	−16502064
2017	13426694	2288780	−11137914
2018	15433744	1776501	−13657243
2019	26997667	2389809	−24607858
2020	25555399	1793117	−23762282

资料来源：联合国商贸数据库

欧盟是阿尔巴尼亚图书、报刊等出版物的主要贸易伙伴，双方贸易往来频繁。根据全球经济指标网（Trading Economics）[①] 的数据，除少数年份出现贸易顺差外，阿尔巴尼亚均处于贸易逆差状态，且逆差数额较大。2015—2016 年进口额经历断崖式下降，之后迅速攀升，到 2019 年，进口额达 1948 万美元，出口额则始终徘徊在 300 万

---

① 全球经济指标网是一个拥有全世界多个国家和地区的经济年鉴、数值对比和未来分系预测的网站，可以查各国股票市场行情、劳动力水平、物价水平、经济领域的实时及历史数据和数据预测。该平台提供了全世界 196 个国家的经济指数，包括历史数据、汇率、股指、国债收益、大宗商品价格等精准信息，除了各种指标外，还对各国的经济进行大数据预测分析。

美元上下。（见图4）

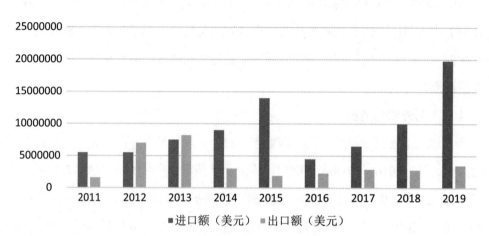

图4　2011—2019年阿尔巴尼亚与欧盟之间图书、报纸和印刷产品进出口贸易情况（估值）

资料来源：全球经济指标网（Trading Economics）

　　阿尔巴尼亚与中国之间的文化产品贸易较少。2017年以来，阿尔巴尼亚从中国进口图书、报纸和其他印刷产品的贸易额均不超过100万美元，不足其同类产品进口总额的1/10，出口到中国的同类产品贸易额更少。（见表5）

表5　2017—2020年阿尔巴尼亚与中国之间图书、报纸和其他印刷产品进出口贸易情况

单位：美元

年份	进口额	出口额	差额
2017	917743	956	–916787
2018	778306	562	–777744
2019	739624	83	–739541
2020	716997	102	–716895

资料来源：联合国商贸数据库

（四）主要出版企业

1.代表性出版社

　　阿尔巴尼亚现有一百多家出版社，其中杜达依（Dudaj）、托纳（TOENA）、范·诺利（Fan Noli）等30余家规模较大。

杜达依出版社成立于 2001 年 1 月，以出版文学类图书为主，包括阿尔巴尼亚本国文学、欧洲文学、美洲文学、美国当代文学及诺贝尔获奖作品等，至今已出版图书650 余种。其主席 Arlinda Dudaj 是阿尔巴尼亚图书协会（Shoqata e Shqiptare e Librit）的创办者之一。

托纳出版社成立于 1993 年 1 月，是近年来阿尔巴尼亚儿童文学出版领域的重要力量，每年出版的儿童图书约 60 种。出版社还发行双月刊《阿尔巴尼亚图书世界》（*Universi Shqiptar i Librit*），内容包括文学评论、作者介绍及出版社将要出版的新书介绍等。

范·诺利出版社成立于 1991 年 5 月，是阿尔巴尼亚成立较早的私营出版社之一。范·诺利出版社的图书品类比较全面，在个人发展类、专业类及文学类图书领域有巨大成就。

知识（Dituria）出版社成立于 1991 年 5 月，以出版小说为主要业务。在其出版作品中，外国文学作品约占 60%。

佩吉（PEGI）出版社成立于 2011 年，是目前阿尔巴尼亚最大的教科书出版商。至今出版图书约 300 种，其中教科书约 120 种。2017 年，在教育部的授权下，佩吉出版社出版了 20 种全新的阿尔巴尼亚教科书。

奥努夫里（Onufri）出版社成立于 1992 年。该社只出版阿尔巴尼亚作者的作品，并为阿尔巴尼亚文学创作者提供资助。该社也是阿尔巴尼亚当代著名诗人、小说家、雨果奖获得者伊斯玛伊尔·卡达莱（Ismail Kadare）在阿尔巴尼亚的独家合作出版社。

2. 主要进出口代理商

顶点出版公司（Botimpex）公司是阿尔巴尼亚规模最大的出版物进出口代理商，1991 年成立于地拉那，1995 年 1 月被收归国有。Botimpex 公司与阿尔巴尼亚众多图书馆、大学、调查机构、出版商及图书分销商等建立了合作关系，代理的进出口出版物包括各类图书、杂志、地图及 CD、DVD 类影音产品。该公司自 2000 年起开始进口北马其顿和科索沃地区的出版物，近年来致力于引入黑山和塞尔维亚的出版物。

（五）主要书展和奖项

地拉那书展是阿尔巴尼亚规模最大的书展，由阿尔巴尼亚文化部出资、阿尔巴尼亚出版商协会主办。该书展首次举办于 1998 年，其后每年举办一次。书展期间会举行面向不同地区阿尔巴尼亚裔作者的文学竞赛。竞赛设立"职业成就奖""最佳创作奖""最佳翻译奖""评委会特别奖"等奖项。参与书展的包括阿尔巴尼亚国内外的出版社、教育机构及从事相关工作的组织。该书展是阿尔巴尼亚最重要的文化活动，其辐射范围不仅限于阿尔巴尼亚国内，还包括其周边邻国黑山、北马其顿等，活动也吸引着众多阿尔巴尼亚侨民。

阿尔巴尼亚主要的文学奖项包括国家文学奖（Çmimi kombëtar për letërsi）、卡达莱奖（Çmimi Kadare）和库尔特奖（Çmimi Kult）。

国家文学奖由阿尔巴尼亚文化部于 2002 年设立。该奖项的评委团由阿尔巴尼亚文学界的大家组成。2013 年以前，国家文学奖为翻译类作品、诗歌、儿童文学、青年文学、批判文学和短篇散文等类型的作品分别设立了不同奖项。2013 年奖项缩减为"年度最佳文学作品"和"年度最佳翻译作品"两项。但由于这样的设立无法完全满足阿尔巴尼亚国内文学创作人士的需求，2018 年起再度恢复了之前的奖项设置。

卡达莱奖 2015 年由马波（MAPO）基金会设立，是阿尔巴尼亚当代文学的重要奖项和挖掘新秀作家的一大平台。截至 2020 年，已有 104 部文学作品参与角逐卡达莱奖。对于尚且年轻的卡达莱奖而言，这一数字体现了阿尔巴尼亚人对文学的热情和信念。

库尔特奖由阿尔巴尼亚库尔特学院（Akademia Kult）于 2005 年设立，旨在表彰图书、音乐、视觉艺术、戏剧及电影领域的优秀创作者与译者。

三、报刊业发展概况

20 世纪 90 年代初政治体制变革后，随着多元化政治传播和私有化的迅速推进，阿尔巴尼亚报刊业高度集中统一的格局被打破，报刊业走上了市场化发展道路。21 世纪初阿尔巴尼亚约有 100 家报刊社，到 2017 年，报刊社数量已经翻了一番，达到 200 家左右。依据阿尔巴尼亚媒体观察网的数据，从读者分布来看，2017 年，阿尔巴尼亚阅读日报的读者占所有纸质报刊阅读者的 25.1%，阅读周报的占 31.55%，阅读周刊的占 41.05%，阅读月刊的占 41.5%。

（一）报纸

阿尔巴尼亚报纸可分为各党派党报和私营报纸两大类，前者如社会党的《人民之声报》（*Zëri i Popullit*）、民主党的《民主复兴报》》（*Rilindja Demokratike*）等，后者如《全景报》（*Gazeta Panorama*）、《世纪报》（*Gazeta Shekulli*）、《阿尔巴尼亚人民报》（*Gazeta Shqiptare*）等。

近年来，网络媒体的迅速发展和 24 小时电视资讯频道的兴起大幅度挤压了阿尔巴尼亚报刊行业的生存空间。除《全景报》目前日发行量达到 2 万份左右，部分主流报纸日发行量均不足万份，其余大量的中小报刊日发行量在千份以下。阿尔巴尼亚主要私营报纸情况如下。

《全景报》是阿尔巴尼亚最大的印刷媒体集团——全景媒体集团（Panorama Group）旗下的报纸，创刊于 2002 年，是目前阿尔巴尼亚发行量最大的报纸。其创办于 2004 年的同名网站也是目前阿尔巴尼亚总访问量最高的新闻网站。

《阿尔巴尼亚人报》1993 年 4 月创刊，由意大利艾迪苏德有限责任公司（Edisud LLC）创办，2011 年被全景媒体集团收购。

《世纪报》是阿尔巴尼亚第二大媒体印刷公司——联合出版媒体集团（UNIPRESS）旗下报纸，创刊于 1997 年，21 世纪初曾是阿尔巴尼亚发行量最大的报纸。

《今日报》（*Gazeta Sot*）2002 年首次发行。根据今日报有限责任公司的最新数据，目前其日发行量约为 7500 份。

《阿尔巴尼亚报》（*Gazeta Shqip*）2006 年创刊，同年 7 月 16 日停止了纸质版发行，转型为"阿尔巴尼亚报在线"（Gazeta Shqip Online）继续运营。目前其官方网站月点击量超过 2000 万次，访问量在阿尔巴尼亚国内排名前列。

《马波报》（*Gazeta Mapo*）是马波媒体集团（Mapo）旗下报纸，2012 年创刊，前身是创办于 2006 年的周刊《马波杂志》。该报现每周出版 6 期。根据集团官网数据，该报日均发行量约 2000~3000 份，网站日访问量约 50 万次。

《每日报》（*Gazeta Dita*）是阿尔巴尼亚报业市场中相对年轻的品牌，由阿尔巴尼亚出版社（Publikime Shqiptare）2012 年创办，创刊时即加入了世界报业与新闻出版协会（World Association of Newspaper and News Publishers）。2019 年 9 月《每日报》加入阿尔巴尼亚媒体理事会。

英语周报《地拉那时代》（*Tirana Times*）是目前阿尔巴尼亚发行量最大的周报，创刊于 2005 年。

（二）杂志

阿尔巴尼亚杂志按刊期可分为周刊、半月刊、月刊和季刊，主题涵盖政治、商业、娱乐、学术、家庭、心理学等。21世纪初，阿尔巴尼亚有杂志约70种。其中许多杂志历史悠久，如《光明》（*Drita*）、《普照》（*Hylli i Dritës*）都已创刊100多年。

《光明》杂志创刊于1883年，为周刊。1883年至1922年，该杂志在奥斯曼帝国的伊斯坦布尔出版发行，主要关注文化领域，后因政治原因关停。1922年至1945年在阿尔巴尼亚吉诺卡斯特发行，内容包括保障妇女及儿童受教育权利、提高生活水平等方面。1939年，由于意大利入侵，该杂志再次关停。1945年后，《光明》杂志成为阿尔巴尼亚作家和艺术家联盟（Albanian League of Writers and Artists）的官方杂志。2007年至今，阿尔巴尼亚现代艺术家协会（Association of the Young Modern Artists of Albania）接管该杂志。

《普照》杂志创刊于1913年，被认为是20世纪早期阿尔巴尼亚最重要的杂志之一，曾两度停刊。2006年起，该杂志开始每月发行，内容涵盖政治、历史、语言、文学和民间艺术领域。

目前，占据阿尔巴尼亚杂志主要市场的是政治和商业周刊《家族》（*Klan*）。《家族》创刊于1997年，2002年期发行量约为4700份。半月刊《我们的语言》（*Gjuha Jonë*）也具有一定影响力。1979年，阿尔巴尼亚议会决定出版《我们的语言》。1981年，该杂志由阿尔巴尼亚语言及文学中心组织编辑出版。《我们的语言》注重普及阿尔巴尼亚语的标准使用，旨在扩大阿尔巴尼亚标准语的适用范围，鼓励教育、新闻、出版和语言研究工作者参与阿尔巴尼亚语规范化工作。

四、中阿出版业交流合作情况

1949年新中国成立，阿尔巴尼亚成为率先承认新中国的国家之一。20世纪五六十年代，中国与阿尔巴尼亚建立了良好的外交关系，两国签署了众多文化合作协议，中国为阿尔巴尼亚提供了不同形式的文化援助。但由于这一时期阿尔巴尼亚国内奉行极端的出版政策，允许出版的图书类型极少，两国在出版业方面并没有密切的合作，文化合作的形式多为中国派遣专家、教师和文艺工作者等前往阿尔巴尼亚进行支援、教育及交流。70年代，世界政治形势的变化使中阿两国关系跌入冰点，阿尔巴尼亚进入闭关锁国时期，两国的文化交流彻底断绝。90 年代后，阿尔巴尼亚进入新的发展时期，社会意识形态、经济及外交政策等方面发生了重大的改变。其后，阿尔巴尼亚与中国的外交关系逐渐恢复。近年来，两国在文化领域缔结了许多合作协定，尤其是 2012 年中国提出"16+1 合作"倡议并与包括阿尔巴尼亚在内的众多中东欧国家达成合作共识后，两国之间的文化交流日益频繁。

2013 年，地拉那大学开设孔子学院。目前，该校孔子学院的在校学生已超过 600 人，并在持续上升。2016 年，在"16+1 合作"机制的基础上，阿尔巴尼亚与中国签署了为期 5 年的文化合作协议。该协议的合作内容包括文化、艺术、戏剧及电影等。根据该协议，中国将对阿尔巴尼亚的文化艺术机构给予更多支持，促进两国之间的文化互动，并将合作扩展到文化遗产领域，在文物和文化遗址恢复、保护、推广领域进行专业交流。根据阿尔巴尼亚国家图书馆与中国国家图书馆签署的合作协议，两国图书馆将进行更多的信息交流合作。中国将大力支持阿尔巴尼亚国家图书馆开展藏书保护、馆藏数字化及图书馆的行政技术改革。2017 年，北京外国语大学成立了亚洲第一所阿尔巴尼亚研究中心。

两国的出版业合作也日益密切，2015 年中阿双方签署了《中阿经典图书互译出版项目合作协议》。根据协议，中国与阿尔巴尼亚应当在 5 年内各自翻译出版至少 25 种对方国家的优秀文学作品。两国读者因此得以接触到了对方国家的许多优秀作品。目前"中阿经典图书互译"项目已经出版的中译阿作品包括《中国历史十五讲》《中国传统文化》《全球化与文化自觉》《中国故事》《呐喊》《彷徨》《孙子兵法》等，阿译中作品包括《母亲阿尔巴尼亚》《阿尔巴尼亚历史与文化遗产概览》《藏炮的人》和《阿尔巴尼亚古老传说》等。在"中阿经典图书互译"项目的带动下，两国出版合作交流日益密切。阿尔巴尼亚知识出版社出版了《红楼梦》和高洪波、汤素兰、金波等中国作家的优秀儿童文学作品。范·诺利出版社出版了莫言、鲁迅等作家的作品。奥努夫里出版社出版了《习近平经典引句解读》《中国经济改革发展之路》《"一带一路"画册》《丝路上的茶文化》《老朋友新故事》《阿尔巴尼亚人眼中的中国》等一批介绍中国文化和经济社会发展的重要图书，社长胡泽里获第 12 届中华图书特殊贡献奖。

参考文献

1. 阿尔巴尼亚国家概况 [Z/OL]. (2020.10). https://www.fmprc.gov.cn/web/gjhdq_676201/gj_676203/oz_678770/1206_678772/1206x0_678774/ .

2. 陈力丹，黄昭华. 从严控封锁走过来的阿尔巴尼亚新闻传播业 [J]. 新闻界 2016，（21）：58-65.

3. *Strategjia Kombëtare për Kulturën* 2019 — 2025 [R]. Ministria e Kulturës, 2018.

4. *Statistika e Kulturës* [R]. Instituti i Statistikave, 2020.

5. *Digjitalizimi dhe automatizimi në biblioteka dhe qendra kërkimore në Shqipëri* [J]. Erijon S & Miranda B, 2013.

6. *Në industrinë e publikimit të librave në Shqipëri* [J]. Lindita K, 2013.

7. *Kaosi me biznesin e librit* [N]. Elona B, 2013.

8. *Tregu i librit kaotik, MASH dhe MTKRS monopol me fondin e librave* [N]. Gazeta Sot, 2013.

9. *Shoqata e Botuesve Shqiptarë, marrëveshje bashkëpunimi me Kinën për përkthime dhe botime* [N]. Gazeta Sot, 2015.

10. *Shtëpi Botuese në Shqipëri* [R]. Qendra e Botimeve për Diasporën, 2019.

11. *Bashkëpunimi kulturor, Shqipëria dhe Kina firmosin marrëveshjen 5- vjeçare* [N]. Ministria e Kulturës, 2016.

12. *Rusifikimi i botimeve në Shqipërinë* [J]. Nuridin A, 1953.

13. *BKSH, pjesë e veprimtarive në 70-vjetorin e vendosjes së marrëdhënieve diplomatike midis Shqipërisë dhe RP të Kinës* [N]. Biblioteka Kombëtare, 2019.

14. *Media Outlets in Albania* [R]. BALKANMEDIA, 2020.

15. *Household budget survey* [R]. Instituti i Statistikave, 2019.

16. *Albania in Figures 2019* [R]. Instituti i Statistikave, 2019.

17. *Interneti në Shqipëri* [R/OL]. (2015). https://www.isigurt.al/fakte-dhe-te-dhena/interneti-ne-shqiperi.

18. *Përdorimi i Internetit në Shqipëri me Rritje të Shpejtë* [Z/OL]. (2019.5.10) . https://

idrapoll.com/rezultatet/perdorimi-i-internetit-ne-shqiperi-me-rritje-te-shpejte/ .

19. *Mbi Kulturën e Botimit të Librit në Shqipëri* [N/OL]. (2019.9.14). https://sot.com.al/opinion-editorial/mbi-kulturen-e-botimit-te-librit-ne-shqiperi .

20. *Digital Media in Albania* [R/OL]. (2021). https://www.statista.com/outlook/dmo/digital-media/epublishing/eboks/albania#revenue .

21. *European Union imports of printed books, newspapers, pictures from Albania* [R/OL]. (2021.5). https://tradingeconomics.com/european-union/imports/albania/printed-books-newspapers-pictures.

22. *European Union exports of printed books, newspapers, pictures to Albania* [R/OL]. (2021.5). https://tradingeconomics.com/european-union/exports/albania/printed-books-newspapers-pictures.

23. *Gazeta Shqip* [Z/OL]. (2020.7.11). https://en.wikipedia.org/wiki/Gazeta_Shqip.

24. *Albania Print Media* [R/OL]. (2018.1.16). https://albania.mom-rsf.org/en/media/print/.

25. *Biznesi i Vështirë i Librit* [N/OL]. (2016.1.2). https://www.monitor.al/te-pathenat-e-librit-2/.

26. *Ligj Nr. 9380, datë 28.04.2005, Për të Drejtën e Autorit dhe të Drejtat e Tjera të Lidhura me të* [Z/OL]. (2014.1.1). http://www.informatica-juridica.com/anexos/ligj-nr-9380-date-28-04-2005-per-te-drejten-e-autorit-dhe-te-drejtat-e-tjera-te-lidhura-me-te/.

（作者单位：中国新闻出版研究院、北京外国语大学）

秘鲁出版业发展报告

姜　珊

秘鲁是世界文明古国，拥有悠久的历史、多元的文化，是古代美洲大陆三大印第安文明中心之一，为世界文化作出了重要贡献。1821 年独立后，秘鲁经历较长时间的政治动荡，直到 20 世纪末，民主制度恢复，社会秩序逐步稳定。秘鲁是传统的农矿业国，经济水平居拉美中等。2009—2019 年，秘鲁是拉丁美洲经济增长最快的国家之一，出版业也取得了长足发展。秘鲁政府十分重视教育，大力发展出版业、推动全民阅读，并在税收等方面采取具体措施，切实减轻出版行业负担。但与拉美出版大国如阿根廷、巴西、墨西哥等相比，秘鲁出版业整体规模较小，采用新技术进程较慢，数字化管理水平有待提高。秘鲁与中国渊源颇深，友好交往历史悠久，出版业有较好的合作前景。

一、出版业发展背景

秘鲁是拉丁美洲较为重要的区域大国，在区域中具有较强的影响力，地理位置优越，政局较为稳定，宏观经济整体表现尚可，法律体系比较健全。秘鲁是美洲三大古代文明之一——印加文明的发祥地，文化资源丰富，政府亦十分重视保护和发展文化行业。

（一）国家概况

秘鲁全称为秘鲁共和国（La República del Perú），位于南美洲西海岸，北邻厄瓜多尔、哥伦比亚，东接巴西，南接智利，东南与玻利维亚毗连，西濒太平洋。1533 年，秘鲁沦为西班牙殖民地。西班牙在此成立总督区，将秘鲁作为南美殖民统治的中心。1821 年 7 月 28 日秘鲁宣布独立，成立秘鲁共和国。

秘鲁国土面积 128.5 万平方公里，居拉美地区第四。山地占全国面积的 1/3。纵贯秘鲁南北的安第斯山脉将秘鲁分为西部沿海、中部山区和东部亚马孙林区三个部分。

秘鲁全国行政区划为 4 级，即中央、大区、省、市（县）。全国共设 24 个大区和 1 个直属区（卡亚俄区）、195 个省和 1832 个市（县）。根据秘鲁国家统计信息局（El Instituto Nacional de Estadística e Informática）统计，截至 2019 年 6 月，秘鲁人口达 3249.55 万，居拉美第五位，其中约 60% 分布在西部沿海地区。首都利马是全国的政治、经济、文化中心，人口 948 万。

秘鲁地理条件复杂多样，生物多样性极高，森林资源、水力资源、渔业资源均十分丰富。秘鲁的矿产总量居世界第七，主要矿产有银、铜、锌、铅、金、石油、天然气及煤、硼酸盐等，其中银储量居世界第一。

秘鲁是一个多民族国家，印第安人占人口总数的 45%，印欧混血人种占 37%，白人占 15%，其他人种占 3%。值得一提的是秘鲁的华裔群体——19 世纪后半期，十余万中国人被作为"苦力"卖至秘鲁，生活状态与奴隶无异，从事繁重的体力工作，待遇奇差，工作环境恶劣。1874 年，清政府与秘鲁建交，并签订《中秘友好通航条约》，华工恢复自由身。但绝大多数华工选择留在秘鲁发展，为秘鲁的经济发展和文化生活作出了贡献，逐渐被秘鲁主流社会接受。中国文化因此在秘鲁有着较大影响和较高的认同度。据秘方统计，有中国血统的秘鲁人近 300 万，约占全国总人口的 10%，华裔活跃在秘鲁的各行各业各个阶层，亦有华裔在政府、军队等部门担任高级职务。

秘鲁官方语言为西班牙语，一些地区通用克丘亚语、阿伊马拉语和其他 30 多种印第安语。秘鲁宪法规定宗教信仰自由。全国 90% 以上的人口信奉罗马天主教，在山区和雨林地区还保留有部分原始宗教。

（二）政治经济状况

秘鲁是总统制民主共和国，政治体制为三权分立，实行多党制，主要党派包括人民行动党、争取进步联盟、人民力量党、秘鲁人民农业阵线等。总统同时是国家元首和政府首脑，是最高行政首长，由选举产生，任期 5 年，不得连任，但可隔届再选。

秘鲁是传统农矿业国，历史上是农牧业国家，后来矿业逐渐取代农业地位，成为铜、金等矿产品重要生产国和出口国，目前仍是一个发展中国家，经济在拉美地区处于中等水平。20 世纪中期以来，秘鲁社会逐步安定，政府积极推进市场开放，大力改善投资环境，吸引国外投资，积极发展对外贸易，降低进口关税，有效地促进了国家经济发展，是拉美地区风险指数最低的国家之一。

秘鲁的科技和创新目前仍处在相对较低的水平。政府成立了国家科技和创新委员会（El Consejo de Ciencia, Tecnología e Innovación Tecnológica），力图提高国家在科技创新上的投资水平，推动科技发展。政府重视教育事业，在秘鲁，小学和中学均为义务教育，公立学校免费。大多数著名高校集中在首都利马。据秘鲁国家统计信息局数据，2017 年秘鲁文盲率约为 5.9%，其中城镇居民和农村居民文盲率分别为 3.5% 和 14.9%。

秘鲁主要的国家级通讯社是国家通讯社和安第斯通讯社。最大的私营媒体是商报集团，旗下有《商报》《经营报》和网络媒体。

全国共有广播电台一千余家，除国家电台外，其余均为私人电台。影响较大的电台有：国家电台、圣罗莎电台、秘鲁节目电台、团结电台和联合电台等。全国共有电视发射台和转播台 90 家，其中 7 家有全国广播网。电视七台为国家台，其余均为商业性电视台。影响较大的商业性电视台有拉丁台（电视二台）、美洲台（电视四台）、泛美台（电视五台）、安第斯台（电视九台）、OK 台（电视十一台）和全球网台（电视十三台）。

（三）出版业相关情况

1. 管理机构和行业组织

秘鲁出版业的政府主管部门为秘鲁文化部（El Ministerio de Cultura），文化部下设文化艺术产业管理总局，由视听及新技术管理局、艺术管理局、图书阅读管理局等机构组成。其中图书阅读管理局的主要职能为拟订、提出、促进和执行各项促进图书行业发展、推广阅读、推动秘鲁出版业国际化的计划、方案和项目。

秘鲁出版业最重要的行业协会是秘鲁出版协会（Cámara Peruana del Libro），这是一家非营利性的文化协会，成立于 1946 年 6 月 13 日，成员包括出版商、经销商、书店、图书相关研究单位以及致力于促进和传播阅读的文化机构。70 多年来，它已经成为秘鲁图书文化产业的代表机构，每年组织利马国际书展和里卡多—帕尔马书展。秘鲁出版协会的使命包括：鼓励和促进图书传播，力求提高民众阅读、写作和理解文本的水平；协助政府，促进和保护知识产权和版权；提供秘鲁出版行业及图书活动的信息；促进出版业立法及法律的不断完善，监督行业遵守现行的法律法规。

秘鲁出版协会建立了一家名为"秘鲁书情"（InfoLibros Perú）的数字信息平台，旨在收集并发布秘鲁出版业的最新消息、统计数据、出版书目、合作机会等，以加强行业交流，为成员提供更多服务。

秘鲁出版协会框架内还有细分的专项委员会，如《图书法》修订委员会、独立出版社委员会、大学出版社委员会、反盗版委员会等。

秘鲁国家图书馆（la Biblioteca Nacional del Perú）下设秘鲁 ISBN 管理机构，出版商和作者均可通过该机构申请国际书号。2020 年 6 月，秘鲁国家图书馆发布新规定，降低 ISBN 及条码的申请费用，数字出版物则免征申请费，以扶持新冠肺炎疫情影响下备受摧残的出版行业。根据新规，秘鲁目前注册一个国际标准书号和条形码的费用为 37.00 新索尔（约合美金 9.58 元），成为拉丁美洲 ISBN 注册费用最低的国家之一。

秘鲁出版社（Editora Del Perú）是秘鲁官方新闻和文化出版机构，隶属于总统府，目前直接经营安第斯通讯社和《秘鲁日报》。

2. 法律法规和行业政策

2003 年，秘鲁通过第 28086 号法律《图书民主化和促进阅读法》（*Ley de Democratización del libro de y fomento de la lectura*），这是秘鲁出版行业最重要的法律。其目的包括为秘鲁图书出版业的发展创造基本条件，为满足秘鲁人民文化、教育、科学、技术、精神和娱乐需求作出贡献，提高公众对图书价值的认识，发展全民阅读，保护并传承民族文化遗产，支持公立图书馆系统，鼓励秘鲁本土作者原创力等。该法规定，将设立国家图书民主化和促进阅读委员会（el Consejo Nacional de Democratización del Libro y de Fomento de la Lectura），作为文化部和教育部的咨询机构；设立国家图书民主化和促进阅读基金（el Fondo Nacional de Democratización del Libro y de Fomento de la Lectura，简称 FONDOLIBRO），以资助文化部发起的促进和传播图书及相关出版产品以及促进阅读的各项专项项目。

《图书民主化和促进阅读法》规定对出版业各环节的从业者实行优惠的税收政策，包括免征销售税、再投资税收优惠、进口图书实行优惠关税、免征版权使用收入所得税等，对秘鲁出版行业的发展起到了一定的激励作用。根据该法规定，秘鲁政府设立了出版基金（Fondo Editorial）和图书推广基金（COFIDELIBRO, el Fondo de Promoción para la edición de libros y productos editoriales afines en la Corporación Financiera de Desarrollo），以通过纸质和电子图书的出版来促进科学、人文和文化的传播，保护民族文化遗产，培养民众阅读兴趣，并要求国有媒体为图书出版和全民阅读提供宣传支持。该法强调尊重并保护知识产权，打击一切形式的盗版行为。

2020年10月，秘鲁国会通过了31053号法令《承认和鼓励阅读权利及图书促进法》（*Ley que reconoce y fomenta el derecho a la lectura y promueve el libro*），进一步明晰文化部、教育部及各级政府在保障阅读方面的职能，继续实行对出版业有利的税收政策，鼓励出版行业中小企业发展，推动不同区域文化产业平衡发展，并特别提出要发展数字图书馆。

2019年，秘鲁文化部图书阅读管理局发布了一项题为《促进秘鲁图书及阅读发展：机遇与挑战》的报告，对秘鲁图书行业及全民阅读的情况进行了分析，并提出要针对图书出版及阅读生态的薄弱环节采取一系列措施，以切实促进图书行业发展，提升国民阅读及文化水平。

报告认为，秘鲁出版业主要的问题包括：对创意保护不足，创意工作经济激励机制较弱；图书出版印刷高度集中，企业规模较小，能力较弱，对新技术运用水平不高，税负较重，行业发展不甚规范；图书传播流通环节缺乏空间，秘鲁图书在海外存在感较弱，图书销售渠道和团队均不足；书店不多，图书节、图书展销等活动较少且集中；民众阅读习惯尚待培养，文盲率较高，也不会使用辅助阅读的工具等。

针对以上问题，秘鲁政府表示将从图书出版的各环节入手提出对策，如宣传创意工作的价值、扶持小微出版企业、部分免除增值税、向大众推荐图书书目、多参与国际书展、在除首都外的其他地区设立图书馆和阅读空间、投入图书馆基础设施建设、培养人才、帮助民众提升阅读水平等。

图书阅读管理局设立了一些资助项目，使出版产业链上各环节的参与者（作者、图书馆、出版商和代理等）都能受益，主要包括以下项目：青少年文学资助项目、促进阅读资助项目、图书宣传推广资助项目、出版资助项目、图书书目资助项目等。

除经济激励外，秘鲁政府采取的措施还包括："言论自由"项目，旨在促进非传统空间的阅读和写作，通过阅读使处于弱势、边缘化或社会排斥状况的人受益，以帮助其渡过难关；秘鲁独立出版社图书展销活动，为秘鲁独立出版商的出版物创造一个展示和商业化的空间，加强秘鲁和拉美其他国家的独立出版管理思想和模式的交流，等等。图书阅读管理局还联合教育部文学之家、国家图书馆组织了"阅读、书写和图书馆辅导员"项目，培养辅导员帮助读者更好地阅读、书写、使用图书馆资源。但总的来讲，由于政府本身财力有限，各项激励措施力度不大，覆盖范围也较小，并没有从根本上解决秘鲁出版业存在的种种问题。

秘鲁国家图书馆负责出版机构的登记，但目前并未建立起较为先进的、数字化管理的信息系统，对于行业信息的掌握和了解情况有限。ISBN 管理部门也应尽快建立起在线的信息系统，并向行业内如经销商、书店、图书馆、公共采购部门等各类机构开放，以便所出版的图书得到更多的了解和关注。

通过制定国家图书、阅读和图书馆政策来强化秘鲁出版部门是秘鲁文化部的一项任务。目前，秘鲁政府正在就该政策的制定进行广泛的磋商，以期制定出具有可操作性的具体计划，包括对现有法律法规进行修订或发布新的法规；在促进阅读领域制定超越政党执政期的计划；发展公立图书馆系统；促进出版产业链发展；对出版行业进行人力资源培训；支持业务转型和创新以及促进秘鲁出版业的国际化；等等。

（四）国民阅读情况

拉丁美洲和加勒比区域图书推广中心（El Centro Regional para el Fomento del Libro en América Latina y el Caribe，简称 CERLALC）[①] 建议成员国进行系统性的国民阅读习惯普查，但遗憾的是，秘鲁并没有采纳这一建议。事实上，拉美仅有阿根廷、智利、巴西、哥伦比亚、墨西哥这几个国家定期进行官方的国民阅读调查。2007 年，秘鲁天主教大学民意研究所在利马大都会区进行了第一次国民阅读习惯调研，10% 的受访者表示自己每天都会阅读。2015 年，秘鲁天主教大学民意研究所进行秘鲁国民阅读习惯调查，共采访了来自秘鲁全国 19 个地区的 1203 名 18 岁以上公民。结果显示，仅有 15.5% 的秘鲁人表示阅读是一种日常生活习惯，随着家庭、经济、社会地位的提高，有日常阅读习惯的比例也在提升。45 岁以上人群的阅读习惯明显低于青年人。15.6% 的 18~29 岁的青年人表示自己从来或几乎不阅读，而在 44 岁以上人群中，这一比例

---

① 拉丁美洲和加勒比区域图书推广中心是联合国教科文组织二级中心，于 1971 年通过哥伦比亚和教科文组织之间的国际合作协定成立，总部位于哥伦比亚首都波哥大，有 21 个成员国。

几乎翻倍，达到31.1%。从2015年的阅读习惯调研报告来看，情况得到了一定程度的改善，每日阅读的人数比例从10%上升到15.5%，但培养国民阅读习惯仍然任重而道远。（见表1）

该调查显示秘鲁人阅读有较强的目的性，61.7%的受访者表示阅读的最主要动机是为了获取信息，47.7%的人表示是为了学习新东西或者提升文化水平。39.1%的受访者表示阅读是最好的休息，是为了放松而阅读。因此，秘鲁天主教大学民意研究所呼吁，在推动国民阅读的同时，应注重培养阅读兴趣，而不应仅仅将阅读等同于"学习"。

秘鲁人平均一年阅读3.3本书，远不及西班牙高达8.7本的年人均阅读量，即便是和其他发展中国家相比，这个数字也不能算高，例如哥伦比亚同处拉丁美洲，与秘鲁经济发展水平相当，年人均阅读量达到了4.3本。

秘鲁的图书拥有量亦不容乐观。47.6%的受访者表示家里连10本书都不到，仅有4.3%的人表示家中拥有100本书，即便是在精英阶层，拥有100本藏书的人群也不到总人数的15%。

27.9%的受访者表示对电子书有所了解，其中大部分人曾经通过这种方式阅读。电子书在青年人中更受欢迎。人群已普遍接入互联网，电子书仍处于起步阶段，有较大的发展空间。

表1　秘鲁居民阅读频率情况[①]

类别	按社会经济阶层			按年龄			总计
	上层	中层	底层	18~29岁	30~44岁	45岁及以上	
每天或几乎每天阅读	30.60%	15.80%	10.60%	17.80%	13.20%	15.50%	15.5%
每周一到两次	26.90%	27.40%	20.70%	31.90%	21.20%	18.70%	23.9%
每月几次	22.80%	25.90%	24.00%	22.30%	27.90%	23.30%	24.4%
每季度阅读	10.40%	12.60%	11.20%	12.40%	10.90%	11.40%	11.6%
几乎从不阅读	8.30%	12.10%	20.00%	11.60%	18.30%	16.50%	15.5%
从不阅读	1%	6.2%	13.6%	4%	8.5%	14.6%	9.1%
总人数	193	405	605	404	387	412	1203

资料来源：秘鲁国民阅读习惯调查

---

① 包括空闲时间阅读以及出于工作或学习目的的阅读，电子书和纸质书均计算在内。

表 2　秘鲁居民阅读目的调研情况 [1]

类别	按社会经济阶层			按年龄			总计
	上层	中层	底层	18~29 岁	30~44 岁	45 岁及以上	
获取信息	49.7%	62.8%	65.9%	54.8%	62.5%	69.0%	61.7%
学习新东西，提升文化水平	44.6%	48.9%	48.0%	42.5%	47.3%	54.2%	47.7%
放松	36.6%	39.3%	40%	34.9%	38.9%	44.4%	39.1%
学业要求	32.0%	23.0%	16.9%	39.0%	15.9%	7.7%	22.0%
工作或职业要求	32.0%	15.4%	9.0%	16.4%	19.1%	11.6%	15.7%
其他	2.3%	4.2%	6.5%	3.2%	6.4%	5.3%	4.8%

资料来源：秘鲁国民阅读习惯调查

从上述表格可以看出，在秘鲁，中上经济阶层的人阅读习惯较好，青年人比老年人更爱读书，似乎也和秘鲁人阅读目的性较强这一特质相符。（见表 2）

在过去一年阅读量统计表中可见，处于社会经济上层的人群阅读量明显高于社会平均水平，中层则基本与社会平均水平持平。30 岁以下的青年人阅读量高于平均水平。（见表 3）

表 3　秘鲁居民年度阅读量统计情况

类别	按社会经济阶层			按年龄			总计
	上层	中层	底层	18~29 岁	30~44 岁	45 岁及以上	
平均数	4.5	3.5	2.7	4	3	3.0	3.3
总人数	193	405	584	402	383	397	1182 [2]

资料来源：秘鲁国民阅读习惯调查

不考虑社会经济阶层和年龄，表示从不阅读的受访者不读书的主要原因是没时间、不感兴趣等。值得注意的是，在上等和中等阶层，没有人是因为不识字而不读书，而底层人民中有 1/10 的受访者表示，自己不读书的根本原因是不识字，不会阅读；在上等阶层中，也没有人是因为没有获得图书的途径而不阅读，但是中层和底层人民有一

---

① 本部分调查基于最低阅读频率为每季度阅读的人群，占总被访问人数的 75%。

② 此处总计 1182 人而非 1203 人，是因为去掉了受访人数中的文盲，1182 是总的识字的人数。

定比例表示自己是因为没有渠道所以无法阅读。另一项很有意思的结果是，无论上层、中层还是底层，因为书价太贵而从不阅读的比例相差并不大，中层虽然比上层收入低，但因为书价原因而不阅读的人数却比上层少，可见图书的价格是否昂贵到无法负担是一项较为主观的判断因素，和收入水平并不直接成相关。（见表4）

表4　秘鲁居民不阅读原因统计情况

类别	按社会经济阶层			按年龄			总计
	上层	中层	底层	18~29岁	30~44岁	45岁及以上	
没时间	77.8%	79.7%	66.0%	71.4%	77.9%	63.3%	70.2%
不感兴趣	11.1%	29.7%	31.0%	30.2%	34.6%	25%	29.5%
更喜欢其他活动	66.7%	35.1%	22.2%	38.1%	27.9%	23.4%	28.1%
健康原因（如视力缺陷等）	22.2%	18.9%	15.8%	3.2%	6.7%	32.0%	16.9%
没有获得图书的途径（如图书馆等）	0	10.8%	13.3%	14.3%	11.5%	10.9%	11.9%
不会阅读	0	0	10.3%	3.2%	3.8%	11.7%	7.1%
书价太贵	5.6%	4.1%	5.9%	11.1%	4.8%	3.1%	5.4%
其他原因	0	0	1.5%	1.6%	1.9%	0	1.0%
未明确回答原因	11.1%	9.5%	13.3%	14.3%	10.6%	12.5%	12.2%

资料来源：秘鲁国民阅读习惯调查

无论是什么社会阶层和年龄，秘鲁读者最喜欢阅读的作品都是文学类，包括长篇小说、短篇小说、人物传记等。（见表5）

表5　秘鲁居民阅读内容统计情况

类别	按社会经济阶层			按年龄			总计
	上层	中层	底层	18~29岁	30~44岁	45岁及以上	
长篇小说	58.00%	54.60%	39.70%	55.10%	42.80%	45.10%	47.80%
短篇小说	22.80%	25.40%	34.80%	29.40%	33.20%	26.40%	29.60%
信息类	19.70%	15.10%	17.10%	17.70%	15.70%	17.10%	16.80%
人物传记	19.20%	14.80%	11.30%	11.20%	16.20%	14.10%	13.80%
菜谱	7.80%	13.30%	15.60%	11.90%	13.80%	14.90%	13.50%

续表

类别	按社会经济阶层			按年龄			总计
	上层	中层	底层	18~29 岁	30~44 岁	45 岁及以上	
自我愈疗	15.50%	14.60%	11.30%	13.70%	13.80%	11.80%	13.10%
漫画	4.10%	6.90%	8.90%	10.20%	7.00%	5.00%	7.40%
诗歌	7.80%	6.70%	7.20%	7.20%	6.50%	7.60%	7.10%
散文	5.20%	7.20%	3.30%	5.50%	4.70%	4.50%	4.90%
旅行	8.30%	4.40%	3.10%	4.20%	4.70%	4.30%	4.40%
戏剧	6.20%	22.70%	3.40%	5.00%	3.70%	2.30%	3.60%
其他	7.80%	7.40%	8.00%	4.20%	9.40%	9.80%	7.80%
不清楚	4.10%	7.40%	14.90%	5.50%	11.20%	15.10%	10.60%
总人数	193	405	584	402	383	397	1182

资料来源：秘鲁国民阅读习惯调查

电子书方面，社会经济阶层和对电子书的认知直接相关，大多数上等社会经济阶层的读者都知道并阅读过电子书，而中层、底层读者对电子书的了解程度直线下降。绝大多数底层读者对电子书毫无概念。30 岁以下青年人对电子书的了解程度略高于年龄更大的读者，但数据相差不大。总的来讲，电子书被了解和接受的程度不高，调查中近 70% 的受访者都表示这是第一次听说电子书，可见，秘鲁的电子书行业发展仍有广阔的空间。（见表 6、表 7）

表 6　秘鲁居民电子书了解情况

类别	按社会经济阶层			按年龄			总计
	上层	中层	底层	18~29 岁	30~44 岁	45 岁及以上	
听说过	61.10%	31.10%	14.70%	39.10%	26.60%	17.90%	27.9%
第一次听说	37.80%	67.40%	82.20%	60.00%	71.00%	78.80%	69.9%
不清楚	1.00%	1.50%	3.10%	1.00%	2.30%	3.30%	2.2%
总人数	193	405	584	402	383	397	1182

资料来源：秘鲁国民阅读习惯调查

表7　秘鲁居民电子书阅读情况

类别	按社会经济阶层			按年龄			总计
	上层	中层	底层	18~29 岁	30~44 岁	45 岁及以上	
多次	34.7%	18.3%	14.9%	27.4%	17.6%	22.2%	23.3%
偶尔	44.1%	46.8%	41.4%	49%	47.1%	30.6%	44.4%
从未	20.3%	34.1%	43.7%	22.3%	35.3%	47.2%	31.7%
不清楚	0.8%	0.8%	0	1.3%	0	0	0.6%
总人数	118	126	87	157	102	72	331[①]

资料来源：秘鲁国民阅读习惯调查

外语水平方面，社会经济阶层越高，用外语阅读的能力就越强，这一数据和常识相符。在处于社会经济上层的读者中，36.3% 的人都有用外语阅读的能力，但中层和下层读者中有外语阅读能力的比例下降到 10% 左右。45 岁以下青年人外语水平比 45 岁以上人群略高，但和社会平均水平相差不大。总体而言，受访者中 84.2% 的人都表示自己并不能用西文以外的语言来阅读。（见表 8）

表8　秘鲁居民外语阅读水平情况

类别	按社会经济阶层			按年龄			总计
	上层	中层	底层	18~29 岁	30~44 岁	45 岁及以上	
是	36.3%	13.3%	9.9%	17.7%	16.2%	12.3%	15.4%
否	63.2%	86.4%	89.6%	82.1%	83.6%	86.9%	84.2%
不清楚	0.5%	0.2%	0.5%	0.2%	0.3%	0.8%	0.4%
总人数	193	405	584	402	383	397	1182

资料来源：秘鲁国民阅读习惯调查

从家庭图书拥有量来看，近半受访者家中拥有 5~20 本图书，也有 5% 的受访者表示家中一本图书都没有。社会阶层越高，图书拥有量相对更多，社会阶层对于藏书量的影响大于年龄。（见表 9）

---

① 此处总人数为上面调查中选择了"听说过电子书"的人数。

表 9　秘鲁居民家庭藏书量统计情况

类别	按社会经济阶层			按年龄			总计
	上层	中层	底层	18~29 岁	30~44 岁	45 岁及以上	
一本都没有	1.6%	1.0%	8.8%	1.5%	5.4%	8.0%	5.0%
少于 5 本	3.1%	11.1%	25.1%	17.3%	15.0%	18.2%	16.9%
5~10 本	9.3%	28.9%	28.8%	28.2%	25.8%	23.1%	25.7%
11~20 本	24.4%	25.9%	14.7%	21.8%	22.7%	15.8%	20.0%
21~50 本	25.4%	21.0%	10.6%	16.1%	15.2%	18.0%	16.5%
51~100 本	20.2%	6.9%	3.1%	7.2%	8.8%	5.6%	7.1%
101~200 本	7.3%	3.0%	1.8%	2.2%	3.6%	3.4%	3.1%
多于 200 本	5.7%	0.7%	0.2%	2.0%	0.3%	1.5%	1.2%
不清楚	3.1%	1.5%	6.9%	3.7%	3.1%	6.6%	4.5%
总人数	193	405	605	404	387	412	1203

资料来源：秘鲁国民阅读习惯调查

二、图书业发展概况

进入 21 世纪以来，秘鲁出版业发生了根本性的变化。在这段时间内，拉美一些国家出现了经济危机，对比之下，秘鲁经济的活力引人注目。从 2000 年至 2016 年，秘鲁出版机构数量倍增，从 298 家增加到 994 家；出版图书数量从 2001 种增长至 6463 种；数字出版得到一定发展，但相较其他国家，数字化的脚步仍然较慢；90% 以上的出版物为首次出版，再版率极低；出版行业呈现出高度集中的态势，一方面行业内最大的 10 家机构出版了占总品种数 29% 的产品，另一方面，首都利马贡献了行业 90% 的产出。

（一）图书出版基本情况

从 2000 年至 2016 年，图书的出版种数出现了令人瞩目的增长。2000 年时，秘鲁一年使用的 ISBN 数量仅有 2000 个左右，到 2010 年，ISBN 数量超过了 6000 个，是 10 年前的 3 倍有余。21 世纪的第 2 个 10 年，图书出版数量相对较为稳定，保持在 6000 种上下。ISBN 注册时要求注明作品格式，因此我们得以一窥秘鲁数字出版发展的情况。以数字形式出版的作品，从 2000 年的 17 种，上升到 2016 年的 821 种，占总出版数量的比例则从 2000 年的 0.8%，上升到 2010 年的 1.2% 和 2016 年的 13.7%。值得一提的是，与拉美其他国家相比，秘鲁数字出版的图书占比较低。2016 年，全拉丁美洲数字出版图书占总出版数量比例的平均数为 22%，比秘鲁的数据高出 8.3%。

从以上数据可见，秘鲁的出版行业在进入 21 世纪以后得到了较大程度的发展，也展示出巨大的潜力，但秘鲁出版业的增长效率仍低于拉丁美洲平均水平。

2000 年，拉丁美洲平均每天有 165 种图书申领 ISBN，其中 69% 在巴西、墨西哥和阿根廷。2016 年的数据则显示，拉美平均每日申领 ISBN 的图书为 549 种，其中 75% 仍是在巴西、墨西哥和阿根廷这三个国家。在秘鲁，从 2000 年到 2016 年，每日注册图书数量从 4 种增加到 17 种。如果与邻国哥伦比亚进行比较，差异显而易见，哥伦比亚的每日注册图书数量在 2000 年为 17 种，2016 年这一数字上升至 49 种。（见表 10）

表 10　2000—2016 年秘鲁出版图书数量情况

单位：种

年份	纸质版	电子版	总数
2000	1984	17	2001
2001	1371	21	1392
2002	1593	6	1599
2003	2237	17	2254
2004	299	17	316
2005	3878	21	3899
2006	4083	60	4143
2007	4847	140	4987
2008	5037	195	5232
2009	5208	120	5328
2010	5960	71	6031
2011	5275	202	5477
2012	5695	260	5955
2013	6422	337	6759

续表

年份	纸质版	电子版	总数
2014	5698	454	6152
2015	5655	439	6094
2016	5642	821	6463

资料来源：秘鲁 ISBN 管理部门

秘鲁的图书出版业呈现出地域上的高度集中和不平衡性。2016 年，90% 的图书由位于利马的机构出版。其他出版图书较多的城市包括特鲁希略、万卡约、阿雷基帕和库斯科，占据总数量的 6%。也就是说，这 5 个城市出版了秘鲁 96% 的图书。（见表 11）

表 11　2016 年秘鲁各城市出版图书数量情况

城市	使用 ISBN 的数量
利马（Lima）	5800
特鲁希略（Trujillo）	117
万卡约（Huancayo）	101
阿雷基帕（Arequipa）	92
库斯科（Cusco）	77
奇克拉约（Chiclayo）	33
普诺（Puno）	32
卡哈马卡（Cajamarca）	30
瓦努科（Huánuco）	23

资料来源：秘鲁 ISBN 管理部门

与拉美地区其他国家一样，秘鲁绝大多数图书都是首次出版，再版图书占比极低。2016 年，秘鲁 90.3% 的图书是新版，拉美地区这一数据平均是 89.7%。从 2000 年至 2016 年，这一占比基本维持稳定，没有发生太大波动。（见图 1）

单位：种

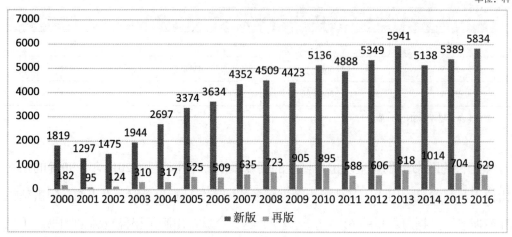

图1 秘鲁图书出版版次情况

资料来源：秘鲁 ISBN 管理部门

根据 ISBN 的数据，我们也可以了解到秘鲁出版图书的种类分布。2016 年秘鲁出版图书中约 48% 为社科类图书，与拉美其他国家数据大相径庭。在大多数拉美国家，出版数量最多的是文学类图书，社科图书在拉美出版图书整体数量中占比仅为 6.4%。（见图 2）

单位：种

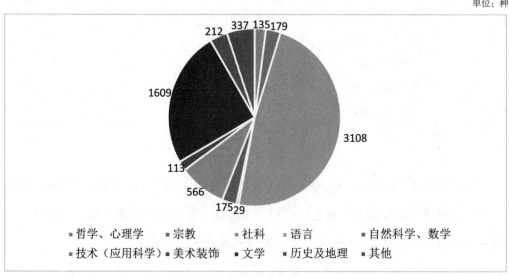

图2 2016 年秘鲁出版图书种类分布情况

资料来源：秘鲁 ISBN 管理部门

秘鲁官方语言为西班牙语，2016 年出版的图书有 97% 为西班牙语，排名第二的语言是英文，占总出版数量的 2%。值得一提的是，最近几年用克丘亚语出版的图书品种在不断增多。2000—2009 年，仅有 19 种图书以克丘亚语出版；而 2010—2016 年间，以克丘亚语出版图书的数量达到 65 种。

（二）出版机构情况

2016 年，有 994 家出版机构在秘鲁的 ISBN 管理部门登记出版图书。此处的"出版机构"定义包括所有在 ISBN 管理部门登记的法人和自然人，根据机构性质，申请注册 ISBN 的出版机构可分为以下几类：出版社、大学机构、非大学教育机构、自然人等。（见图 3）

出版机构数量的增长有多方面的因素。技术的革新和发展降低了进入出版行业的门槛，尤其是对于自然人及本业不是图书的机构而言。2016 年，有近一半的出版机构（442 家）是自然人及本业并非图书行业的机构。这一现象在拉丁美洲广泛存在。根据拉丁美洲和加勒比区域图书推广中心在 2015 年的统计，在申请了 ISBN 的 21787 家机构中，46.01%（即 10025 家）是自然人（也可称之为自出版人）。

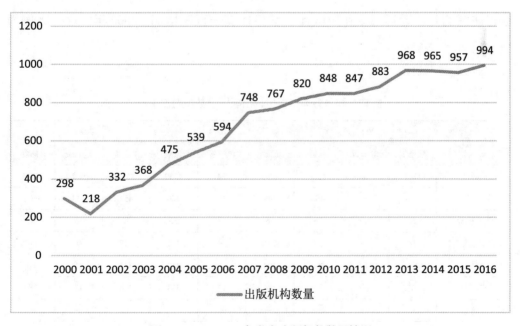

图 3　2000—2016 年秘鲁出版机构数量情况

资料来源：秘鲁 ISBN 管理部门

　　为更好地反映秘鲁出版行业的情况，在此，我们选取 237 家在 2010—2016 年期间出版图书共计超过 10 种的出版机构的出版情况进行分析。

　　所选的 237 家机构在 2012—2016 年期间共出版了 20601 种图书，平均每家 87 种。如果剔除跨国机构在秘鲁图书市场出版的图书，则共出版了 16244 种图书，每个出版机构平均拥有近 70 种。有 110 家出版机构（占该时期平均出版代理商数量的 61%）在 2012—2016 年期间每年都有图书出版，呈现出可持续发展的积极态势。

　　大学出版社也是如此。84 家高等教育相关出版机构共出版了 3276 种图书，平均每家 39 种。其中有 28 家每年都出版图书，共出版了 2882 种图书，平均每家超过 100 种，呈现出高度的集中化。

　　高等教育出版的集中度较高，经历了到达高峰然后萎缩的曲折过程。在 2000 年，只有 13 个高等教育机构注册申领 ISBN，出版 466 种图书，但在全国出版图书总量中占比高达 23%，其中有一家出版了 241 种图书。2016 年，有 65 个高等教育机构注册申领 ISBN，出版图书 606 种，占 2016 年全国出版图书总数量的 9.3%，相较于 2000 年，占比明显下降。（见表 12）

　　2016 年，秘鲁出版的图书中有 75.7% 是专业出版机构（即出版社）出版的。值得注意的是，近年来专业出版社的参与程度一直在增加。2000 年，这一比例为58.5%。

表 12　秘鲁各类出版机构出版图书数量对比情况

类别	2000 年			2010 年			2016 年		
	纸质版	电子版	总数	纸质版	电子版	总数	纸质版	电子版	总数
出版社	1161	9	1170	4705	34	4739	4262	604	4866
大学	466	—	466	448	12	460	452	154	606
宗教机构	26	—	26	56	—	56	70	10	80
非大学教育机构	38	—	38	161	—	161	137	9	146
其他	292	8	300	304	8	312	345	31	376
自然人	1	—	—	286	17	303	376	13	389
无信息	—	—	—	—	—	—	—	—	—
总数	1984	17	2001	5960	71	6031	5642	821	6463

资料来源：秘鲁 ISBN 管理部门

　　除了商业出版的显著发展外，值得注意的是自然人对图书出版的高度参与。在2000年，这一比例未达到1%；在2016年，它的参与率为5.7%。和拉美其他国家一样，由个人直接申请 ISBN 并出版成为独立出版活动中蓬勃发展的一股力量。

　　2016年，有268家出版社注册申领 ISBN，出版数量占当年图书总数的65%，平均每家出版社出版近16种。其中，有10家出版社出版作品超过100种，这10家出版图书数量加总后占作品总数的44.7%；有21家出版社出版图书在30~100种，49家出版社出版数量在10~30种之间。有146家出版社年出版数量在5种以下，其中108家仅出版了1种，这些出版社虽然出版数量少，但仍然坚持发出自己独特的声音，体现了文化的多样性,所以说他们构成了独立出版的重要部分。自出版一共有350人（家），占总出版机构的35.6%，出版图书数量占总数的5.7%。（见表13、表14、表15）

表13　秘鲁出版社出版规模统计情况

类别	出版社数量	出版图书品种	平均出版品种	占总数比例
100 种以上	10	1889	189	44.7%
50~100 种	4	350	88	8.3%
30~50 种	17	663	39	15.7%
10~30 种	49	793	16	18.8%
5~10 种	42	259	6	6.1%
5 种以下	146	271	2	6.4%
总数	268	4225	16	100%

资料来源：秘鲁 ISBN 管理部门

表14　秘鲁大学出版社出版规模统计情况

类别	机构数量	出版图书品种	平均出版品种	占总数比例
100 种以上	1	152	152	24.3%
50~100 种	—	—	—	0
30~50 种	3	118	39	18.8%
10~30 种	12	206	17	32.9%
5~10 种	14	99	7	15.8%
5 种以下	35	51	1	8.1%
总数	65	626	10	100%

资料来源：秘鲁 ISBN 管理部门

表 15　2016 年秘鲁出版图书数量最多的 20 家机构

序号	出版机构名称	出版图书种数
1	桑提亚纳出版社（Santillana S. A.）	365
2	科里弗出版社（Ediciones Corefo S. A. C.）	218
3	诺玛出版集团（Grupo Editorial Norma S. A. C.）	212
4	马克出版社（Empresa Editora Macro E. I. R. L.）	200
5	SM 出版集团（Ediciones SM S. A. C.）	193
6	企鹅兰登出版集团（Penguin Random House Grupo Editorial S. A.）	167
7	普拉内塔集团（Planeta Perú S. A.）	161
8	秘鲁天主教大学（Pontificia Universidad Católica del Perú）	152
9	雷西康出版社（Ediciones Lexicom S. A. C.）	147
10	纸方舟出版社（Arca de Papel E. I. R. L.）	120
11	ECB 出版社（ECB Ediciones S. A. C.）	106
12	调查记者及编辑联合会（Asociación Fondo de Investigadores y Editores）	98
13	太平洋研究所（Instituto Pacífico S. A. C.）	95
14	法律公报（Gaceta Jurídica S. A.）	94
15	圣马可出版社（San Marcos E. I. R. L.）	80
16	智雷出版公司（Corporación Editora Chirre S. A.）	78
17	秘鲁研究所（Instituto de Estudios Peruanos）	60
18	卢帕秘鲁公司（Luppa Perú S. A. C.）	59
19	贝卡公司（Beca S. A. C.）	48
20	先锋学校（Escuela Activa S. A.）	47

资料来源：秘鲁 ISBN 管理部门

（三）对外版权贸易与合作

秘鲁图书出口主要是提供印制服务，其本版图书想要进入国际市场，仍任重道远。秘鲁出版行业对于其他国家市场的人口、社会、经济和文化特征了解不足，也欠缺营销渠道和专业人才。尽管部分秘鲁作家在世界享有盛誉，但其版权一般由大型跨国出版机构管理，与秘鲁本土出版社无关。

近几十年来，拉丁美洲许多国家通过颁布图书法促进了出版业蓬勃发展，如哥伦比亚在 20 世纪八九十年代利用拉丁美洲的经济危机，大力发展图书出版印刷的基础设施，与此同时，大力发展与西班牙出版社的合作，这使得哥伦比亚成为拉丁美洲最大的图书出口商（出版服务和印刷服务）。在这一过程中，除了哥伦比亚宏观经济条件之外，大力促进出版业发展的法律也发挥了重要作用。为了推动秘鲁出版业在世界出版业占据一席之地，除了营造有利于图书出版行业和全民阅读的国家环境外，还要制定旨在配合本地出版业在国外市场拓展的公共政策。

2016 年，秘鲁共出版了 140 种从其他语言翻译至西班牙语的作品，而从西班牙语翻译至其他语言的作品有 42 种。（见表 16）

表 16 秘鲁出版翻译作品统计

单位：种

年份	从西班牙语至其他语言	从其他语言至西班牙语	总数
2000	16	18	34
2001	3	26	29
2002	15	34	49
2003	11	61	72
2004	11	51	62
2005	22	54	76
2006	25	87	112
2007	33	102	135
2008	44	51	95
2009	24	39	63
2010	74	87	161
2011	73	123	196
2012	87	94	181
2013	52	139	191
2014	61	186	247
2015	45	250	295
2016	42	140	182

资料来源：秘鲁 ISBN 管理部门

秘鲁目前是拉美最主要的图书出口和进口国之一，图书行业贸易逆差明显。2016

年，秘鲁出口图书总额为2240万美元，占拉美出口图书总额的7%，排名在墨西哥、哥伦比亚、阿根廷之后，位居拉美第四。2008年世界金融危机对拉美的图书出口造成巨大打击，大多数国家在2008—2016年图书出口额一泻千里，阿根廷、哥伦比亚等国2016年图书出口额均比2000年要低，智利2016年的出口额甚至只有2000年的1/10，但秘鲁的图书出口则表现稳定并有所发展。秘鲁在过去十年中成为图书和出版品印刷服务的重要提供者，出口额从2000年的1160万美元增加到2016年的2240万美元。秘鲁国家经济在这段时间内的良好表现是图书出口行业逆势上扬的关键因素之一。

从图书进口数据来看，秘鲁也是拉美不可忽视的国家之一。2016年，秘鲁进口图书总额为6980万美元，占拉美西班牙语图书进口总额的6.8%，排名第三，前两名是墨西哥和阿根廷。与出口的情况类似，由于金融危机的打击，大多数拉美国家的图书进口金额在2008年之后出现大幅下滑，甚至到2016年还没有达到2000年的水平，而秘鲁的进口额则从2000年的3110万美元增长到2016年的6980万美元。可以说，2000—2016年，秘鲁的整个出版行业，无论是图书出口、进口，抑或是本土的出版机构和出版图书数量都得到了极大的繁荣，但图书贸易逆差的增长也较快，逆差金额从2000年的1950万美元上升到2016年的4700万美元。

里卡多—帕尔马书展是秘鲁最传统的图书展览活动，1972年举办第一届，以秘鲁最杰出的作家之一的名字命名，展期17天，免费向市民开放，主要目的是传播秘鲁作者、插画师、学者出版的新作，也为拉美其他国家的年轻作者提供展示平台。

利马国际书展（FIL LIMA）是秘鲁规模最大、最重要的文化活动，也是拉美地区五大国际书展之一，展商以西语国家为主，一般在8月底举行。首届利马国际书展于1995年举办，经过20余年的发展，利马国际书展已成为更具文化集聚功能的大型交流平台，书展面积约为1.5万平方米，每年除展销图书外，现场还会组织数百场研讨会、作者见面会、电影展映等文化交流活动，书展期间还会颁发秘鲁出版协会短篇小说奖和利马国际书展奖等奖项。

受全球新冠肺炎疫情影响，2020年利马国际书展于8月21日至9月6日在线上举办，主题为"关注秘鲁"，秘鲁图书协会搭建了利马国际书展数字平台，最终有100多家书店、12万余种图书进驻，线上举办200多场活动，来自13个国家的文学大师通过线上形式参与书展期间的论坛。这届书展是该国第一个完全虚拟的书展，目的是重新激活遭受新冠肺炎疫情严重打击的图书行业，促进民众阅读习惯的改善。

三、报刊业发展概况

秘鲁报业的起源最早可追溯到 18 世纪西班牙殖民时期，1821 年独立后，由于国家政治动荡，军事政变频繁，秘鲁报业在艰难中前行发展。进入 21 世纪以来，随着国家政局稳定，法制逐步完善，新闻自由获得长足进步。伴随着互联网传播技术及数字化浪潮，秘鲁的报业迎来了较好的发展。

（一）总体情况

目前，秘鲁国内有一百余家报社，利马是秘鲁报业当之无愧的中心。《秘鲁日报》（ *El Peruano* ）是国家官方报纸，隶属于秘鲁国家出版社，由拉美独立战争先驱玻利瓦尔于 1825 年创立。秘鲁政府规定，所有的法律法规等官方文件都必须全文刊登在《秘鲁日报》上。

秘鲁有五大报业集团，其中，《商报》出版集团旗下的《商报》（ *El Comercio* ）创立于 1839 年，是秘鲁历史最悠久、影响力最大、发行量最大的报纸，全国日均销量超过 10 万份。《公言报》和《秘华商报》是秘鲁较有影响力的两家华文报纸，在华裔社区广受欢迎。20 世纪 90 年代，秘鲁报业即开始尝试网络出版，包括《秘鲁日报》《商报》等报纸网络版先后上线。

秘鲁报业协会（Sociedad de Empresas Periodísticas del Perú, SEPP）是一个非营利性协会，于 2004 年 8 月在利马成立，汇集了秘鲁最重要的报业集团的代表。

目前秘鲁有 30 多种全国发行的杂志，其中大部分为外国杂志的本地版。主要杂志包括《假面具》（ *CASETAS* ）（政治类）、《黑方》（ *Etiqueta Negra* ）（经济类）、《企业》（ *Business* ）（商业类）、《收市》（ *Al Cierre* ）（财经类）、《每日工业》（ *Industria Al Dia* ）（工业类）等。从发行周期看，25% 是周刊，13% 是双周刊，62% 是月刊。从内容看，49% 是时政，35% 是女性，体育和经济各占 5%，卡通连环画和演出各占 3%。

（二）报刊阅读情况

根据秘鲁天主教大学民意研究所进行的国民阅读习惯调查，秘鲁读者阅读报纸的频率远远高于阅读图书的频率。近一半的读者每天都阅读报纸，仅有 7.7% 的受访者

表示自己从不或几乎不阅读报纸，从不阅读图书的比例为 15.5%，相差近一倍。（见表 17）

表17 秘鲁民众阅读报纸频率（包括免费报纸、电子报纸）统计情况

类别	按社会经济阶层			按年龄			总计
	上层	中层	底层	18~29岁	30~44岁	45岁及以上	
每天或几乎每天阅读	61.7%	51.4%	34.2%	41.5%	44.9%	47.4%	44.6%
每周一到两次	25.9%	35.6%	39.9%	36.8%	38.4%	33.2%	36.1%
每月几次	6.2%	6.4%	12.8%	12.2%	8.9%	7.6%	9.6%
每季度阅读	2.1%	1.2%	2.2%	2.7%	0.8%	2.0%	1.9%
几乎从不阅读	3.6%	4.0%	7.7%	4.7%	5.2%	7.3%	5.8%
从不阅读	0	1.5%	2.7%	2.0%	1.6%	2.0%	1.9%
不清楚	0.5%	0	0.3%	0	0.3%	0.5%	0.3%
总人数	193	405	584	402	383	397	1182

资料来源：秘鲁国民阅读习惯调查

绝大多数读者阅读的是纸质版报纸，只有 2.9% 的读者主要阅读电子版。与电子书接受情况类似，社会阶层越高，对电子版的接受和了解程度就相对更高，但总体来讲电子版的影响力较之纸质版差距极大。（见表 18）

表18 秘鲁纸质版报纸及电子版报纸阅读情况比较

类别	按社会经济阶层			按年龄			总计
	上层	中层	底层	18~29岁	30~44岁	45岁及以上	
纸质版	81.1%	94.0%	96.4%	89.9%	91.6%	97.5%	92.9%
电子版	10.8%	2.1%	0.8%	3.7%	4.5%	0.6%	2.9%
两种都看	8.1%	3.9%	2.5%	6.4%	3.6%	1.7%	3.9%
不知道	0	0	0.4%	0	0.3%	0.3%	0.2%
总人数	185	383	522	375	357	358	1090

资料来源：秘鲁国民阅读习惯调查

杂志的受欢迎程度比图书更低，每天、每周、每月、每季度阅读杂志的读者比例

均低于对应的图书读者比例。近半受访者表示自己从未或几乎从未阅读过杂志。无论是图书、杂志还是报纸，社会经济阶层越高，阅读情况越好。杂志的阅读情况和年龄没有太大关系，各年龄段阅读杂志的比例相差不大。（见表 19）

表 19　秘鲁居民杂志阅读频率统计情况

类别	按社会经济阶层			按年龄			总计
	上层	中层	底层	18~29 岁	30~44 岁	45 岁及以上	
每天或几乎每天阅读	10.4%	5.2%	2.9%	5.5%	3.1%	6.0%	4.9%
每周一到两次	39.9%	23.0%	11.0%	18.2%	22.2%	19.1%	19.8%
每月几次	24.9%	21.2%	17.1%	23.4%	20.1%	15.9%	19.8%
每季度阅读	8.8%	10.6%	8.6%	11.9%	8.6%	7.3%	9.3%
几乎从不阅读	12.4%	22.7%	30.5%	24.1%	24.8%	25.7%	24.9%
从不阅读	3.6%	17.0%	28.6%	16.4%	20.6%	24.7%	20.6%
不清楚	0	0.2%	1.4%	0.5%	0.5%	1.3%	0.8%
总人数	193	405	584	402	383	397	1182

资料来源：秘鲁国民阅读习惯调查

与电子图书和电子报纸类似，电子杂志接受程度亦远远低于纸质版杂志。在社会经济阶层中处于上层的读者阅读电子版杂志的比例远高于其他阶层。45 岁及以上读者群对电子杂志的接受程度则远低于青年读者。（见表 20）

表 20　秘鲁纸质版杂志和电子版杂志阅读情况比较

类别	按社会经济阶层			按年龄			总计
	上层	中层	底层	18~29 岁	30~44 岁	45 岁及以上	
纸质版	80.2%	91.4%	93.1%	84.4%	88.0%	96.4%	89.2%
电子版	10.5%	2.5%	2.6%	6.3%	4.8%	2.1%	4.6%
两种都看	8.6%	5.3%	3.9%	8.4%	6.7%	1.0%	5.7%
不知道	0.6%	0.8%	0.4%	0.8%	0.5%	0.5%	0.6%
总人数	162	243	232	237	208	192	637

资料来源：秘鲁国民阅读习惯调查

四、中秘出版业交流合作情况

中国与秘鲁的文化交流源远流长。早在明朝万历年间，即 16 世纪后期至 17 世纪初，中国与秘鲁等拉美国家通过"海上丝绸之路"和"马尼拉大帆船"就开始贸易、文化和人员往来。从 1849 年第一批中国移民到达秘鲁开始，中秘两国之间的往来不断加强，两国的文明开始交融。

中国与秘鲁于 1971 年正式建交，双边关系长期稳定健康发展，两国关系已提升为全面战略伙伴关系，经贸合作不断扩大，文化、科技、教育、旅游等领域的交流日益增多。中国是秘鲁最大的贸易伙伴，秘鲁是中国在拉美第四大贸易伙伴和第二大投资目的地国。2019 年 4 月，两国签署共建"一带一路"合作谅解备忘录。

在 2010 年之后，秘鲁和中国的出版业交流也取得了长足的进步。2010 年 1 月，《今日中国》秘鲁版正式创刊；同年 7 月，《今日中国》秘鲁代表处正式揭牌。《今日中国》在中国和秘鲁的出版及文化交流中发挥了重要作用。中国出版业曾多次组团参加秘鲁最重要的书展——利马国际书展。

2013 年，由中国国际图书贸易集团公司主办的"全球百家华文书店中国书展"活动亮相第 18 届利马国际书展，受到秘鲁读者的欢迎以及参展商的关注。2015 年，第 20 届利马国际书展上，中国驻秘鲁大使馆和秘中友谊基金会在利马国际书展联合举办《习近平谈治国理政》研讨推介会。2019 年，著名作家、诺贝尔文学奖获得者莫言访问秘鲁，出席第 24 届利马国际书展，受到当地媒体的广泛关注，秘鲁天主教大学授予莫言荣誉博士学位。

孔子学院在中秘出版与文化交流中也起到良好作用。2017 年，孔子学院在书展期间举办"秘鲁留学生的中国经历"讲座、书法和剪纸艺术讲座等文化活动。

目前，中国主题图书在秘鲁图书市场仍较为小众，但随着中国国际影响力不断增强，秘鲁人民渴望对中国的基本情况、中国经济、中国文化有进一步的了解，这为中国与秘鲁出版业开展深入合作创造了良好基础。

参考文献

1. 秘鲁文化部.秘鲁艺术和文化产业概述报告.2016 年.

2. 秘鲁出版协会、拉丁美洲和加勒比地区图书促进中心.秘鲁出版业诊断报告.2017 年.

3. 秘鲁文化部图书阅读管理局.促进秘鲁图书及阅读发展：机遇与挑战.2019 年.

4. 秘鲁天主教大学民意研究所.秘鲁国民阅读习惯调查.2015 年.

5. 秘鲁图书协会.年度工作报告.2018 年.

6. 商务部国际贸易经济合作研究院、中国驻秘鲁大使馆经济商务参赞处、商务部对外投资和经济合作司.对外投资合作国别（地区）指南之秘鲁.2020 年.

7. 秘鲁出版业.http://www.chinabookinternational.org/2016/0428/119027.shtml

8. 傅思凡，刘冬.秘鲁报业基本概况及特点探析 [J].大观，2019（3）：132-133.

9. 王萌萌，陈力丹.从双百年政治动荡中走过来的秘鲁新闻传播业 [J].新闻界，2017（10）：86-94.

10. 国务院新闻办公室网站.秘鲁利马国际书展举办《习近平谈治国理政》研讨推介会.http://www.scio.gov.cn/wz/Document/1441708/1441708.htm

11. 新华网.中国十二生肖走进利马国际书展.http://www.xinhuanet.com/world/2016-07/21/c_129166096.htm

12. 新华网.莫言获秘鲁天主教大学荣誉博士学位.http://www.xinhuanet.com/world/2019-07/31/c_1210223058.htm

（作者单位：五洲传播出版社）

卡塔尔出版业发展报告

刘欣路　　吴若仪

卡塔尔全称卡塔尔国（The State of Qatar），位于亚洲西部，东、北、西三面被波斯湾环绕，南面与沙特阿拉伯、阿联酋接壤，2021 年人口 288 万，其中卡塔尔公民约占 15%，另有大批外籍劳工。卡塔尔系君主制国家，近年来，其国内政局基本保持稳定。经济上，卡油气资源丰富，人均收入水平在世界名列前茅，卡塔尔将于 2022年举办第 22 届世界杯足球赛，为此近年来大力发展基础设施建设。外交上，卡塔尔奉行"小国家大外交"政策，力求与周边国家和域外大国保持较好关系。国内环境上，卡塔尔社会治安良好，恐怖主义、有组织犯罪等威胁较小。卡王室、政府、企业对华友好，支持"一带一路"倡议，愿与中国在各领域加强务实合作。

一、出版业发展背景

受到英国殖民统治的影响，卡塔尔出版业起步较晚，发展历程较为短暂。但其能够利用自身能源优势、地缘优势，采取适合国情、对外开放的发展战略，在短短几十年内，实现较快的进步。除了符合国内政治、经济状况的战略，卡塔尔还制定多项相关法律及政策，为出版业健康发展保驾护航。在各界人士的共同努力下，目前卡塔尔已成立较为完善的出版行业组织与管理机构，一批致力于服务大众的公共图书馆也相继建成。

（一）政治经济状况

卡塔尔是海湾地区小国，奉行"小国家大外交"政策，政治影响力和经济实力可与中东地区大国匹敌。卡塔尔是联合国等 29 个国际组织以及伊斯兰会议组织、阿盟和海合会等 14 个区域性组织成员国，与 110 多个国家建立了外交关系。

卡塔尔人过去曾依靠开采沿海的珍珠维系生活，后来伴随海湾地区油气资源的发现，卡塔尔人逐渐摆脱了原始落后的生产方式。1958 年是卡塔尔的石油生产年，也是其走向复兴的飞越年。近几年，卡塔尔经济发展迅速。依靠丰富的石油、天然气资源，卡塔尔一跃跨入全球富裕国家行列。根据卡塔尔统计与规划部数据，卡塔尔 2015 年国内生产总值 1646 亿美元，人均国内生产总值 7 万美元，在全世界名列前茅，经济增长率达 3.7%。2020 年以来，卡塔尔受到新冠肺炎疫情影响，经济发展呈现负增长态势，"但是国际货币基金组织预测 2021 年卡塔尔国内生产总值将实现 2.5% 的增长"[①]。卡塔尔经济开放程度在中东处于领先地位，发展前景较为稳定。与其他海湾国家经济发展历程相似，卡塔尔的经济最初过分倚重石油天然气资源，非石油经济则发展较为缓慢，经济发展结构不平衡。为了摆脱对石油收入的严重依赖，寻求石油枯竭后的可持续发展，卡塔尔政府在多年前积极推动经济发展的多元性，加快非油气产业的发展速度。除了继续重点发展油气及石化产业之外，卡塔尔政府还积极推进基础设施的建设以及加工制造业、金融业、房地产等产业的发展，从而实现经济多元化发展。卡塔尔政府为此还制定了 2030 年国家发展愿景（رؤية قطر الوطنية ٢٠٣٠），提升国民生活水平和质量，保持经济稳步增长，重视环境保护，加大对教育、卫生领域的投资力度；除此之外，愿景还强调了实现全面发展、复兴传统文化的重要意义，指出经济发展应与文化传承并行不悖，为卡塔尔文化事业发展指明方向。

（二）相关法律及政策

自 1971 年实现国家独立后，卡塔尔出版业开始稳步发展，1995 年后进入发展黄金期，其中最重要的是 1979 年颁布的《新闻出版法》（قانون المطبوعات والنشر）和 1995 年的《哈马德改革》（إصلاح حمد）。

1979 年，卡塔尔政府发布 8 号法令《新闻出版法》，确认官方审查制度。该法律共八章[②]，对卡塔尔出版业的各个方面作出了严格规范。例如第二章规定"在卡塔尔发行新闻出版物必须获得新闻部长签发的书面许可证，发行前需要向新闻部递交申

---

① 国际货币基金组织. 世界经济展望：漫长艰难的攀行之路. 访问链接：https://www.imf.org/zh/Search#q=%E5%8D%A1%E5%A1%94%E5%B0%942020&sort=relevancy，访问日期：2021/3/24

② 卡塔尔 1979 年 8 号法令《新闻出版法》：http://www.almeezan.qa/LawPage.aspx?id=414&language=ar

请；没有获得卡塔尔新闻部批准，禁止外国新闻出版物将出版地转移至卡塔尔；新闻出版物的所有者须为卡塔尔国籍，如果不能满足该条件，出版物所有者应精通阿拉伯语，或精通出版物所用语言；卡塔尔籍新闻记者不得与外国有工作联系，非卡塔尔籍记者需获得相关机构的资质认可，并在卡塔尔知名新闻机构有三年的工作经验，禁止从事除新闻工作以外的职业；新闻主编应永久居住在卡塔尔"；第三章规定"印刷方、出版方、规定印刷机构的所有者和行政管理人员应为卡塔尔国民，未经印刷与出版局（إدارة المطبوعات والنشر）许可，不得印刷任何出版物"。

此外，该法律也对出版内容进行了严格规定，严禁出版与政府的政治、经济、宗教导向不一致的图书、报刊等。例如法律第四章第 46 条规定"严禁批判卡塔尔埃米尔，除非得到其办公室主任的书面许可，否则不得议论卡塔尔埃米尔"；第 47 条规定"禁止发布任何可能煽动推翻本国政权、损害国家利益和安全、亵渎或蔑视伊斯兰教及其教义的内容，除非得到官方授权，不得发布与个人案件、身份有关的调查和起诉，以及质疑公职人员的言论"。

该法律还赋予了出版方相当大的内容编辑权力，第五章专门对出版物的发行与流通进行了规定，其中第 58 条规定"出版方经新闻部批准，可以删除任何段落、条款、评注或任何包含根据本法第四章规定所禁止的内容。如果无法删除，出版方可以在新闻部批准下发布禁止出版物发行的决定。任何司法机构都不得对此决定提出上诉"；第八章第 99 条规定"新闻部授权的印刷与出版局的工作人员应有相应的执法权力"。

直到 1995 年 6 月，埃米尔哈马德颁布埃米尔令，取消对新闻出版物的审查制度。[①]1996 年进一步取消限制，信息监管部被撤销，并入新闻部。1998 年 10 月，新闻部的建制取消，政府不再对本国电视、报纸等新闻媒体的刊播内容进行审查。这是哈马德执政以来所作出的重大决策之一，为出版业发展提供了开放自由的环境。

2008 年 5 月，卡塔尔颁布"成立多哈媒体自由中心"文件，旨在推动新闻自由。卡塔尔重视开展海外媒体合作，目前已与摩洛哥、沙特、土耳其等国建立起传媒合作机制。

2019 年 11 月，卡塔尔内阁新批准了一项规范新闻、出版物、媒体活动和艺术的

① 卡塔尔 1998 年 5 号法令《取消新闻文化部及职责调整》：http://www.almeezan.qa/LawPage.aspx?id=359&language=ar

法律草案，进一步完善推动出版业发展的制度基础。

（三）行业组织与管理机构

在 20 世纪八九十年代，卡塔尔的出版业受到国内信息部及其审查办公室的管理和监督，所有出版、发行的刊物都受到严格的管理。然而至 1995 年，谢赫·哈马德·本·哈里发·阿勒萨尼执政后，卡塔尔出版行业所受限制相对减弱。1995 年，卡塔尔埃米尔取消了对报纸出版环节中严格的审查程序，次年，埃米尔解散了卡塔尔信息和审查部。2003 年，卡塔尔公民积极为保障新闻和出版自由的新宪法出台而投票，这为出版业的快速发展打开新的局面。近几年来，为了实现建设知识型社会和优化国家政务管理间的平衡，卡塔尔一直在出版业管理层面寻找切实可行的操作办法，以此为出版业发展注入活力。

卡塔尔对国内出版业进行管理主要是通过以下两个机构：卡塔尔文化与体育部和卡塔尔国家信息通信技术部。

卡塔尔文化与体育部（وزارة الثقافة والرياضة القطرية）成立于 2016 年，由原卡塔尔文化、艺术与遗产部和原卡塔尔青年与体育部合并而成。该部组织架构为：一为部长下属行政单位（الوحدات الإدارية التابعة للوزير）；二为副部长下属行政单位（الوحدات الإدارية التابعة لوكيل الوزارة）；三为文化事务助理副部长下属的行政单位（الوحدات الإدارية التابعة لوكيل الوزارة المساعد لشؤون الثقافة）；四为青年及体育事务助理副部长的行政单位（الوحدات الإدارية التابعة لوكيل الوزارة المساعد لشؤون الشباب والرياضة）。（见图 1）文化与体育部负责赞助卡塔尔文化、艺术事业，保护民俗和伊斯兰遗产，组织一系列国家文化活动，致力于突出本民族文化特色并对其进行相关的研究。该部拥有许可建立艺术团、音像广播电台的权力，并对其播放的材料进行审查；此外，文化与体育部为图书出版物、新闻出版物和艺术作品颁发许可证并对其进行审查。除了组织、发展国家文化事业，该部还致力于建设国民体育事业，为卡塔尔文体平衡发展奠定组织基础。

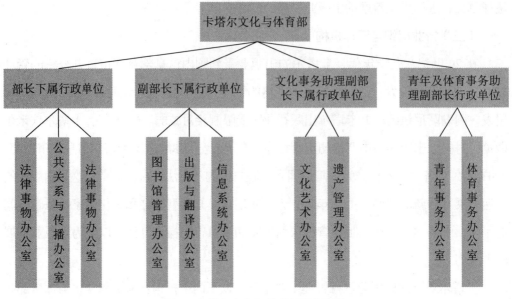

图1   卡塔尔文化与体育部组织架构

资料来源：卡塔尔文化与体育部

卡塔尔国家信息通信技术部（وزارة المواصلات والاتصالات）负责制定卡塔尔互联网行业的产业政策、产业标准、产业规划，对行业的发展方向进行宏观调控，总体把握行业服务内容。该部和各省、区、市的电信管理机构依法对互联网信息服务实施监督管理。

（四）公共图书馆建设情况

卡塔尔公共图书馆历史较短，第一座图书馆建于 1962 年。然而近几十年以来，在有关部委和图书管理机构的大力支持下，卡塔尔公共图书馆取得了迅速发展，为居民和游客提供了多样化的图书馆藏和高质量的图书馆服务，满足读者的不同阅读需求，是卡塔尔构建知识型社会的重要硬件保障。

1. 阿尔霍尔市公共图书馆（مكتبة الخور العامة）

阿尔霍尔市公共图书馆，位于卡塔尔阿尔霍尔市，建于 1977 年。图书馆现藏有约 39041 种阿拉伯语图书和 4013 种英语图书。该馆致力于向其他图书馆单位和本馆读者提供馆际互借和个人借阅的服务，为公共图书管理单位提供最新图书市场信息，以优化整体服务，并向知识分子和科学家提供学术研究中所必需的材料。除了定期举行相关主题的文化活动，图书馆还积极参与各类国家或世界性的文化节，比如，在"世界读书日"举办相关展览和趣味比赛等。另外，图书馆还积极承担社会责任，比如承接中小学校学生的参观活动，为来访的学生们讲解图书馆使用方式、借书流程、阅读技巧等。

2. 沙玛尔公共图书馆（مكتبة الشمال العامة）

沙玛尔公共图书馆位于卡塔尔沙玛尔市，建于 1979 年。到目前为止，馆藏有 60726 种阿拉伯语图书和 2779 种英语图书。该馆以提供优质的公共服务为目标，营造良好阅读环境，时刻对图书市场保持高度敏感，保证在第一时间为广大读者提供最新出版的图书。除此之外，图书馆也会定期举办主题文化讲座，主题涉及学术写作、资料检索、阅读技巧等。同时，图书馆也支持图书外借、新书推荐等服务。

3. 坎萨图书馆（مكتبة الخنساء）

坎萨图书馆位于多哈，是卡塔尔第一家女性图书馆，建于 1981 年，截至目前，馆内藏书约 42934 种阿拉伯语图书和 5091 种英语图书。该图书馆致力于关注女性读者权利、维护女性读者利益，为卡塔尔女性公民阅读提供良好场所。此外，图书馆也专门开设服务于广大妇女的培训课程，比如职业技能训练、儿童教育等。该图书馆的创立是卡塔尔人尊重女性、关注女性思想的集中体现，是卡塔尔社会进步的一大标志。

4. 卡塔尔国家图书馆（مكتبة قطر الوطنية）

卡塔尔国家图书馆是卡塔尔教育、科学与社会发展基金会下属的非营利组织。卡塔尔基金会主席于 2012 年 11 月，在卡塔尔多哈第一个公共图书馆建成 50 周年纪念庆典上宣布了新建卡塔尔国家图书馆的计划。卡塔尔国家图书馆致力于实现以下几个目标：首先，作为国家级图书馆，该馆致力于将自身打造成为大学学术研究赋能、引领数字时代潮流、完善城市公共空间配套设施的一流图书馆；其次，该馆将充分发挥其作为国家图书馆的优势，整合现有资源，收集并提供世界各国文化史料，包括与卡塔尔和海湾地区有关的历史文物遗产和古籍档案等资料；此外，作为全国范围内最大的图书馆，卡塔尔国家图书馆积极为支持各级教育推进和各类学术研究的开展不断努力；作为现代化的城市公共图书馆，该馆也会承担起传统图书馆的社会责任，为公众提供图书及配套服务，以满足读者的阅读需求，提升其阅读兴趣，提高公众的文化素养；随着馆内外建筑的不断翻新，卡塔尔国家图书馆也是卡塔尔公民进行社区聚会的理想场所。卡塔尔基金会于 2012 年 4 月任命德国学者和图书馆专家克劳迪娅·勒克斯(Claudia Lux)为该图书馆项目的主要负责人,负责监督卡塔尔国家图书馆的数字化建设。同时,卡塔尔基金会也以该图书馆为中心,辐射带动一批学术机构的落地、发展。现如今卡塔尔国家图书馆所在片区已坐落有六所美国大学的分校以及其他教育、研究机构。

除却宏大的战略定位,该馆也为公众提供贴心的服务。任何卡塔尔公民或居民许可证持有人都有资格在图书馆进行免费注册。同时,图书馆也开辟专门网站为已注册的用户提供免费在线访问服务,并为其提供丰富资源。这些资源包括国际学术数据库、国际顶级学术期刊以及流行文学、杂志、儿童书籍和音乐影视资源等。图书馆内提供英语、阿拉伯语和其他语言的纸质图书及电子书,包括畅销小说、经典名著、流行杂志和学术期刊,还有 DVD、CD 等有声读物。截至 2018 年,图书馆的藏书包括 80 万种纸质图书和 50 多万种电子书资源。此外,还有相当一部分期刊、报纸以及特别藏书。图书馆已开展广泛的教育、教学服务,重点为培养公民文化素养,帮助适龄孩童完成早期识字,提升公民职业技能及其使用数字资源的能力。图书馆的教育计划包括组建读书俱乐部、语言学习班、音乐活动班和手工艺作坊,还开展专门针对儿童及其家庭的互动活动,比如讲故事、亲子手工艺品制作和参观科技展览等。

二、图书业发展概况

卡塔尔秉持多元、开放的观念,积极推动与不同国家间的图书交流,力求实现文化互鉴、知识共享。除此之外,卡塔尔重视国民教育,文学小说、社会历史和政治、宗教类图书广受卡塔尔读者欢迎。广阔的市场和支持性的政策推动成立一批出版企业,为卡塔尔乃至世界读者提供优质书籍。除了通过贸易手段实现图书交流,卡塔尔还举办书展等形式多样的活动,以实现全民阅读的目标。

(一)进出口情况

阿拉伯语是联合国六大工作语言之一,世界上约有 2.8 亿人口母语为阿拉伯语,阿拉伯语使用者总人数约为 4.52 亿,被认为是第五大广泛使用的语言。作为翻译的译入语言,阿拉伯语排在第 29 位;作为翻译的源语言,阿拉伯语排在第 17 位。由此看来,阿拉伯语和其他世界主要语言相比在图书翻译、生产、消费方面的活动未能反映出阿拉伯语在世界语言中的真实地位。

22 个阿拉伯国家虽然有着统一的语言，但由于各国经济发展水平参差不齐，阿拉伯出版业整体呈现出较大的差异性，发展面临较大挑战。尤其是"阿拉伯之春"之后，阿拉伯世界中包括埃及、黎巴嫩在内的传统出版大国的出版业发展式微，其引领地位一定程度上让位于出版业蓬勃发展的国家——卡塔尔。近年来，卡塔尔在国家发展战略支持下，新成立了一大批覆盖领域广、出版物种类多的综合性出版社，同时，卡塔尔也一直积极扩大其出版业市场规模，以期在将来实现长足发展。

自 2016—2020 年，卡塔尔图书出口总量达 1134.37 万册，期刊达 294.87 万册，报纸达 43.61 万份（数据截至 2020 年 12 月）；出口图书的类别覆盖少儿读物，综合类，宗教、社会科学类，文化、教育类图书，文学、艺术类和自然科学技术类等。从以上数据可以看出，卡塔尔在出版物出口环节以图书出口为主，期刊次之，报纸的出口量最少；在所有的出口图书中，儿童类书籍出口比重最大，高达 42%，约占图书出口总量的一半，其次是综合类及宗教类图书，自然科学技术类图书占比相对较小。（见图 2、图 3 ）

单位：万册、万份

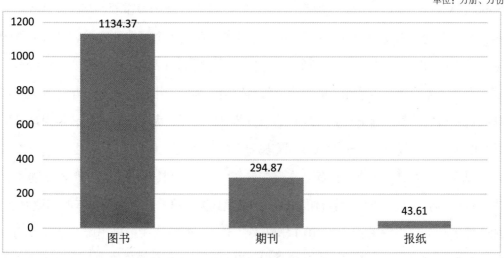

图 2　2016—2020 年卡塔尔出版物累计出口情况

资料来源：卡塔尔统计与规划部

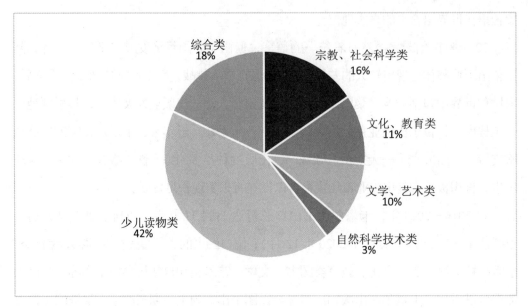

图 3　2016—2020 年卡塔尔各类图书出口所占比重

资料来源：卡塔尔统计与规划部

近年来，卡塔尔出版物出口市场一个明显特点就是以出口儿童读物为主，这与卡塔尔采取的国家发展战略息息相关。2008 年 10 月，卡塔尔启动"2030 国家愿景"（Qatar National Vision 2030）计划，这被看作是卡塔尔未来几十年内最重要的国家发展战略，其核心是通过大力发展经济，到 2030 年将卡塔尔建成一个可持续发展、具有较强国际竞争力、国民生活水平较高的国家。这份发展战略的重点之一就是投资知识经济，建立世界一流的教育体系和创造平等的教育机会。为此，卡塔尔在近十年来加大对传统教育领域的改革，健全并完善现有的教育体制、体系，尤其是加强人才培育环节中教材的审定和出版，为实现"2030 国家愿景"提供强大智力支持。

基于这一背景，卡塔尔出版业在聚焦传统图书、期刊、报纸出版的同时，也积极推动对小、初、高甚至大学生教材的出版工作，尤其关注培养儿童和青少年的阅读习惯，加快推进相关出版物出版。自 2010 年以来，卡塔尔新成立一批以出版儿童读物为主的私人控股出版社。在培育儿童创新意识、弘扬卡塔尔社会的价值观和文化传统的方针政策指引下，一批高标准、高质量的儿童读物得以与读者见面。这些读物不仅在国内受到读者喜爱，在阿拉伯地区也广受关注。一些优秀少儿读物也出现在卡塔尔各类书展中，供人们阅览。

　　自 2016 年以来，卡塔尔图书进口总量达 3139.18 万册，期刊达 295.34 万册，报纸达 771.98 万份；进口图书的类别覆盖少儿读物，综合类，文化、教育类，文学、艺术类等。从以上数据可以看出，卡塔尔在出版物进口环节仍以图书进口为主，报纸次之，期刊的进口量最少；而在所有的进口图书中，儿童类图书所占比重依然最大，文化教育类、文学艺术类图书所占比重相较出口环节有很大提升，宗教类图书在这一环节比重降至零，而与之相对应的是，哲学、社会科学类图书出现在卡塔尔图书进口的名单中，且占有一定比例。

　　通过图 2 与图 4 数据统计可以发现，2016—2020 年，卡塔尔出版物进口量要远远大于其出口量，尤其是对于图书来说，卡塔尔图书进口量几乎为其出口量的三倍，这说明卡塔尔国内对进口图书需求较高，卡塔尔本土图书出版物很难填补其巨大的市场需求缺口。此外，文化教育、文学艺术类图书在进口环节的比重有明显提升，这说明卡塔尔读者对外国文学、艺术等话题具有极高的阅读兴趣，并且能够以开放的心态接受不同国家的文化，这与卡塔尔社会倡导的多元、包容的价值观息息相关。宗教类图书在卡塔尔图书进口中占有一定比例，能够从侧面体现出卡塔尔对伊斯兰教的研究具有规模，且取得一定成绩，在相关的领域能够产生一定程度的影响。（见图 4、图 5）

单位：万册、万份

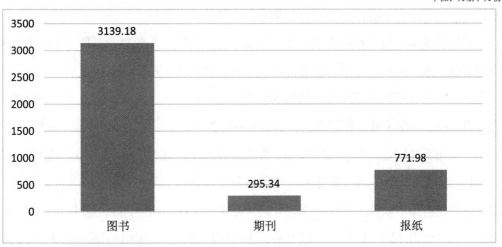

图 4　2016—2020 年卡塔尔出版物累计进口情况

资料来源：卡塔尔统计与规划部

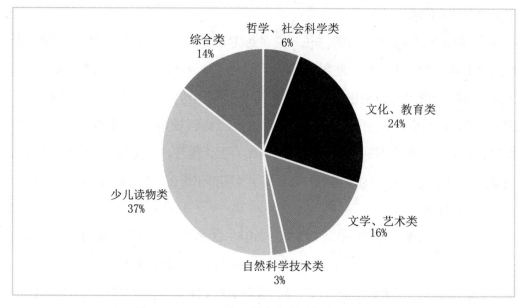

图5 2016—2020年卡塔尔各类图书进口所占比重

资料来源：卡塔尔统计与规划部

（二）畅销书情况

从卡塔尔畅销书情况来看，卡塔尔重视儿童青少年教育，注重从宗教、社会科学和文学等领域对国民进行培育熏陶，这也是卡塔尔图书出版业的一大特点。正是由于对儿童青少年教育的重视使得卡塔尔教育行业得到长足发展，为国家现代化建设培育一批人才，也成为卡塔尔"2030国家愿景"实现的重要支柱之一。

就图书出版和畅销种类而言，卡塔尔图书市场教材、宗教类图书和实用性生活类图书销量最大。此外，阿拉伯读者对阅读小说，尤其是长篇小说有极大的兴趣。近些年来，卡塔尔、阿联酋等海湾阿拉伯国家为促进阿拉伯世界文学繁荣发展，鼓励更多有才青年投身文学事业，相继设立"卡塔拉阿拉伯小说奖"（جائزة كتارا للرواية العربية）、"阿拉伯小说布克奖"等文学领域的奖项，奖金十分丰厚，有力地促进了阿拉伯世界小说的创作、出版和发行。除了促进本土作家进行文学创作，阿拉伯海湾国家在译介外国文学方面也有不俗表现。外国文学，尤其是欧美文学在卡塔尔图书市场中也占据一席之地。为了促进不同文化间的交流互鉴，卡塔尔设立了"谢赫哈马德国际翻译与谅解奖"，以鼓励那些在文化翻译中有突出表现的学者和翻译家。

根据"悦读"①网站（Goodread）数据统计，2020年卡塔尔最畅销的文学类图书为《堕落的女孩》（英文版）、《永恒之爱》（英文版）、《海盗》（阿文版）、《爱情来了》（英文版）等；最畅销的社会学类图书为《极乐地理：寻找世界上最幸福的地方》（英文版）、《卡塔尔：一部现代史》（英文版）、《美国战争》（英文版）、《卡塔尔：小国大政治》（英文版）、《卡塔尔农业史（1800—1950）》（英文版）等；最畅销的宗教类图书为《穆罕默德生平》（英文版）、《伊斯兰简史》（阿文版）等。从中可以看出，文学小说、社会历史和政治、宗教类图书广受卡塔尔读者欢迎。除了阿拉伯语图书外，卡塔尔读者对英文图书的接受度也普遍较高，这与卡塔尔对教育的重视、对多元文化的包容、主张传统与现代相结合不无关系。

儿童类图书在卡塔尔也比较受欢迎。就人口比例而言，卡塔尔是一个"少龄化"社会，因此儿童教育对于卡塔尔社会发展意义重大。近年来，卡塔尔大力鼓励和支持儿童文学作品的出版，注重向儿童、青少年灌输文化意识。同时，专注于儿童作品的本土出版商数量也越来越多，窝塔德出版社（Dar Al Watad）、卡塔拉出版社（Katara Publishing House）和露希尔出版社（LUSAIL）等就是其中的代表。目前市场上畅销的童书为：《我的道德和价值观》（阿文版）、《叶赛敏的日记》（阿文版）、《杰西卡王后》（英文版）等。

在社科类图书方面值得一提的是，尽管如今卡塔尔社会经济发生了迅速而巨大的转变，但人口年龄结构相对年轻的卡塔尔保持了现代生活与本土文化和传统价值观念间的平衡。宗教和历史传统是在社会中反映其身份归属与认同的重要主题，能够强化民族、国家认同，提升文化自豪感。卡塔尔极为重视本土宗教和历史传统的传承和维系，宗教、历史传统主题类读物的销售情况可以反映这一点。从"悦读网"统计的卡塔尔畅销书单可看出，《卡塔尔：一部现代史》《卡塔尔农业史（1800—1950）》和《伊斯兰简史》等图书位于卡塔尔社科类畅销书榜首，体现出当代卡塔尔读者对宗教和历史传统的重视与继承。

---

① 全球最大的图书推荐网站，属于亚马逊旗下子公司，致力于打造全世界图书爱好者社群，于2007年成立于美国西雅图。

（三）主要企业情况

1. 文化出版社（دار الثقافة للطباعة والصحافة والنشر والتوزيع）[①]

文化出版社集印刷、新闻、出版和发行于一体，自 1963 年成立以来，该出版社便是卡塔尔国内出版与发行机构的先驱。文化出版社出版物涉及文学、人文社科、自然科学等多个领域。除此之外，文化出版社还注重与卡塔尔乃至其他阿拉伯国家的研究机构、大学、国有或私营图书馆、出版商进行合作。该出版社已经向卡塔尔和其他阿拉伯国家的许多政府机构、半政府机构、大学图书馆等提供大量代表学科前沿发展的图书。文化出版社还积极参与各类图书展览会，通过这些图书展览会向读者提供自然科学、文学艺术、人文社科等各领域的专业图书，以满足读者们的阅读需求。该出版社追求卓越，致力于在新的时代中坚持经济、社会可持续发展的原则，不断提供优质的产品和服务，提升出版社的知名度，提高其在国际市场上的竞争力。在满足广大读者阅读需求的基础上，该出版社还注重实现出版物数量与质量的结合，在不断拓展出版物市场、提升出版物数量的同时确保出版物的质量，使读者满意。

2. 哈马德·本·哈里发大学出版社（دار جامعة حمد بن خليفة للنشر）

哈马德·本·哈里发大学出版社成立于 2010 年，是哈马德·本·哈里发大学下属的出版机构。该出版社凭借其国际交流实践和经验为文学推广、科学研究和知识求索提供独特的国内和国际平台而不懈努力，也致力于为卡塔尔知识经济建设打造坚实基础。该出版社致力于唤起广大读者对阅读和写作的热爱，并呼吁读者回归阅读。此外，该出版社力求在卡塔尔、海湾阿拉伯国家乃至整个阿拉伯世界营造充满生机的文学、文化氛围，并培养新一代人才。哈马德·本·哈里发大学出版社出版了大量文学及非文学领域的作品，包括儿童类、成人类图书以及各类报告等。此外，该出版社还出版助力于科学研究的论文和相关著作。在自然科学和社会科学领域，该出版社出版了大量学术图书、参考资料以及会议论文集等，如最新出版的《永远不让我走》《奥斯曼国王故事》《儿童成长指南（提高智力篇）》《宗教心理学研究》等。

3. 窝塔德出版社（دار الوتد）

窝塔德出版社于 2017 年成立于卡塔尔，是一家大众出版社，以出版小说和儿童

---

① https://distribution.salembinhassan.com/ar

文学图书为主。窝塔德出版社是阿拉伯出版商协会的成员。该出版社在保证一定规模市场占有率的同时，还致力于开拓新的出版主题；提升自身竞争力的同时，也为业界带来活力。一直以来，该出版社致力于鼓励年轻作家，并为其提供良好发展平台，同时也力求为读者提供更多优秀作品。此外，窝塔德出版社还积极与地区、国际性出版社建立长期合作关系，以便提升出版物质量、扩大市场占有规模。这种极富开放性的运作方式既顺应时代潮流，也为当今飞速发展的出版与发行行业注入活力。《来自流亡地的书信》《父亲的城市》《你的双眼告诉我》等优秀图书均出自窝塔德出版社。

4. 露希尔出版社（دار لوسيل لنشر وتوزيع الكتب）

露希尔出版社成立于 2017 年。该出版社的成立为卡塔尔乃至阿拉伯世界启迪民智、激发创造力提供助力。露希尔出版社在成立后的短时间内，就获得了卡塔尔知识分子及公众的普遍关注。这归因于它一直遵循创新理念，秉承与时俱进的态度，在出版和发行过程中使用当下最新的技术。在出版物的选题策划环节中，露希尔出版社还参照"文化成熟度和知识多样性"的标准，为出版物选择符合当下主流价值观并体现文化传承与交流的主题。此外，在图书出版、印刷、发行等各环节中，该社均遵循最严格的生产标准，在各个环节为图书的生产质量把关。与此同时，露希尔出版社始终专注于图书的译介工作，通过将阿拉伯语图书翻译成他国语言来传播阿拉伯文化，也将他国语言翻译到阿拉伯语，促进不同文化间的交流沟通。该出版社出版的图书有《社会科学》《宽容的艺术》《伊斯兰与经济——改革国家与社会》《卡塔尔的骆驼》等。

5. 卡塔拉出版社（دار كتارا）

卡塔拉出版社成立于 2008 年，是卡塔拉文化村组织发起的文化项目之一，旨在为文学、文化生产及其在阿拉伯和国际传播提供平台，为提升卡塔尔文化水平作出贡献。卡塔拉出版社的创立有效地提升了卡塔尔阿拉伯语小说创作的水平，也提升了公众对文学艺术研究的兴趣。同时，该出版社也鼓励巩固阿拉伯伊斯兰的文化身份属性，强调保存阿拉伯伊斯兰文化遗产的重要性，由此吸引了一大批杰出作家出版相关主题作品。其出版的作品曾获得"卡塔拉阿拉伯小说奖"。除了出版、发行阿拉伯语出版物，卡塔拉出版社还致力于在英语、法语、阿拉伯语间进行作品译介，目的是加强文化交流。最著名的出版物有《珠光》《卡塔尔的科学和教育先驱》《木门》《火蛇》等。

6.卡塔尔大学出版社（دار نشر جامعة قطر）

卡塔尔大学出版社成立于2018年，是一家非营利性出版机构，旨在通过出版发行纸质及电子出版物来支持和促进大学的教育与研究。卡塔尔大学出版社出版物的出版、发行均严格遵循学术标准。该出版社拥有大量图书、期刊等馆藏，也利用互联网资源开辟数字图书馆。该出版社致力于满足卡塔尔各类大学、海湾地区高校和世界著名大学的图书馆及研究中心的需求。该出版社的出版物还涉及科学、技术、能源、健康等领域。塔拉勒·埃玛迪博士被任命为该出版社的总编辑。其出版物有《卡塔尔与海湾危机》《文化机构的创新实验》《项目管理——管理方法与成功因素》《国际争端的和平解决》等。

（四）主要书展和活动

1. 主要书展

近年来，在卡塔尔王室和政府的推动下，卡塔尔着力打造地区和国际出版中心，卡塔尔的多哈国际书展既是享誉世界的名片，也是阿拉伯国家及国际出版业的重要交流平台。

多哈国际书展是该地区历史最悠久、规模最大的国际书展之一，吸引着海湾国家乃至阿拉伯世界的广泛参与。在卡塔尔国家图书馆的主持下，多哈国际书展于1972年正式举办，每隔两年举办一次；自2002年以来，该书展每年举办一次。多哈国际书展成功吸引了世界上具有一定规模、享有声誉的出版社参与其中，这从一定程度上提升了书展的国际影响力。第一届书展中参加展览的出版社仅20家。而截至目前，该书展已覆盖31个国家的335家出版商，展厅面积可达2.9万平方米。自2010年以来，多哈国际书展每年都会选择一个国家作为主宾国，第一届主宾国为美国，接下来是土耳其、伊朗、日本、巴西和德国等，而法国则在第30届书展中担任主宾国。第30届多哈国际书展于2020年1月举办，以"你为什么不思考"为主题，吸引了31个国家的335家出版社，参展图书达10万多种。参展出版社中包括72家儿童出版社、228家阿拉伯语图书出版社和35家外文图书出版社，总展台数目达797个。该届书展由卡塔尔文化体育部下属的卡塔尔文化与遗产活动中心举办，致力于鼓励现代人类主动思考，以积极的态度解决当前世界所面临的问题和困难。展览共举办10天，期间展览主办方也进行多种文化活动，比如举办关于知识、文化问题的研讨会和讲座。其中，"加强遗产保护，创建美好未来"的讲座广受欢迎，法国国家文物中心的负责人出席讲座并发表讲话。除此之外，展览期间也有专业艺术表演，包括法国音乐之夜，9 场戏剧表演，艺术、文学之夜以及卡塔尔和国外诗人参加的诗歌之夜等。

2. 多元活动

近年来，卡塔尔打造了数个颇具规模且辐射效应较强的品牌活动及项目，以此持续推动卡塔尔乃至地区出版业的发展，提升出版业地位，普及全民阅读意识，培养儿童和青少年的阅读爱好，营造书香卡塔尔。

全国阅读运动（The National Reading Campaign）由卡塔尔教育、科学和社会发展基金会（Qatar Foundation for Education, Science and Community Development）在 2016 年发起，该运动致力于在卡塔尔全社会营造良好阅读氛围，启发社会大众阅读兴趣并培养其阅读习惯，让重视阅读、热爱阅读成为社会风尚。2019 年，该运动更名为"卡塔尔阅读"。"卡塔尔阅读"延续前人战略目标，致力于在卡塔尔各地建立读者社区，按照读者的年龄、阅读喜好等对社群进行划分，为广大书籍爱好者搭建交流、互动、分享的平台，并进一步培养国民阅读习惯，增加其知识储备，帮助其树立开放、积极的价值观。该运动目前包括的社群有：家庭阅读社群、妇女阅读社群、儿童阅读社群等。

图书漂流瓶（Book Fairies）是 2017 年由艾玛·沃特森（Emma Watson）发起的一项全球性活动。人们可将用于捐赠、交换的图书放在任意地方，以供他人寻找、阅读和享受未知的惊喜。之后，找到书的人可将图书放置在另一个地方，供他人寻找并阅读。活动按照该规律循环进行。卡塔尔民间组织于 2019 年引进该项目，旨在创建一个免费的公共借书系统，以鼓励阅读并传播爱心。卡塔尔民众只要在官方网站上进行注册、关注该活动社交媒体账号即可参与。

加入读书俱乐部对于卡塔尔居民来说也是进行阅读生活、认识新朋友、加入新社交圈的选择之一。卡塔尔全国有许多针对阅读的俱乐部，但绝大多数都不对公众开放。而卡塔尔国家图书馆组建的"多哈书虫"（Doha Bookworms）和"英文小说俱乐部"（English Fiction Book Club）则是规模最大的向公众开放的俱乐部，卡塔尔全国读者都可以加入其中，分享读书感悟，结交志同道合的好友。

三、报刊业发展概况

进入 21 世纪以来，卡塔尔政府将发展以出版业为代表的知识型经济作为促进现代化的重要途径，为此采取了一系列措施推动该行业的发展。除了聚焦图书出版业，卡塔尔还重视推动报纸、期刊的出版与发行，逐步形成卡塔尔如今图书出版、报纸出版、期刊出版等欣欣向荣的局面，丰富了广大卡塔尔读者对文化产品的消费选择。

（一）报业出版概况

受到殖民统治的影响，卡塔尔本土出版业起步较晚，但是发展迅速。卡塔尔出版业发展初期以发行报纸、周刊为主，图书出版数量相对较少。在这一阶段，卡塔尔出版行业中具有代表性的主要有《阿拉伯人报》（العرب）、《祖国报》（جريدة الوطن）等。

《阿拉伯人报》出版于 1972 年，是阿拉伯人出版社在卡塔尔发行的第一份综合性政治日报。《阿拉伯人报》一开始每期总共出版 6 页，售价为 50 迪拉姆。该报社在开罗、安曼和阿尔及利亚都设有通讯处。出于一些原因，《阿拉伯人报》1996 年中断发行，接着于 2007 年恢复发行。《阿拉伯人报》致力于打造阿拉伯世界一流报刊读物，秉承自由、独立的价值观，为改革社会而提供服务。《阿拉伯人报》面向所有居住在卡塔尔的公民，倾听民众的声音，着重关注那些有特殊需求的社会群体，为维护其合法权益而发声。作为一家独立的出版媒体，该报坚持在法律许可的范围内发表自己的观点，支持真理和正义，鼓励个人自由地发表意见，促进群体间思想交流。同时，该报在发展过程中也积极承担起社会责任，立志引导公众树立正确价值观，为卡塔尔公民提供正确信息导向。

《祖国报》社成立于 1995 年，是卡塔尔新闻、出版领域最著名的公司之一。该出版社一经成立便发行了卡塔尔《祖国报》，这也是其最主要的业务。《祖国报》专注于报道卡塔尔及阿拉伯世界的政治事件，是卡塔尔颇受欢迎的报纸之一。在卡塔尔埃米尔谢赫·哈马德·本·哈里发·阿勒萨尼取消了国内对新闻界的严格审查后，《祖国报》成为第一批进入市场流通的报纸。如今，该报在卡塔尔广泛发行。根据 2008 年的调查，该报刊的月发行量约为 15000 份。《祖国报》所属的出版社系私人所有，据悉，卡塔尔前外交大臣哈马德·本·贾西姆·阿萨尼拥有出版社的一半股权。除在卡塔尔本土出版发行外，《祖国报》还依托互联网平台，打造更加高效、传播范围更加广阔的阅读终端。这样就使得《祖国报》的受众群体不只限于卡塔尔民众，还拓展到海湾国家、非洲国家、欧洲国家和美洲国家。作为阿拉伯世界著名的报纸之一，《祖国报》报道的话题涉及领域广泛，涵盖国际政治、国际关系、经济贸易、社会文化等内容；除此之外，《祖国报》还开辟专栏，邀请著名学者或作家发表社评等。《祖国报》因此成为卡塔尔民众了解世界的窗口，也是世界人民聆听卡塔尔民众心声的渠道。

卡塔尔境内出版的英文报刊虽然种类较少，但数量可观。《海湾时报》（*Gulf Times*）1978 年创刊，是国际媒体引用最多的卡塔尔报纸之一，同时发行姐妹刊物《海湾时报》周刊；《半岛报》（*The Peninsula*）1996 年创刊，月发行量约为 8000 份。二者都是政治性刊物。此外还有英文月刊《今日卡塔尔》（*Qatar Today*），系新闻商务类杂志。

（二）期刊出版概况

伴随着报业的发展，卡塔尔期刊出版发行也应运而生，丰富了广大卡塔尔读者对文化产品的消费选择。

首先，《多哈》月刊（مجلة الدوحة）是卡塔尔境内销量最高的文化月刊之一，由原卡塔尔文化、艺术和遗产部发行。杂志第一期于 1969 年 11 月面世，主要关注卡塔尔文化艺术领域。1976 年，杂志扩大了内容触角，涉及从海湾到整个阿拉伯国家的文化发展状况；经过一番曲折发展，该杂志于 2007 年 11 月恢复发行，关注点依旧聚焦于阿拉伯世界政治和文化热点。2011 年 6 月，《多哈月刊》迈入崭新的发展阶段，成为阿拉伯文化活动信息共享的平台，受到不同文化熏陶的编辑们使杂志成为沟通多样文化、推进多元思想的典范。

其次，《闪电》杂志（مجلة البروق）是卡塔尔的多元化月刊，主要关注诗歌、文学、文化遗产、文化社区等问题，是卡塔尔首个将目光投向这些领域的期刊。2003 年一经发行，该杂志便成为媒体行业中的领军人之一。秉持着在有限的时间里促成不同群体间合作和团结的发展愿景，该刊在文化传播方面取得了令人瞩目的成绩。

四、中卡出版业交流合作情况

自 1988 年中卡建立外交关系以来，两国间友好合作日益发展。在双方政府高层的积极推动下，以经贸合作为基础的中卡关系在政治、人文等领域结出累累硕果。

2013 年提出的"一带一路"倡议为中卡两国在新世纪深化双边交流搭建平台，双方通过举办文化艺术展、电影节等逐步实现文化互鉴、民心相通。在出版业领域，以五洲传播出版社和智慧宫为代表的出版企业为中卡文化交流增添助力；除此之外，两国也积极利用大型国际书展来实现出版领域的交流与合作。

（一）中卡文化交流状况

进入 21 世纪，中国和卡塔尔两国政府间高层交往密切，深入开展政治经济间各领域合作，在对地区和国际事务的处理上保持着良好的沟通和协调机制。同时，双方能够利用中阿合作论坛等多边机制加强多边交流，提升双边政治对话的机制化水平；加强两国经贸合作，把经贸合作等转化为政治互信的基础。自 2013 年习近平总书记提出"一带一路"倡议以来，卡塔尔积极响应，成为海湾国家最早与中国签署共建"一带一路"合作备忘录的国家之一。

民心相通是"一带一路"建设的社会根基，是确保"一带一路"建设顺利推进的重要前提。传承和弘扬丝路友好合作精神，广泛开展文化交流、学术往来、人才交流合作、媒体合作、青年和妇女交往、志愿者服务等，可为深化双边合作奠定坚实的民意基础。

中国与卡塔尔虽然在历史文化、社会环境、宗教信仰方面有着很大的不同，但两国的文化交流却能够实现"各美其美，美美与共"。全面分析中卡间以双边旅游情况为代表的旅游活动，以科研合作和孔子学院建设情况为代表的科教交流，以友好城市、网络搜索量和民众好感度为代表的民间交流等活动数据，可以得出，卡塔尔与中国的互联互通程度较高，卡塔尔的得分是介于 6~8 分的良好性分数，这个得分远高于"一带一路"沿线国家的平均分 5.89 分。[①] 这体现出中国与卡塔尔之间已经形成以经贸、能源合作为主轴，教育、文化、旅游等全面发展的良性互动格局。

2016 年 3 月，应卡塔尔外交学院邀请，全国人大常委会副委员长、中国阿拉伯友好协会会长艾力更·依明巴海对卡塔尔进行访问，与塔米姆埃米尔、协商会议主席穆罕默德会谈。会后，双方签署了《关于成立中卡友协和和卡中友协意向书》，为推动两国的文化交流搭建平台。

---

① 林永亮.《民心相通：夯实丝路合作的民心基础》.《中国经济时报》，2016 年 7 月 15 日.

同年，中卡两国共同举办了文化年活动，开展影视、摄影、图书、体育、思想学术等 27 场文化活动。卡方活动包括在华举办珍珠展、卡塔尔文化周、卡塔尔当代艺术展、《天方夜谭——梦幻阿拉伯之夜》演出等 10 场活动。中方活动包括在多哈举办的"中国古代青铜器展""丝绸之路——中国丝绸艺术展""青年艺术对话展""中华霓裳服饰秀""中国文化节"等 17 场活动。作为中卡文化年的重点项目，北京电影学院、青年电影制片厂将在多哈拍摄电影《一路狂飙》，将独具中东特色的赛骆驼搬上银幕。^①

伊斯兰教是阿拉伯国家民众的最主要信仰，因此，加强并深化宗教交往，对促进中卡双方文化交流具有独特意义。伊斯兰教是卡塔尔的国教，伊斯兰文化深刻影响着卡塔尔民众的思维方式和生活习惯；而中国有着人数众多的穆斯林群体，以伊斯兰教为依托开展中卡双边文化交流，既能够为我国"一带一路"沿线重要省份——宁夏、甘肃等走出去搭建良好平台，促进其产业升级，还可以借助文化交往倡导文明宽容，防止极端势力和思想在不同文明之间制造断层线，防范极端思想的渗透和传播，正本清源，扬正抑邪，推动文明对话与互鉴，增信释疑，加深友谊。^②

（二）中卡出版业交流状况

在中卡实现良性文化互动的背景下，双方的出版活动也蓬勃发展起来，以中卡主要出版社为主体、以国际大型书展为平台是目前中卡出版业交流的显著特点。

五洲传播出版社在与卡塔尔的出版业交流中，发挥着重要作用。2015 年，五洲传播出版社"中国书架"（That's China）项目^③，充分发挥市场在出版物资源配置中的积极作用，由政府提供书架、场地租赁费用和首批图书项目启动补贴，五洲社则因地制宜，寻找优秀企业合作。短短几年间"中国书架"已经遍及五大洲，铺设了中国文化走向世界的书香之桥，其中，卡塔尔机场书店便设置了一个"中国书架"，为中国出版物走进卡塔尔搭建了一扇交流之窗。

另一方面，五洲出版社还积极参与阿拉伯世界重要的书展活动。除了借助国际书展发布新书，五洲出版社还通过该平台展览本社的出版成果，以此增强宣传效果。2019 年 11 月，第 44 届科威特国际书展在科威特国际展览中心拉开帷幕，为期 10 天

---

① 王猛，王国兵．《"一带一路"国别概览：卡塔尔》．大连海事大学出版社，2018 年 11 月．

② 丁俊．《论中国与伊斯兰国家间的"民心相通"》．《阿拉伯世界研究》，2016 年第 3 期．

③ http://www.cicc.org.cn/html/2018/dtzx_0611/4825.html

的书展吸引了来自全球 30 个国家约 500 家出版机构参展，展出了 50 多万本图书以及其他出版物，在此次书展中，五洲社精心挑选了 100 余种阿文和英文精品图书参展，涉及中国文化、历史、文学、少儿读物等多个领域，重点包括一直以来广受国外读者喜爱的"人文中国"系列、"中国文化"系列、"中国基本情况"系列、"中国当代文学精选"系列（阿文版）及"最美古诗词"系列手账等图书和文创产品。这些都是了解中国及中国文化的基础读物，受到了广大阿拉伯国家人民的热情追捧，五洲社展位上始终人头攒动，成为书展中最受读者欢迎的展位之一。

除了参与国际书展，五洲出版社还积极拓宽合作路径，与卡塔尔教育机构间进行图书交流。2021 年初，阿卜杜拉·阿齐兹·马尼阿中学——卡塔尔最大中学之一，集中采购了一批五洲传播出版社与黎巴嫩数字未来出版公司合作出版的阿文版"中国文化"系列图书。该系列图书选取了中国哲学思想、文学、艺术、汉字、服饰、建筑、医药等有代表性的 10 个领域内容，使卡塔尔读者可以详尽地了解中国文化内涵，感受中国文化魅力。

成立于 2011 年的宁夏智慧宫文化传媒有限公司致力于中国文化的对外传播，至今已经成为拥有"一带一路"阿拉伯国家文化交流平台、"一带一路"阿拉伯国家智能互译平台、"一带一路"阿拉伯国家数据库平台、"一带一路"阿拉伯国家出版数字平台、"一带一路"阿拉伯国家动漫影视制作平台、"一带一路"阿拉伯国家人才培养平台、"一带一路"阿拉伯国家信息交流平台和"一带一路"阿拉伯国家智能旅游平台为主的八大核心业务板块的文化产业集团。近几年来，智慧宫与多家出版社合作译制阿拉伯文图书，一年译著可达上百本，其内容也从文学作品逐步扩展到政治体制、经济发展、传统文化等多个领域。2015 年 9 月，阿拉伯国家出版商协会驻中国办事处正式落户银川，授权智慧宫对接阿拉伯图书版权和译制业务。2019 年，智慧宫向阿拉伯国家翻译输出中国图书 57 种。到目前为止，智慧宫翻译出版、版权输出中阿文图书有 910 余种，占中阿出版互译市场份额的 90% 以上。其业务涉及埃及、沙特阿拉伯、阿联酋、卡塔尔、阿尔及利亚、摩洛哥等多个阿拉伯国家。

和五洲出版社相同，智慧宫也通过阿拉伯世界重要国际书展来提升自身知名度。2020 年 1 月，智慧宫受邀参加第三十届多哈国际书展，这已经是其连续四次应邀参加该书展了。期间，智慧宫携带了一系列中国主题图书以及代表中国元素的相关文创产品参展，与以往不同的是，他们在此次书展中还肩负着一项重要的任务——宣传智慧宫独家策划的新书《成龙：还没长大就老了》阿文版，这是成龙首部阿语自传。众所周知，成龙一直以来都是备受阿拉伯国家读者喜爱的中国影星，但是鲜有关于成龙的阿文版图书供阿拉伯国家的读者们阅读，据智慧宫相关负责人介绍，这本书于2020年4月正式面向卡塔尔等阿拉伯国家出版发行。

除了出版社在中国出版物走出去的过程中扮演排头兵角色外，"一带一路"框架下的学术出版高峰论坛也在其中发挥着重要作用。2018年8月，新时代"一带一路"学术出版高峰论坛在中国人民大学隆重举行。"一带一路"学术出版联盟是在国务院新闻办公室、原国家新闻出版广电总局、教育部的指导下，由中国人民大学出版社发起，多个国家的学术和出版机构参与的学术出版合作组织。自成立以来，论坛致力于深化学术出版合作，助推"一带一路"建设，通过搭建学术交流平台进一步促进学术文化繁荣，同时继续拓宽教育合作渠道，创新人文交流机制。"一带一路"学术出版联盟成立以来，一批优秀的成员单位为中外文化交流作出了突出贡献。卡塔尔哈马德大学出版社作为该届论坛新加入成员之一，受到中方与会领导的热烈欢迎。

参考文献

1. 龚正，周华.《卡塔尔国情报告：家族·团体·人物》.北京：社会科学文献出版社，2019.

2. 王猛，王国兵.《"一带一路"国别概览：卡塔尔》.大连：大连海事大学出版社，2018.

3. 林永亮.《民心相通：夯实丝路合作的民心基础》.《中国经济时报》，2016年7月15日.

4. 丁俊.《论中国与伊斯兰国家间的"民心相通"》.《阿拉伯世界研究》，2016年第3期.

（作者单位：北京外国语大学）

肯尼亚出版业发展报告

蔡鸿　窦茹苑

肯尼亚共和国（The Republic of Kenya，简称肯尼亚）位于非洲东部，是人类发源地之一。肯尼亚东邻索马里，南接坦桑尼亚，西连乌干达，北与埃塞俄比亚、南苏丹交界，东南濒临印度洋；国土面积 58 万平方公里，中部有赤道横贯，南北则被东非大裂谷纵贯；总人口约 4756 万，位列全世界人口数量第 27 位。[①]肯尼亚实行总统制，全国分为 47 个郡（County），法定货币是肯尼亚先令（Kenya Shilling），官方语言是斯瓦希里语和英语。全国共有 44 个民族，主要包括基库尤族（17%）、卢希亚族（14%）、卡伦金族（11%）、卢奥族（10%）和康巴族（10%）等；此外，还有少数印巴人、阿拉伯人和欧洲人。[②]全国 45% 的人口信奉基督教新教，33% 信奉天主教，10% 信奉伊斯兰教，其余信奉原始宗教和印度教。[③]

一、出版业发展背景

（一）政治经济状况

肯尼亚矿产资源丰富，主要有纯碱、盐、萤石、石灰石、重晶石、金、银、铜、铝、锌、铌和钍等。森林面积 8.7 万平方公里，占国土面积的 15%。林木储量 9.5 亿吨。2012 年初发现石油蕴藏，已经探明石油储量 29 亿桶。地热、风能、水力等清洁能源丰富。[④]

---

① https://www.worldometers.info/world-population/kenya-population/

② Justin Findlay. https://www.worldatlas.com

③ https://www.fmprc.gov.cn/web/gjhdq_676201/gj_676203/fz_677316/1206_677946/1206x0_677948/

④ https://www.knbs.or.ke/?wpdmpro=economic-survey-2020

　　肯尼亚是撒哈拉以南非洲经济基础较好的国家之一，工业门类比较齐全，是东非地区工业最发达的国家，以制造业为主（约占国内生产总值的 10%），食品加工业发达。肯尼亚经济发展的三大支柱是农业、服务业和工业，三大创汇来源是茶叶等农产品、旅游及侨汇。肯尼亚在独立以后发展较快，工业主要集中在内罗毕、蒙巴萨和基苏木这三大城市。炼油、轮胎、水泥、轧钢、发电、汽车装配等行业有较大的企业。肯尼亚日用品基本能够实现自给，85% 的日用消费品产自国内，其中服装、纸张、食品、饮料、香烟等基本自给，有些还供出口。

　　1963 年，肯尼亚宣告脱离英联邦殖民统治，获得独立。肯尼亚的经济在独立后的几年里稳步增长，但在 20 世纪 80 年代末至 90 年代，由于肯尼亚国内的种族冲突、政治腐败等原因，其通货膨胀率达到近 60%。[①]受 2008 年初大选危机、旱灾及国际金融危机影响，经济发展速度一度放缓。2008 年肯尼亚政府启动"2030 年远景规划"，提出优先发展旅游业、农业、制造业、批发零售业、业务流程外包（Business Process Outsourcing）、金融服务业等重点产业，争取年均经济增速达到 10%，到 2030 年将肯尼亚发展成为具有全球竞争力、民众享有高质量生活、环境优美、社会安定的新兴工业化中等收入国家。随着 2010 年新宪法的通过，肯尼亚迎来了新的政治和经济治理体系，2010 年以来，肯政府采取了一系列促进经济增长的政策，经济呈现较好发展势头，但贫困率和失业率仍然较高，均在 40% 上下。2015 年，肯尼亚出台《国家工业化发展规划》和《经济特区法》，大力加强基础设施建设，重视油气资源以及地热、太阳能等新能源开发，积极推进工业化进程和经济转型。2017 年，肯政府提出粮食安全、住房保障、制造业发展、医疗保障等"四大发展目标"。2019 年，主要经济数据如下：国内生产总值为 89114.53 亿肯尼亚先令（约合 528 亿人民币）。经济增长率达 5.4%。[②]肯尼亚的出版、广播和 IT 信息行业的国内生产总值（Gross Domestic Product，简称 GDP）为 475.08 亿肯尼亚先令（约合人民币 28.2 亿元）。[③]

（二）相关法律及政策情况

　　肯尼亚的版权法历经多次修改，这与其被殖民历史有着深厚的渊源。肯尼亚最初

---

① http://www.pressreference.com/Gu-Ku/Kenya.html

② https://www.knbs.or.ke/?wpdmpro=economic-survey-2020-popular-version

③ https://www.knbs.or.ke/?wpdmpro=statistical-abstract-2020 [p9-p11]

采用的是英联邦 1956 年通过的版权法，1966 年颁布了第一部肯尼亚版权法，在第 17 条专门提出废除原有的英联邦版权法。1975 年，肯尼亚版权法在国际背景下为保护本国传统民族文化进行了修订。1989 年再次对法案条文进行了修改，其中包括重新定义"作者"，并将计算机程序作者也涵盖其中；提高针对违反版权法的处罚，罚款金额最高可达 20 万肯尼亚先令（约合人民币 11890 元），入狱刑期最高可达 5 年。1992 年的版权法修订法案针对主管机构做了相应修改。1995 年，肯尼亚版权法考虑到技术手段变化，将无线传播、有线传播、卫星传输与图像音频接收都一并列入广播传媒类。2000 年，肯尼亚版权法修订案将该法的保护范围扩大至属于伯尔尼公约成员国国民的文学和艺术作品，伯尔尼公约成员国作者的作品从此在肯尼亚也被认可与保护。肯尼亚政府经过与各利益相关者的多次协商，于 2001 年修订了最新的版权法，该法案再次考虑到信息技术手段变化并作出定义更新，规定了高额罚款或最高达到 10 年刑期的惩罚措施。侵犯版权法的罚款金额可达到每年约 3000 万美元。[1] 新的版权法在 2003 年 2 月正式生效并施行，开启了肯尼亚版权保护新时代。

肯尼亚非常重视纸质出版物的保存，根据 1987 年肯尼亚《图书和报纸法案》中的杂项修正案第 22 条（*Books and Newspaper Actk*, Miscellaneous Amendment No. 22 of 1987），在肯尼亚印刷和出版的每本书，出版商应在出版前或出版后 14 天内，自费向主管部门交付该书的副本备案，数量不超过 3 本；肯尼亚出版的每份报纸，都以挂号或邮寄方式交付给图书和报纸管理部门两份副本。[2]

2013 年，肯尼亚通过《媒体委员会法案》（*The Media Council Act, 2013*），设立了肯尼亚媒体委员会，旨在提高与保护肯尼亚媒体的独立与自由，并负责设定新闻媒体从业者要求与标准，提高记者与媒体机构的道德与职业素养。[3] 肯尼亚的《计算机滥用和网络犯罪法案》（*The Computer Misuse and Cybercrimes Act*）于 2018 年颁布。该法案明确规定了与计算机系统和网络相关的犯罪行为，在媒体正在迅速迁移到网络空间的当时，该法案的颁布使许多媒体从业者如释重负，因为其内容对网络内容提供了必要的保护。更重要的是，该法案的第 22 条规定了虚假出版的罪名：任何人故意

---

① Sihanya, Ben. Copyright law in Kenya, 2010.

② https://nlipw.com/kenya-books-newspapers-act/

③ https://kenyalaw.org:8181/exist/kenyalex/actview.xql?actid=No.%2046%20of%202013

公布虚假或误导性的信息，或故意误导该信息属实，无论有无任何经济利益，即属犯罪，一经定罪，最高可处罚款 500 万肯尼亚先令（约合人民币 29.6 万元）或监禁两年，或两种刑罚并行。[1] 正因对虚假新闻采取的严厉处罚措施，肯尼亚的媒体对新闻真实性的审查十分严格，一条新闻从采写到印刷出版要经由 6 人把关并反复核实。[2]

2013 年，为了扩大税收收入，肯尼亚政府提议对图书和其他文具用品征收全额增值税，税率为 16%。[3] 除了肯尼亚和南非两国，非洲其他国家和地区的学习类材料无须缴纳增值税。肯尼亚的出版商协会对此十分不满，认为增值税不仅助长了盗版行为，提高了图书成本，影响了出版行业的发展，还加重了肯尼亚公立学校的购书负担，使肯尼亚 1000 万儿童处于学习劣势，被视为"知识税"，因此呼吁政府对图书免除增值税。[4]

根据《东非经济共同体海关进出口税则》（*EAC Common External Tariff, 2017*），目前肯尼亚对印刷纸质图书、报纸、图片等进口产品不征收关税。此外，除图书等出版产品外，按照《2020 年增值税（数字市场供应）规定》［*Value-Added Tax（Digital Marketplace Supply）Regulations, 2020*］，肯尼亚开始对外国数字或电子服务提供者收取增值税，实施期限到 2021 年 4 月 1 日，为期 6 个月。规定明确，针对外国数字市场提供的电子服务征收 14% 的增值税，其中包括电影、应用程序和电子书下载、流媒体电视或音乐、游戏、新闻或杂志订阅、在线电子学习、音频内容在线购买等。

（三）出版业行业组织

肯尼亚的图书出版行业起步较晚，1963 年独立时，还没有私人或国家出版社。肯尼亚出版商协会（Kenya Publishers' Association，简称 KPA）是肯尼亚出版商的非营利性行业协会组织。协会代表肯尼亚出版商的利益，致力于推进图书在肯尼亚最大范围的普及，并与其他出版业相关组织合作，共同保护和促进肯尼亚图书出版业的发展，在肯尼亚国内与国际尽可能推行纸质图书出版。肯尼亚全国约有 50 家出版公司

---

[1]　https://www.mediacouncil.or.ke/node/300

[2]　桂涛. 威慑、规范、培训、监督——非洲媒体如何防范假新闻. 中国记者，2011（05）：27-29.

[3]　https://www.avalara.com/vatlive/en/vat-news/kenya-proposes-full-16-vat-on-books.html

[4]　https://publishingperspectives.com/2016/08/kenyan-publishers-on-vat/

或机构，其中有 40 家出版社及机构为协会成员。[①] 肯尼亚出版协会每年会举办两次书展，分别为内罗毕国际书展（Nairobi International Book Fair）和埃尔多雷特地区书展（Eldoret Regional Book Fair）。肯尼亚出版协会成员请见文后附表。

（四）国民阅读情况

1. 图书馆和书店建设情况

肯尼亚政府大力支持肯尼亚图书馆的服务与建设，在全国范围内建有 59 座公共图书馆，其中 21 座设立在郡首府，最著名的包括穆让阿郡图书馆（Murang'a County Library）、布鲁布鲁图书馆（Buruburu Library）、纳库鲁郡图书馆（Nakuru County Library）、那洛克郡图书馆（Narok County Library）等。另外还有 38 座社区图书馆设立在乡村地区，如迪兹索尼社区图书馆（Dzitsoni Community Library）、莱吉皮亚社区图书馆（Laikipia Community Library）等。肯尼亚公共图书馆（Public Library）受肯尼亚国家图书馆服务委员会（Kenya National Library Services，简称 KNLS）管辖，向不同年龄段公众提供图书馆服务。2012 年，图书馆访问人数约达 1110 万，占全国人口的 26%，肯尼亚公共图书馆共有藏书 124.74 万册。[②]

在肯尼亚的某些地区，图书馆是主要（有时甚至是其所在社区的唯一）新闻来源。[③] 肯尼亚国家图书馆服务委员会（KNLS）隶属于肯尼亚国家文化遗产部（Ministry of State for National Heritage and Culture），根据 1965 年的议会法案设立，旨在促进、建立、装备、管理、维护和发展肯尼亚的图书馆。该委员会还运营着国家图书馆，该图书馆存放着肯尼亚出版的所有出版物，同时，KNLS 还面向公众建设了儿童图书馆、盲人图书馆和读报室。

肯尼亚重视多形式的图书馆和信息服务。多年来，肯尼亚公共图书馆在全国范围内翻新和建设现代图书馆，通过"骆驼上的移动图书馆"[④]，面向没有图书馆的肯尼亚东北部地区提供信息服务。[⑤] 大多数用户是学童、成人学习者、参与各种社区计划

[①] https://kenyapublishers.org/members/

[②] https://www.knls.ac.ke/images/the_national_library_of_kenya

[③] https://www.knls.ac.ke/index.php/what-we-do/library-services/publiclibrary

[④] 肯尼亚国家图书馆服务委员会使用骆驼作为村庄间的流动图书馆（Mobile Camel Library），因为它们能前往交通不便、车辆无法抵达的地方。这些骆驼背负着装满书的木箱子，由专人陪同到不同的村庄去发放、收回图书。

[⑤] https://www.knls.ac.ke/images/the_national_library_of_kenya

的社会工作者以及养老金领取者。①

目前肯尼亚有 1200 多家注册经营的实体书店。肯尼亚的实体书销售很多是通过学校和当地代理机构进行，越来越多的书店代理出版社的图书进行销售，有时甚至可以获得高达 40% 的折扣。目前网络图书销售因其便利性变得愈加流行。首都内罗毕是大部分书店的图书采购中心，经销商承担了高昂的运输成本。肯尼亚实体书店存在着季节性经营的问题，每年学校开学时书店开始营业，到圣诞假期图书销售进入淡季。内罗毕的主要大型书店营业情况见表 1。

表 1　内罗毕主要大型书店营业情况②

书店	营业状况
教科书中心有限公司 （Text Book Centre Ltd.）	东非地区最大、最受欢迎的书店。1964 年，首家店铺在肯尼亚开业。目前是肯尼亚业界领先的连锁书店，拥有 10 家实体书店。消费者可以通过官方网站在线订购图书。③
肯尼亚信誉书店 （Prestige Bookshop Kenya）	销售图书范围广泛。消费者可以通过官方网站在线订购图书。
萨瓦尼斯书店 （Savanis Bookshop）	内罗毕领先的文具店之一。主要经营教科书、教辅书以及医学、科学、艺术和手工艺类图书，同时销售艺术文具用品等。不提供在线订购服务。
UNES 大学书店 （UNES University Bookstore）	主要经营教科书、大学用图书、文具和部分电子产品。在内罗毕开设两家实体商店，消费者可以通过官方网站在线订购图书。
凯斯威图书和礼物 （Keswick Books and Gifts）	为所有年龄段提供基督教文学。消费者可以通过官方网站在线订购图书。
图书小站有限公司 （Bookstop Ltd.）	销售全球畅销书、非洲相关图书、传记、商业、烹饪、经济学、历史类和励志类图书，以及最新的外国期刊、报纸等。消费者可以通过官方网站在线订购图书。

资料来源：肯尼亚线上新闻网站

2. 个人阅读情况

肯尼亚政府在全国实行义务初等教育，但不同地区、阶层、性别所获得的优质教育资源差距较大，城乡基础教育资源分配不均。④ 整体来说，肯尼亚人口受教育程度在非洲相对较高，2018 年肯尼亚成人（15 周岁以上）识字率 81.54%，自 2000 年以来，国民识字率一直维持在 70% 以上。⑤ 但 80% 的肯尼亚人居住在农村地区，主要从事农业，每月产生的收入不足以获取基本的生活必需品，因此图书被视为奢侈品。

---

① www.knls.ac.ke/index.php?option=com_content&view=article&id=70&Itemid=141

② https://www.tuko.co.ke/277130-list-bookshops-nairobi.html

③ https://textbookcentre.com/stores/#tbc-galleria

④ 黄巨臣. 肯尼亚基础教育信息化建设：动因、措施与启示 [J]. 现代教育技术，2021，31（03）：89-96.

⑤ https://www.macrotrends.net/countries/KEN/kenya/literacy-rate

受传统文化、教育、贫困、出版业发展以及图书生产水平等多种因素的影响，肯尼亚的阅读氛围并不浓厚。

为通过教育促进经济发展，多年来肯尼亚政府和各界举办各种活动推进国民阅读。肯尼亚出版商协会也一直在促进、发展并鼓励肯尼亚图书的创作、生产与分销，成立许多推动阅读的机构，组织多种多样的阅读活动，如肯尼亚作家协会（Writers Association of Kenya）、促进非洲儿童科学出版物理事会（Council for the Promotion of Children's Science Publication in Africa）、阅读乐趣运动（Joy of Reading Campaign）和全国儿童阅读计划（National Children's Reading Programme）等组织。肯尼亚出版商协会主办的肯尼亚规模最大的书展——内罗毕国际书展在整个东非地区都颇有影响。此外，协会每年还在肯尼亚国内的不同省份举办一次区域性书展。肯尼亚国家图书发展委员会（The National Kenya Book Development Council）也会每年组织全国图书周。

与此同时，肯尼亚坚持将儿童图书纳入相关的阅读推进活动。肯尼亚出版协会下属的故事·莫亚出版公司举办的"全国大声朗读日"是肯尼亚最大的儿童集会，在每年1月的最后一个星期五或非洲儿童日（6月16日）前后举行。2016年，来自肯尼亚44个省份、1097所学校的20多万名学生参加了此次活动，参与活动的儿童会同时在同一地点大声朗读同一文本。[①] 通过这一活动，故事·莫亚出版公司带领肯尼亚小学生打破了"在同一地点大声朗读同一文本人数"的吉尼斯世界纪录。2019年，为推动青少年参与阅读，歌德学院（The Goethe Institut）联合多家组织机构在肯尼亚三个省份马查科斯（Machakos）、纳库鲁（Nakuru）和卡马梅加（Kamamega）启动了一项名为"文学巡展车队"（Literary Caravan）的活动。巡展队伍中有儿童文学作家、出版商等，在三省份学校展开讲故事等活动，倡导少年儿童阅读。[②]

肯尼亚最重要的文学奖项是由肯尼亚出版商协会颁发的乔莫·肯亚塔文学奖(Jomo Kenyatta Prize for Literature Award)。该奖项对成人、青少年、少儿等不同年龄层的文学作品进行表彰。（见表2）

---

① https://storymojaafrica.co.ke/special-projects/

② https://www.jamesmurua.com/a-literary-caravan-across-three-kenyan-counties/

表2　2019年乔莫·肯亚塔文学奖获奖书目情况[1]

分组	书名	作者	出版商	内容简介
成人文学（英语）	《权杖长老》（Elders of the Mace）	木图·瓦·格索伊（Mutu Wa Gethoi）	长角牛出版社（Longhorn Publishers）	以瓦图兰为背景，讲述非洲民族努力通过现代教育、科学技术和传统文化来解决一系列问题的故事。
成人文学（斯瓦希里语）	《姆维鲁斯的孩子》（Watoto Wa Mwelusi）	穆恩达·木巴提亚（Mwenda Mbatiah）	乔莫·肯雅塔基金会（Jomo Kenyatta Foundation）	故事结合现实主义与非现实主义，不仅涉及肯尼亚的神话传说、奴隶贸易、新殖民主义等历史背景，更深入探讨非洲人的历史与命运。
青少年文学（英语）	《迎风而上》（Do or do）	钦雅均·康巴尼（Kinyanjui Kombani）	牛津大学出版社（Oxford University Press）	故事讲述了少年朱马为了梦想奋斗的故事。原本在丹多拉街头叫卖花生糖果，帮母亲贴补家用的穷苦少年，在加入当地足球队后，命运发生了改变。面对贫穷、背叛和足球腐败，朱马努力想要实现成为一名著名足球运动员的梦想。
青少年文学（斯瓦希里语）	《世纪之画》（Picha Ya Karne）	哈桑·阿里（Hassan Ali）	东非教育出版社（East African Educational Publishers）	暂无。
儿童文学（英语）	《三重麻烦》（Trio Troubles）	珍妮·玛丽玛（Jennie Marima）	塞特马克出版社（Setmark Publishers）	围绕11岁的米什、尼莫以及他们的新朋友杰米展开了引人入胜的悬疑冒险。故事讲述了最不受期待的人有时也会成为英雄。
儿童文学（斯瓦希里语）	《聪明与智慧》（Busara Na Hekima）	斯米与·木库与尼（Simiyu Mukuyuni）	东非教育出版社（East African Educational Publishers）	以保护环境为主题，用现代故事的方式与全年龄儿童读者对话，呼吁保护野生动物和自然环境。
瓦赫姆·穆塔希文学奖（Wahome Mutahi Literary Award 2019）	《卒子与玩家》（Of Pawns and Players）	钦雅均·康巴尼（Kinyanjui Kombani）	牛津大学出版社（Oxford University Press）	故事的主人公托马斯是一个路边摊小贩，阴差阳错之下，他结识了一位富家千金，而她权势显赫的父亲将他卷入了博彩集团的风波之中。托马斯面临着道德和自身安全的两难抉择。

资料来源：英文网站詹姆斯·穆鲁瓦文学博客（James Murua's Literature Blog）

（五）互联网使用情况

在全球互联网迅猛发展的影响下，肯尼亚的互联网发展迅速，短短几年，肯尼亚的互联网用户比例已经从2013年的31.56%上升到2019年的83.38%。[2] 根据谷歌数据，肯尼亚18岁到69岁且有固定住址的成人中，智能手机用户占比为53%，约1300万人。[3] 预计到2025年，肯尼亚智能手机用户的数量将达到3350万。[4] 互联网与智能手机的

---

[1]　https://www.jamesmurua.com/text-book-centre-jomo-kenyatta-prize-for-literature-2019-winners-announced/

[2]　https://www.knbs.or.ke/?wpdmpro=statistical-abstract-2020

[3]　https://www.ipsos.com/en-ke/mobile-core-everyday-life

[4]　https://www.statista.com/forecasts/1146266/smartphone-users-in-kenya

普及预示着肯尼亚图书出版业的数字化发展是大势所趋。

二、图书业发展概况

（一）发展概况

相较于东非和中非国家，肯尼亚的图书出版行业相对发展良好，并在实施国家图书发展战略方面取得了重大进展，图书市场相对活跃。2019 年，肯尼亚的出版行业收入约为 28.07 亿肯尼亚先令（约合人民币 1.67 亿元），相较于 2015 年，该数额几乎上涨了一倍左右。[①]

肯尼亚有 40 多种民族语言，斯瓦希里语和英语是肯尼亚的主要教学与工作语言，其他种类的民族语言使用者数量较少，考虑到民族语言读者人数和印刷出版销售成本，目前的出版语言主要以斯瓦希里语和英语为主。在肯尼亚投资出版行业需要实施明确的语言策略，以两种官方语言出版物为主要投资方向，其他民族语言出版物为辅。此外，还有一些影响肯尼亚图书业的潜在问题，如人民经济水平影响图书购买力、城乡发展差距大、资源分配不均等。肯尼亚的出版商大部分集中在城市中心，书店和图书馆也往往主要分布在城市地区且数量有限。由于公路和铁路运输能力不足，对图书销售造成很大障碍。

（二）细分市场情况

1. 教材与教辅类图书

肯尼亚教科书主要为英语和斯瓦希里语。长期以来，肯尼亚的图书出版都以教科书出版为主，其他类图书销售量增长并不快。2013 年，肯尼亚出版行业收入的 95% 来自教科书的销售。[②] 2019 年，肯尼亚的教育机构共 45445 家，其中小学数量最多，有 32344 所；中学其次，有 10463 所；大学数量最少，有 63 所；其他则为培训机构等。[③]

2003 年 1 月，肯尼亚政府实施了"义务初级教育"计划，为肯尼亚教材类图书提供了发展的机会。在 1963 年独立时，肯尼亚出版行业主要被当地跨国公司的分支控制，为克服跨国公司的主导地位，政府实施肯尼亚学校设备计划（Kenya School

---

① https://www.knbs.or.ke/?wpdmpro=statistical-abstract-2020

② https://publishingperspectives.com/2013/01/why-publishing-in-kenya-is-tougher-than-boxing/

③ https://www.knbs.or.ke/?wpdmpro=statistical-abstract-2020

Equipment Scheme，简称 KSES)，集中购买图书，并将其分发给肯尼亚的小学。肯尼亚政府决心提高国民识字水平，便将大部分资金分配给课程开发部门用以撰写图书，随后将其印刷出版并分发给学校。起初，教科书出版市场仅由"乔莫·肯雅塔基金会"和"肯尼亚文学局"两家出版社垄断，但随着市场发展的要求，政府将教科书出版市场开放给了肯尼亚的所有出版商。由于中学课程分阶段改革，肯尼亚中学教科书的需求有所增长。2014 年，肯尼亚中学教科书需求量约为 850 万册，主要集中在数学、生物、化学与物理科目。[1] 肯尼亚的中学教科书发展前景相对较好，我国图书机构可考虑在中学教科书出版上与肯尼亚出版商合作。[2] 肯尼亚的大学教科书市场很小，大部分大学教材采用复印形式发放。

2. 大众类图书

肯尼亚的大众类图书市场相对教科书市场来说，发展较缓。由于教科书市场占比极大，且实体书店经营利润逐年下降，肯尼亚出版商在大众类图书出版上投资不多，但少数独立出版商也有意愿迎合大众类图书的市场。到 2030 年，肯尼亚计划发展为中产阶级国家，预计国民收入水平的提升也会增加大众类图书的销售量。

受肯尼亚读者欢迎的大众图书类型比较有限，但读者需求不断增长。例如，活力文字出版有限公司（WordAlive Publishers Ltd）首席执行官大卫·瓦乌如（David Waweru）认为，非洲读者偏爱能够帮助他们成长的图书，尤其是带有基督教观点的宗教类图书。与此同时，读者想要通过阅读提升个人技能以帮助其职业发展。随着肯尼亚经济的日益繁荣，热衷于学习领导和管理技能的读者不断增多，个人发展类的图书已占该出版公司收入的 27%。[3] 按受欢迎程度排序，2018 年肯尼亚最畅销的图书类别有回忆录、政治类图书、个人发展类图书、商业类图书、文学作品、诗歌、历史、经营管理、犯罪小说、非虚构类儿童图书、其他。[4]

3. 少儿类图书

肯尼亚政府对基础教育十分重视，初级教育是免费的，因此肯尼亚的儿童图书市

---

① https://kicd.ac.ke/curriculum-reform/basic-education-statistical-booklet

② 李实. 肯尼亚图书出版业. 出版经济，11（2004）：66-67. doi:CNKI:SUN:JJCB.0.2004-11-026.

③ https://publishingperspectives.com/2013/01/why-publishing-in-kenya-is-tougher-than-boxing/

④ https://publishingperspectives.com/2019/06/andre-breedt-nielsen-book-market-sales-data-ipa-nairobi-2019-seminar/

场具有极大的潜力,学校市场发展潜力巨大。政府每年必须购买价值超过 100 亿肯尼亚先令(约合人民币 5.9 亿元)的小学教学材料。2016 年,仅在图索姆项目(Tusome Project)下,政府就向 2 万多所公立小学分发了 480 万本教科书。[1] 同时,肯尼亚政府对儿童类图书的监管也十分严格。肯尼亚国有单位——肯尼亚课程开发研究所(Kenya Institute of Curriculum Development,简称 KICD)负责对大学以下水平的课程开发、教材与教辅材料的审查。该研究所对儿童图书规定了一系列的指导方针,从图书主题、语句长度、词汇水平等都有所要求。要想得到其中部分图书的销售机会,出版商必须遵守其指导方针,否则出版的童书不会被批准销售给学校,家长也不会购买未经批准销售的童书。肯尼亚大多数书店也都设有儿童图书专区。

(三)数字内容生产

在肯尼亚,目前绝大多数读者还在使用纸质出版物。尽管人们越来越了解数字出版的好处,而且数字出版也已被各类别的肯尼亚出版商所采用,但肯尼亚的数字出版市场发展仍然比较缓慢。肯尼亚数字出版发展面临的主要挑战是该国缺乏大规模采用数字出版的财政能力,实施成本高;部分地区电力缺乏或电力成本较高;国民对电子资源存在和使用的意识不足,对电子出版物的市场需求低;潜在客户的互联网技能低;作者与读者对盗版的担忧。2015 年,肯尼亚 35% 的人口仍生活在国家贫困线以下,[2] 49.4% 的人口日收入水平在 5.5 美元,[3] 大多数人没有信用卡,也无法负担电子书阅读器。由于种种障碍,肯尼亚大多数出版商并没有出版真正的电子书,因此可供在线购买文档或从网站上访问和下载出版物的数量并不多。以上因素直接影响到肯尼亚数字出版业的发展。

但随着数字阅读的普及,数字出版这一新的发行渠道仍为肯尼亚作者与作品进入市场提供了前所未有的机会。肯尼亚已经注意到数字出版市场的发展空间,2015 年,肯尼亚出版商协会和非营利组织"世界读者"(Worldreader)合作举办了以"沉浸数字时代"为主题的数字阅读峰会。以往,出版商通常只与作者签订纸质图书出版权,

---

① http://alexandernderitu.blogspot.com/2018/06/the-childrens-book-market-in-kenya.html

② https://data.worldbank.org/indicator/SI.POV.NAHC?locations=KE

③ https://cn.knoema.com/atlas/%e8%82%af%e5%b0%bc%e4%ba%9a/topics/%e6%89%b6%e8%b4%ab/%e8%b4%ab%e5%af%8 c%e5%b7%ae%e8%b7%9d/Poverty-gap-at-dollar55-a-day

现在，许多出版商将作者授权的范围扩大到数字版权。[①]数字出版市场在肯尼亚还未发展完善，仍有许多挑战需要克服。

（四）主要出版商

肯尼亚的图书出版商可以根据出版社的所有权、出版物面向的市场以及出版中使用的媒体进行分类。根据出版社的所有权，分为国有出版商和私人出版商。根据目标市场或出版目的进行分类可分为教育类（教科书）出版商、学术类出版商和大众出版商。除肯尼亚出版商协会成员外，肯尼亚还有一些主要出版商。（见表3）

表3　肯尼亚出版商协会成员之外的主要出版商情况[②]

出版商	主要经营业务
非洲书谈（Booktalk Africa）	非洲书谈是一家私人出版公司，专门为儿童、青年、妇女、专业人士和各行业领袖提供一般性图书。它是非洲为数不多的关注一般类图书贸易的出版商之一。
穆勒非洲出版社（Mvule Africa Publishers）	出版电子图书。
权杖出版社肯尼亚有限公司（Scepter Publishers Kenya Ltd）	出版国际知名的宗教类图书和生活技能类图书。

资料来源：英文网站非洲信息指南（Information Guide Africa），环球出版社名录（Publishers Global）

三、报刊业发展概况

（一）报业

2019年，肯尼亚日报发行量约8180万份。（见表4）肯尼亚《2020年媒体现状报告》显示，新冠肺炎疫情期间，媒体内容消费显著增加。据其统计，2020年3—6月之间，抽样读者中的25%为报纸读者，调查结果发现《民族日报》（*Daily Nation*）阅读量最多，约为47%，其次是《标准日报》（*The Standard*）（27%）、《塔伊法》（*Taifa Leo*）（8%）和《肯尼亚星报》（*The Star*）（4%）。

[①]　https://ipkenya.wordpress.com/2015/04/17/kenya-digital-reading-summit-2015-digital-rights-in-book-publishing-revisiting-authors-agreements/#more-2994

[②]　https://www.infoguideafrica.com/2020/03/top-7-publishing-companies-in-Kenya.html, https://www.publishersglobal.com/directory/kenya/publishers-in-kenya/2

表4 2013—2019年肯尼亚报纸年发行量情况[1]

单位：百万份

语言	2013	2014	2015	2016	2017	2018	2019
日报							
英语	104.1	102.0	98.5	94.3	89.6	87.1	77.9
斯瓦希里语	5.9	5.8	5.2	4.4	4.0	4.5	3.9
合计	110.0	107.8	103.7	98.7	93.6	91.6	81.8
周报							
英语	16.8	15.9	15.0	13.7	12.9	12.2	11.6
斯瓦希里语	1.8	1.9	1.8	1.4	1.3	1.2	0.9
合计	18.6	17.8	16.8	15.1	14.2	13.4	12.5

资料来源：肯尼亚国家统计局数据

表5 肯尼亚主要报纸情况

《民族日报》（Daily Nation）	由《民族日报》媒体集团（Nation Media Group）创办的独立日报。于1958年首次发行了斯瓦希里语报《塔伊法》，1960年开始发行英文版。目前有印刷版与在线版。[2]
《标准日报》（The Standard）	由标准集团有限公司创办的独立全国日报。前身是1902年由英属印度移民商人阿利拜伊·穆拉·吉万吉创办的《非洲标准报》。[3]
《X新闻》（X News）	肯尼亚第一份免费日报。
《人民日报》（The People Daily）	由媒体极限有限公司（Media Max Ltd）出版的免费日报。目前有印刷版和在线版。
《商业日报》（Business Daily）	由《民族日报》媒体集团（Nation Media Group）创办的英文商业日报。有印刷版和在线版。
《肯尼亚星报》（The Star）	由非洲广播集团（Radio Africa Group）创办的日报。报道来自肯尼亚和世界各地的突发新闻、政治、娱乐、生活方式、体育和其他新闻内容。有印刷版和在线版。
《东非人报》（The East African）	由《民族日报》媒体集团（Nation Media Group）创办的周报。在肯尼亚和非洲大湖地区的其他国家流通，包括坦桑尼亚、乌干达和卢旺达。除国际新闻，该报主要报道该地区每个国家的新闻故事。
《塔伊法》（Taifa Leo）	肯尼亚唯一的斯瓦希里语报纸。由《民族日报》媒体集团创办于1958年，《塔伊法》（意为"今日民族报"），有印刷版和在线版。同时附有一本名为《阿芙雅》（Afya）的健康杂志和一本名为《班比卡》（Bambika）的娱乐杂志。

资料来源：肯尼亚主要报纸官方网站与维基百科

（二）期刊

期刊业在肯尼亚并不发达。肯尼亚市场有少数几种杂志发行，多数为月刊，极少

---

① https://www.knbs.or.ke/?wpdmpro=statistical-abstract-2020 [p223]

② https://biznakenya.com/daily-nation-today/

③ 同上

数为半月刊。期刊内容包括商业、生活方式、政治、娱乐、媒体和其他社会问题。所有出版的日报通常带有一本期刊。

肯尼亚目前市面期刊可分为三种：第一种是消费类期刊。这类期刊通过订阅或在报摊、书店、超市等地出售。肯尼亚的第一本男子期刊《HM》（*His Magazine*），由媒体 Seven 有限公司（Media Seven Group）制作。这本期刊受众主要为 21~40 岁的男性。该公司后续也开始发行女性杂志《她》（*Her Magazine*）、《汽车月刊》（*Monthly Motor*）、《母亲与父亲》（*Mum and Dad*）、《青少年生活》（*Teen Life*）等。第二种是行业类期刊。这类期刊由公司、企业赞助出版发行，专门为其员工、客户和股东制作，或者由俱乐部和协会为其会员制作。一些知名公司如肯尼亚航空、Mada 酒店会宣传、推广、发行杂志。第三种是商业期刊。此类期刊由一些媒体公司或某行业类专门组织发行，针对特定领域专业人士刊登一些故事、广告等。另外，在内罗毕证券交易所的上市公司都会发布其年度财政报告。[①]

肯尼亚期刊的出版与发行受很多条件制约。肯尼亚的广告商并不信任期刊的广告宣传效应，因此期刊出版难以用广告收入维系。肯尼亚的期刊内容相对比较浅薄，期刊印刷的高成本与彩色期刊的劣质印刷效果等也导致肯尼亚人并不喜欢阅读期刊，直接影响了期刊的销量。肯尼亚的居民消费价格指数（Consumer Price Index，简称 CPI）显示，肯尼亚的报纸占比数据为 0.42%，相比之下，肯尼亚的期刊占比仅为 0.07%。[②]

四、中肯出版业交流合作情况

（一）整体情况

中肯两国于 1963 年 12 月 14 日建交。自建交以来，中国为肯尼亚援建了医院、体育中心、公路、工厂等项目。中肯于 1978 年签订贸易协定，2001 年签订投资保护协定，2011 年 3 月成立双边贸易、投资和经济技术合作联合委员会。2019 年双边贸易额 51.73 亿美元，同比下降 3.71%。其中中方出口额 49.93 亿美元，同比下降 3.93%；中方进口额 1.79 亿美元，同比增长 2.96%。中方主要出口电子类产品、服装和纺织纱线、

---

① https://en.wikipedia.org/wiki/Mass_media_in_Kenya#Newspapers

② https://www.knbs.or.ke/?wpdmpro=statistical-abstract-2020

钢铁及其制品等，主要进口矿砂、农产品、皮革制品等。[①] 2014 年，中肯签订共同融资协议，用于建造内罗毕连接东非最大的港口——蒙巴萨港口的标准轨距铁路 (SGR)，造价 38 亿美元。该铁路于 2017 年 5 月正式建成通车，为整个东非地区以及世界其他地区提供了社会和经济联系。

除经贸关系和经济技术合作，中肯两国在人文、新闻等领域也有密切交流。中肯于 1980 年 9 月签署文化合作协定，于 1994 年签订高等教育合作议定书。中国在肯尼亚设有四所孔子学院。2005 年，中方在内罗毕大学建成非洲第一所孔子学院；2008 年，肯雅塔大学孔子学院建立；2012 年，埃格顿大学孔子学院和内罗毕广播孔子课堂建立；2015 年 3 月，莫伊大学孔子学院建立。[②] 新华社、中国国际电视台、中国国际广播电台的非洲总部均设在内罗毕。中国国际广播电台首家海外城市调频电台于 2006 年 2 月在内罗毕开播，蒙巴萨调频台在 2011 年 1 月开播，中央电视台非洲分台 2012 年 1 月在内罗毕成立并开播。2012 年 12 月，《中国日报非洲版》在内罗毕创刊发行。

在图书推广上，中国积极推动与肯尼亚的交流与合作。2019 年 9 月，中国代表团参加第 22 届内罗毕国际书展，中国优秀图书海外推广项目"中国书架"正式落地非洲。内罗毕大学与长江传媒英爵意文化发展有限公司、肯尼亚国家图书馆与湖北中图长江文化传媒有限公司分别签署"中国书架""荆楚书架"合作协议。"中国书架"包括主题图书、汉语学习、少儿图书、中华传统文化和科学技术五大类 500 多种精品图书。其中大部分都是英文图书，这不仅展示了中国的文化成果，更促进了中肯两国文化的积极交流。[③]

（二）发展建议

中肯之间文化交流与合作日益加深。在中非合作论坛框架下，肯尼亚主办了 2020 年中非媒体合作论坛。该论坛旨在促进中非在媒体领域的合作，包括建立中非媒体网络，探索长期合作的模式，特别为广播电视的数字化提供技术支持和能力建设。肯尼亚目前拥有近 200 个调频广播电台、92 家电视台、100 家印刷单位和在线出版

---

① https://www.chinanews.com/gj/zlk/2014/01-16/255_2.shtml

② 同上

③ http://www.xinhuanet.com/english/2019-09/26/c_138422509.htm?fbclid=IwAR1ReS-JD33yAFGMXoqmCriw5zCRfScfxC-TmuKuXZLNCFInQh75Jg_-f8I

机构，以及非常高的互联网和手机渗透率，是数字媒体的理想选择。

肯尼亚教材类图书市场广阔，中小学教材类图书在消费市场占比极大，国内出版机构需要把握肯尼亚图书市场的特点，制定相应的语言政策，确定其目标读者的需求。此外，肯尼亚儿童读物的广阔市场不可忽视。中国对外出版的内容设计要重视儿童读物，结合肯尼亚国情，大力开发教育类和价值观培养类儿童读物，促进中肯文化交流，树立中国文化良好形象。

在数字出版方面，肯尼亚在电子书及期刊技术上还有相当的发展潜力。中方可以继续加强两国的电子书技术交流与合作，但要注意加强版权意识，使用可靠的安全代码来打击盗版。媒体行业可以在传播有关电子出版的运营、优势和属性等方面发挥关键作用。基础设施建设方面，肯尼亚的数字出版若想跟上国际与时代的潮流，还急需继续扩大互联网接入和电力供应，特别是在农村地区。改善肯尼亚的基础设施能力对于肯尼亚到 2030 年成为新兴工业中等收入国家的愿望至关重要，也直接关系着数字出版消费市场的开拓与发展。

附表　肯尼亚出版协会成员情况[1]

成员	主要经营业务
阿瑞巴图书中心（Ariba Book Centre）	建立于 2014 年，主要出版教育类阅读材料，包括斯瓦希里语和英语的文学、语言类故事书以及教材与教辅类图书。
圣经协会肯尼亚（Biblica Kenya）	1809 年创立于纽约。该公司主要出版准确、符合时代要求的圣经译本。非洲办事处设在肯尼亚内罗毕，是整个非洲大陆的协调办公室。
宏大图书有限公司（Big books Ltd）	独立影视制作公司，从事新媒体平台和技术创意项目。
书签非洲（Bookmark Africa）	主要出版学前儿童阅读材料、其他年龄段文学类图书和数字学习类产品。
图书要点有限公司（Bookpoint Ltd）	英国公司，在牛津郡拥有占地 25 万平方英尺的机械化配送中心，可以快速连接到所有横跨英国的主要路线，通过机场和码头能够服务于英国和世界其他地方，为阿歇特集团（Hachette Group）和第三方客户分销实体图书与数字图书。
剑桥大学出版社（Cambridge University Press）	成立于 1534 年，隶属于剑桥大学，在全球拥有 50 多个办事处，出版物行销全球。
天主教大学（Catholic University）	东非天主教大学的出版机构。成立于 1984 年，在内罗毕和埃尔多雷特设有办事处，为肯尼亚和东非地区的高等教育部门出版学术教材。该出版社还出版期刊、教辅材料、研究报告等。
晨星大学研究与出版中心（Daystar University Research and Publication Centre）	该中心每半年出版一期大学学术期刊，并出版由员工和教师撰写的图书和手稿等。

---

[1]　https://kenyapublishers.org/members/

续表

成员	主要经营业务
东非教育出版社 （East African Educational Publishers）	是非洲最大的出版社之一，总部设在肯尼亚内罗毕。出版图书类型包括非洲文学和其他文学类作品、理论专著、非洲领导人的传记、关于非洲菜肴的烹饪图书、狩猎图书和大众类图书等。所出版的儿童故事、教科书和学习材料涉及语种为英语、斯瓦希里语和其他非洲语言。
E 吉塔布（eKitabu）	吉塔布（Kitabu）在斯瓦希里语中是"书"的意思。该公司致力于发行教育类数字内容以降低成本，同时帮助学生获取更多国家课程批准的高质量教育材料。与撒哈拉以南非洲的 750 余所学校合作，提供基于开放标准的移动技术与运营技术。
福音出版社（Evangel Publishing House）	主要出版服务于领导、牧师和教会的神学教育类图书和资源，以及从圣经的角度处理艾滋病、家庭事务等当代问题的图书。此外还出版儿童和青少年类图书。许多出版物已被翻译成非洲民族语言，并在非洲和周边的 57 个以上国家销售。。
焦点出版有限公司（Focus Publishers Ltd）	是一家快速发展的肯尼亚出版公司，出版了大量非洲裔和其他族裔作者的图书，包括许多在非洲和国际获奖的儿童、成人图书，其中一些还被翻译成西班牙语、意大利语和立陶宛语。该公司也出版学术作品和英语—斯瓦希里语词典。
吉奥佩里出版公司（Geoperi Publications）	教育科技部批准的主要从事小学教材修订方面的出版业务。
肯尼亚文学局（Kenya Literature Bureau）	前身是由英国高级专员公署（British High Commission）于 1947 年成立的东非文学局（East African Literature Bureau），以斯瓦希里语、东非方言和英语出版图书。在 20 世纪 70 年代初期，出版了许多东非英语诗歌作品。目前是肯尼亚教育部下属的半国营企业。
肯尼亚国家图书馆（Kenya National Library）	肯尼亚国家图书馆致力于在肯尼亚发展、促进、建立和装备图书馆。
科瓦尼信托公司（Kwani Trust）	成立于 2003 年，总部位于肯尼亚，致力于通过当代非洲故事的写作、出版和发行，为国民提供文学培训机会、组织文学活动，维护全球文学网络。
法律非洲出版有限公司 （LawAfrica Publishing Ltd）	该公司长期出版专业的法律材料，包括法律法规、法律报告、法律评论和期刊等。
长角牛肯尼亚有限公司 （Longhorn Kenya Ltd）	是一家在出版业地位领先的公司，在东非地区业务广泛，在乌干达、卢旺达和坦桑尼亚都成立了子公司。通过经销商合作伙伴关系，该公司在非洲大陆的业务可扩展到马拉维、喀麦隆、赞比亚、纳米比亚、塞内加尔等地。
马里巴出版社（Marimba Publishers）	成立于 1997 年，出版斯瓦希里语和英语图书，包括戏剧、诗集、小说、儿童故事书和学习指南等。
门托出版有限公司 （Mentor Publishing Company Ltd）	成立于 2013 年，主要出版高质量的各等级教科书。
莫依大学（Moi University）	主要出版学术知识和信息，为高等教育机构出版学术图书和专著。
莫兰出版社（Moran Publishers）	出版高质量的指导类图书（教材）、参考类图书（字典与地图）、一般类图书等。在肯尼亚、乌干达和卢旺达设有职能办事处，与坦桑尼亚也有交流合作。
山峰出版社（Mountain Top Publishers）	成立于 1994 年，只出版约翰·温德姆（John H. Wyndham）的《终极自由》一书，目前已经有各翻译版本和音频形式在世界各地出售。
吉古阿图书（Njigua Books）	位于肯尼亚内罗毕，主要提供一般类商业服务。
塞米亚有限出版公司（Nsemia Inc Publishers）	该公司关注以非洲为基础的艺术创作，主要出版非洲生活故事和非洲民族相关作品，形式包括戏剧、诗歌、小说等。
一个星球出版社（One Planet Publishers）	致力于为儿童和成人制作高质量的图书，为作者和研究人员提供咨询服务以发表作品。主要出版物包括教育类图书、娱乐类图书和参考资料等。
牛津大学出版社（Oxford University Press）	牛津大学旗下出版社，在东非地区是业界领先的词典和文学类图书出版商，以斯瓦希里语和英语出版了 2000 多种出版物，其中包括幼儿发展教育、初级教育、中级教育、技术和职业教育与培训以及高等教育类图书。
凤凰出版社（Phoenix Publishers）	自 20 世纪 80 年代后期以来，凤凰出版社一直是英语和斯瓦希里语儿童文学出版方面的领头羊，同时还有各等级的教育类图书。出版业务地域涵盖非洲和世界其他地区。

续表

成员	主要经营业务
奎尼士出版社（Queenex Publishers）	是东非地区领先的教育类图书出版商，开发、销售高质量的幼儿发展教育的学习材料。
辛马出版社（Simpemar Publishers）	位于肯尼亚卡拉提纳。
教育出版社（Single Education & Publishers）	位于肯尼亚内罗毕。
聚光灯出版社（Spotlight Publishers）	成立于 2008 年 9 月，是东非地区领先的图书出版公司之一。主要出版畅销教育类图书。
故事·莫亚出版社（Story Moja Publishers）	致力于出版世界一流的当代东非作品。目标是支持当地作家，帮助他们创作符合现行标准的作品并进行营销。
教科书中心（Text Book Centre）	是非洲东部和中部最大的教育、文化、技术内容和产品经销商。成立于 1964 年，已迅速发展成为肯尼亚领先的连锁书店。配合肯尼亚教育部门大力发挥其零售、批发和分销服务作用。
翻转专家（The Flip Experts）	是一家新媒体公司，为数字出版、多媒体交互式数字学习内容、网络应用程序、企业电子学习、移动应用程序、数字内容安全等提供开发解决方案。
乔莫·肯雅塔基金会（The Jomo Kenyatta Foundation）	乔莫·肯雅塔基金会是在肯尼亚决定控制本国教育出版系统，以防止资本外流的情况下成立的。基金会目前功能是促进国民教育、提供教育材料，服务于国家的关键发展目标。
高级人才（Top Performers）	位于肯尼亚内罗毕，从事广告、报纸、图书出版。
内罗毕大学出版社（University of Nairobi Press）	内罗毕大学出版社是内罗毕大学所属的出版社，主要目的是传播学术研究。
韦德木瓦（Videmuwa）	该出版公司 2005 年成立，从低龄儿童出版物到高等教育水平的高质量教育类图书都有涉及。各级教育的出版物都获得了肯尼亚课程开发研究所 (KICD) 的批准。
活力文字出版有限公司（WordAlive Publishers）	活力文字出版有限公司的目标是通过出版、销售和发放优质基督教图书来改变撒哈拉以南非洲人们的生活。活力文字公司曾出版过《非洲圣经评论》，除此之外，该公司坚持培养非洲本土作家、编辑，营销非洲作者反映非洲现实的优质图书，并推介国际作者有关非洲的作品。出版浪漫文学、宗教类、人际关系、参考资料、诗歌、图画书和育儿相关的电子书和图书。

资料来源：肯尼亚出版协会官网

参考文献

1. 陈力丹，刘晓媛. 肯尼亚新闻传播业的发展历史及当代传媒格局 [J]. 当代传播，2010（5）：59-61，66.

2. 崔丝·鲁文迪，王晓波. 肯尼亚媒体概况 [J]. 中国投资，2018（12）：50-51.

3. 桂涛. 威慑、规范、培训、监督——非洲媒体如何防范假新闻 [J]. 中国记者，2011（5）：27-29.

4. 郭聪. 肯尼亚舆论中的中国形象：光与影并存——以《民族日报》2015 年涉华报道为例 [J]. 国际传播，2017（03）：66-76.

5. 黄巨臣. 肯尼亚基础教育信息化建设：动因、措施与启示 [J]. 现代教育技术，

2021，31（03）：89-96.

6. 李实 . 肯尼亚图书出版业 [J]. 出版经济，2004（11）：66-67.

7. 罗雪 . 非洲国家传媒产业的演化路径研究——以南非、肯尼亚和尼日利亚三国为例 [J]. 传媒，2019（17）：50-53.

8. MAOBE Asenath. 贸易：硬基础设施，软基础设施？中国海上丝绸之路倡议及其对肯尼亚的意义（英文）[J]. 华东师范大学学报（自然科学版），2020（S1）：179-183.

9. 玄国 . 肯尼亚现代化与中国对肯尼亚援助的思考 [J]. 国际公关，2020（10）：11-12.

10. 张小虎，杨双瑜 . 论肯尼亚的环境法律规制与投资风险防范 [J]. 河南科技学院学报，2020，40（07）：27-33.

11. Nsibande, G. N. *Strategies for national book development in Anglophone Africa: A case study of Kenya and Nigeria* [D]. 2006.

（作者单位：北京外国语大学）

蒙古国出版业发展报告

乌云格日勒

　　出版业是一国文化产业的重要组成部分，对于丰富民众精神文化生活、提升文化软实力、培育新的经济增长点、增强国际影响力具有重要意义。蒙古国现代出版业从20世纪90年代开始重建。从产业规模和产品总量、效益、竞争力、影响力等方面看，蒙古国出版业整体上不发达。这与蒙古国经济欠发达、政府重视缺位、轻工业新技术滞后、行业协会作用甚微等直接相关。另外，在向市场经济转型的30年间，伴随着蒙古国出版机构的私有化、市场化进程，出版业遵循市场经济规律走上了一条自主发展的道路，并在本国有限的经济体量里不断发展，成为重要的新兴产业之一。

一、出版业发展背景

　　蒙古国，简称蒙古，是东亚和中亚的一个主权国家。国土面积156.4万平方公里，居世界第19位，为仅次于哈萨克斯坦的世界第二大内陆国家，边境线长度8220公里，北与俄罗斯联邦接壤。首都是乌兰巴托。

　　蒙古国人口约330万，蒙古族约占全国人口的95%，此外还有哈萨克族等少数族裔。蒙古国的官方语言为蒙古语，现用文字为西里尔蒙古文，从1941年开始使用至今。蒙古国行政区划包括首都乌兰巴托和21个省；按区域还可以划分为西部地区、杭爱地区、中部地区、东部地区和乌兰巴托地区。在宗教信仰方面，53%的蒙古人信仰佛教，还有一部分人信仰伊斯兰教、萨满教和基督教。

（一）政治经济状况

　　蒙古国在1921年成立君主立宪政府，1924年成立蒙古人民共和国。东欧剧变后，

1992 年改国名为蒙古国，颁布实行了多党制的新宪法，实行经济开放政策，积极发展同西方发达国家和亚洲国家的经贸合作，开始向民主政体和市场经济过渡。中蒙两国于 1949 年 10 月 16 日建立了正式外交关系，2014 年建立全面战略伙伴关系。

蒙古国是发展中国家，经济方面以畜牧业和采矿业为主。1997 年 1 月加入世界贸易组织。近年来，蒙古国经济持续增长，根据快易数据（kylc.com）发布的统计数据，2017 年蒙古国国内生产总值（GDP）为 114.26 亿美元，2018 年为 131.09 亿美元，2019 年为 139.97 亿美元。从 2003—2019 年的经济运行情况来看，人均 GDP 呈上升趋势。（见图 1）尽管国民经济发展势头较好，但蒙古国经济总量仍然偏低，且近年来政府债务问题突出，通货膨胀严重，大量企业破产，失业人口大幅上升，发展面临重重困难。以 2017 年为例，当年全国财政预算收入（含外来援助）总额约 29.51 亿美元，财政支出（含偿债金额）总额约 36.48 亿美元，财政赤字约 6.97 亿美元；2017 年城镇登记失业人口 2.55 万人，到 2019 年底攀升到 3.7 万人，增加了 45.1%。

单位：美元

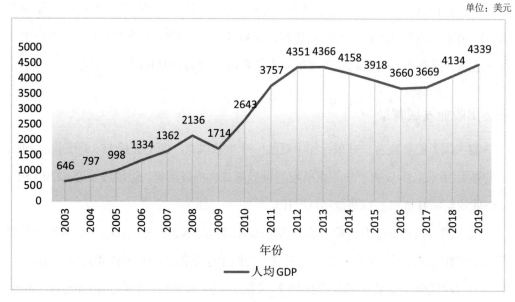

图 1　2003—2019 年蒙古国人均 GDP 变化情况

资料来源：快易数据（kylc.com）

（二）文化教育环境

蒙古国 98.7% 的 15 岁以上公民具有基础教育水平。政府高度重视通识教育和高等教育。在通识教育阶段，公民将获得终身所需的理论和实践知识、社交技能以及高等教育所必需的基础知识。

2001—2002 学年蒙古国有 178 所大学，在读学生 9.06 万人。2005—2006 学年大学数量开始逐渐下降，到 2018—2019 学年降至 94 所，较 2001—2002 学年下降了 47.2%，高校在读学生人数则增加到 15.76 万人。2018—2019 学年，有 13.09 万名学生攻读学士学位，2.25 万名学生攻读硕士学位，4200 人攻读博士学位。

据蒙古国教育、文化和科学部（Монгол Улсын Боловсрол, Соёл, Шинжлэх Ухааны яам）与国家统计局（Үндэсний Статистикийн Хороо）共同发布的《高等教育发展趋势、政策和方向》研究报告显示，2018—2019 学年，18~24 岁的学生占蒙古国本科生总数的 30.5%，与 10 年前相比下降了 1 个百分点。

汉语是蒙古国外语教育的热门语言。早在 2014 年蒙古国就有 60 多所大、中、小学校开设汉语课程，接受汉语教育的学生已达万人，赴中国留学的蒙古国学生达 8000 多人。2014—2019 年，中国向蒙古国提供不少于 1000 个政府奖学金名额，其中本科生不少于 200 个。同时，在蒙古国留学的中国学生人数也不断上升，2018—2019 学年蒙古有外国留学生 2275 名，其中 1600 人来自中国，占 70.3%。

（三）政策法律背景

蒙古国涉及知识产权保护的法律包括《蒙古国专利法》（Монгол Улсын патентийн тухай хууль）、《蒙古国版权及相关权益法》（Зохиогчийн эрх болон түүнд хамаарах эрхийн тухай Монгол Улсын хууль）和《蒙古国商标及地理标志法》（Монгол Улсын барааны тэмдэг, газар зүйн заалтын тухай хууль）。蒙古国在知识产权保护方面与国际接轨度较高，加入了《保护工业产权巴黎公约》（АЖ ҮЙЛДВЭРИЙН ӨМЧИЙГ ХАМГААЛАХ ТУХАЙ ПАРИСЫН КОНВЕНЦ）、《专利合作条约》（Патентийн хамтын ажиллагааны гэрээ»）、《马德里条约》（Мадридын гэрээ）、《马德里协定》（Мадридын Хэлэлцээр）、《外观设计国际保存海牙协定》（Бүтээгдэхүүний загварын олон улсын хадгалалтын тухай Гаагийн хэлэлцээр）、《伯尔尼公约》（Бернийн конвенц）等国际公约。蒙古国知识产权的三大法中都明确规定：

"蒙古国国际条约中的规定与本法不一致的，适用国际条约的规定。"

蒙古国的法律规定有效保障了出版自由。包括蒙古国国会 2016 年第 19 号决议通过的《蒙古国可持续发展规划——2030》（*Монгол Улсын тогтвортой хөгжлийн төлөвлөгөө—2030*）、2016 年第 62 号决议通过的《国家工业政策》（*Үндэсний аж үйлдвэрийн бодлого*）、《支持国内生产者的有关措施》（*Дотоодын үйлдвэрлэгчдийг дэмжих холбогдох арга хэмжээ*）及蒙古国政府 2014 年第 18 号决议等在内的 30 多部法律法规，均适用于出版印刷行业。

在上述法律法规中，对出版印刷业影响最大的政策文件是经蒙古国政府 2008 年第 53 号决议通过的《印刷业大纲》（*Хэвлэлийн үйлдвэрийн тойм*）。该大纲分 2009—2012 年、2013—2016 年两个阶段实施，提出了"营造有利的法律环境，支持和规范印刷业的发展；扩大国内生产，以取代出版印刷业中的进口产品和原材料；引进新的先进技术、工艺、科技成果，使产品质量达到国际水平；发展本地印刷生产和服务；提高新闻出版行业人力资源能力"等具体目标，对促进蒙古国出版印刷业发展、提高行业竞争力发挥了积极作用。

（四）国民阅读情况

蒙古国人自古珍视图书，将其视作三大珍宝之一。他们喜欢用烫金工艺装饰封面，用绸缎包裹图书，以示其金贵及主人对它们的珍爱。蒙古国漫长而寒冷的冬天、缓慢的工作生活节奏，为人们阅读提供了充足的时间，也为养成书写和阅读的文化习惯创造了条件。尽管图书价格不菲，蒙古人也可以在互联网、有线电视上接触其他娱乐形式，但他们还是更喜欢阅读纸质书。根据 2019 年的一项调查，蒙古国人平均每天阅读 20 分钟，大多数读者的年龄在 21~38 岁之间，15~60 岁年龄段人群每年平均在图书上的花费约为 41 美元，占年薪的 1% 左右。在现今的融媒体时代，传统纸质图书仍然受到尊崇，这既跟蒙古国较高的基础教育普及程度和深厚的阅读文化习惯有直接关系，也离不开政府对阅读的重视。蒙古国教育、文化和科学部实施了"图书计划"（*Номын төсөл*），以激励学龄前和学龄儿童、大学生阅读图书，向他们传授创新的阅读技巧，并鼓励公众参与这项活动。

蒙古国读者对历史和传统图书的需求很大，历史小说更受欢迎，这跟蒙古国悠久的翻译历史传统有关。蒙古国最早的翻译记录来自公元前 3 世纪，当时主要翻译梵文、中文、波斯文和阿拉伯古典文学的宗教手稿。在苏联时期，蒙古国翻译了大量俄国古典文学和苏联文学作品。如今，乌兰巴托的书架上摆满了当代世界文学主要作家的作品。日本的村上春树、土耳其的奥尔罕·帕慕克和中国的余华都很受欢迎。加布里埃尔·加西亚·马尔克斯、欧内斯特·海明威和费奥多尔·陀思妥耶夫斯基等的经典作品也很受欢迎。

近年来，蒙古国读者对中国文学作品充满兴趣，对中国文学作品的品评也屡现媒体，不少有影响力的网站和报纸开辟专栏连载中国文学作品，很多中国图书在试译阶段就已经受到蒙古读者的一致好评。以《三体》《活着》为例，《三体》预售以来，已有大批蒙古读者在网上预购蒙语译本。《活着》自 2019 年由鸽子出版社出版以来已经售出 1.2 万册。同时，蒙古国学者也加大了翻译出版中国历史文献的力度，《论语》《孙子兵法》《道德经》等西里尔蒙古文版早已出版发行并受到广泛欢迎。中国文化译研网（CCTSS）2019 年 9 月赴蒙古国调研发现，蒙古国汉学家、译者最喜欢的 10 位中国作家为鲁迅、茅盾、沈从文、铁凝、莫言、余华、曹文轩、姜戎、劳马、梁晓声；最喜欢的 10 部中国作品是《西游记》《三国演义》《水浒传》《狂人日记》《阿Q正传》《家》《子夜》《狼图腾》《活着》《泡沫之夏》。此外，儿童文学作品《火印》也深受蒙古读者的好评。

（五）图书馆建设与使用情况

蒙古国的图书馆可分为国家图书馆、区域公共图书馆和学校图书馆 3 类。

根据统一统计数据库（Үндэсний статистикийн хороо）发布的数据，截至 2019 年，蒙古国有 364 家图书馆，按区域分，杭爱地区省份图书馆数量和馆藏图书数量最多，分别是 107 家，12.2 万册。戈壁苏木贝尔省的图书馆数量和馆藏图书数量最少，分别是 3 家，0.2 万册。首都乌兰巴托有 12 家图书馆，馆藏图书 2.6 万册。蒙古国图书馆馆藏图书数量从 2016 年开始逐年递增，至 2019 年达到 38.8 万册。2019 年蒙古国图书馆活跃读者人数为 38.8 万人，其中杭爱地区省份图书馆活跃读者人数最多，为 12.2 万人，东部地区省份图书馆活跃读者人数最少，为 6.7 万人，首都乌兰巴托图书馆活跃读者人数为 2.6 万人。（见表 1、表 2、表 3）

表1 2016—2019年蒙古国图书馆数量统计情况

单位：家

地区	2016	2017	2018	2019
全国	362	362	362	364
西部地区	94	94	94	94
巴彦乌勒盖省	14	14	14	14
戈壁阿尔泰省	19	19	19	19
扎布汗省	24	24	24	24
乌布苏省	20	20	20	20
科布多省	17	17	17	17
杭爱地区	105	105	107	107
后杭爱省	19	19	20	20
巴彦洪格尔省	20	20	20	20
布尔干省	18	18	18	18
鄂尔浑省	5	5	6	6
前杭爱省	19	19	19	19
库苏古尔省	24	24	24	24
中央地区	101	101	101	101
戈壁苏木贝尔省	3	3	3	3
达尔汗乌勒省	5	5	5	5
东戈壁省	14	14	14	14
中戈壁省	15	15	15	15
南戈壁省	15	15	15	15
色楞格省	22	22	22	22
中央省	27	27	27	27
东部地区	50	50	50	50
东方省	14	14	14	14
苏赫巴托尔省	13	13	13	13
肯特省	23	23	23	23
乌兰巴托地区	12	12	10	12
乌兰巴托	12	12	10	12

资料来源：统一统计数据库

表 2　2016—2019 年蒙古国图书馆馆藏图书数量统计情况

单位：册

地区	2016	2017	2018	2019
全国	252671	260077	317347	388180
西部地区	55987	56997	81666	96520
巴彦乌勒盖省	13951	15794	25300	36156
戈壁阿尔泰省	7157	6991	10954	23363
扎布汗省	11728	11046	19390	11616
乌布苏省	12131	13459	14147	14813
科布多省	11020	9707	11875	10572
杭爱地区	79053	79797	95431	122357
后杭爱省	14427	15430	16910	19065
巴彦洪格尔省	13157	11090	16724	16769
布尔干省	10606	11770	10580	16458
鄂尔浑省	9803	10777	11553	15423
前杭爱省	13101	12768	15805	16504
库苏古尔省	17959	17962	23859	38138
中央地区	65382	70389	66304	76564
戈壁苏木贝尔省	2625	2872	2590	2147
达尔汗乌勒省	7700	8638	9188	8034
东戈壁省	4592	5922	2583	5266
中戈壁省	6117	6237	6223	9072
南戈壁省	7866	7903	5576	8499
色楞格省	11876	15409	13290	20735
中央省	24606	23408	26854	22811
东部地区	26592	28377	51147	66857
东方省	9132	10716	21915	19783
苏赫巴托尔省	8023	7530	7317	7897
肯特省	9437	10131	21915	39177
乌兰巴托地区	25657	24517	22799	25882
乌兰巴托	25657	24517	22799	25882

资料来源：统一统计数据库

表 3　图书馆活跃读者人数统计情况

单位：人

地区	2016	2017	2018	2019
全国	252671	260077	317347	388180
西部地区	55987	56997	81666	96520
杭爱地区	79053	79797	95431	122357
中央地区	65382	70389	66304	76564
东部地区	26592	28377	51147	66857
乌兰巴托	25657	24517	22799	25882

资料来源：统一统计数据库

　　蒙古国规模最大的图书馆是成立于 1921 年 11 月 19 日的蒙古国国立图书馆（Монголын Үндэсний номын сан）。该馆馆藏各类文献约 300 万册，设有行政和经济部，图书编辑、处理和交换部，藏书部，阅读服务部，信息研究部等 5 个部门和蒙古学与手稿文献馆、蒙古文图书馆、西方图书馆、东方图书馆等多个藏书馆。其中蒙古文图书馆藏有西里尔蒙古文图书、回鹘式蒙古文图书和内蒙古图书；东方图书馆藏有中文、日文、朝鲜文等图书，其中中文图书占 60%。1991 年蒙古国国立图书馆成为国际图书馆协会联合会会员。

（六）互联网发展情况

　　近年来蒙古国互联网发展迅速。2016 年互联网使用人数仅有 75 万，2017 年迅速攀升到 190 多万，比 2016 年增长 1.5 倍，此后继续保持平稳上升态势，到 2020 年，蒙古国互联网使用人数已经达到 250 万人，互联网的普及率达 76%。据"互联网使用情况调查"数据显示，超过 90% 的受访者使用互联网；20% 的受访者平均每天上网 2~4 小时，11% 的受访者平均每天上网时间超过 4 小时。互联网速度不断提高，约有 75% 的互联网用户使用 2~5 兆字节的互联网。移动互联网用户数量也在逐年增加，每 100 人中移动互联网用户比例为 57.9%。（见图 2）

单位：人

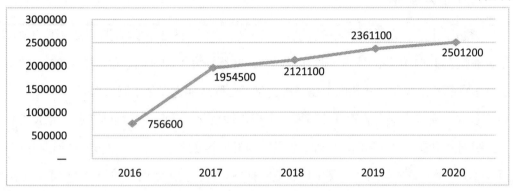

图 2　蒙古国互联网用户发展情况

资料来源：www.unread.today

从上网目的来看，观看视频位列第一，约占上网总时长的 60%。根据蒙古国通信管理委员会（Монгол Улсын Харилцаа Холбооны Зохицуулах хороо）的数据，用于浏览优途（YouTube）的时间占上网总时长的比例高达 42%。这个数字意味着用户上网主要是观看视频、听音乐和观看节目。通过浏览器访问互联网的用户仅占 31%。但由于技术的进步和内容的变化，近年来上述习惯正在改变。随着奈飞（Netflix）和 Look TV 等基于 OTT[①] 的产品推出，预计优途的份额将逐渐下降，但视频使用量会增加。此外，随着互联网的快速普及和发展，在线阅读、电子书及数字出版、图书网络销售等行业正在蒙古国兴起。（见图 3）

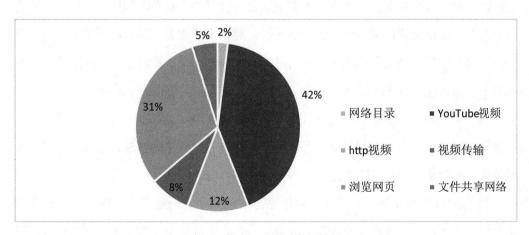

图 3　蒙古国互联网应用情况

资料来源：www.unread.today

---

① OTT 是"Over The Top"的缩写，指互联网公司越过运营商，发展基于开放互联网的各种视频及数据服务业务。

二、图书业发展概况

蒙古国出版业发展大体可分为蒙古人民共和国时期和蒙古国时期。蒙古国的现代出版业是在 1991 年后的蒙古国时期得到重建并逐渐发展起来的。蒙古国 1992 年颁布实行多党制的新宪法，开始向市场经济过渡，出版业随之发生了巨大变化。

首先，新闻出版宏观管理政策发生了根本性变化。行政手段由强变弱，完成了从审批制到登记制、主管部门由检查监督型向服务型转变的过程。经济手段从计划经济向市场经济过渡，政府取消了对图书出版业的补贴和各项优惠政策，并开始按照市场经济规律对出版业收税。一些不能适应市场规律的国有出版社陆续倒闭，不同规模的私有出版社相继成立。出版行业协会应运而生并以社会性的行业组织身份运作和发挥作用。

蒙古出版印刷协会（Монголын Хэвлэлийн үйлдвэрүүдийн Холбоо）成立于 2005年，是一个非政府组织，为蒙古国出版行业的 40 多家公司提供会员服务。该协会成立的初衷是为出版业创造有利条件，制定促进出版业发展的行业规则，保护成员单位的利益并提升其专业技能。但从实际情况来看，协会对整个行业的发展收效甚微。

其次，新闻出版业体制和性质发生了根本性变化。出版业性质由国有向私有转变，私有出版机构从 2000 年初开始大量出现，并呈现集团化趋势，逐步占据主导地位。据蒙古国食品和轻工业部工业专业协会 2019 年统计，蒙古国有 5 家大型私人出版公司及 40 多家独立出版社。在宽松开放的行业管理体制下，出国参加国际书展、进行版权贸易及出版相关业务洽谈成为大型出版公司的常态。转企改制使出版单位的活力得到激发，翻译文学传统得到弘扬，出版界、翻译界开始大量翻译出版世界各国优秀作品。乌兰巴托的书架上摆满了翻译引进的国际文学作品，反映了一个开放社会的优先需求。蒙古读者有了比以往更多的阅读选择，蒙古国正在经历一场文学复兴。

综上，在从计划经济向自由市场经济过渡的 30 年间，蒙古国出版业得到重建。尽管仍不发达，但在蒙古国自身经济体量里，出版业得到不断发展，形成了自己的发展模式，成为蒙古国新兴产业之一。

蒙古国出版业发展前景良好，但也存在诸多问题。一是出版机构的地区分布严重失衡。由于作者、读者以及大型出版机构、书店大都集中在大城市，首都乌兰巴托自然成为蒙古全国图书出版的中心。二是全国图书发行网络有待建立。出版管理体制发生巨变后，图书发行网络停止运行，一些资金雄厚的出版公司开始通过开办书店建立自己的发行网络，但受阻于长途运输费用等成本问题，这些自建书店只能满足大城市的书刊供应需求。一个遍布全国的图书发行网络并没有真正建立起来，这是制约蒙古国出版业发展的重要因素。三是图书市场结构不均衡。年轻一代的编辑成为私有出版社的中流砥柱，出版人的价值取向发生了巨大转变，认为市场和读者的需要才是一本书出版的主要理由，出版物的娱乐功能和审美情趣应该胜于其宣传教育功能。这在一定程度上导致图书市场的结构比重失衡。2018—2020 年新注册版权图书中，出版种数位居前三的依次是文学类、学术著作类和教育类，分别为 722 种、571 种和 515种。科学类最少，只有 59 种；自我发展类图书 116 种，居倒数第二。四是图书市场规模小。使用西里尔蒙古文的蒙古国人口只有 300 多万。我国蒙古族与蒙古国使用的语言相同，但文字不同，我国蒙古族使用的是回鹘式蒙古文。文字的不同造成蒙古语图书国际市场的分化。五是图书价格水平与国民收入水平差距大。一方面，蒙古国图书的基础和辅助原材料全部依赖进口，其中 80% 来自中国，成本高造成图书价格居高不下；另一方面，蒙古国经济欠发达，失业率高，国民收入低，图书购买力有限。此外，图书质量得不到保障、出版物同质化现象严重等问题也十分突出。（见表 4）

表4 2018—2020 年蒙古国新注册版权图书种类情况

单位：种

类别	2018	2019	2020	合计
文学	216	298	208	722
学术著作	213	111	247	571
教育	187	172	156	515
教科书、手册	120	105	143	368
儿童读物	98	136	87	321
传记历史	78	175	67	320
古典文学	54	95	52	201
口头文学	35	37	46	118
自我发展	56	36	24	116
科学	15	14	30	59
年度总计	1072	1179	1060	3311

资料来源：统一统计数据库

（一）图书业现状

关于蒙古国图书业总的销售额、图书品种数等情况，缺乏官方的整体数据。据蒙古国鸽子出版有限责任公司（Tagtaa）在 2019 年进行的一项调查，蒙古国每年出版图书约 1000 余种，其中近 2/3 的出版物是原创作品，1/3 是翻译作品。平装本平均定价约 7.5 美元，精装本平均定价约 14 美元。鉴于当地平均月薪低于 400 美元的收入水平，图书价格显然不菲。以苏云布出版有限公司（SOYOMBO Printing）为例，该公司每年出版图书近 200 种，其中一般图书印数在 100~500 册不等，有少量图书印数能达到1000 册。累计印数能达到 5000 册的图书属于畅销图书。

蒙古国图书销售主要以书店销售和图书节销售为主，网络销售、电商销售也正在兴起。大多数书店都集中在首都乌兰巴托，那里居住着蒙古国 1/3 以上的人口。大型书店有艾德蒙集团公司（Admon）下属的国际图书书店（INTERNOM）、鸽子出版有限责任公司下属的鸽子书店、永字出版有限责任公司（Munkhiin Useg）下属的阿兹胡日（Azxur）书店等。大型书店通常都开辟图书陈列区、阅读区、活动区、文创产品区、儿童读物区等功能区，以供读者翻阅图书、购买纪念品和供书店举办新书首发及作者签售、读者见面会、讨论会等各种活动。有些书店还配有咖啡茶饮区，布局、装饰相当舒适、文艺、现代。书店通常会利用世界读书日、蒙古国国内图书节、节假日等重要时间节点进行图书促销活动。书店促销是蒙古国图书销售的重要途径。以国际图书书店的世界读书日促销活动为例，2018 年 4 月 21—23 日，该书店为迎接世界读书日举办了 6 至 9 折优惠促销活动，吸引了许多市民前来购书。活动当天书店里人头攒动，售货员比平时增加了一倍，收银台前排起了长队。

蒙古国图书节每年 5 月和 9 月在乌兰巴托苏赫巴托尔广场举行，是蒙古国重要的图书文化盛事。图书节由非政府组织"读书文化世界"（Номын соёлт ертөнц ТББ）举办，至今已经举办了 14 届。每年的图书节都会吸引 120 多家出版社和图书行业机构参展。图书节期间，出版企业、作者、译者齐聚一堂，举行新书首发、好书介绍等活动，通过作者签售、限时折扣、名家巡回、读者阅读、交流论坛等一系列活动，拉近与读者间的距离，达到利好出版者、作者和读者的目的。届时，与首都图书节呼应，蒙古各地省会城市也会举办大型书展，同样被视作重要的地方文化盛事。

蒙古国图书节已逐渐成为蒙古国全国新书、好书、常销书的集中首发地，它的作用和影响力也得到了广泛认可。图书节不仅促进了国民阅读,还扩大了图书市场。目前蒙古国图书市场销售总额约 3200 万美元(800 亿图格里克),图书节对此功不可没。

(二)印刷业现状

20 世纪 20 年代,蒙古国的轻工业体系开始建立,印刷业是其中发展最早的行业门类。2016 年印刷行业状况研究调查显示,印刷业满足了 92% 的国内市场需求,在蒙古国社会文化生活中发挥了积极作用。近 5 年的数据也表明,印刷业正在独立于其他轻工业发展,不需要优惠贷款及援助就已达到一定的稳定增长水平。这种增长可以视为印刷业已经具备了承受经济衰退风险的免疫力。

截至 2019 年,蒙古国轻工业从业人员有 53000 余人,其中有 4000 人从事印刷行业。从印刷企业分布来看,蒙古国共有 300 多家印刷企业,其中乌兰巴托有 250 多家,农村地区有 50 多家。210 多家印刷厂从事文案写作、小规模复制、纪念品印刷等小规模生产和服务,约占印刷厂总数的 70%;70 多家中型企业从事胶印、丝印业务,约占印刷厂总数的 24%;18 家大企业是拥有一台或多台彩色印刷机的高科技多功能印刷厂,能承接 4~6 色胶印业务,约占印刷厂总数的 6%。(见图 4)

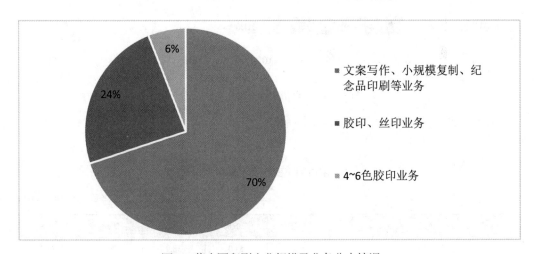

图 4　蒙古国印刷企业规模及业务分布情况

资料来源:蒙古国食品和轻工业部工业专业协会(Монгол Улсын Хүнс, Хөнгөн Үйлдвэрийн яамны Аж Үйлдвэрийн Мэргэжлийн холбоо)2019 年数据

从印刷品类型来看,主要有标签、容器、包装品、广告刊物、有价证券图书、

报纸和杂志等，其中报纸和杂志的比重最大，约占 20%；有价证券最少，约占 5%。由于近年来人们越来越多地使用电视、广播和互联网获取信息，报纸和图书的整体市场需求急剧下滑，但用于学术研究和图书馆、档案馆馆藏的图书和报纸的需求一直处于正常水平，对彩印杂志和图书的需求还在不断增长，从而对印刷业生产的整体增长产生了积极影响。截至 2020 年，蒙古国 70% 的报纸生产由自由新闻基金会（Чөлөөт Хэвлэл Сан）、《日报》（өдөр бүр）、《世纪新闻》（Зууны мэдээ）和苏云布印刷有限责任公司（SOYOMBO）等机构完成。（见图 5、表 5）

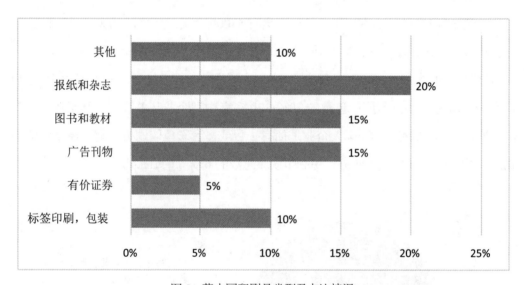

图 5　蒙古国印刷品类型及占比情况

资料来源：蒙古国食品和轻工业部工业专业协会 2019 年数据

表 5　蒙古国主要印刷产品生产情况

单位：百万册、百万份

类别	2015	2016	2017	2018	2019
图书	77.0	53.0	38.9	106.5	168.3
报纸（每周出版 4 次以上）	36.0	35.4	26.2	22.3	17.5
表格、图表	12.4	12.1	10.1	12.7	17.8

资料来源：蒙古国家统计局工业部门（Монголын үндэсний статистикийн хорооны Аж үйлдвэрийн газар）2019 年数据

在印刷技术、设备、原材料方面，蒙古国多依赖引进、合作。将引进的技术本土化，为把产品质量标准提高到世界水平创造条件，是蒙古国印刷业当前的发展目标。蒙古国印刷业原材料 80% 进口自中国，10% 来自德国，5% 来自俄罗斯，其余 5% 来自其他国家。围绕原材料进口的问题衍生了国内生产需要海关和税收政策持续支持，需要不断更新、批准原材料和产品质量标准并对其进行引进和本土化等诸多问题。为此，印刷业正在实施如下措施：一是在改进、更新原材料和产品质量标准的同时，通过批准、引入实现本土化；二是通过建立法律框架和实施海关、税收等方面的优惠政策提供有效支持；三是通过在国内外市场上推广本国产品、举办交易会、国内采购等途径提供支持；四是通过国内行业培训、再培训、海外培训和实习等途径培养人才队伍。（见图 6）

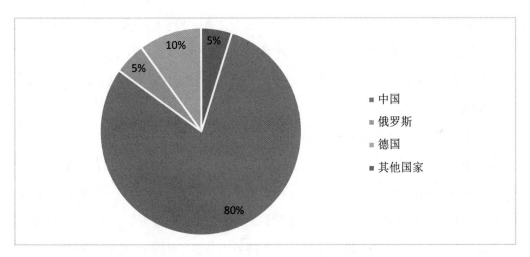

图 6　蒙古国印刷业基础和辅助原料进口情况

资料来源：蒙古国食品和轻工业部工业专业协会 2019 年数据

（三）主要出版印刷企业

蒙古国大型出版机构大多设有自己的出版社、印刷厂、书店等。如永字出版有限责任公司（Munkhiin Vseg）旗下有水晶经书出版社（Bolor sudar）、永字印刷厂（Munkhiin Useg）、Azhur 书店，艾德蒙集团公司（Admon）旗下有蒙古经书出版社（MONSUDAR）和国际图书书店（INTERNOM），鸽子出版有限责任公司（Tagtaa）

旗下有鸽子出版社和书店，色楞格印刷有限公司（Selenge Press）旗下有安达出版社（And），苏云布出版有限责任公司（Soyombo）旗下有苏云布出版社等。代表性企业具体情况如下：

1. Nepko 出版社

Nepko 出版社成立于 2006 年，是蒙古国用母语出版发行世界优秀作品的知名出版社，出版范围从科学、辞书到国内外经典著作和新文学、百科全书，一应俱全，出版的蒙古国著名翻译家和数百名学者的大量著作受到读者的认可。Nepko 出版社每年都参加国际书展，与企鹅兰登书屋集团、牛津大学出版社等世界知名出版公司建立了合作关系。

近年来出版的具有影响力的图书包括《大不列颠桌面百科全书》《艺术发展史》《柯林斯英语大词典》《万物简史》《伟大绘画：杰作诞生的故事》《伟大的设计》《大不列颠蒙古图片词典》《蒙英 英蒙词典》，以及"美国国家地理全球史"系列和《蒙古历史》等图书。出版的中国作品有《甄嬛传》《茶的故事》《狼王梦》《生死疲劳》《端午节短篇小说集——呐喊》《中国梦》《邓小平与新中国》《第七条猎狗》《十个词汇里的中国》等。

2. 艾德蒙集团公司（Admon）

艾德蒙集团公司成立于 2000 年，是蒙古国最大的图书出版和发行公司之一。该公司由蒙古经书出版社和国际图书书店组成。蒙古经书出版社是蒙古国最古老的出版社之一，主要出版哲学、艺术、儿童文学等类型的图书。近年来，艾德蒙公司与英国牛津大学出版社、德国 PONS 出版社、中国商务印书馆、韩国 DOOSAN DUN-A、日本 3A 株式会社等世界知名出版机构建立了友好合作关系，并依托合作优势出版了各种辞典，如《韩国语蒙古语辞典》《日语蒙古语辞典》《英蒙辞典》《德蒙辞典》等。艾德蒙集团公司出版过的中国作品有《习近平谈治国理政》、《摆脱贫困》、莫言的《变》以及为汉语学习爱好者量身定制的精选词典《汉蒙蒙汉词典》等。艾德蒙集团公司通过国际图书书店向蒙古国内外发行图书产品。

3. 苏云布出版有限责任公司（Soyombo）

苏云布出版有限责任公司成立于 2007 年，以出版社会、古籍、少儿、百科类图书和引进图书为主，每年出版图书近 200 种，销售网点遍及蒙古国全境。成立以来，苏云布出版公司与蒙古国著名作家、翻译家、文化名人广泛合作，并与美国、俄国、英国、日本、德国、韩国、土耳其等国家有版权贸易关系，出版了众多优秀本土作品和世界经典作品。公司拥有一支素质高、业务精的编辑队伍，出版的图书印制质量和内容在蒙古国读者群中口碑良好。近年来，苏云布出版公司遴选了 400 余部世界经典童话故事翻译成蒙古文，编成"108 童话"系列图书陆续出版。技术方面，苏云布出版公司 2017 年安装了海德堡 CD 102-5 印刷机，能完成最大格式 B1（1070mm×740mm）、5 色高质量胶印，2018 年引入并实施了 ISO 9001：2015 国际质量管理标准，开发了 Soyombo spelling 错误检查软件。

4. 永字出版有限责任公司（Munkhiin Vseg）

永字出版有限责任公司是蒙古国最大的印刷企业，1991 年成立时只有两家小型印刷厂，目前已经发展成为拥有 290 名员工，业务涉及图书出版与发行、印刷服务、包装、文具文创等领域的大型集团公司，旗下有永字印刷厂、水晶经书出版社、Azhur 书店等。永字印刷厂是蒙古国内领先的全自动印刷公司，该公司不仅引进了最新的印刷技术，还在印刷行业首次引入 ISO 9001：2015 质量管理体系标准。水晶经书出版社成立于 2001 年，有文学编辑部和教材编辑部两大常设编辑部，在儿童图书、公共图书、教材教辅等图书出版领域发展迅猛，此外在版权转让，失传、断版、绝版图书的复制重印、发行推广业务方面优势显著。水晶经书出版社出版过的中国作品有中国书籍出版社输出的《孔子和他的弟子们》等。

5. 鸽子出版有限责任公司（Tagtaa）

鸽子出版有限责任公司成立于 2012 年，是蒙古图书市场的年轻企业。公司宗旨是"为蒙古国读者翻译出版具有社会、文化、哲学和文学价值的世界古典名著和现代作品，成为蒙古图书市场出版、销售新典范"。旗下鸽子出版社遴选大批才华横溢的作家、艺术家、翻译家合作，向读者推送了大量古典文学、现当代小说、诗歌等优秀作品，受到蒙古国读者喜爱。鸽子出版社出版过的中国作品有《活着》《蛙》《现代中国诗选》等，在蒙古国读者中受到广泛欢迎。

6. 色楞格印刷有限公司（Selenge Press）

色楞格公司 2002 年成立，是蒙古国内较早从事印刷生产和印刷原料贸易的公司之一。目前，该公司已经将业务扩展到出版、发行、纸张、原材料、快餐店和职业足球俱乐部等领域。近几年该公司积极开展与亚洲其他国家的合作，同时也在积极寻求与中国合作的机遇。

7. 光明出版社（GUANG MING）

光明出版社由蒙古国著名汉学家宝力德·巴特（D. Boldbaatar）创办。光明出版社自 2010 年以来翻译出版的中国作品有《三国演义》、《水浒传》、《西游记》、《僧舞》以及琼瑶的《碧云天》、《雪珂》、杨志军的《藏獒》、姜戎的《狼图腾》等文学作品以及《汉蒙词典》《新华词典》等语言工具书。最新译作《三体》自预售以来，已有大批蒙古国读者在网上预购。

三、中蒙出版业交流合作情况

中蒙两国山水相连，中国蒙古族与蒙古国的蒙古人同宗同族，在人文、历史、语言、习俗方面有着天然的同一性，其相同的族源和丰富的文化资源，不仅渗透在两国的历史文化中，也存续在两国的现实社会生活中，为两国长期以来保持良好的出版交流合作打下了坚实的基础。

进入 21 世纪以来，特别是 2013 年"一带一路"倡议提出伊始，中蒙两国通过图书展会、图书捐赠、图书互译、合作出版、版权交易、版权互换等方式，建立了广泛的合作关系，双方出版交流活动日益频繁，图书互译成果显著。下文通过总结中蒙建交 70 周年等重要时间节点两国共同举办的大型交流活动、图书互译成果和新闻媒体交流，展现中蒙两国新闻出版交流合作情况。

（一）主要交流活动情况

2016 年 9 月 5 日，由国家新闻出版广电总局主办、中国教育图书进出口有限公司协办的"2016 中国图书巡展"在乌兰巴托中国文化中心开幕，展出了包括主题类图书、国际汉语教材教辅类图书、人文社科、科技类最新图书及当代文学作品等 10 个类别的 600 余种图书。

2016 年 10 月，首个中国主题图书翻译出版中心在乌兰巴托举行的中国蒙古国文化合作启动仪式上正式成立。该中心由中国人民大学出版社和蒙古国立师范大学共同设立。

作为落实中蒙两国元首共识的重要举措，"感知中国"庆祝中蒙建交 70 周年系列文化活动于 2019 年 9 月 2 日在蒙古国正式启动，为促进两国相互了解、深化两国全面战略伙伴关系发挥了重要作用。系列活动由国务院新闻办公室、中国驻蒙古国大使馆、内蒙古自治区人民政府及蒙古国教育文化科学体育部、乌兰巴托市政府共同主办。系列活动包括 7 个方面 20 多项丰富多彩的展示活动，择要如下：

2019 年 8 月 31 日，由国务院新闻办公室、蒙古国外交部、中国外文局、中国驻蒙古国大使馆主办的《习近平谈治国理政》第一卷、《摆脱贫困》西里尔蒙古文版首发式暨中蒙治国理政研讨会在乌兰巴托举行，为中蒙建交 70 周年献上了一份厚礼。时任蒙古国总统巴特图勒嘎发来贺信表示庆祝。

2019 年 10 月 21 日，由蒙古国外交部、蒙中友好协会共同举办的"中蒙友谊 70 年"图片展暨新书发布仪式在乌兰巴托举行。现场展出了中蒙建交 70 年来反映两国友好交往历史的 70 余幅珍贵图片。其间举行了记录中蒙建交 70 年友好时刻的《中蒙关系70 年：历史的重点》新书首发式。

2019 年 9 月 10—13 日，由国家新闻出版署主办，中国教育图书进出口有限公司、中国文化译研网（CCTSS）协办的"2019 年中蒙联合图书展"系列活动在乌兰巴托举行。北京大学出版社、高等教育出版社、社科文献出版社、蒙古 NEPKO 出版社、光明出版社等中蒙 10 余家出版机构上千册（卷）精品图书在联合书展上亮相。参展图书门类齐全，内容丰富，既有深入阐释习近平新时代中国特色社会主义思想、展现新中国成立 70 周年发展成就的蒙古文版中国主题类图书，也有反映两国人文生活等各领域最新发展的优秀出版物，如《伟大也要有人懂：小目标 大目标 中国共产党一路走来》《甄嬛传》《茶的故事》等由蒙古国汉学家翻译成西里尔蒙古文的中国图书。双方通过共同展示精品图书，以书为媒，加强了中蒙双方彼此的了解，促进了中蒙两国人民之间的文化交流。更重要的是，全面展示了中蒙建交 70 年来两国在出版交流和图书互译方面的成果，开创了中蒙图书出版深入合作的新模式，促进了"亚洲经典著作互译计划"等项目的实施。

2019 年 9 月 2 日，"纳荷芽"中蒙出版交流工程《小飞仙美德图画书》捐赠仪式在乌兰巴托举行。中方向蒙古国中小学生赠送了 2000 套（2 万册）由内蒙古少年儿童出版社专门策划出版的蒙汉双语《小飞仙美德图画书》。该工程启动于 2015 年，由内蒙古自治区新闻出版局与蒙古国教育文化科学体育部共同实施，截至目前已经合作出版了《世界经典故事》《中国经典故事》《蒙古族动物寓言故事》《中国当代动物故事·沈石溪动物绘本》等66种精品少儿图书，中方向蒙古国国立图书馆、国家儿童图书馆以及各省儿童图书馆、中小学校等累计捐赠少儿图书8.5万册，价值超过210万元人民币，为深化中蒙出版交流合作发挥了积极作用。

2019年9月5日，首批"中国图书阅览室"先后在蒙古国国立教育大学、蒙古国国家儿童图书馆、蒙古国乌兰巴托大学挂牌成立。由中国内蒙古出版集团无偿提供的，内容涉及历史、医学、体育、文学等多个领域的大量中文、回鹘式蒙古文、西里尔蒙古文版图书在"中国图书阅览室"中陈列展出。

（二）中蒙两国图书互译情况

自20世纪50年代至今，中蒙图书互译成果丰硕，尤其在古典名著、经典哲学作品、现当代著名作家的优秀作品、儿童读物等方面成果显著。蒙译中方面，从20世纪50年代至今，达·纳楚克道尔基、呈·达木丁苏伦、乔·齐米德、宾·仁钦、洛岱丹巴、巴·拉哈巴苏伦、僧·额尔德尼、达·乌日央海等著名诗人和小说家的代表作被翻译到中国，受到我国读者的广泛青睐。根据陈岗龙《蒙古国文学翻译：关注当代优秀作品》一文，蒙古国文学在我国的译介大体可以分为20世纪五六十年代、20世纪80年代、21世纪后三个阶段。在第一阶段，蒙古人民共和国现代文学通过从蒙古文原著翻译或从俄译本转译两种途径被集中介绍到中国。这一阶段的译著主要有伊·霍尔查、陶·漠南翻译的《我的祖国——蒙古人民共和国诗集》（上海新文艺出版社）、陈乃雄翻译的洛德依当巴（洛岱丹巴）的小说《我们的学校》（作家出版社）、达·塔尔瓦的小说《达米伦一家》（作家出版社）等蒙古文学作品。第二阶段20世纪80年代，洛德依当巴的《清澈的塔米尔河》等优秀蒙古小说被翻译成中文。进入21世纪以来的第三阶段，随着蒙古国文学的多元化繁荣、中蒙两国文化交流的深入发展，又一批兼具思想深度和艺术性的作品被翻译介绍到中国。如近几年由哈森、照日格图翻译，内蒙古人民出版社出版的"蒙古国文学经典译丛"，该译丛由《蒙古国文学经典·小说卷》《罗·乌力吉特古斯诗选》《蒙古国文学经典·诗歌卷》《城市故事》《达·乌日央海诗选》《月光曲》六卷组成。

进入21世纪以来，特别是随着2013年"一带一路"倡议的提出，中蒙两国图书互译方面的合作交流更加密切。如2008年以来，蒙古国立大学孔子学院先后出版发行《中文典籍译丛》（含《论语》《孙子兵法》《大学》《中庸》）、《简明常用汉字字典》（蒙文本）、《我们知道的又不知道的中国：思维和文化》等图书。2014 年12 月，《周恩来与蒙古人民共和国》在蒙古国出版，该书图文并茂地再现了中蒙两国领导人及人民的传统友谊，为庆祝中国与蒙古国建交 65 周年献礼并捐赠给大中小学校的图书馆。2018 年 8 月，青岛出版集团与蒙古国艾德蒙出版社合作出版了《中国——新长征》（蒙古语）、《论语》（中蒙互译）。2019 年 9 月，蒙古国驻华使馆联合中央广播电视总台蒙古语部翻译出版了《70 周年 70 位作家 70 篇小说》蒙古文版，该书精选了中国现当代文学历程中不同时期有代表性的 70 位作家的共 70 篇代表作品。（见表 6 ）

表 6　中蒙两国图书部分互译成果情况

蒙译中		中译蒙	
书名	出版时间	书名	出版时间
蒙古短篇小说集	1953 年	中文典籍译丛	2009 年
太阳照耀着自由的蒙古	1954 年	中国现当代女作家优秀短篇小说精选	2014 年
我的祖国——蒙古人民共和国诗集	1955 年	周恩来与蒙古人民共和国	2014 年
我们的学校	1955 年	中国文化史	2015 年
达米伦一家	1956 年	中国——新长征	2018 年
红旗勋章	1957 年	论语（中蒙互译）	2018 年
光明之路	1961 年	习近平谈治国理政·第一卷	2019 年
曙光	1962 年	摆脱贫困	2019 年
清澈的塔米尔河	1985 年	中蒙关系 70 年：历史的重点	2019 年
蒙古国文学经典.小说卷	2016 年	孔子和他的弟子们	2019 年
蒙古国文学经典·诗歌卷	2016 年	70 周年 70 位作家 70 篇小说	2019 年
罗·乌力吉特古斯诗选	2017 年	三体	2019 年
城市故事	2018 年	第七届鲁迅文学奖获奖作品集	2019 年
达·乌日央海诗选	2019 年	蛙	2020 年
月光曲	2019 年	唐诗三百首	2021 年
"一带一路"沿线国家经典诗歌文库第一辑·蒙古国诗选	2019 年	宋词一百首	2021 年

资料来源：根据相关报道汇总整理。

（三）中蒙两国新闻媒体交流合作情况

随着中蒙政治关系不断深化，两国新闻媒体间形成了开放式的、互利合作的良好态势。中蒙两国互办"中蒙新闻论坛"，新闻机构积极开展互派代表团访问、学习经验、联合采访、互换新闻作品、新闻工作者长短期培训和实习等多种形式的交流活动。其中，中蒙新闻论坛截至 2020 年已经成功举办 11 期，已成为中蒙两国新闻领域的常态化交流机制。

两国媒体的交流合作日益加强，但是也存在一定的问题。如两国合作仅限于新闻采访、联合录制节目、举办论坛等形式，在做具体报道时，两国媒体依然各自为政，无法形成宣传合力，从而宣传效果受到影响。对此问题，需要中蒙两国务实构建媒体合作路径，如建设信息共享、稿件版面互换、网站相互链接的稿库，建设有能力为双方合作提供务实解决方案和强大智力支持的媒体"人才库"和"智库"。两国应携手探索构建立体多样、手段先进、全业态发展的现代传播体系，致力于打造更有竞争力的新型主流媒体。

20 世纪 90 年代蒙古国经历社会转型后，出版业得到重建和发展，成为该国新兴行业。随着蒙古国经济的持续发展，相关扶持政策的进一步落实，轻工业技术、印刷技术的进步，以及蒙古国与世界各国出版交流的不断加强，蒙古国出版业有机会迎来更大发展。中蒙两国有着天然的地缘优势、得天独厚的历史渊源和共同的民族文化符号纽带，加上有国家战略政策保驾护航，中蒙两国出版交流前景看好。在妥善解决两国出版管理体制差异、出版交流机制不够完善等问题的基础上，相信中蒙两国出版领域的合作道路会越走越宽。

参考文献

1. 快易数据 .www.kylc.com.

2. 图门其其格，韩梅 . 中蒙全面战略伙伴关系与"一带一路"战略机遇 [EB/OL]. [2021-05-27]https://www.sinoss.net/qikan/2015/1231/14184.html.

3. 收藏！一文了解蒙古国的知识产权管理制度 [EB/OL]. [2021-03-23]http://www.cnipr.com/xy/swzs/ipzs/201912/t20191212_236719.html.

4. 蒙古国正经历一场文学复兴：出版业概览 [EB/OL]. [2021-03-16]https://www.douban.com/note/755602671/.

5. 中国文化译研网 . 蒙古国中国图书出版风向标：蒙古国出版社中国文化传播力 TOP10 火力全开 [EB/OL]. [2021-4-24]http://www.cctss.org/article/headlines/5416.

6. 赵均，张欣然 . 前苏联—俄罗斯新闻出版管理体制的嬗变 [J]. 现代传播，2013（1）：34-37.

7. 曲莉春，张莉莉 . 中蒙文化交流的意义、现状及路径研究 [J]. 前沿，2019（1）：97-100.

8. 陈岗龙 . 蒙古国文学翻译：关注当代优秀作品 [EB/OL]. [2021-05-01]http://www.chinawriter.com.cn/n1/2016/0826/c405172-28666857.html.

9. 人民网、新华网、中新网、中国作家网等中文新闻网站发布的关于中蒙出版业合作的报道 .

10. 蒙古国苏云布出版有限责任公司 Batchimeg 资料 .

11. https://www.1212.mn/tables.aspx?TBL_ID=DT_NSO_2002_001V1.

12. www.unread.today.

（作者单位：民族出版社）

尼泊尔出版业发展报告

王子豪　童梦瑶

尼泊尔与我国山水相连，是我们的友好邻邦，也是与我国签署"一带一路"合作备忘录的南亚国家之一。相比于发达国家，尼泊尔的出版业基础薄弱，无论从出版物的印刷质量、发行数量还是市场发展来看，都存在较大差距。近年来，随着尼泊尔积极参与国际与区域合作，尼泊尔的出版业也得到了一定的发展，特别是与我国出版业之间的互动频繁，出版了一系列关于中国的译作。本报告对尼泊尔出版业发展背景、图书业与报刊业发展状况进行了简要的概述，以便出版从业者参考借鉴。

一、出版业发展背景

（一）尼泊尔概况

尼泊尔位于南亚次大陆北部，地处喜马拉雅山脉中段南麓，北邻中国，东部与印度的锡金和大吉岭毗邻，西部与印度的塔兰查尔邦相邻，南部与印度的比哈尔邦和北方邦接壤，是一个典型的内陆国。根据中尼双方 1963 年签订的《中国政府和尼泊尔政府关于两国边界的议定书》的勘定，尼泊尔与我国边境线长达 1111.47 公里，现有吉隆、樟木、普兰、日屋、陈塘、里兹 6 个陆路口岸。尼泊尔国土面积为 14.7 万平方公里，全国人口约为 3000 万[①]，官方语言是尼泊尔语，但在政府、学界和工商界也流行使用英语。尼泊尔是一个多语言、多民族、多宗教的国家。据 2011 年尼泊尔人口普查统计，尼泊尔共有 123 种语言，存在 125 个民族 / 种姓，每个民族都有自己的语

[①]　National population and house Census, 2019.

言和文化习俗。尼泊尔 86.2% 的人信仰印度教，其余信奉佛教、伊斯兰教、基督教、萨满教、苯教、锡克教等。尼泊尔全国识字率为 65.9%，其中男性识字率为 75.1%，女性识字率为 57.4%。

（二）政治经济情况

2015 年 9 月尼泊尔颁布新宪法，确定尼泊尔为联邦民主共和国，联邦立法机构为联邦议会。新宪法颁布后随即开始了全国选举，2017 年 11 月，尼泊尔共产党（联合马列）与尼泊尔共产党（毛主义中心）组成的选举联盟赢得选举，尼泊尔共产党（联合马列）主席奥利出任政府总理，组建内阁。2018 年 5 月，尼泊尔共产党的两个分支"联合马列"与"毛主义中心"合并组建了新的尼泊尔共产党，政治进程整体趋于平稳。尼泊尔政党众多，目前影响力较大的政党有三个，分别是尼泊尔共产党、尼泊尔大会党和人民社会主义党。

尼泊尔是世界上最不发达的国家之一，是南亚国家联盟（南盟）成员。2017—2018 财年，尼泊尔人均国内生产总值为 997.9 美元，经济增长率为 6.3%，通货膨胀率为 4.2%，消费者物价指数（CPI）上涨 4.18%。[①]农业是尼泊尔的主要产业，全国 80% 以上的人以务农为生。尼泊尔国内无大型工业，生产生活物资严重依赖进口。2017—2018 财年，进口对尼泊尔国内生产总值的贡献率为 46.30%，出口则为 8.93%。

（三）投资环境

由于自身发展能力较弱，接受外援与外国投资成为尼泊尔发展过程中的重要途径。据联合国贸发会议发布的 2017 年《世界投资报告》显示，2016 年，尼泊尔吸收外资流量为 1.1 亿美元，截至 2016 年底，尼泊尔吸收外资存量为 6.5 亿美元，投资领域主要集中在服务业、制造业和旅游业。从投资国来看，中国、印度和美国是对尼泊尔投资项目最多、数额最大的国家。自我国提出"一带一路"倡议后，众多企业在政府的政策鼓励下赴尼泊尔进行投资，投资领域也从以酒店餐饮为主的服务业转向水利水电、航空等大型基建项目。2017 年 3 月，在加德满都召开的投资峰会上，13 家外国公司与尼泊尔政府签署了投资意向函，总金额达 135.2 亿美元，中国以 83 亿美元投资额高居榜首，占比为 61%。2017 年 8 月 15 日，中尼两国政府签署了《中华人民共和国政

---

① 尼泊尔国民经济核算年报 2019，尼泊尔中央统计局（National Accounts of Nepal, CBS 2019）.

府和尼泊尔政府关于促进投资与经济合作框架协议》，协议确定了双边投资合作的原则、领域、方式、便利化和保障措施、执行机构与工作机制等。

（四）税收政策

根据尼泊尔现行法律规定，在税收方面，外国投资企业享受《工业企业法》和《外国投资技术转让法》（1992）中规定的所有鼓励和优惠：（1）公司税不超过利润的 20%，烟草、酒等除外；（2）在边远、不发达和贫穷地区的工业，可以分别免除 30%、25% 和 20% 的税收；（3）在所得税法关于固定资产贬值规定的基础上，允许企业固定资产的投资按贬值 1/3 计；（4）企业通过再投资使经营多样化、规模扩大 25% 以上、技术革新或发展副业，其新增固定资产部分可免除 40% 的所得税；（5）企业用在技能发展和培训方面的开支可以资本化；（6）企业开始运行后，可从毛利扣除 10% 后再征税，补偿企业技术发展、生产发展和技能提高所支出的费用，不计入净收入；（7）允许扣除 5% 的毛收入后再征税，作为生产和服务广告、接待支出的补偿，不计入净收入；（8）年内直接招收 600 名尼泊尔雇员以上的企业，可在所有优惠基础上，再免除 10% 的所得税。

由于尼泊尔自身出版业并不发达，印刷与出版成本较高，且尼泊尔语受众面较小，区域辐射力较低，这使得诸多尼泊尔学者优先选择在印度、英、美等国出版自己的学术著作。长期以来，尼泊尔出版业较为依赖图书的进口与版权引进，而在对外图书出口与版权输出方面表现得并不积极。2019 年 5 月，尼泊尔政府为保护国内出版业，对进口图书出台了一项征税政策，即对所有进口图书征收 10% 的增值税。[1]因尼泊尔高等教育机构使用的大部分教材、教辅图书以及学术类图书长期依赖进口，这一举措使得进口图书的成本大幅度提升，也因此受到了国内出版业从业者与学生群体的集体反对[2]。

（五）组织机构

1. 政府机构

新闻局（Information Department），隶属于新闻与通讯部，具体负责管理各报刊发行，向地方报纸提供政府的基本信息，协调官方宣传媒介，检查私营报刊的出版和

---

[1] https://international-publishers-association.org/news/893-book-tariffs-us-and-china-but-india-and-nepal-too

[2] https://www.nationalheraldindia.com/india/nepal-book-sellers-students-hit-after-10-duty-on-books-imported-from-india

版面情况，进行尼泊尔和外国驻尼泊尔记者资格认可，组织政府记者招待会，向报纸提供官方图片等。

新闻委员会（Press Council），成立于 1970 年，是协调政府同新闻界关系的半官方机构。其主要职责是向政府提供有关新闻方面的建议，对报纸进行评估和分类，对尼泊尔和外国记者进行资格审查。委员会由记者、出版商、编辑等代表组成，主席一般由最高法院法官担任。

特里布万大学中央图书馆，成立于 1959 年，是尼泊尔负责图书出版的政府机构。为在尼泊尔出版的图书分发国际标准书号（ISBN）是其主要职责，但其不负责对图书内容进行审查与监管。据了解，在图书出版前，尼泊尔并无官方机构对图书内容进行提前审查。审查工作常由出版社或出版人自行负责，只有在出现严重问题时才交由政府机构处理。

2. 民间组织

尼泊尔全国书商和出版商协会（NBPAN），成立于 1990 年，是尼泊尔书商、分销商和出版商的综合组织。它致力于提升尼泊尔图书出版业的行业管理水平，并向政府建议相关政策。该协会前身是尼泊尔图书出版商协会，创始成员包括拉特纳图书中心、教育企业、曼荼罗图书中心、喜马拉雅图书中心、国家图书中心、统一图书经销商、雪山协会、喜马拉雅书商等。尼泊尔全国书商和出版商协会每年都会负责举办全国书展，也代表尼泊尔参加一些国际书展。

尼泊尔新闻研究所（NPI）成立于 1984 年，是一个独立的非营利性机构，是以社会服务为导向的非政府组织。其宗旨是为尼泊尔的传媒业提供专业服务。除了媒体服务外，尼泊尔新闻研究所还为政府和非政府组织提供咨询服务。

尼泊尔编辑家协会（ESN），成立于 1996 年，由尼泊尔知名报社的总编辑组成。其宗旨是促进各报社编辑的了解与合作，增强各报社编辑同国内外同行的交流。

（六）法律法规

尼泊尔现行主要法律的制定年代普遍较为久远，与新闻出版业相关的法律是由尼泊尔政府于 1992 年颁布的《新闻出版条例》，其中详细规定了印刷出版企业创建过程中需要遵循的申请程序、报刊的注册申请、长期与短期出版资格证的申请、新闻出版机构不同职位从业者的入职门槛、报刊所有权的转让等内容。

尼泊尔是世界知识产权组织（WIPO）的成员，目前尼泊尔政府颁布的与知识产权保护相关的法律有两个，分别是《专利、设计和商标法》（1965）和《著作版权法》（2002）。《专利、设计和商标法》（1965）主要规定了专利权的获得、申请、转让，设计的注册、名称，商标的注册、使用等相关内容。该法案的执法机构是尼泊尔工业部下属的工业局。《著作版权法》（2002）用于保护图书、书册、插图等纸质文学作品的版权，同时也包括电子书和有声书等电子文学作品。根据该法案，版权分为经济权利和著作人身权。经济权利包括复制、翻译、转换、发行、进口、公开展览、出租、广播、公开演出和向公众传播的权利；著作人身权包括署名权、保护作品完整权和修改权。[1] 著作权人可以通过合同转让或者许可的方式将经济权利部分或者全部转让给第三人，但著作人身权只能通过遗嘱处置的方式进行转移。著作权法的执法机构是尼泊尔文化、旅游和民航部下属的著作权注册办公室。

（七）图书馆建设情况

尼泊尔图书馆业不发达。1959 年在美国海外援助团的援助下，尼泊尔成立了中央图书馆，后纳入特里布万大学，现名为特里布万大学中央图书馆。尼泊尔现有图书馆 650 余座，其中高校图书馆 70 余座，政府机关所属专业图书馆 60 余座，私人图书馆 500 余座，外国文化中心图书馆 20 余座。[2]

1. 高校图书馆

尼泊尔大型图书馆较少，主要依托于大学来建设，而作为尼泊尔最大的国立大学——特里布万大学的中央图书馆自然成为尼泊尔规模最大的图书馆。特里布万大学中央图书馆（TUCL）与大学一起成立于 1959 年，现有馆藏图书超过 35 万册，馆藏期刊 25000 余册，每年以订阅或赠送的形式收到 450 余种期刊。[3] 就馆藏空间和会员数量而言，它是全尼泊尔最大的图书馆。虽然该图书馆是为支持大学的教学、学习和研究而设立的学术图书馆，但它的服务范围已超出了大学校园。图书馆除面向学者开放外也服务于普通民众，还为政府的各部委和外国外交使团服务。此外，图书馆还承担着为在尼泊尔出版的图书分发国际标准书号的职责。因此，在某种程度上来说，它

---

① https://www.internationalpublishers.org/state-of-publishing-reports/ipa-global-report-on-copyright-publishing

② 王宏伟. 列国志——尼泊尔 [M]. 北京：社会科学文献出版社，2015：351.

③ https://www.tucl.org.np/introduction

可以被认为是尼泊尔国家图书馆。加德满都大学是尼泊尔最大的私立大学，其下属的加德满都大学中央图书馆是尼泊尔第二大的高校图书馆，馆内藏有图书 56000 余册，音视频资料 3000 余份。

2. 公共图书馆

尼泊尔国家图书馆成立于 1957 年，隶属于教育部，馆藏 15 万余册图书和期刊，是尼泊尔最大的公共图书馆。大部分为英文图书，其余为尼泊尔语、印地语和梵文图书。

3. 私人图书馆

马丹荣誉图书馆成立于 1955 年，由拉纳家族最后一任首相马丹·苏姆谢尔的遗孀建立，委托给马丹文学奖基金会管理，属于非营利性、非政府组织。该馆藏有大量的尼泊尔语文献期刊，对研究尼泊尔文学有很高的参考价值。凯沙尔图书馆原为凯沙尔·苏姆谢尔将军的私人图书馆，其曾于 19 世纪从欧洲购进了一大批人文社科类英文图书存放于馆内。1968 年起，图书馆开始对公众开放。

4. 外国机构图书馆

外国文化与外交机构在尼泊尔也设立了一些图书馆，主要有美国图书馆、英国委员会图书馆、尼俄友好协会图书馆、法国文化中心图书馆、尼泊尔日本儿童图书馆、世界银行图书馆、联合国信息中心图书馆、国际山地开发中心图书馆等。

5. 中学图书阅览室

在尼泊尔有 3659 所高中，每个学校都有自己的图书阅览室，但馆藏图书不足。全尼泊尔大约有 34000 所中小学校，但是很少学校有图书阅览室。[1]

（八）互联网使用情况

据世界银行统计，2016—2018 年三年内尼泊尔国内通过私人账户使用互联网的使用占比分别为 19.7%、34% 和 34%，私人用户手机的使用量分别为 2752 万、3200 万和 3900 万，人均手机拥有量约为 1∶1.3，这一数据说明尼泊尔的互联网正在经历发展期，但发展速度较为缓慢。造成这一现象的主要因素归结于尼泊尔较为高昂的电信数据使用费用，智能手机与电脑使用占比低，以及边远地区基站缺失等。

---

① https://www.ndl.go.jp/en/preservation/pdf/Short_overviews_of_libraries_in_Nepal.pdf

二、图书业发展概况

（一）发展概况

尼泊尔的出版史可以追溯到 200 年前两本以尼泊尔语出版的最古老的图书，分别是詹姆斯·亚历山大·艾顿（James Alexander Ayton）的《尼泊尔语语法》（1820 年）和尼泊尔语版《圣经》（1821 年）。但在这两本书印刷之后的几年里，几乎没有图书出版。尼泊尔的马丹荣誉公社（图书馆）记录并归整了在 1820 年至 1950 年之间尼泊尔的详细出版信息。数据表明，自《尼泊尔语语法》出版后，在这 130 年间尼泊尔大约只出版了 1500 种书，而这其中约 1100 种书的印刷都是在以印度为主的海外完成的。这意味着每年平均只出版 11 种书，其中只有 3 种是尼泊尔本土出版印刷。尼泊尔出版业的兴起是从 1990 年民主运动之后开始的，自此出版图书和报纸的言论自由才得到保障。尼泊尔全国现有 8000 多家大小不一的书商，图书贸易与印刷业从业者超过 10 万人。[①]

2017 年，尼泊尔在图书、报纸、图片等印刷产品以及手稿、打字稿和平面图等类商品的出口额为 51.7 万美元，与 2016 年相比下降了 98%，出口额同比减少 3400 万美元。2017 年，尼泊尔累计商品出口总额为 7.4 亿美元，其中图书、报纸、图片等印刷产品以及手稿、打字稿和平面图等商品的出口占尼泊尔出口总额的 0.07%，与 2016 年相比，所占的份额下降了 4.77 个百分点。2017 年，尼泊尔图书、报纸、图片等印刷产品以及手稿、打字稿和平面图等商品的出口主要面向下述国家和地区。（见表 1）

表 1　2017 年尼泊尔印刷品出口主要国家和地区分布情况

单位：万美元、%

出口国家与地区	印度	阿联酋	中国香港	美国	日本	英国	丹麦	新加坡	西班牙	加拿大
出口金额	24.4	13.5	3.5	3.1	2.8	0.819	0.759	0.477	0.439	0.423
占比	47	26	6.9	6.16	5.44	1.58	1.46	0.92	0.85	0.82

资料来源：https://trendeconomy.com/

---

① https://www.newbusinessage.com/Articles/view/1166

从细分类别来看，2017 年尼泊尔出口的图书、报纸、图片等印刷产品以及手稿、打字稿和平面图等商品的种类如下。（见表2）

表2　2017 年尼泊尔印刷品出口主要类别情况

单位：万美元、%

序号	细分类别	出口金额	占比
1	报纸、杂志	38	73
2	图书、小册子、宣传单及类印刷品	8.6	16.7
3	日历	2.8	5.46
4	其他印刷品，包括图片和照片	1.05	2.03
5	印有或附有插图的明信片；印有个人问候、信息或通知的印刷卡片	0.91	1.75
6	音乐方面的印刷稿或手稿	0.23	0.50
7	国家未使用的现行或新发行的邮票、钞票、支票、股票，或债券及类似所有权证明的文件	0.01	0.02
8	各种地图及水道图或海图，包括地图册、挂图及地球仪等	0.01	0.02

资料来源：https://trendeconomy.com/

2017 年，尼泊尔在图书、报纸、图片等印刷产品以及手稿、打字稿和平面图等商品的进口额为1930 万美元，与2016 年相比下降了26%，进口额同比减少694 万美元。2017 年，尼泊尔累计商品进口总额为100 亿美元，其中图书、报纸、图片等印刷产品以及手稿、打字稿和平面图等商品的进口占尼泊尔进口总额的0.2%，与2016 年相比，所占的份额下降了0.1 个百分点。

2017 年，尼泊尔主要从以下国家和地区进口图书、报纸、图片等印刷产品以及手稿、打字稿和平面图等商品。（见表3）

表3　2017 年尼泊尔印刷品进口主要国家和地区分布情况

单位：万美元、%

进口国家与地区	印度	中国	美国	新加坡	印度尼西亚	瑞士	法国	加拿大	中国香港	泰国
进口金额	1350	229	99.2	71.9	55.8	37	32	20.7	8.5	7.7
占比	69	11.8	5.12	3.71	2.88	1.91	1.65	1.07	0.44	0.40

资料来源：https://trendeconomy.com/

从细分类别来看，2017 年尼泊尔进口的图书、报纸、图片等印刷产品以及手稿、打字稿和平面图等商品的种类如下。（见表4）

表4　2017年尼泊尔印刷品进口主要类别情况

单位：万美元、%

序号	细分类别	出口金额	占比
1	印刷图书、小册子、宣传单及类似印刷品	1170	60
2	其他印刷品，包括图片和照片	602	31
3	国家未使用的现行或新发行的邮票，钞票，支票形式，股票，或债券及类似所有权证明的文件。	81.4	4.2
4	报刊、杂志及期刊	48.2	2.49
5	印有或附有插图的明信片，印有个人问候、信息或通知的印刷卡片	19.9	1.02
6	各种地图及水道图或海图，包括地图集、挂图、地形图及地球仪等	4.5	0.24
7	贴花转印的图案	2.9	0.15
8	任何类型的日历	2	0.11
9	儿童图片、图画书	1.3	0.07
10	音乐方面的印刷稿或手稿	0.47	0.02

资料来源：https://trendeconomy.com/

由此可见，尼泊尔本土出版业市场不具备海外竞争力，且对海外市场依赖性较强。从图书、报纸、图片等印刷产品以及手稿、打字稿和平面图等商品的进出口份额所占比例变化幅度来看，尼泊尔国内对于此类商品群的需求在下降，印刷出版业的发展较为乏力。

（二）细分市场情况

关于尼泊尔图书的细分市场，笔者在尼泊尔中央统计局、新闻和通讯部、出版业相关协会以及尼尔森市场调研公司、国际出版商协会等第三方调研机构网站中均未找到与此相关的数据信息，故未能够在此呈现出尼泊尔图书细分市场的具体发展情况。

尼泊尔的书商主要经营范围涉及中小学校和大学的教科书，以及学术、专业及通用领域图书。从中小学到大学，各式各样的教科书构成了这个行业最大的一块蛋糕。尼泊尔几乎所有的书商和出版商都很关注这一细分市场。尼泊尔全国书商和出版商协会秘书长利哈特·普拉萨德·潘迪（Likhat Prasad Pandey）表示："书店多达 90% 的业务是围绕着销售不同层次的教科书。每年 4 月和 5 月是销售教科书的旺季，其余的时间里书商很大程度上依赖销售学术、小说和非小说类书籍，不过，它们的销量要比教科书少得多。"

布里库提图书文具店（Bhrikuti Pustak Tatha Masalanda Bhandar）是尼泊尔专营进口和销售外国图书的综合性书店。据其介绍，尼泊尔当地的一些大学规定，课程计划中90%的教科书都来自国外，主要是来自英国、美国和印度。大多数英美国家的出版商都在印度设有办事处。尼泊尔学校和大学规定使用的英美图书经印度再版后流入尼泊尔，因此成本更低。尼泊尔政府对出版业不够重视，印刷出版业最基本的需求是纸张，尼泊尔的纸张比印度的要贵。其他原材料，如墨水、底片、印版等，价格也更高，这使得在尼泊尔出版的书比在印度出版的书价格更高。

（三）数字内容生产情况

尼泊尔电子图书较为稀缺，尼泊尔私营出版社为保障自身利益对发展电子图书表现得并不积极，且智能手机及电脑等电子阅读设备在尼泊尔全国的普及度较低。这些因素都使得大多数尼泊尔人还是以传统的方式进行阅读，较为依赖纸质图书。

近些年来，以尼泊尔开放学习交流（OLE Nepal）为代表的一些得到政府支持的公益组织创建了尼泊尔语图书数字资源库，为尼泊尔图书的数字化进程作出了一定的贡献。尼泊尔开放学习交流是一个社会公益组织，致力于通过整合技术来增加民众接受教育的机会。该组织成立于2007年，旨在通过创建与教师培训相结合的开源数字学习活动来提高教育质量。目前，在该组织创办的尼泊尔语在线电子图书馆内，能够检索到尼泊尔公立学校使用的各科目教科书的电子版以及部分文学类图书，且均能够免费下载。尼泊尔开放学习交流目前正在与尼泊尔政府教育部合作，在16个地区的50所学校开展其项目计划，且得到了包括丹麦政府地方赠款机构、联合国世界粮食计划署（WFP）和芬兰政府地方合作基金等发展伙伴的支持。

（四）主要企业情况

1. 尼泊尔联合出版社（Sajha Prakashan）

尼泊尔联合出版社是一家国企，尼泊尔政府持有51%的股份。该出版社的前身是成立于1823年的廓尔喀语[①]出版委员会，其于1964年正式更名为联合出版社。该

---

① 尼泊尔语是由廓尔喀语演变发展而来的。

出版社的主席与总经理由尼泊尔政府直接任命。1969 年起，联合出版社每年对自己出版的优秀作品进行评选并颁发"联合文学奖"。

2. 统一图书经销有限公司（Ekta Books Distributors Pvt. Ltd.）

统一图书经销有限公司成立于 1982 年，是尼泊尔图书出版和发行行业的先驱企业之一。这家图书公司最初的业务主要是销售教材、学术类图书以及文教用品。随着规模的逐渐扩大，其业务领域涉足出版业，随后更名为统一图书经销有限公司。然而，大多数人习惯称它为"统一出版"或"统一图书"。

3. 马卡鲁出版社（Makalu Publication House）

马卡鲁出版社成立于 1993 年，主要出版教材，以及儿童、健康科学、工程、文学、历史、文化、外交等领域的图书，迄今为止出版了 300 多种尼泊尔语和英语图书。该出版社在尼泊尔有 50 多家经销商。

4. 尼泊尔当代出版公司（Current Publication Pvt. Ltd.）

尼泊尔当代出版公司，是一家家族企业，主要以经营报纸、杂志、新闻网站为主，同时也出版图书。尼泊尔当代出版公司是近年来与我国出版业互动最频繁的尼泊尔出版机构。在 2013 年至 2018 年间，其与中国的 30 多家出版社达成合作，共签订约 600 种中国图书的版权合约。

（五）国际书展情况

尼泊尔国内大型的书展不多，尼泊尔书商更倾向于去参加其他国家（如印度、英国、美国等国家）的国际书展。

1. 尼泊尔国际书展

尼泊尔国际书展是尼泊尔国内最大的年度图书展会，每年举办一次，截至 2018 年，尼泊尔国际书展已举办了 20 届。书展的主办单位是尼泊尔注册的一家专业的展会公司，其名为全球博览会管理服务有限公司，成立于 1998 年，主要活跃在产品和服务展览、贸易博览会和企业活动等领域。

2. 中国书展

中国书展是以介绍中国图书为主题在尼泊尔举办的国际书展。中国书展自 2010 年起，每两年举办一次。2010 年中国书展的主题为"加强中尼文化交流，推进两国出版合作"，由中华人民共和国新闻出版总署主办，中国出版集团公司、中国图书进出口（集团）总公司、世界文化网—国际交流尼泊尔中心承办，中国西藏书店、湖北长江崇文国际文化交流股份有限公司协办。2010 年首届书展参展图书 2000 多种，主要涵盖历史、文化、语言学习等领域。2012 年中国书展由西藏自治区新闻出版局主办，展有《西藏今昔》等 626 种来自 8 家中国出版机构的中国优秀藏文、中文和英文图书，参展图书以反映藏族历史文化等方面的代表性作品为主。2014 年中国书展的主题为"感知西藏"，由西藏自治区新闻出版广电局、西藏自治区人民政府新闻办公室、尼泊尔出版协会主办，西藏人民出版社、西藏自治区报刊出版中心承办，共有 17 家出版机构参与，参展图书 2000 多种。2016 年中国书展的主题为"发展中的西藏"，由中国西藏自治区新闻出版广电局主办、尼泊尔天利出版文化公司协办，共展出了来自西藏四家出版社的包括政治、文化、历史和哲学在内的约 750 种中国图书。

（六）文学奖项情况

1. 马丹文学奖

马丹文学奖是尼泊尔文学界最负盛名的奖项，由马丹荣誉公社（图书馆）颁发。马丹荣誉公社成立于 1955 年，总部设在帕坦市。公社拥有自己的图书馆，出版过文学期刊《尼泊尔文学》，并向尼泊尔年度最佳文学图书和非文学图书颁发两项年度奖"马丹文学奖"，这个奖项是所有尼泊尔小说家、戏剧家和诗人等文学工作者心中的标杆，是尼泊尔国内目前地位最高的文学奖项，奖金最初设置为 4000 卢比，现在奖金已升至 40 万卢比。

2. 联合文学奖

联合文学奖是继马丹文学奖后在文学领域设立的另一奖项，由联合出版社颁发。联合出版社是尼泊尔最大的商业出版社，它于 1964 年承担了尼泊尔语出版物委员会的出版任务，并于 1967 年设立了年度文学奖"联合文学奖"。"联合文学奖"下设置四个奖项，分别为：年度联合文学奖、民俗奖、荣耀奖、联合儿童文学奖。

三、报刊业发展概况

（一）发展概况

尼泊尔的报刊出版事业起步较晚。1898 年拉纳家族统治时期出版的第一份尼泊尔语文学刊物——《甘露》标志着尼泊尔新闻出版事业的开端。1901 年，拉纳家族的德瓦·苏姆谢尔发行了第一份尼泊尔语周刊，这就是一直保存至今具有 100 多年历史的《廓尔喀报》，它也是拉纳家族统治结束前的半个世纪内尼泊尔国内唯一的大众信息来源。拉纳家族统治时期对新闻出版极度干涉与限制，使得尼泊尔的新闻出版几乎停滞了半个世纪。直至 1951 年拉纳家族被推翻后，尼泊尔的报刊出版业才开始得以缓慢发展，《廓尔喀报》和《新兴尼泊尔报》便是这个时期最重要的两份官方报纸。1990 年尼泊尔爆发民主运动后颁布了新宪法，赋予了人民新闻、言论和出版自由。新宪法第 12 条和 13 条明确规定了"公民应享有言论自由"和"不得对新闻报道、文章或其他任何阅读资料实施检查"等内容。此后，尼泊尔的报刊注册登记数量迅速增长，从 562 家增至 1398 家。1993 年创刊的两种私营报纸《坎蒂普尔日报》（尼泊尔文）和《加德满都邮报》（英文）是当今尼泊尔最有影响力的报纸。《坎蒂普尔日报》的发行量仅次于官方报纸《廓尔喀报》，而《加德满都邮报》是当前尼泊尔发行量最大的英文报纸。

（二）细分市场情况

尼泊尔对报纸和期刊并未做明确区分，在国家对报刊出版业统计数据的分类中将报纸与期刊合并称为报刊。尼泊尔发行的大多数报刊使用尼泊尔语，其次为英语，也有少部分刊物使用印地语、乌尔都语、尼瓦尔语等区域性语言。近 5 年来，虽然尼泊尔登记在册的报刊数量总体呈缓慢上升趋势，但实际的发行情况却不容乐观。

根据尼泊尔国家统计局统计的近 5 年的报刊数据，截至 2019 年，尼泊尔登记注册的各种报纸和期刊总量为 7761 家，其中日报 733 家，半周刊 39 家，周刊 2943 家，半月刊 473 家，月刊 2333 家，双月刊 382 家，三月刊 641 家，四月刊 38 家，半年刊 86 家，年刊 93 家，具体分布情况见下表。（见表 5）

表 5　2015—2019 年尼泊尔报刊注册情况

单位：家

类别	2015	2016	2017	2018	2019
日报	626	668	697	728	733
半周刊	32	33	36	40	39
周刊	2659	2782	2870	3054	2943

续表

类别	2015	2016	2017	2018	2019
半月刊	451	461	467	484	473
月刊	2117	2204	2260	2333	2333
双月刊	349	363	370	384	382
三月刊	590	605	614	631	641
四月刊	31	35	37	39	38
半年刊	83	82	83	86	86
年刊	88	89	90	91	93
合计（家）	7026	7322	7524	7870	7761

资料来源：尼泊尔数据年报 2019、尼泊尔数据年报 2020

据尼泊尔新闻委员会统计报告显示，2018—2019 财年，在尼泊尔登记注册的 3952 家中短期期刊（日刊、半周刊、周刊和半月刊）中，全年只有 881 家期刊实际发刊，占比为 22.29%。其中日刊 215 家，半周刊 6 家，周刊 639 家，半月刊 21 家。可以看到，尼泊尔的期刊注册量虽然较多，但实际发刊的比例非常低，且不能够完全保障规律性的发刊。据协会统计，在 2018—2019 财年参与发刊的 881 家中短期期刊中，有 705 家能够按期规律地发刊，176 家未能按期发刊。

尼泊尔的学术类期刊主要收录在尼泊尔在线期刊数据库（NepJOL），[①] 其成立于 2007 年，由尼泊尔唯一的国立大学特里布万大学的中央图书馆管理，由无处不在出版商（Ubiquity）出版社主办，数据库的地位相当于中国的"知网"。尼泊尔在线期刊数据库服务于对尼泊尔出版的学术期刊的检索与下载，收录内容涵盖所有学术领域。

（三）企业情况

尼泊尔目前规模最大的私营新闻出版机构为坎蒂普尔媒体集团，最大的公立新闻出版机构为廓尔喀报业。

坎蒂普尔媒体集团（Kantipur Media Group）创立于 1993 年，是尼泊尔规模最大、实力最为雄厚的私营媒体，业务主要涉及出版、广播、电视等领域。集团旗下的坎蒂普尔出版有限公司是尼泊尔首个获得世界报纸和新闻出版商协会（WAN）会员资格的

---

① https://www.nepjol.info/index.php/index/about

媒体组织，其发行五份报刊，分别是《坎蒂普尔日报》、《加德满都邮报》（日报）、《萨帕塔西卡》（周报）、《尼泊尔》（周报）和《那黎》（月刊），其中，《加德满都邮报》是尼泊尔发行量最大的英文报刊。在《坎蒂普尔日报》出现以前，尼泊尔发行量最大的报纸是官方的尼文报纸《廓尔喀报》与它的姊妹刊物英文报纸《新兴尼泊尔报》。在 1993 年，《坎蒂普尔日报》与《加德满都邮报》相继发行并取得了飞速的发展后，尼泊尔的报业出现了历史性的变革。因坎蒂普尔媒体集团属于私营性质，其市场化的经营模式以及不附属任何政府和政党的中立姿态逐渐赢得了大众的好感。目前除《坎蒂普尔日报》外，坎蒂普尔媒体集团还创办了广播频道坎蒂普尔之声（Radio Kantipur）与电视频道坎蒂普尔卫视（Kantipur TV），同时在脸书（Facebook）与推特（Twitter）等社交媒体上积极更新并开展订阅号业务。坎蒂普尔媒体集团主要工作机构在加德满都，另外，在比拉特纳加尔、博卡拉和尼泊尔根杰等大城市内设立了分站。

廓尔喀报业（Gorkhapatra Sansthan）创立于 1901 年，是尼泊尔官方媒体机构，也是尼泊尔最早发行报刊的机构。其发行五份报刊，分别是《廓尔喀报》《新兴尼泊尔报》《穆娜》《马杜帕卡》和《与巴曼查》。其中，《廓尔喀报》（尼泊尔文）与《新兴尼泊尔报》（英文）被认为是代表尼泊尔政府的声音。我国国家领导人与外交使节在尼泊尔发表的署名文章多出自这两份官方报纸。两份报纸除原创新闻外，也时常转载来自法新社、美联社、路透社、新华社、共同社和印度报业托拉斯（Press Trust of India）的消息。

四、中尼出版业交流合作情况

中尼出版业的交流合作开始时间不长，但近年来发展势头良好，进展较快。在交流合作的过程中，尼泊尔天利出版文化公司与尼泊尔当代出版公司的表现较为突出。

尼泊尔天利出版文化公司成立于 2014 年 10 月，位于加德满都，由原西藏新闻出版广电局主导，西藏天利经济文化发展有限公司全资投入建立。主要致力于书刊版权的引进、印刷和出版发行，以及报纸和互联网等各种媒介的运营。公司自成立以来，立足于文化传播和图书音像出版，作为尼泊尔出版协会唯一的中资企业会员单位，译介出版大量反映中国文化和中国发展成就的优秀作品。目前该公司已与中央编译出版社、大百科出版社等中国多家大型著名出版机构合作，每年出版图书、音像 30 余种，签署版权协议 100 余种，内容涵盖中国文化多个方面，受到中尼各界的赞誉。公司还在加德满都开设了天利书店和中华书苑连锁书店，主营中国图书、音像制品、期报刊、文化用品销售等业务，并已在尼泊尔建立 15 家连锁书店。中华书苑所有连锁书店采用统一形象，由中华书苑统一供货、统一管理，同尼泊尔当地的书店共同合作，共同建设中国图书专柜，构建中华书苑连锁书店体系。此外，尼泊尔天利出版文化公司还举办了中国书展，同时也参加大型国际书展，现已举办 2014 年和 2016 年中国西藏书展。在天利出版文化公司成功"走出去"后，山东友谊出版社于 2017 年在加德满都设立尼山书屋，并与尼泊尔当代出版公司建立了合作关系。

尼泊尔当代出版公司是一家家族企业，主要以报纸、杂志、新闻网站为主营业务，同时也出版图书。2013 至 2018 年间，尼泊尔当代出版社与中国少年儿童新闻出版总社、山东友谊出版社、大连出版社等 30 多家中国出版社达成合作，共签订约 600 本中国图书的版权合约，合作出版的图书包括尼泊尔语版《伟大也要有人懂——一起来读毛泽东》《我们和你们——中国和尼泊尔的故事》《汉语世界》《论语精华》《图说孙子》《孔子的故乡——山东》《中国故事·令人自豪的筷子》《西藏艺术》《西藏历史》及《中华思想文化术语》系列丛书等。尼泊尔现代出版公司总经理凯兰·高塔姆曾多次到访中国与国内出版社交流合作，并于 2019 年获得了第十三届"中华图书特殊贡献奖青年成就奖"。除尼泊尔当代出版公司外，尼泊尔白莲花出版社也积极参与中尼出版业的交流与合作。2016 年，尼泊尔白莲花出版与人民大学出版社签署了以劳马的小说《非常采访》、"爱智书系"等为代表的多部当代中国文学作品在尼泊尔翻译出版的协议，这是中国文学作品第一次成系列地在尼泊尔翻译出版。白莲花出版社是尼泊尔一家国际化合作程度较高的出版社，主要出版以尼泊尔、不丹为主的喜马拉雅文学以及印度文学图书。

除出版社外，中国国际广播电台尼泊尔语部以及中国文化译研网的尼泊尔语翻译专家库提供的专业语言支持也在中尼出版业合作交流过程中发挥了重要的助推作用。

近年来，我国与尼泊尔在出版领域的合作与交流不断加强，主要体现在以大学、政府、中方出版社为主导合作翻译出版关于中国政治、文化类的图书以及一些儿童文学作品。从出版类别来看，以图书类的版权输出合作为主；从实际传播效果来看，由于出版这些图书的主要出资方是中方，尼方承担的费用较少，致使图书在进入尼泊尔后，并未得到来自尼方的积极本土化推广。大多图书仅摆放在专门的书店或学术研究机构中，并未真正进入尼泊尔当地的图书市场，这也导致了这些优秀的译作未能在尼泊尔本土传播开来。自"一带一路"倡议提出以来，中尼两国的出版业互动频繁，版权输出成效明显，取得了可喜的成绩。但与此同时，也显现出合作对象较为单一、落地传播效果打折扣等突出问题。相信未来中尼两国出版从业机构能够不断调整、完善合作方式与传播模式，为两国的出版业合作注入更大的动力、开展更广泛的合作，进而带动更为深层次的人文交流。

参考文献

1. 王宏伟 . 列国志——尼泊尔 [M]. 北京：社会科学文献出版社，2015：1.

2. 何朝荣 . 尼泊尔概况 [M]. 北京：世界图书出版公司，2020：160-166.

3. 张淑兰等 . "一带一路"国别概览——尼泊尔 [M]. 大连：大连海事大学出版社，2018：122、133.

4. 中新网、新华网、国际在线等中文新闻网站发布的关于中尼出版业合作的报道 .

5. 尼泊尔中央统计局、尼泊尔新闻与通讯部等尼泊尔政府网站发布的 2016—2019 年报 .

6. 尼泊尔出版业相关组织、企业的官方网站 .

7. www.newbusinessage.com/ 等尼泊尔新闻网站 .

8. 世界银行、国际出版商协会等第三方数据库 .

9. 中国商务部、中国驻尼泊尔大使馆 .《对外投资合作国别（地区）指南——尼泊尔》（2020）.

10. 关于出版社的部分背景资料选自维基百科 .

（作者单位：西藏民族大学）

斯里兰卡出版业发展报告

卡梅西·普拉巴希尼（Kumesh Prabhashini）　周　伊　徐丽芳

斯里兰卡民主社会主义共和国（The Democratic Socialist Republic of Sri Lanka），简称斯里兰卡，是印度洋上的热带岛国，位于南亚次大陆南端，西北隔保克海峡与印度半岛相望，南部靠近赤道，紧邻亚欧国际主航线，拥有连接东西方的优越地理条件。国土面积 65610 平方公里，划分为 9 个省和 25 个区，首都为科伦坡。斯里兰卡是一个多民族国家，根据联合国数据，2018 年国内人口总数约为 2167 万，占世界人口总数的 0.27%，其中僧伽罗族占 74.9%，泰米尔族占 15.3%，摩尔族占 9.3%，其他民族占 0.5%，僧伽罗语、泰米尔语同为官方语言和全国通用语言，上层社会通用英语。居民 70.1% 信奉佛教，12.6% 信奉印度教，9.7% 信奉伊斯兰教，7.6% 信奉天主教和基督教。[①]

一、出版业发展背景

（一）政治经济状况

斯里兰卡于 1948 年 2 月 4 日正式独立，宪法规定国家政体为总统制，总统为国家元首、政府首脑和武装部队总司令，享有任命总理和内阁成员的权力。2019 年 11 月，现任总统戈塔巴雅·拉贾帕克萨上任后，任命其胞兄、前总统马欣达·拉贾帕克萨为新任总理，并组建了新内阁。此外，斯里兰卡政党林立、派系众多，执政党和在野党之间相互监督。

---

① 资料来源：外交部网站斯里兰卡国家概况

在经济方面，斯里兰卡是一个以种植园经济为主的农业国家，渔业、林业和水力资源丰富，工业基础相对薄弱，还处于劳动力密集型工业的初始阶段。近年来，斯里兰卡经济保持中速增长，政府利用国民识字率高、劳动技能训练有素的相对优势，努力把本国经济打造成为服务业导向型经济。2019 年，斯里兰卡国内生产总值（GDP）达 840 亿美元，国民经济增长率达 2.3%，其中服务业产值占比约为 57.4%，人均国内生产总值为 3852 美元。由于地理条件优越，斯里兰卡在交通条件、人口素质、法律制度、商业环境等方面更胜其他南亚国家一筹，已逐步发展成为亚太地区最具吸引力的投资地之一。

（二）相关法律及政策情况

斯里兰卡佛教、文化和宗教事务部（Ministry of Buddhasasana, Cultural and Religious Affairs）制定了"保护、发展和传播"的基本文化政策，对内通过评选国家优秀文学作品、举办文学欣赏活动和文学竞赛等措施促进僧伽罗文、泰米尔文和英文这三类文学作品的发展；对外积极参与和举办各类国际文化展览和交流活动，与各类国际文化组织保持友好往来，同时与多国签署文化合作协议并引进外商投资项目。近年来，为吸引外商、振兴经济，斯里兰卡制定了多项促进外商投资的政策：几乎允许外资进入国民经济的所有领域，但在新闻媒体、大众传播和教育行业中有所限制，规定外商投资不能超过公司投资股份的 40%，若超出必须得到斯里兰卡投资部门的批准；外商投资获取的收益，可以不受法律限制汇出和汇入；外商投资权益享有斯里兰卡宪法保护；外商投资可根据投资规模享受不同的税收优惠政策。截至目前，斯里兰卡已与包括中国在内的 28 个国家签署了《双边投资保护协定》，与包括中国在内的 38 个国家签订了《避免双重征税协定》。另外，斯里兰卡对进出口图书免税，国内版权使用费通常为 10%，但作者需要额外支付 14% 的预提税。

在行业扶持方面，斯里兰卡国家图书馆（National Library of Sri Lanka）自 1984 年以来持续为创作者提供出版援助，不仅为作者提供出版所需资金，还会在内容、封面、版面设计、纸张质量等方面提供帮助，资助图书类别包括研究类、学科类、创意类、青年文学以及儿童文学。为鼓励作者创作，2021 年斯里兰卡文化部启动了 2021 年的作者援助计划，由政府拨款购买符合规定标准的图书，资助领域分为 9 类，包括小说和儿童文学，宗教和民俗，音乐、舞蹈、戏剧和电影作品，摄影和绘画，大众传媒，学术研究与文学欣赏，文化和艺术，各学科专业图书以及诗集，其中可获资助的儿童文学和诗集类图书售价不超过 1 万卢比，其他领域图书售价不超过 2.5 万卢比。

　　在出版内容管理方面，斯里兰卡宪法赋予公民言论、集会和出版自由的权利，但当涉及种族利益、宗教和谐，或与议会特权、藐视法庭、诽谤或煽动犯罪相关时，这种权利将受到限制，因此斯里兰卡出版业享有较大的自由空间，但前提是与国家利益保持一致。1973 年，斯里兰卡通过了《斯里兰卡新闻出版委员会法案》（*Sri Lanka Press Council Law*），规定由新闻出版委员会（Press Council，以下简称委员会）监管斯里兰卡新闻出版相关事宜，职能包括保障新闻出版自由并防止这种自由被滥用；维护新闻出版内容的专业性和真实性，培育公民权利和责任意识；改进新闻出版从业人员教育、招聘和福利办法，确保其保持高标准职业道德；调控新闻出版行业各部门间的职能关系，引导行业发展，向议会提供新闻出版监管建议等。

　　在行业管理细则方面，斯里兰卡现存条例包括：报纸条例（Newspapers Ordinance），规定报纸的印刷和出版需向书报登记处（Registration of Books and Newspapers Division）登记并递送副本，登记信息包括印刷内容、所有人、印刷商、出版商和地址信息等；印刷机条例（Printing Presses Ordinance），规定印刷机所有者需向地方部门申报存档，印刷品需注明印刷者和出版者的姓名和地址；印刷商及出版商条例（Printers and Publishers Ordinance），规定印刷书及其后续所有版本，需在印后一个月内向登记处递送五本，交由国家档案部（The Department of National Archives）等相关部门保存。

　　在版权保护方面，斯里兰卡 2003 年颁布了"知识产权保护第 36 号法律"，对文学、艺术和科学领域的原创性智力作品提出了版权保护细则，涵盖书籍、计算机程序、文章、演讲和讲座等口头作品、舞台剧、电视剧、音乐、电影、绘画、照片、数据库以及翻译作品。

（三）行政管理机构和行业组织情况

　　斯里兰卡新闻出版事务由政府大众传媒部（Ministry of Mass Media）主管，下属机构包括：政府信息局，主要负责政府相关出版物管理，面向公众提供政府新闻和信息，监测大众媒体的使用情况等；政府印刷局（Department of Government Printing），斯里兰卡政府官方印刷商和出版商；新闻出版委员会，负责所有报刊的注册缴费管理，处理对报刊内容或记者的投诉，以及举办面向新闻出版从业人员的课程研讨会；独立电视网络公司（Independent Television Network Ltd）、斯里兰卡广播公司（Sri Lanka Broadcasting Corporation）、锡兰联合报业有限公司（Associated Newspapers of Ceylon Limited）等控制和经营斯里兰卡主流大众媒体的企业。另外，版权保护由斯里兰卡国家知识产权局（National Intellectual Property Office）统一管理。

除政府机构外，斯里兰卡还有许多非官方行业组织。斯里兰卡领先的媒体发展组织新闻出版研究所（Sri Lanka Press Institute）于2007年正式注册为非营利性经营实体，核心使命是为新闻出版工作者提供系统培训、促进印刷媒体的自我监管以及推动斯里兰卡自由、负责任媒体文化的形成。斯里兰卡出版商协会（Sri Lanka Book Publishers' Association）主要负责向会员提供培训和咨询，并帮助其拓展营销渠道，每年还会举办年度阅读与写作推广活动，目前拥有155家会员单位。

（四）国民阅读及推广情况

斯里兰卡国家图书馆（National Library of Sri Lanka）2016年发布的北方省和东方省学生阅读调查报告显示，78%的家庭都有阅读的习惯，并且90%的家庭都会鼓励孩子阅读。表1显示了受访者（平均年龄14岁）对阅读的态度，可以看到大部分学生都肯定了阅读的正面积极价值。

表1　2016年斯里兰卡北方省和东方省学生对阅读的态度调查情况

类别	同意（n=2234）	不同意（n=2234）
阅读比和朋友一起娱乐更加重要	1879（84.1%）	167（7.5%）
阅读能带来快乐	2000（89.5%）	59（2.6%）
阅读能保持好奇心	1637（73.3%）	148（6.6%）
阅读能提升知识水平	2117（94.8%）	24（1.1%）
阅读很无聊	162（7.3%）	1647（73.7%）

资料来源：斯里兰卡国家图书馆官方网站

在阅读习惯方面，相比于电视、广播和计算机等媒介，48%学生会优先选择纸质图书；77%的学生每个月会阅读课外书，阅读时间最短15分钟，最长可达600分钟（10

个小时），多数为 60 分钟，平均约为 142 分钟。（见图 1）

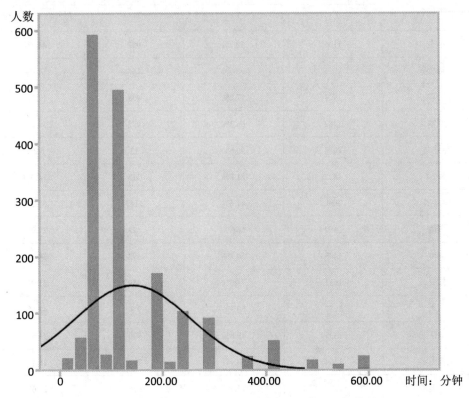

图1　斯里兰卡北方省和东方省学生每月阅读时间调查情况

资料来源：斯里兰卡国家图书馆官方网站

　　在阅读内容方面，专业类图书最受欢迎，其次是短篇故事和宗教类，这与斯里兰卡重实用性、轻创造性的阅读文化相匹配。（见表 2）尽管政府提供代金券和货币奖励以支持儿童购买图书阅读，但它们通常会被消费于文具、教辅材料及其他学习用品。教育系统的激烈竞争不仅影响了斯里兰卡阅读文化的形成，也影响了学生的就业倾向。学生们往往偏好那些被认为有更好前景的科技、商业领域，而较少青睐文化领域。

表2　斯里兰卡北方省和东方省学生阅读类型调查情况

类型	喜欢（n=2234）		不喜欢（n=2234）	
	人数	占比	人数	占比
小说	1166	52.2%	932	41.7%
短篇故事	2021	90.5%	168	7.5%
诗歌	1724	77.2%	439	19.7%
剧本	1482	66.3%	673	30.1%
专业书	2024	90.6%	13	6.2%
宗教类	1827	81.8%	313	14.0%
参考书	929	41.6%	1143	51.2%
漫画	1492	66.8%	623	27.9%
自传	1433	64.1%	672	30.1%
报纸	1631	73.0%	489	21.9%
杂志	1137	50.9%	950	42.5%
CD	1335	59.8%	770	34.5%
网页内容	1304	58.4%	791	35.4%
其他	347	15.5%	616	27.6%

资料来源：斯里兰卡国家图书馆官方网站

因此，尽管斯里兰卡国民识字率达91.9%，在南亚国家中排名最高，但阅读文化并未得到相应发展，随着社交网络日益普及，人们的阅读热情也在逐渐消退。为了推广阅读，斯里兰卡政府和各界采取了各种干预措施，截至2017年，斯里兰卡在全国范围内建立起了分布广泛的图书馆网络，其中公共图书馆1176座，学校图书馆3859座，临时性学校图书馆2738座，以发挥图书馆作为阅读重要基础设施的作用。2004年，斯里兰卡文化部与国家图书馆和文献服务委员会共同宣布，将每年10月设立为"全民阅读月"，由国家图书馆启动并策划系列活动，并通过学校图书馆以及地方公共图书馆网络在全国范围内扩大影响力，目的是向民众宣传已出版的图书，并鼓励人们阅读。历年来阅读月活动形式包括举办研讨会、阅读训练营及相关赛事，组织阅读游行和图书捐赠、发行阅读月纪念品等，并且国家图书馆还为所有斯里兰卡公民提供一年免费会员的福利。2017 年，斯里兰卡总统办公室与教育部在"全民阅读月"期间联合推出阅读促进项目，以培养学龄儿童的阅读习惯。该项目第一阶段在 2018—2019 年度展开，向斯里兰卡全国 2820 所高年级学校捐赠了大量僧伽罗文、泰米尔文和英文图书，并面向全国 6~13 年级学生开展阅读竞赛，所有参赛学生需提交阅读报告，在阅读报告质量达标的基础上依据阅读数量可获得不同程度的奖励：阅读 100 本以上的学生将获得白金奖，75~100 本获得金奖，50~74 本获得银奖，2019 年有近 3000 名学生获得了阅读奖励。2020 年年初，教育部进一步推出基础教育资源中心计划，其中一项是专门用于建设开展阅读拓展活动的教室，通过完善基础设施建设为学生培养阅读习惯、提升阅读能力创造条件，该计划与全球非营利性阅读推广组织"阅读屋（Room to Read）"合作，指导教师在资源中心开展诸如"大声朗读""合作阅读""共享阅读"等阅读促进活动。除政府干预外，斯里兰卡阅读爱好者自发聚集形成了各种读书小组，其中规模较大的读书俱乐部"挑选一本书（Pick A Book）"会定期举办读书会活动，鼓励所有参与者认真阅读和研究一本书，通过演讲向其他成员分享，以此帮助爱读书的人阅读更多图书，让不爱读书的人对阅读产生兴趣。目前俱乐部数量已增长至 7 家。

（五）书展和文学奖项情况

科伦坡国际书展（Colombo International Book Fair）是斯里兰卡最大的书展活动，也是南亚地区最有影响力的书展之一，由斯里兰卡出版商协会组织，于每年九月中旬在科伦坡举办。书展上，英文、僧伽罗文和泰米尔文图书的出版商、进口商和零售商以及文具商以各种折扣销售图书、文创产品，折扣从 5% 到 70% 不等，学校购买还可以获得特别折扣。

康提书展（Kandy Book Fair）是斯里兰卡图书出版商协会主办的另一重要文学展览，汇集了各种文学作品，涉及冒险、小说、科幻、惊悚、浪漫、儿童以及教育和宗教类读物，迎合了不同年龄段公众的阅读喜好。2019 年康提书展历时四天，约有 50 家本地出版商和 20 家外国出版商参与，提供折扣高达 30%。

2017 年，斯里兰卡南方省发展局举办了南方国际书展（Southern International Book Fair），以"把知识变成财富，图书带来南方的春天"为主题，吸引了众多国内和国际出版商参与，书展的收益将用来设立高等教育奖学基金，发展农村学校图书馆以及重建该省受洪水影响地区的教育。

斯里兰卡文学奖项众多，代表性奖项有：斯瓦纳·普萨卡（Swarna Pusthaka）文学奖，由斯里兰卡出版商协会组织，主要评选僧伽罗文最佳小说，获奖作者可获得 75万卢比奖金，入围作者可获得 10 万卢比奖金，获奖作品也会成为畅销书，被誉为斯里兰卡最"富有"的文学奖；维迪达亚（Vidyodaya）文学奖，由斯里贾亚瓦德纳普拉大学（University of Sri Jayewardenepura）组织评选，奖项包括最佳小说、最佳短篇小说集、最佳诗歌、最佳作词以及最佳报纸文章；格拉蒂安（Gratiaen）文学奖，由出生在斯里兰卡的加拿大小说家迈克尔·翁达灰（Michael Ondaatje）设立，用于奖励斯里兰卡出色的英文文学作品，接受各种体裁的印刷图书或手稿，包括小说、诗歌、戏剧、散文和文学回忆录等。

二、图书业发展概况

（一）整体情况

由于出版业在斯里兰卡尚未被认定为一个行业，没有独立的统计部门，在经济系统中与印刷、媒体等归为一体，因此无法获取有关数据。但出版商需要依据国家法令，将新出版品送交国家有关部门存储，以备检察、保存或利用，因此斯里兰卡国家图书馆每年收到的法定送存出版物数量大致可以反映当年图书出版情况。

根据斯里兰卡国家图书馆 2011 年至 2016 年工作报告，近年来斯里兰卡每年出版的新书数量基本维持在 8000~9000 种，2013 年最多，达到 10333 种，而在 1996 年，根据联合国教科文组织统计，这一数据仅为 4115 种。（见图 2）

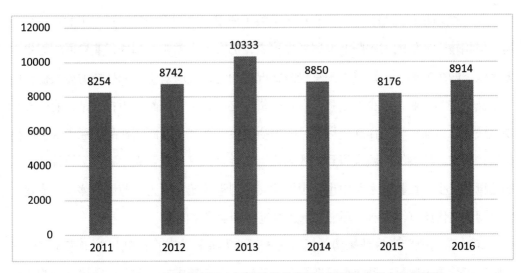

图2　2011—2016年斯里兰卡图书及其他类型出版物法定送存数量情况

资料来源：2011—2016年斯里兰卡国家图书馆工作报告

另外，根据国家图书馆统计，分配给出版商的国际标准书号（ISBN）数量从2013年的8993个上升至2019年的11627个，增长率达29.28%，其中大多数国际标准书号（ISBN）分配给了商业出版商，作者或私人出版商次之，最后是政府及非政府组织。（见图3）

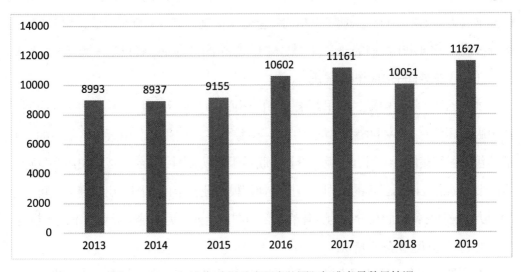

图3　2013—2019年分配给出版商的国际标准书号数量情况

资料来源：2011—2016年斯里兰卡国家图书馆工作报告

上述两项指标的增长在一定程度上反映了斯里兰卡图书出版业近年来的扩张与发展，但相较于其他图书出版业发展领先国家，仍有不小差距。制约行业发展的因素主要有以下四个方面：一是受到国家经济状况的制约，政府对出版的扶持力度较低，由于未被认定为行业，中小型出版商在获得贷款支持时也会受到阻碍；二是行业标准和规范缺失，目前编辑工作缺乏标准，图书质量参差不齐，对原创作品的翻译缺乏严格标准，剽窃、抄袭等问题未得到有效的监管和解决；三是专业人才缺乏，熟练和称职的编辑数量少，在教育系统中也较少关注文学创意领域，人力资源培养体系不成熟；四是阅读文化还有待成熟，图书需求还有进一步发展空间。

2020年新冠肺炎疫情来势凶猛，对于行业发展较为落后的斯里兰卡来说，图书出版业遭受重大挫折。疫情期间斯里兰卡政府采取宵禁措施，图书在销售环节的流通和交付成为最大的问题，图书线下零售受到严重影响，即便是网络销售也同样面临无法交付的困境，不少出版商因此面临财务损失以及资金困难。为此，斯里兰卡出版商协会为其会员单位提供5万卢比的无息贷款，银行也提供4%利率的贷款以帮助中小企业维持业务。斯里兰卡电子书发展一直非常困难，疫情背景下一些出版商开始计划电子书项目以面对新的挑战，但人们传统的纸质阅读习惯、盗版风险以及外部竞争依旧使这条路困难重重。萨拉萨维出版公司（Sarasavi Publishers）总经理在采访中表示，随着在线阅读量增加，预计疫情之后纸质图书阅读量将减少百分之五。2020年科伦坡国际书展仍然如期举行，采取了严格的安全防范措施，有近400个展位，约150家出版商参展，但国外出版商的缺席对书展本身和整个图书行业来说仍是一次损失。

（二）主要图书出版机构情况

20世纪70年代中期，斯里兰卡图书出版商数量还不超过15家，如今国内注册的出版公司约有100~200家，其中约有7~10家为英文出版商。出版机构从事的主要活动包括评估稿件、编辑、排版、设计、联系印刷以及图书营销，成功出版和发行一本图书大约需要两到三年的时间。根据公司规模及业务范围，图书出版商大致可以分为两类，一种是集出版与分销为一体的综合型图书企业；另一种是专业图书出版机构。

1.综合型图书企业情况

综合型图书企业往往规模较大，拥有完善的业务链条，除出版外还涉足进口、分销业务，拥有分布广泛的线下零售网络或者类目齐全的在线书店，代表企业如下。

高德戈兄弟公司（S. Godage and Brothers）成立于1959年，最早以图书印刷起家，如今已成为一家集印刷、出版、分销、零售于一体的大型图书企业。高德戈兄弟公司对斯里兰卡图书出版和文学发展作出了巨大贡献，其创始人斯里苏玛那·高德戈（Sirisumana Godage）因此被授予国家第三大功勋荣誉"Deshabandu"，并从19世纪80年代开始连续20年获得国家文学奖。高德戈旗下出版部门为"高德戈国际出版公司"（Godage International Publishers），主要出版范围涵盖儿童读物、教材、学术著作、文学译作和经典重印等，每年出版图书种类超过1000种，累计出版图书达20000余种。同时，高德戈建立了完整的线上、线下图书零售网络，不仅在斯里兰卡主要城市设置了零售网点，还搭建了网络书店以扩大分销，线上图书销售类目多达90种。作为斯里兰卡领先的图书出版机构，高德戈兄弟公司在国内市场之外积极探索国际合作，以成为南亚最具创新性的出版社为目标，进而带动斯里兰卡成为南亚地区的图书贸易中心。

萨拉萨维公司（Sarasavi）成立于1949年，是斯里兰卡集图书出版、进口、分销和零售为一体的大型图书企业。旗下出版子公司为萨拉萨维出版公司，负责图书出版和印刷业务，出版作品多次获得斯瓦纳·普萨卡（Swarna Pusthaka）奖、高德戈（Godage）国家文学奖等。萨拉萨维书店（Sarasavi Bookshop）是专门负责图书销售的子公司，是斯里兰卡重要的图书分销渠道，目前在全国主要城镇开有24家线下书店，多次获得斯里兰卡最佳书店评选奖项，同时设有在线书店Sarasavi.lk，可为用户提供超10万本国内外图书。作为斯里兰卡主要的图书进口商之一，萨拉萨维公司与牛津大学出版社、培生、企鹅兰登书屋、西蒙与舒斯特、阿歇特等多家国际知名出版商均保持着长期业务合作关系。

古那塞纳公司（M. D. Gunasena）成立于1913年，距今已有百余年历史，早在英国殖民时期就开始经营图书印刷、出版和零售业务，到独立后的20世纪50年代，已发展成为斯里兰卡文学和教育领域最有影响力的出版机构之一。现在，古那塞纳公司每年出版图书400多种，拥有广泛的分销网络，包括17家线下书店以及线上零售网站古那塞纳网（mdgunasena.com）。

维吉塔·亚帕公司（Vijitha Yapa）成立于1981年，最早是美国道琼斯有限公司在斯里兰卡进行广告营销和出版物发行的独家代理，另外澳大利亚、新加坡、印度和英国等地的一些出版商也通过维吉塔·亚帕公司独家销售其出版物。1991年，维吉塔·亚帕公司决定建立连锁书店，发展至今已拥有12家分店以及1家线上书店维吉塔·亚帕在线书店（Vijitha Yapa Online Bookstore），是斯里兰卡最大的英文连锁书店，提供超过25万种图书；旗下出版部门出版了120余种不同主题的书，其中两本《山姆的故事》（*Sam's Story*）和《象道之路》（*The Road from Elephant Pass*）分别于2001年和2003年获得斯里兰卡著名英文文学奖格拉蒂安奖。

萨穆德拉公司（Samudra）成立于1988年，最早是一家书店，随着业务扩张，1999年开始通过外国出版商进口图书。2003年，萨穆德拉公司开始涉足出版业务，主要面向1~12年级学生出版英文图书，广受家长和学生的好评。随后，公司分销网络不断扩大，目前已开设10家线下门店以及线上零售网站萨穆德拉图书网（samudrabooks.com），在图书、文具和出版市场占据领先地位。

杰亚图书中心（Jeya Book Centre）成立于20世纪80年代初，是斯里兰卡各大国际、私立学校教材及各类图书馆的主要供应商，在医学图书领域享有领先地位，拥有5家线下门店并运营线上书店杰亚图书中心网（jeyabookcenter.com）。公司从英国、印度、巴基斯坦、马来西亚、新加坡等地进口医学类、小说及非小说类英文图书，与爱思唯尔、泰勒·弗朗西斯、培生、哈珀·柯林斯、牛津大学出版社等多家国际出版商均有合作。在出版领域，目前已出版教材教辅200余种，被多所私立学校纳入教学课程。

2. 专业图书出版机构情况

专业图书出版机构通常以出版为主营业务，有各自侧重的出版类型。为了顺应技术发展趋势，目前出版社基本都建设了网站，开辟了线上直销渠道，代表机构如下。

海王星出版社（Neptune Publications）主营业务为出版和印刷，出版对象包括纸质图书以及电子书，涵盖人类学、历史、政治、社会科学、旅行及小说等不同主题，目前已出版纸质图书149种，电子书38种，均可在出版社官网上在线购买；其印刷业务范围较广，涵盖图书、日历、小册子、传单以及年度报告等，并且基于客户需求变化、人工、材料、库存成本上升，图书生产与销售难以匹配等问题，海王星出版社推出了按需印刷服务，满足图书单本印刷或小批量印刷需求。

佩雷拉·侯赛因出版社（Perera Hussein Publishing House）成立于2003年，主要

出版有创新性的文学作品，旨在帮助有才华的南亚作家通过出版作品获得曝光和认可。目前已出版图书 94 种，内容涵盖儿童读物、犯罪、历史、幽默、回忆录、推理、诗歌、旅行等。

斯里兰卡教育出版局（Educational Publications Department）是斯里兰卡政府"免费教材计划"（Free Textbook Scheme）的实施单位，负责全国学校教材教辅、词典和教学音像产品的出版工作，致力于为全国中小学生免费提供所有义务教育阶段的教材和教学用书，满足义务教育的基本需要。目前，教育出版局正在将各科必备教材全部电子化，以通过互联网免费提供给需要的人，其官网上现在已经有部分电子教材可供下载使用。

佛教出版协会（Buddhist Publication Society）成立于 1958 年，是斯里兰卡集中出版发行佛教相关出版物的机构。其出版物包括佛教基础读物、巴利三藏经译介、佛教哲学和思想经典作品等。除了佛教图书出版，该机构还设有专门的佛教书店，提供关于佛教思想、哲学、伦理和历史的各种图书，另外也可通过网站在线订购。除了佛教出版协会，斯里兰卡还有很多以佛教为主题出版物的出版机构，包括智慧出版公司（Wisdom Publications）和巴利经文协会（Pali Text Society）等。

塞玛杜出版社（Chemamadu Publications）是斯里兰卡专业的泰米尔文图书出版商，2007 年成立后，在短短 20 个月的时间里就出版了 50 种泰米尔文图书，到 2013 年出版的社会科学通用图书达到 150 种，截至 2020 年出版泰米尔文图书种数达 303 种，涵盖政治、文学史、美学、社会学、心理学、教育学、哲学等多个社会科学领域。

（三）主要图书分销渠道情况

除了综合性图书企业的线上、线下书店，以及出版社自营渠道外，斯里兰卡还拥有规模不等的专业图书分销机构，可以大致分为以麦肯图书、文帕在线书店（Venpaa Online Book Store）、平面展图书为代表的综合图书分销商（指包含线上和线下销售渠道），以斯里兰卡图书网、k 书网、书市网为代表的在线图书零售网站，以及线下书店。（见表 3）

表3　斯里兰卡主要图书分销渠道情况

类别	名称	描述
综合图书分销商	麦肯图书（Makeen Books）	麦肯图书是斯里兰卡老牌图书分销商，拥有50余年历史，也是斯里兰卡最大的国际教科书进口商和分销商。2007年投资建设图书电商网站 Makeenbooks.com，提供全门类、超过100万本图书的在线订购和配送，是斯里兰卡图书库存最大的零售网站，另外拥有3家线下门店。
	文帕私人有限公司（Venpaa Pvt.Ltd）	文帕最早是一家位于贾夫纳（Jaffna）的概念书店，专门出售泰米尔文图书，后来推出了网站文帕在线书店，成为斯里兰卡第一家在线出售世界各地泰米尔文书籍的平台。销售图书种类涵盖小说、非小说、儿童读物、泰米尔经典、科幻小说、历史、哲学、世界文学的泰米尔文翻译等。
	平面展图书（Expographic Books）	平面展图书最早是一家印刷厂，后业务范围扩大到图书分销和出版。随着 Expographic 与国外知名出版商建立合作关系，分销进口教材成为了 Expographic 的业务中心。现在，Expographic 是斯里兰卡信息技术、管理工程和应用科学等学科最大的进口图书分销商，其业务范围开始向大众图书、学术著作、专业书和参考书的方向扩展。
在线书店	斯里兰卡图书网（books.lk）	提供26235种图书，其中小说、教育以及儿童读物类书籍数量最多；另外也销售二手书、特价书、杂志、光盘等商品。
	斯里兰卡k书网（kbooks.lk）	提供约一万种图书，包括僧伽罗文、泰米尔文及英文三个文种。
	斯里兰卡书市网（bookfair.lk）	主要销售英文及僧伽罗文图书及少量电子书。
线下书店	国家图书馆书店（National Library Bookshop）	隶属于斯里兰卡国家图书馆，宗旨是以优惠价格提供图书及文具，出售小说、非小说及儿童读物类图书。
	萨拉斯书店（Sarath Books）	斯里兰卡最古老的二手书店之一，拥有超过45年的历史，以其低廉的价格广受欢迎，销售图书品类从儿童读物覆盖到成人小说，教育类图书涵盖从幼儿园到研究生不同的年龄阶段。
	新知书店	斯里兰卡首个华文书店，2013年开业，经营教育、外文、计算机等16个图书分类及文体用品，约2万个品种。

资料来源：各书店官方网站

（四）数字出版发展情况

目前，斯里兰卡数字出版仍处在初级阶段。一方面，从电子书和有声书发展情况来看，全球电子书供应商亚马逊在斯里兰卡电子书市场享有一定控制权，而斯里兰卡本土的电子书市场还不成熟，本土的有声读物市场也存在空白；另一方面，斯里兰卡也缺乏出版物数字化所需的资金、技术、人才等支撑资源。2012年，斯里兰卡第一家电子书商店 BookHUB 正式推出，仅提供约25种图书，虽计划在一周内上线100本图书，但对出版商来说，图书电子化的成本太高，专用的电子书阅读器价格昂贵，因此 BookHUB 及后来的 Purelankan 电子书商店都以失败告终，未能持续运营。2017年，斯里兰卡国家图书馆为促进国民阅读，与国家电信局合作推出国家在线阅读平台读书网（kiyawamu.lk）以及匹配的应用程序，提供约有290种 ePub 或 PDF 版本电子书，该平台由政府背书，目前仍在运营中。

尽管传统出版的数字化进程困难重重，但在互联网和数字技术应用日益广泛的时代，越来越多的斯里兰卡作家开始使用亚马逊自助出版服务，以电子书形式发表作品，尽管这种出版方式高度自由且成本低廉，但如何进行数字营销对作者们来说是一个难题。除此之外，博客、论坛、社交媒体等网络平台也聚集了大批以连载形式发表诗歌、短篇甚至长篇小说的作家，例如论坛网站奇思网（elakiri.com）的僧伽罗文学版块、社交平台脸书（Facebook）的电子书作家小组以及非营利性故事分享网站瓦查纳（wachana.com）等，三个文种的文学作品正以新的数字方式活跃于网络空间。目前这些数字出版作品虽尚未得到诸如文学奖项等机制的正式认可，但其未来仍有广阔的发展空间。

三、报刊业发展概况

（一）整体情况

斯里兰卡报刊业已有两百多年历史。1802 年，英国殖民政府开始以周刊形式在斯里兰卡定期出版《政府公报》（*Government Gazette*），这是最早的报纸形式。直到 1832 年，斯里兰卡第一份英文报《科伦坡日报》（*Colombo Journal*）才正式创刊，随后相继出现了《观察家报》（*Observer*）、《锡兰时报》（*Ceylon Times*）等著名报纸。在英文报问世后的 20 年里，僧伽罗文和泰米尔文报纸也相继出现。经过了长达两个世纪的发展，斯里兰卡目前已形成了稳定的报刊出版体系，用僧伽罗文、泰米尔文、英文三个文种为 2000 多万报刊读者服务。

根据中央银行 2020 年发布的经济与社会统计数据，2009 至 2016 年间，斯里兰卡报刊年发行量持续增长，增长速率最快在 2011 至 2013 年，于 2016 年达到峰值 5.39 亿份，随后 2017 年下降至 5.35 亿份，2018 年持续下降至 4.81 亿份。（见图 4）以出版周期划分报刊类型可以看到，日报年发行量变化趋势与总发行量保持一致，在 2016 年达到峰值 4.12 亿份，随后 2017 年、2018 年持续下降；周报年发行量则在 2017 年达到峰值 1.36 亿份，2018 年降至 1.13 亿份。

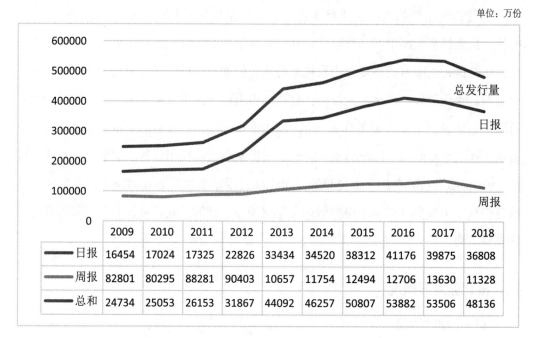

单位：万份

图 4   2009—2018 年日报、周报年发行量及总发行量情况

资料来源：2020 年斯里兰卡中央银行经济与社会统计数据

图 5 反映了不同文种日报年发行量的变化情况。僧伽罗文日报发行量从 2009 年至 2016 年稳定增长，2011 年至 2013 年、2014 年至 2016 年增长速率较快，在 2016 年达到峰值 2589.9 万份后开始大幅下降，2017 年至 2018 年下降率达 11.2%，2018 年的年发行量甚至低于 2015 年的水平；英文日报年发行量在 2012 年至 2013 年有较大幅度增长，2013 年至 2018 年小幅增长，但整体变化趋势趋于平缓；泰米尔文日报年发行量在 2011 年至 2015 年间保持稳定增长，2015 年达到峰值 7590.6 万份，但在 2016 年大幅下降至 6096.9 万份，下降率达 19.7%，随后保持稳定。（见图 5）

单位：千份

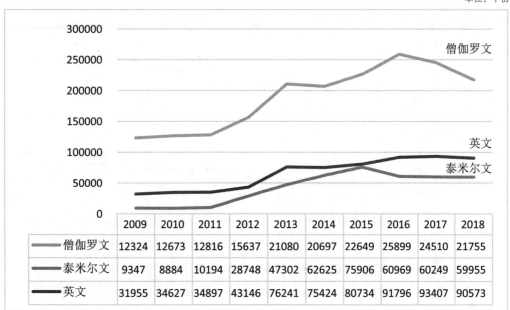

	2009	2010	2011	2012	2013	2014	2015	2016	2017	2018
僧伽罗文	12324	12673	12816	15637	21080	20697	22649	25899	24510	21755
泰米尔文	9347	8884	10194	28748	47302	62625	75906	60969	60249	59955
英文	31955	34627	34897	43146	76241	75424	80734	91796	93407	90573

图 5　2009—2018 年不同文种日报年发行量情况

资料来源：2020 年斯里兰卡中央银行经济与社会统计数据

　　僧伽罗文周报年发行量在 2017 年以前总体保持较好的增长势头，2017 年达到峰值 9146.1 万份，但 2018 年下降至 6946.5 万份，下降率达 24%；英文周报年发行量与日报相似，在 2012 年至 2013 年间增长幅度较大，随后趋于稳定；泰米尔文周报年发行量在 2009 年至 2011 年间呈下降趋势，随后稳步上升至 2015 年达到峰值 2165.3 万份，2016 年小幅下降至 1932.4 万份并趋于稳定。（见图 6）

单位：千份

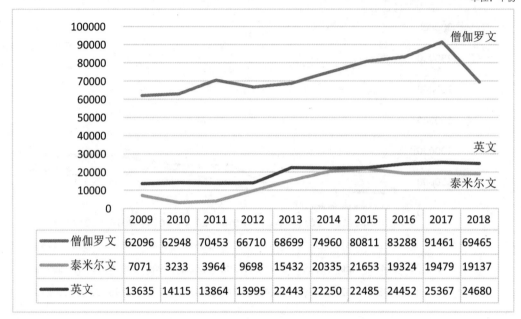

	2009	2010	2011	2012	2013	2014	2015	2016	2017	2018
僧伽罗文	62096	62948	70453	66710	68699	74960	80811	83288	91461	69465
泰米尔文	7071	3233	3964	9698	15432	20335	21653	19324	19479	19137
英文	13635	14115	13864	13995	22443	22250	22485	24452	25367	24680

图 6　2009—2018 年不同文种周报年发行量情况

资料来源：2020 年斯里兰卡中央银行经济与社会统计数据

对比可知，僧伽罗文报纸在斯里兰卡的发行量最大，其次是英文，最后是泰米尔文。由于社交媒体、新闻应用程序、新闻网站等替代产品的出现，互联网和移动设备得到广泛使用，近年来，斯里兰卡纸质报刊受到了一定冲击，这与全球趋势一致。2018 年，仍有 118 种新注册的报纸，其中日报 10 种，周报 26 种，月报 54 种，其他周期类型 28 种；从文种分布上看，僧伽罗文仍然占据多数，有 69 种新报纸，约占总数的 59%，泰米尔文新增 17 种，英文新增 21 种，混合文种新增 11 种。（见图 7）与此同时，线上发行渠道逐渐增多，根据斯里兰卡大众传媒部工作报告，2018 年新注册 24 家新闻网站，约为纸质报刊注册数量的 1/5。

单位：种

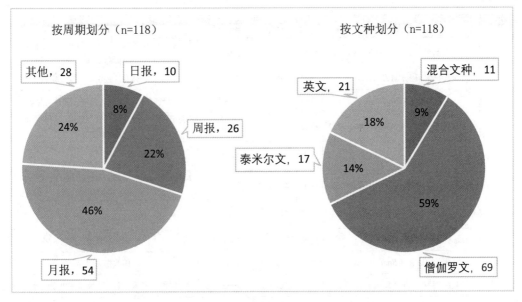

图 7　2018 年斯里兰卡新注册报纸数量及种类情况

资料来源：斯里兰卡大众传媒部工作报告

（二）主要报刊出版机构情况

斯里兰卡报刊种类众多，其中有影响力的报纸大都归属于四家比较有实力的报业公司：锡兰联合报业有限公司（Associated Newspapers of Ceylon Limited，ANCL）由政府管控，实力雄厚；维贾亚报业有限公司（Wijeya Publications Limited，WNL）、快报报业有限公司 [Express Newspapers（Ceylon）Limited，ENL] 以及乌帕里报业有限公司（Upali Newspapers Limited，UNL），这三家报业公司均为私营企业。

1. 锡兰联合报业有限公司

锡兰联合报业有限公司成立于 1926 年，最早是一家私营出版机构，其别名"湖畔之家"（Lake House）更广为人知。20 世纪 70 年代，随着斯里兰卡大规模的"资产国有化"，锡兰联合报业于 1973 年被国有化，88% 的股权归政府持有。直到今天，锡兰联合报业仍然保持着斯里兰卡最具影响力的报刊出版商的地位。目前，锡兰联合报业主要以僧伽罗文、泰米尔文和英文三个文种出版报纸，旗下拥有 6 种主流日报和周报，以及 10 余种针对不同读者群体的杂志。（见表 4）

表4　锡兰联合报业出版的报纸及杂志情况

类型	名称	周期	文种	创办时间	描述
报纸	《每日新闻》（*Daily News*）	日报	英文	1918年	本地新闻、国外新闻、财经新闻、商业新闻、体育新闻等
	《每日太阳报》（*Dinamina*）	日报	僧伽罗文	1909年	政治、文化、体育、经济、外交、宗教新闻等
	《太阳报》（*Thinakaran*）	日报	泰米尔文	—	政治、文化、体育、经济、宗教新闻等
	《星期天观察家》（*Sunday Observer*）	周报	英文	1928年	本地新闻、国外新闻、财经新闻、商业新闻、体育新闻等
	《宝石报》（*Silumina*）	周报	僧伽罗文	1930年	本地新闻、国外新闻、财经新闻、商业新闻、体育、戏剧、电影、社交等
	《太阳报星期刊》（*Varamanjari*）	周报	泰米尔文	—	本地新闻、国外新闻、财经新闻、商业新闻、体育新闻等
杂志	《女性周刊》（*Tharunie*）	周刊	僧伽罗文	1969年	健康、美容、妇女教育、烹饪、园艺、手工艺、妇女文学等
	《欢乐报》（*Mihira*）	周刊	僧伽罗文	1964年	儿童教育
	《佛陀之家》（*Budusarana*）	周刊	僧伽罗文	1965年	佛教相关内容
	《萨拉萨维亚》（*Sarasaviya*）	周刊	僧伽罗文	1963年	电影、音乐、明星、演员、电视剧等
	《占星》（*Subasetha*）	周刊	僧伽罗文	1969年	星座相关
	《健康》（*Arogya*）	周刊	僧伽罗文	2011年	健康相关
	《学前教育》（*Athuru Mithuru*）	月刊	僧伽罗文	2012年	教育（学前、1~2年级）
	《维杜内纳》（*Vidunena*）	周刊	僧伽罗文	2020年	教育（五年级）
	《西斯米纳》（*Sithmina*）	周刊	僧伽罗文	2012年	教育（10~11年级）
	《手铐》（*Maanchu*）	周刊	僧伽罗文	2011年	犯罪、法律

资料来源：锡兰联合报业官方网站

目前，6种主流报纸均有网页版同步运营，《每日新闻》《每日太阳报》和《太阳报》还推出了移动版应用程序，同时引入了有声播报、视频新闻等多样化内容来提高网站、应用程序的渗透率和浏览量。另外，《女性周刊》《佛陀之家》《萨拉萨维亚》等6种杂志也已推出了电子版。

2. 维贾亚报业有限公司

维贾亚报业有限公司成立于1980年，以两份分别面向妇女和儿童的僧伽罗文周刊起家，随后又出版了面向年轻男性的僧伽罗文周刊，以及针对女性读者的英文杂志。1986年维贾亚报业收购了当时已解散的锡兰时报有限公司（Times of Ceylon Limited）的几份报纸，从而再次扩大了其出版业务。发展至今，维贾亚报业旗下主要报刊有：4种日报，包括《每日镜报》（*Daily Mirror*）英文版及泰米尔文版，僧伽罗文版《今日报》（*Ada*）和《兰卡岛报（日常版）》（*Daily Lankadeepa*），4 种日报均推出了网页版；8 种周报，包括《星期日时报》（*Sunday Times*）和《金融时报》（*Financial Times*）2 种英文报，《兰卡岛报（星期天）》（*Sunday Lankadeepa*）等 4 种僧伽罗文报，1 种泰米尔文报以及 1 种盲文报，其中除了盲文报以及一份儿童报外，其余 6 种均推出了网页版；杂志包括英文时尚杂志《嗨！！》（*Hi！！*），英文女性杂志《兰卡女人》（*Lanka Women*）以及僧伽罗文科技杂志《计算机》（*Pariganaka*）等，均有网页版可访问。除此之外，维贾亚报业还单独开发了线上新闻门户网站，包括体育新闻网运动场（Kelimandala）、儿童故事网塔拉（Tara）以及视频新闻网即刻（W now）等。

3. 快报报业有限公司

快报报业有限公司历史可以追溯到 1930 年《雄狮报》（*Virakesari*）的创办，政治动荡时期该报数次被转手，最后于 1970 年正式注册为快报报业有限公司并发展至今，成为斯里兰卡第三大报业集团，读者人数超过 1000 万。快报报业服务人群主要为使用泰米尔文的斯里兰卡人以及穆斯林人群，其中《雄狮报》已经成为斯里兰卡发行和阅读量最多的泰米尔报，也是斯里兰卡出现的第一份数字报。（见表 5）除了纸质报纸的数字化，快报报业还单独建立了几家新闻门户网站，包括综合性新闻网站泰米尔新闻（Tamilenews）、生活休闲类新闻网站伙伴（Mithiran）、旅游类新闻网站通往科伦坡（Aboutcolombo）以及财经类新闻网站商业（BIZ）。

表 5　快报报业出版的报纸情况

名称	周期	文种	描述	数字版本
《雄狮报（日版）》 （*Virakesari Daily*）	日报	泰米尔文	本地新闻、国际新闻、印度新闻、政治、健康、体育和文化等	网页版 电子版 **APP**
《雄狮报（周版）》 （*Virakesari Weekly*）	周报	泰米尔文	本地新闻、国际新闻、印度新闻、政治、教育、艺术和文化等	
《都市日报》 （*Metro Daily*）	日报	泰米尔文	新闻、体育、电影、美容、健康等	网页版 电子版
《都市周报》 （*Metro Weekly*）	周报	泰米尔文	新闻、体育、电影、美容、健康等	
《晨星日报》 （*Vidivelli Daily*）	日报	泰米尔文	为穆斯林人群提供重要新闻和观点	网页版 电子版
《晨星周报》 （*Vidivelli Weekly*）	周报	泰米尔文	为穆斯林人群提供重要新闻和观点	
《每日快报》 （*Daily Express*）	日报	英文	国际报纸	电子版

续表

名称	周期	文种	描述	数字版本
《周末快报》 （*Weekend Express*）	周报	英文	国际报纸	电子版
《向日葵报》 （*Sooriyakanthi*）	周报	泰米尔文	社区小报	电子版
《百事报》 （*Siyadesa*）	日报	僧伽罗文	本地新闻、国际新闻、体育新闻等	网页版 电子版

资料来源：快报报业官方网站

另外快报报业还出版 7 种杂志，内容涵盖文化、舞蹈、建筑和室内设计、健康和保健等领域，其中 5 种为泰米尔文，1 种为英文，还有 1 种为僧伽罗文。

4. 乌帕里报业有限公司

乌帕里报业有限公司成立于 1978 年，其出版物在斯里兰卡影响广泛，主要包括僧伽罗文版《岛报》（*Divaina*）及英文版《岛报》（*The Island*），均为日报且有星期天专版，其中僧伽罗文版《岛报》提供网页版和电子版，英文版《岛报》仅提供网页版。另外和还出版杂志僧伽罗文《新女性》（*Navaliya*）和科普周刊《科学知识》（*Vidusara*）。

四、中斯出版业交流合作情况

中国和斯里兰卡素来是友好国家，两国人民有着深厚的传统友谊。1957 年中斯建交以来，在两国政府部门的积极推动下，中斯文化交流与合作发展顺利，在出版界的合作也不断深入。早在 20 世纪 50 年代，中国与斯里兰卡出版社就建立了业务合作关系，《中国建设》《人民画报》等书刊开始在斯里兰卡发行。新中国成立后，中斯保持友好关系，高层往来不断，许多斯里兰卡书商纷纷经销中国书刊，其中包括斯里兰卡社会知名人士开办的普拉加出版社（后改为黎明书店），斯里兰卡群众开办的维纳斯书店，等等。20 世纪六七十年代，中国书刊在斯里兰卡的发行量达到高峰，从 1967 年的 30 万册，猛增到 1976 年的 70 多万册，是全世界中国书刊发行量最高的国家，尤其是普拉加出版社用僧伽罗文、泰米尔文出版发行毛泽东著作单篇本 10 万多册，并常年稳定拥有《人民画报》等中国期刊订户 1 万多名。改革开放后，中国同斯里兰卡签订政府间文化合作协定，在文化演艺、展览展示以及佛教交往方面互动频繁，

2005 年双方续签文化合作协定，并签署孔子学院文化协议，2008 年斯里兰卡凯拉尼亚大学孔子学院正式对外招生，中国文化在斯里兰卡进一步扩大影响，呈现多元发展格局，同时，近年来两国在出版上的合作逐渐向纵深发展。

一是版权贸易频繁，在图书引进、合作互译方面有实质性进展，数量与质量得到极大提升。例如，2014 年中国国际广播电台斯里兰卡广播孔子课堂，浙江出版联合集团和斯里兰卡快捷出版公司签约出版《中国文化系列丛书》以及《图说中国古代四大发明·造纸术》。2017 年，五洲传播出版社出版的"我们和你们"丛书——《中国和斯里兰卡的故事》分册正式推出僧伽罗文版；中国外语教学与研究出版社（外研社）与斯里兰卡萨拉萨维出版社签约合作，在斯里兰卡出版发行《中国人是如何管理企业的》和《中华思想文化术语》系列的僧伽罗文版本；斯里兰卡与我方签署备忘录共同翻译《习近平谈治国理政》（第二卷）。2018 年，中国和斯里兰卡 "中斯图书互译出版项目"首批成果《关于女人》等僧伽罗文版图书正式出版；中国外文出版社与斯里兰卡海王星出版社签订了国际合作出版意向书，将翻译或引进出版"读懂中国"丛书中的部分作品，满足斯里兰卡读者对中国发展和中国文化的关注和兴趣。截至 2019 年，斯里兰卡已翻译出版中国图书 300 余种。据斯里兰卡海王星出版社社长丹尼斯·库拉顿介绍，中国与斯里兰卡的出版合作范围已覆盖 1000 多种图书，海王星出版社与中国出版机构已签订的图书版权授权协议达 265 种，其中 92 种已出版，未来还将出版 30 种新书，其中有 24 种中国童书被斯里兰卡教育部列入"2019 年学校图书馆的推荐书单"，成为斯里兰卡引进国外童书的标准。

二是展会交流密切，为两国出版企业合作磋商、两国人民文化交流搭建平台。自 2014 年中国担任斯里兰卡科伦坡国际书展主宾国以来，双方达成共识，从 2015 年起组织各自出版企业参加对方的国际书展，并为对方国家出版企业提供便利。近年来，中斯出版商在国际书展上签订了多项合作协议。例如，在 2019 年的第 26 届北京国际图书博览会上，中国画报出版社与斯里兰卡山达卡塔出版社、帕汉出版社建立联合编辑部，用英文、僧伽罗文在斯里兰卡出版《中国戏剧》《中国珍稀动物》系列、《中国神话故事》等图书。在 2018 年的科伦坡国际书展上，中方与巴基斯坦、斯里兰卡两国出版人共签订 47 种图书版权协议，达成 60 余种图书合作意向，斯方还举办了中国 180 种英文版、僧伽罗文版和泰米尔文版少儿图书的新书发布会。2019 年，"阅读中国"主题书展在科伦坡国际书展亮相，中方集中展示了汉语学习、中国传统文化、中医、少儿及武术类等近 400 种精品图书，其中包括针对斯里兰卡汉语学习者的僧伽罗文版国际汉语教材教辅类图书，斯里兰卡民众借此可以更好地感知中国。

三是共建出版合作平台，在版权引进、合作互译、派遣交流等方面的共识进一步拓展和深入。2017 年，中斯签订了《南亚中国文化合作出版中心战略合作框架协议》，拟建南亚中国文化合作出版中心。中方成立考察小组前往科伦坡进行访问交流，与斯里兰卡萨拉萨维出版社等 14 家出版社进行了座谈，双方达成一系列共识：结合南亚地区读者市场需求，鼓励和支持本国出版社积极引进对方国家优秀作品版权；建立培训课堂、团组派遣机制以鼓励出版专业人员的交流；鼓励对方的出版企业在各自法律允许的范围内开展投资贸易活动等。

推动出版走出去是扩大中华文化国际影响力、提高国家文化软实力的重要举措，近年来斯里兰卡与中国的出版合作往来日益向深层次发展，在"一带一路"国际出版合作大势下取得了诸多成果，在夯实现有合作成果基础上，还有进一步开拓空间，可从以下几个方面深度发掘合作机会。第一，对斯里兰卡图书市场展开深度调研，在"一带一路"框架下开发更多的选题和作者资源。目前，中斯合作以译介为主，在内容策划创新方面成果较少，中方可积极联系和培养对我国友好的斯里兰卡汉学家、作者、学者等，鼓励并支持他们结合自身经历和研究创作中国相关作品，为斯里兰卡和世界人民了解中国提供客观外部视角。第二，加强行业交流与人才培训，为斯里兰卡提供基础经验支持。斯里兰卡出版业整体发展水平目前仍较为落后，行业标准和规范、人才培养体系不够完善，市场需求有待进一步激发，中方可在各种交流活动中分享自身发展经验，派遣优秀出版人才前往斯里兰卡解决相应问题，或组织斯里兰卡专业人士来华参加研修班或进行实地走访等活动。第三，从印刷、数字加工、数字出版以及互联网通信等技术入手，通过投资、援助等各种方式帮助解决斯里兰卡出版行业升级面临的技术难题。目前斯里兰卡印刷工业水平不高，电子书、有声书等新兴数字出版产品还没有发展起来，纸质出版物也需要进行数字化处理。近年来斯里兰卡为吸引外资制定了诸多利好政策，我国企业可充分发挥技术优势开辟斯里兰卡市场。

21 世纪以来，斯里兰卡出版业得到了扩张与发展，出版企业、出版物数量都有明显提升，但在数字化方面仍处于落后水平，行业升级缺乏资金、技术、人才支持，这也为两国合作提供了新的空间，中国可以借助"一带一路"倡议契机，向斯里兰卡提供数字化、产业化的经验和技术支持，提升彼此合作水平。"一带一路"背景下，中斯出版界交流与合作有了更多机会，未来中斯出版合作将向着高质量水平发展，随着更多优秀图书进入两国人民视界，中斯文化交流也将迈入新的台阶，两国关系的全面发展将拥有更丰富的内涵。

参考文献

1. 何明星. 一个斯里兰卡青年是怎样成了"红色书店"经理？[EB/OL].（2010-04-22）[2020-12-15]. http://book.ifeng.com/zhuanlan/hemingxing/detail_2010_04/22/562510_0.shtml.

2. 佟加蒙，何明星. 斯里兰卡新闻出版业的现状以及与中国的合作空间 [J]. 出版发行研究，2016（01）：87-90，108.

3. Sustainable reading programme Kalana Mithuru Poth Sumithuru[EB/OL].（2018-07-01）[2021-01-25]. https://www.sundayobserver.lk/2018/07/01/junior/sustainable-reading-programme-kalana-mithuru-poth-sumithuru.

4. Encouraging reading habits[EB/OL].（2020-02-17）[2020-12-10]. http://www.dailynews.lk/2020/02/17/tc/211574/encouraging-reading-habits.

5. Creative and cultural industries in Sri Lanka[R]. Institute of Policy Studies of Sri Lanka，2020.

6. Book publishers speak out on industry travails[EB/OL].（2020-05-10）[2021-01-25]. http://www.sundayobserver.lk/2020/05/10/features/book-publishers-speak-out-industry-travails.

（作者单位：科伦坡大学大众传媒系；

武汉大学信息管理学院出版科学系；武汉大学数字出版研究所）

斯洛伐克出版业发展报告

甄云霞　袁萍

斯洛伐克共和国（Slovenská Republika），简称斯洛伐克，东邻乌克兰，南接匈牙利，西连捷克、奥地利，北毗波兰，是欧洲中部的内陆国，国土面积约为 4.9 万平方公里。全国分为 8 个州，首都为布拉迪斯拉发。截至 2021 年，国内人口数量约为546 万，其中斯洛伐克族占 81.15%，匈牙利族占 8.43%，罗姆族（吉卜赛人）占 2%。约有 62% 的人口信奉天主教，官方语言为斯洛伐克语。[①]

一、出版业发展背景

1993 年 1 月 1 日斯洛伐克共和国成立，目前斯洛伐克是欧盟成员国之一，并加入欧元区、申根区。斯洛伐克积极参与欧洲事务，并推动维谢格拉德集团[②]内部的合作。虽然斯洛伐克是一个年轻的国家，但是其出版行业历史悠久，伴随欧洲出版行业的整体发展历久弥新。斯洛伐克的独立历史十分短暂，1918 年前它属于奥匈帝国的一部分并受到强烈的匈牙利化政策[③]的影响，1918 年到 1993 年其命运又和捷克紧密相连。正是由于这样独特的历史文化发展脉络，其文化软实力相对薄弱，同时其出版业的发展规模和速度相较于其他 3 个维谢格拉德成员国（捷克、波兰、匈牙利）存在一定的差距。

---

① 资料来源：外交部网站斯洛伐克国家情况概况；斯洛伐克国家统计局。

② 维谢格拉德集团（Visegrád Group，简称 V4）成立于 1991 年 2 月 14 日，是由波兰共和国、匈牙利、捷克共和国和斯洛伐克共和国四国组成的区域文化政治国家联盟。

③ 匈牙利化（Maďarizácia）是 18 世纪以来匈牙利政府为了巩固其统治地位对其境内斯洛伐克少数民族实施的一系列文化政治禁令，例如禁止使用斯洛伐克语教学等。

（一）政治经济情况

斯洛伐克是议会制国家，各国家机构依据宪法行使权力。斯洛伐克国民议会（Národná rada Slovenskej republiky）是该国唯一立宪和立法机构，代表国家和人民的主权。行政权由政府与总统共同行使。斯洛伐克共和国总统是国家元首，自 1999 年起经直选产生。斯洛伐克共和国政府是最高的行政机关，总理是政治领导人，对议会负责。

斯洛伐克现任第 13 届政府成立于 2021 年 4 月 1 日。现任总理为爱德华·黑格尔（Eduard Heger），普通公民和独立人格组织（OL'aNO）的领导人之一。现任总统为苏珊娜·恰普托娃（Zuzana Čaputová），是斯洛伐克历史上最年轻的总统，也是第一位女总统。

2019 年斯洛伐克国内生产总值达到 941.8 亿欧元，人均国内生产总值约为 1.73 万欧元。根据欧盟 27 国平均购买力标准（PPS），斯洛伐克人均国内生产总值为 88，排在欧盟第 16 位。[①] 由于该国特殊的历史发展进程与较为短暂的民族独立历史，其第二、第三产业相对落后。近年来，随着相关立法的完善，斯洛伐克逐渐形成以汽车、电子产业为支柱，出口为导向的外向型市场经济。[②] 欧盟是斯洛伐克最主要的贸易伙伴。2020 年斯洛伐克对欧盟成员国的出口占出口总额的 78.4%，来自欧盟成员国的进口占进口总额的 67.1%。德国、捷克、波兰分别为斯洛伐克前三大贸易合作伙伴。中国是斯洛伐克全球第七大、亚洲第一大贸易合作伙伴，2019 年中斯贸易额达 71.7 亿欧元。[③]

（二）出版业发展历程

斯洛伐克出版行业的发展受到欧洲大框架历史文化背景的影响，又带有其独特的民族文化特征。随着古腾堡（Gutenberg）发明的欧洲活字印刷技术的传入，斯洛伐克出版行业最早出现在人文主义和文艺复兴时期。其出现和发展与斯洛伐克民族复兴运动的整个进程密不可分。

斯洛伐克出版业第一次勃兴是在三十年战争阶段（1619—1648）。在斯洛伐克境内出版社涌现，天主教徒和新教徒以宣传为目的出版大量宗教图书，同时出版的语言

---

① 资料来源：斯洛伐克共和国统计局（Štatistický úrad Slovenskej Republiky）；欧盟统计局（Eurostat）。
② 资料来源：外交部网站斯洛伐克国家概况。
③ 资料来源：斯洛伐克共和国统计局。

基本改为斯洛伐克化的捷克语，对于人们来说也更加通俗易懂。

斯洛伐克出版业发展的第二次勃兴是在斯洛伐克书面语规范的过程中。1787 年安东·贝尔诺拉克（Anton Bernolák）以西部斯洛伐克方言为标准第一次规范了斯洛伐克书面语。1843 年卢多维特·什图尔（Ľudovít Štúr）以中部斯洛伐克方言为标准制定了斯洛伐克的书面语，这成为现代斯洛伐克书面语的基础。在斯洛伐克书面语规范的进程中，以安东·贝尔诺拉克和卢多维特·什图尔为代表的知识分子为了普及斯洛伐克书面语和宣传民族复兴思想致力于出版工作。

20 世纪对于斯洛伐克来说是一个多变的时代。1993 年斯洛伐克独立后，出版业迎来第三次蓬勃发展。如今，随着互联网大数据时代的到来，斯洛伐克出版行业也正发生着变革，数字出版等新兴出版方式成为斯洛伐克出版业新的发展方向。

（三）出版相关法律及政策

斯洛伐克为《伯尔尼公约》和《世界版权公约》签署国，现行行业法律规范大体上是欧盟出版行业法规与斯洛伐克国内宪法的衔接。

1. 出版法律法规

虽然从 1993 年建国以来斯洛伐克的出版业逐步规范化，但随着行业的蓬勃发展，相关法律不完善的问题逐渐暴露。目前斯洛伐克出版相关法律也仅仅涉及版权、出版物的注册和出版以及提供强制性副本相关要求。现行与出版业相关的法律主要有《关于定期出版物①、非定期出版物②及影音作品强制性副本相关规定》（Zákon o povinných výtlačkoch periodických publikácií, neperiodických publikácií a rozmnoženín audiovizuálnych diel）、《关于定期出版物和新闻机构的相关规定及对一些法律条文的补充（新闻法）》[Zákon o periodickej tlači a agentúrnom spravodajstve a o zmene a doplnení niektorých zákonov（tlačový zákon）] 和《版权法》（Autorský zákon）。

1997 年 7 月 3 日斯洛伐克共和国国民议会通过《关于定期出版物、非定期出版物及影音作品强制性副本相关规定》，规定定期出版物、非定期出版物和影音作品的出版者有义务向指定的法人提交定期出版物、非定期出版物的副本，以及违反该禁止

---

① 根据《版权法》定义，定期出版物是指每年至少出版两次，有固定的刊名和统一的主题，定期出版的连续性期刊作品。

② 根据《版权法》定义，非定期出版物是指一次发行或分批发行的，以文学、摄影、科学或艺术等为主要内容的图书，无论其排版、印刷和出版的方式如何，都不影响作品本身的确定性与独特性。

性规定的法律后果。目前为止，本法共经历 7 次修改补充。2020 年的第七次修订对罚款的适用情况提出了一些限制，即在处以罚款时，应特别考虑受疫情影响下副本提交的延期时间。

2008 年 4 月 9 日斯洛伐克国民议会通过《关于定期出版物和新闻机构的相关规定及对一些法律条文的补充（新闻法）》。目前为止，该法共经历两次修订。该法对新闻出版行业的公权力介入提出一定的限制，并通过规范定期出版物出版人和新闻机构的运行加强对于公民人身权利的保护。

目前，斯洛伐克国民议会正在进一步完善新闻法，保障新闻出版行业的中立客观，保护新闻工作者的合法权益。2018 年 2 月，斯洛伐克调查记者扬·库恰克（Ján Kučiak）及其女友马丁娜·库斯尼罗瓦（Martina Kušnirová）在家中遭遇枪杀的案件导致斯洛伐克政坛大地震。自此谋杀案发生，防止政党控制新闻出版业、保障新闻出版自由和公民的言论自由成为斯洛伐克现阶段立法和政府治理的重点。

斯洛伐克对于版权的保护可追溯到 1953 年第一部《版权法》出台。1965 年、1997 年、2003 年分别出台三部全新的《版权法》，期间也经过数次修订。随着纳入版权保护的客体的多样化，以及斯洛伐克国家形式的几次变化，版权保护在曲折中不断发展。

2015 年 7 月 1 日斯洛伐克共和国国民议会通过全新的《版权法》，该法规定作品的版权以及版权权利人的权利行使。这部新的《版权法》通过与欧盟版权保护的行业规定和法律法规进行衔接，建立起斯洛伐克的版权保护框架，间接支持创意产业的投资。截至目前，本法共经历两次修订。

身为欧盟成员国，斯洛伐克遵循欧洲议会出台的相关法律规范，也积极参与国际版权保护。1993 年斯洛伐克独立，《伯尔尼公约》和《世界版权公约》在新的主权国家继续生效。1996 年斯洛伐克加入《世界知识产权组织版权条约》和《世界知识产权组织表演和录音制品条约》，2008 年加入《网络犯罪公约》，2012 年加入《视听表演北京条约》，2018 年加入《马拉喀什条约》。

2. 出版管理及政策扶持

近几年斯洛伐克共和国政府越来越重视图书行业的发展，并以图书馆为中心出台一系列出版管理扶持政策。

面对斯洛伐克在世界小学生阅读能力测试（PISA-OECD）中并不理想的成绩，以及常年低于欧盟平均水平的文化参与率和图书馆注册人口比例，斯洛伐克政府加强对图书馆发展的重视，把发展图书馆的计划明确写入 2020—2024 执政纲领中。政府在有关文化建设的部分明确提出"图书馆要作为教育的中心"，图书馆不应局限于传统的图书借阅服务，而应该为公众提供多样性的文化服务。提高斯洛伐克公民图书馆注册用户的比例以及增加图书馆图书的借阅数量是斯洛伐克政府的主要目标。[①]

2016 年斯洛伐克共和国政府启动了"物有所值"（Revízia výdavkov na kultúru）项目，通过全面调整并削减国家预算使斯洛伐克各公共部门的财政支出"物有所值"。2020 年斯洛伐克共和国政府办公室（Úrad vlády Slovenskej republiky）和斯洛伐克共和国文化部（Ministerstvo kultúry Slovenskej republiky）同意通过《2021—2025文化支出修订措施执行计划》（*Implementačný plán revízie výdavkov na kultúru 2021—2025*）。尽管斯洛伐克政府缩紧了文化领域的预算，但仍提高了图书馆预算的比例。同时，该计划的 51 项措施中共有 5 项旨在优化公共图书馆场馆运营。如在第 7 项措施中，政府明确国家对图书馆资源购置的支持。2019 年图书馆购入图书的预算占文化总预算的 7.1%，到 2025 年计划提升到 20%；2019 年达到购入新书的预算至少占图书馆总预算 7% 的图书馆的比例为 51%，到 2021 年计划提升到 60%，到 2025 年计划提升到 70%；2019 年用于图书馆建设的财政拨款为 150 万欧元，到 2021 年保持 150 万欧元，到 2025 年增加到 370 欧元。第 34 项措施为增加公共图书馆的数量。2019 年可供馆际互借的图书比例为 0.06%，到 2021 年计划提升到 0.21%，到 2025 年计划提升到 0.24%；2019 年录入到斯洛伐克共和国图书馆系统中公共图书馆的比例为 18%，到 2021 年计划提升到 50%，到 2025 年计划提升到 100%。

斯洛丽亚海外出版基金（SLOLIA）于 1996 年成立，由文学信息中心（Literárne informačné centrum）管理，旨在资助斯洛伐克原创文学翻译作品的海外出版。从 1996 年到 2019 年，在斯洛丽亚资助与支持下，共有 819 本斯洛伐克原创作品经翻译后在海外出版。大部分作品被翻译为捷克语、匈牙利语以及其他斯拉夫语言或欧洲的其他

---

① 此部分为《2020—2024 斯洛伐克共和国政府执政纲领》（*Programové vyhlásenie vlády Slovenskej republiky na obdobie rokov 2020—2024*）中有关文化领域的部分翻译。

语言。其中共有 5 部作品被翻译成中文并出版，4 部为儿童文学，1 部为斯洛伐克民间故事选集。（见图 1）

单位：种

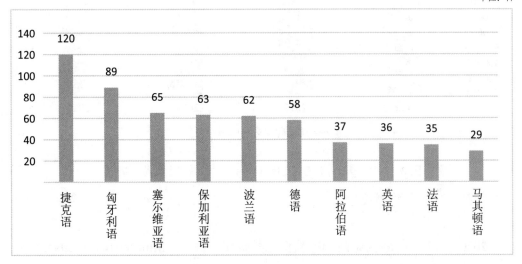

图 1　1996—2019 年斯洛丽亚资助翻译出版文学作品情况

资料来源：文学信息中心

　　自 2015 年起，斯洛伐克设立艺术支持基金（Fond na podporu umenia），以补助和奖金的形式为艺术、文化和创意产业的多个领域的发展提供支持，包括戏剧、舞蹈、音乐、视觉艺术、文学、跨学科活动、传统文化、文化和教育活动、图书馆、博物馆和美术馆及媒体创作等。

　　2019 年艺术支持基金共通过艺术领域的补助申请 1089 项，金额为 716.2 万欧元，对文学的补助资金总额约占 18%；艺术领域奖金申请 285 项，金额为 133.5 万欧元，文学的奖金总额约占 34%；研究和教育活动领域的补助申请 184 项，金额为 101.3 万欧元，文学的补助约占 12%；研究和教育活动领域奖金申请 32 项，金额为 19.6 万欧元，文学的奖金约占 3%。总体来看，2019 年艺术支持基金对文学支持的资金总金额为 185.9 万欧元，约占 19.12%。2017—2019 年其对文学领域支持的资金总额呈增长趋势。[①]（见图 2）

----

① 资料来源：2019 年非定期出版物年度报告。

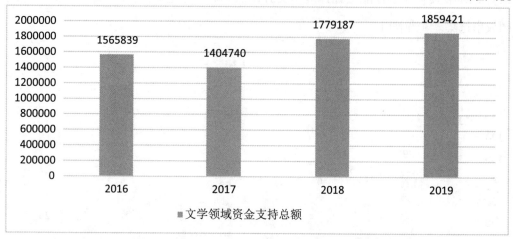

单位：欧元

图 2　2016—2019 年艺术支持基金对文学领域资金支持的情况

资料来源：2019 年《图书市场报告》

2020 年 12 月斯洛伐克共和国教育、科研和体育部（Ministerstvo školstva, vedy, výskumu a športu Slovenskej republiky）与斯洛伐克共和国出版商和书商协会（Združenie vydavateľov a kníhkupcov Slovenskej republiky）联合发起"我们喜欢阅读"（Čítame radi）的倡议，为公立、教会和私立小学购买儿童和青少年图书以及教师用书提供资金支持。教育部选取了 471 所小学作为此次倡议的试点学校并提供 34.8 万欧元的资金支持。学校可优先从教育部推荐书单中选择图书进行采购。此外，教育部与书商合作为推荐书目提供特别折扣。被选中的试点学校可在 2021 年 2 月 1 日至 3 月 15 日期间购置图书。据估算通过此项活动可为小学提供 42000~45000 本儿童文学、青年文学及专业图书。

2020 年疫情期间，根据防疫的要求斯洛伐克实体书店纷纷暂停营业，这对于图书出版商和书商来说是一次前所未有的巨大挑战。除文化部拨款扶持出版行业的运转外，部分书商也积极开展相应的活动来帮助自己以及合作出版商的正常运营。例如斯洛伐克第二大图书零售商、第一大网络书店零售商马尔季努斯（Martinus）在 2020 年 4 月 2 日正式推出"出版商小费"（Vydavateľský tringelt）项目。网络书店的顾客在付款前，可以自愿选择是否参加该活动。若确认参加，顾客则需要全价购买打折的图书，同时额外支付的差价会直接转给图书出版商。

2020 年 8 月随着疫情在斯洛伐克稍稍缓和，图书市场再次复苏，"出版商小费"项目暂停。截至 2020 年 8 月，超过 100 家出版社参与此项活动，读者通过"出版商小费"项目，总共向出版商捐款 6966 欧元（含增值税）。

（四）出版管理机构情况

1. 政府管理部门

斯洛伐克出版业管理系统的组织架构整体来说较为松散。斯洛伐克共和国文化部内设的媒体、音像和版权司作为斯洛伐克出版业管理的牵头部门，与其他一些文化机构共同合作完成出版业的管理。简单地说，斯洛伐克并没有一个专门的出版行业政府监管部门，而是由文化部依照相关法律及国际条约行使其行政权对出版业进行管理。

斯洛伐克共和国文化部是斯洛伐克文化领域最高行政机构。文化部整体的组织架构是按职能性质来构建的。文化部部长代表文化部参与全国文化的管理工作，两位副部长与文化委员会既有明确的分工又相互配合参与相关管理工作。（见图 3）

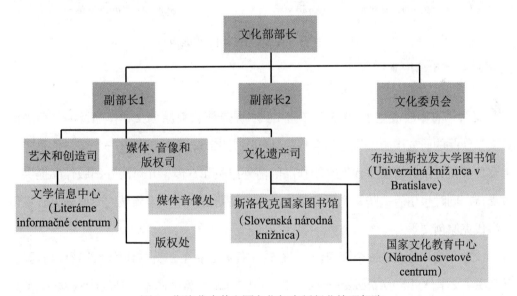

图 3　斯洛伐克共和国文化部出版行业管理架购

资料来源：斯洛伐克共和国文化部

文化部媒体、音像和版权司下设媒体音像处与版权处。媒体音像处直接负责定期出版物的管理。定期出版物的出版人应在定期出版物正式出版前，向媒体音像处提交相关材料进行申请。媒体音像处负责相关材料的审核以及定期出版物注册号的分配。同时也负责定期出版物清单①的管理，具体包括定期出版物的注册申请、信息的更改及其出版的终止。版权处是负责版权及版权邻接权的国家中央管理机构，享有版权法提案权，负责集体版权及数字版权的保护。（见图 4）

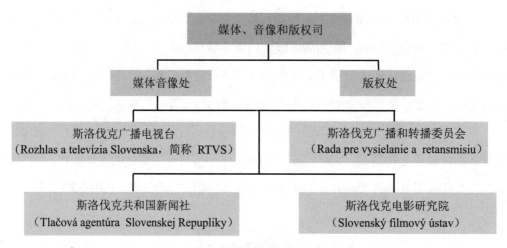

图 4　媒体、音像和版权司组织架构

资料来源：斯洛伐克共和国文化部

　　文学信息中心成立于 1995 年 7 月 1 日，是斯洛伐克原创文学作品及海外斯洛伐克文学作品的研究中心，也是斯洛伐克共和国文化部的下属机构之一。文学信息中心主要负责研究及监管斯洛伐克文学作品的海外出版和宣传，并对海外出版作品提供资金支持。同时也出版一些文学研究类作品，传播斯洛伐克文学领域的专业知识，宣传斯洛伐克原创文学。

　　文学信息中心分为 6 个部门。（见图 5）主任办公室主要负责其整体的管理与运营，并负责《文学信息》（*Kinižná Revue*）和《太阳》（*Sniečko*）两本月刊的出版发行。《文学信息》提供国内外斯洛伐克图书最新的出版信息，而《太阳》面向最年轻的读者——小学生。该杂志以培育青少年的审美能力、文学品味和道德意识为主要目的，培养青少年的阅读兴趣，提升青少年的文化底蕴。海外项目部负责斯洛伐克文学的海外推广，

---

①　定期出版物清单是指斯洛伐克共和国境内公开发行的定期出版物记录。

包括在海外布展、举办文学活动等。国内项目部负责斯洛伐克文学的国内推广与研究。信息与市场部负责文学信息中心的出版物的发行和销售工作。经济部即该中心的会计与审计部门。

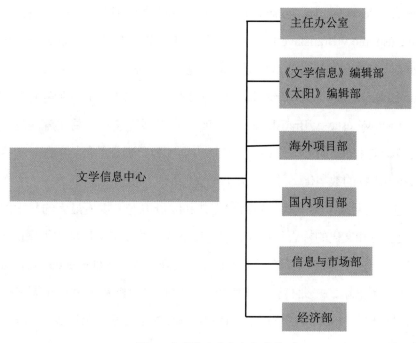

图 5　文学信息中心组织结构

资料来源：文学信息中心

　　此外文学信息中心还管理三个机构，斯洛丽亚基金会、斯洛伐克艺术翻译中心（Slovenské centrum pre umelecký preklad）和维谢格拉德文学基金会（Vyšehradské literárne štipendium）。各机构分别设立科研基金以资助在文学创作或翻译领域有突出贡献的人。斯洛伐克艺术翻译中心成立于 1995 年，旨在应对当时斯洛伐克文学在欧洲、世界都毫无影响力的窘境，满足斯洛伐克原创文学海外推广传播的迫切需要。目前该机构负责斯洛伐克文学作品的翻译研究工作，并定期举办国际翻译论坛等活动，建立斯洛伐克原创文学翻译作品的数据库等。斯洛伐克艺术翻译中心向世界各地的斯洛伐克文学翻译者提供科研基金，鼓励斯洛伐克原创文学作品的翻译工作。维谢格拉德文学基金会为来自 4 个维谢格拉德国家的作家、诗人、散文家、文学评论家、翻译家和新闻工作者提供科研基金。该基金会分别在维谢格拉德四国有 4 个办公地点，相关运作由文学信息中心负责。

国家文化教育中心负责国家文化调查统计工作，是斯洛伐克共和国文化部的下属机构。其历史可追溯到捷克斯洛伐克时期。1953 年 7 月 1 日，当时的教育和意识委员会（Povereníctvo školstva a osvety） 在布拉迪斯拉发设立文化教育中心（Osvetové ústredie v Bratislave）， 同年，斯洛伐克艺术委员会（Slovenský výbor pre veci umenia） 在布拉迪斯拉发成立了斯洛伐克民间艺术创意中心（Slovenské ústredie ľudovej umeleckej tvorivosti v Bratislave）。1958 年二者合并为布拉迪斯拉发文化教育研究院（Osvetový ústav v Bratislave）。1990 年斯洛伐克文化部将研究院更名并改制为现在的国家文化教育中心。该中心在出版方面主要负责相关数据的统计研究工作，进行文献和出版物的数字化，并向公众介绍宣传相关出版文化政策。

布拉迪斯拉发大学图书馆是斯洛伐克共和国最古老、规模最大的科学图书馆，是斯洛伐克教育和文化的标志和象征，也是斯洛伐克共和国文化部的下属机构。它成立于 1919 年，成立之初是作为布拉迪斯拉发考门斯基大学（Univerzita Komenského v Bratislave）的图书馆，并拥有获得出版物强制性副本的权利。1997 年斯洛伐克标准国际连续出版物号（ISSN）的管理组织在布拉迪斯拉发大学图书馆成立。作为斯洛伐克第一个，也是当时唯一一个拥有获得强制性副本权利的机构，这里保存了最完整、最全面的斯洛伐克文学作品。同时，图书馆还收藏大量外国文学作品。据统计，该机构每年新增收录的文学作品中，外国文学约占 35%。[①]

布拉迪斯拉发大学图书馆属于科学类图书馆，运营资金主要来自国家预算拨款。其作为国家基础设施的一部分，提供学科专业信息，进行科学研究活动并参与科学研究项目，同时也是图书馆文献恢复、复制、保护和数字化的工作场所。该图书馆代表斯洛伐克参与建设联合国教科文组织 2009 年推出的"世界数字图书馆"项目，并提供斯洛伐克原始文献资料。图书馆还负责建设斯洛伐克北约保管库（Depozitná knižnica NATO），并与布鲁塞尔北约多媒体图书馆（Multimediálna knižnica NATO v Bruseli）合作，代表斯洛伐克为北约提供国际关系、安全研究、国防和军事政策的研

---

① 资料来源：布拉迪斯拉发大学图书馆。

究资料。

斯洛伐克国家图书馆是文化部直属机构之一，其创立可追溯到 19 世纪上半叶。伴随欧洲民族复兴思想的传入，图书的收集和收藏成为斯洛伐克的一种文化现象。1820 年米哈尔·雷舍特卡（Michal Rešetka）开始建设斯洛伐克的第一个图书馆。整个图书馆的馆藏包含约 3000 册图书和手稿。图书馆后来的负责人马丁·哈穆尔雅克（Martin Hamuljak）将馆藏全部捐赠给斯洛伐克协会（Matica slovenská）。斯洛伐克协会于 1863 年在马丁（Martin）成立。该机构是当时斯洛伐克最高文化机构，旨在提高斯洛伐克人民的民族意识，支持斯洛伐克文化、科学运动的开展。斯洛伐克协会图书馆收录了超过 1 万册图书和手稿。2000 年，斯洛伐克协会图书馆与斯洛伐克协会分离，并作为斯洛伐克国家图书馆单独运营。现在斯洛伐克国家图书馆作为斯洛伐克的最高图书馆机构，已成为欧洲国家图书馆馆长会议（CENL）和国际图书馆联合会（IFLA）的正式会员。斯洛伐克国家图书馆也拥有获得出版物强制性副本的权利。

2. 行业协会

除政府管理部门外，斯洛伐克还存在一些相关行业协会。这些带有非政府特点的协会作用于出版市场和国家监管之间，对出版行业的健康发展起到积极的推动作用。

1989 年捷克斯洛伐克联邦共和国成立时，斯洛伐克期刊出版商协会（Združenie vydavateľov periodickej tlače Slovenska）几乎同时成立。后斯洛伐克期刊出版商协会更名为新闻出版商协会（Asociácia vydavateľov tlače）。协会努力为报刊等定期出版物的出版创造更加有序透明的环境，保护新闻出版及言论自由。1991 年 4 月电子出版商斯洛伐克荣格·阿克塞尔·斯普林格（Ringier Axel Springer SK）成为新闻出版商协会的会员，由此新闻出版商协会更名为印刷和数字媒体出版商协会（Asociácia tlačených a digitálnych médií）。

印刷和数字媒体出版商协会主要进行出版相关的研究工作，对于出版活动进行监督，完善版权法并打击滥用法律漏洞的行为。协会的成员包括斯洛伐克的主要出版商和媒体机构。其运营资金来自会员的会费与社会捐助。印刷和数字媒体出版商协会代表斯洛伐克加入了一些国际组织，如欧洲报业出版商协会（ENPA），欧洲杂志媒体协会（EMMA），世界报业和新闻出版协会（WAN-IFRA）和报纸和期刊经销商国际联盟（DISTRIPRESS）。

1999 年 11 月斯洛伐克期刊出版商协会、斯洛伐克广告代理商俱乐部（Klub reklamných agentúr Slovenska）和斯洛伐克品牌协会（Slovenské združenie značkových výrobkov）合作建立斯洛伐克报刊发行量核查机构（Kancelária pre overovanie nákladov—ABC SR）。核查机构负责核查报刊等定期出版物的印刷和发行数量。2000 年 7 月斯洛伐克核查机构注册并开始使用国际报刊发行量核查机构所提供的核查系统。

斯洛伐克新闻工作者联合会（Slovenský syndikát novinárov）是一个独立的新闻工作者组织，成立于 1990 年 1 月 5 日。联合会汇集了印刷、广播、电视和数字媒体的从业人员以及新闻机构、独立的新闻工作者和公关人员。该联合会是布鲁塞尔国际新闻工作者联合会（IFJ）和欧洲新闻工作者联合会（EFJ）的成员。旨在为新闻工作者创造良好的工作环境，并为其提供法律援助。

2001 年 10 月斯洛伐克期刊出版商协会和斯洛伐克新闻工作者联合会共同创办新闻道德保护协会（Asociáciu na ochranu novinárskej etiky）。该协会积极规范新闻工作的道德原则，保障公众获取真实的信息。

斯洛伐克共和国出版商和书商协会（Združenie vydavateľov a kníhkupcov Slovenskej republiky）成立于 1991 年 6 月 27 日，是一个独立自由的出版商联合组织。该协会主要负责举办图书出版相关的会议、在斯洛伐克国内及国外承办书展、主办出版政策法规研讨会及举办相关活动与比赛。每一年协会都会发布图书市场报告。协会致力于保护会员的出版活动，面向公众开展出版行业信息咨询服务。协会是文学信息中心专业杂志《文学信息》的联合发行人，也是国际书展比布利奥特卡（Bibliotéka）的筹办人之一。目前，协会 80 多个会员的图书出版数量占斯洛伐克图书出版总量的 80% 以上。自 2017 年 12 月以来，协会成为布鲁塞尔欧洲出版商联合会（Federácia európskych vydavateľov v Bruseli）的成员，并与该联合会中的各国书商进行合作，为出版商和书商提供国际交流合作的平台。

（五）国民阅读情况

1. 图书馆建设情况 [①]

斯洛伐克图书馆系统较为完善，可分为科学类图书馆、公共图书馆及其分支机构、特殊图书馆及其分支机构。2019 年斯洛伐克共有 1677 座图书馆，其中公共图书馆共 1421 座占 84.7%，科学类图书馆共 8 座占 0.5%，特殊图书馆共 248 座占 14.8%。就图书馆的数量来看，2015—2019 年呈下降趋势。（见图 6）

单位：座

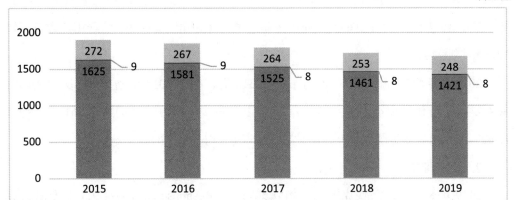

图 6　2015—2019 年斯洛伐克图书馆建设情况

资料来源：《图书馆年度报告》

2019 年斯洛伐克全国图书馆共藏书 1485.82 万册，新增馆藏 48.24 万册。总体来看，2015—2019 年斯洛伐克图书馆藏书的数量呈下降趋势。但与此同时斯洛伐克新增馆藏数量逐年上升。这也说明，斯洛伐克图书馆馆藏折损的数量大于新增馆藏的数量。同时，斯洛伐克每年新增馆藏数量相对较少，并未达到国际标准。国际图书馆联合会（IFLA）规定人均公共图书馆藏书应达到 2~3 本，且每年通过国家预算进行采购的新增馆藏应不低于其馆藏总数的 7%。2019 年斯洛伐克人均公共图书馆藏书约为 2.7 本，但通过国家预算进行采购的新增馆藏仅占其馆藏总数 1.5%。此外，斯洛伐克图书馆资源较为不充足。2019 年斯洛伐克每座公共图书馆平均接待人数（总人口／公共图书

① 此部分数据主要来自于斯洛伐克文化部《图书馆年度报告》（*Ročný výkaz o knižnici*）和斯洛伐克国家图书馆。

馆总数）为 3841 人，而捷克为 2015 人。

2019 年斯洛伐克图书馆图书借阅总数量为 1598.23 万册。总体来看，2015—2019 年图书馆图书借阅总数量呈下降的趋势。与此同时，虽然图书馆的面积和其面向公众开放的时间也呈逐年下降的趋势，但图书馆中可供公众学习阅读的座位数量逐年增加。这可以看出近几年斯洛伐克图书馆作为文化教育的中心，不仅仅局限于传统的图书借阅活动，还较为注重多元化的发展。

2019 年图书馆活跃用户的数量为 49.03 万人，其中 15 岁以下的青少年数量为 16.62 万人，约占 33.89%。整体来看，2015—2019 年活跃用户的数量呈逐年下降趋势。其中 15 岁以下的青少年数量处在波动之中。2019 年 15 岁以下活跃用户数量相较 2018 年增长 1924 人。

2019 年斯洛伐克图书馆共举办活动 39312 次，相比 2018 年增加 401 次。活动对象主要以儿童和青少年为主，其中为 15 岁以下青少年举办的活动共 27761 次，约占 70.62%，为社会弱势群体举办的活动共 3946 次，约占 10.04%。

2. 阅读调查

2019 年 8 月，斯洛伐克民调机构立刻回答（Response Now）对 911 名斯洛伐克人进行抽样调查。调查结果显示，几乎所有的斯洛伐克成年人每年至少读一本书，约 33% 的参与者都认为自己是某一本书的书迷，并且 87% 的参与者希望有更多的阅读时间。与此同时，尽管科学研究表明阅读对儿童的发展十分重要，但高达 51% 的一岁半以下的儿童从未和父母一起阅读，高达 20% 的学龄前儿童从不与父母一起阅读，也不独自阅读。而对于有阅读能力的小学生，约有 33% 半年中只读一到两本书。[①]

2016 年恰逢 MML-TGI 项目在斯洛伐克共和国成立 20 周年，斯洛伐克民调机构中值（Median SK）与斯洛伐克共和国出版商和书商协会联合进行了一项关于斯洛伐克国民阅读的调查研究。MML-TGI 项目是英国 WPP 广告传媒集团子公司坎特媒体（Kantar Media）针对 300 多种产品和服务以及 3000 多个独立品牌开展的全球最大的消费调查，其中包含电视观看、广播收听、期刊阅读和互联网服务。此项斯洛伐克国

---

① 此部分数据来自于马尔季努斯（Martinus）：未读儿童图书日（Deň Nepřečítaných detských Kníh）https://blog.martinus.sk/2019/08/den-neprecitanych-detskych-knih。

民阅读的调查研究的所有数据来自于 MML-TGI，抽样调查样本为 8000 斯洛伐克人，每年进行 4 次调查访问。① 研究报告表明，约 33% 的斯洛伐克人根本不读书，67% 的斯洛伐克人一年不买任何书，大多数购买者一年只买 1~2 本书。此外，2010 年到 2015 年未读书者的比例保持在 28%。2015 年受过大学教育的人中，未读书者的比例增加了近 25%，与 2014 年相比增长 9%。（见图 7）

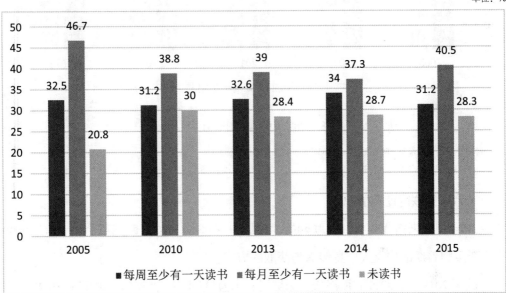

单位：%

图 7　斯洛伐克国民阅读情况

资料来源：《N 日报》（*Denník N.*）《斯洛伐克人每年阅读和购买多少本书？很少》（*Koľko kníh si Slováci prečítajú a kúpia ročne? Málo*）https://dennikn.sk/593542/kolko-knih-si-slovaci-precitaju-a-kupia-rocne-malo/

2010—2015 年，斯洛伐克每年购买图书的人数比例保持相对稳定。33% 的斯洛伐克人每年购买 1~2 本书，其中外国小说的销量最高（33.1%），其次是国内小说（32.9%）和教育文献（28%）。研究报告中还明确表示，没有图书的家庭数量从 8% 增加到 10%，而拥有 100~500 本书的家庭从 13.5% 减少到 11%。（见图 8）

---

① 此部分数据来自于斯洛伐克民调机构中值。

单位：%

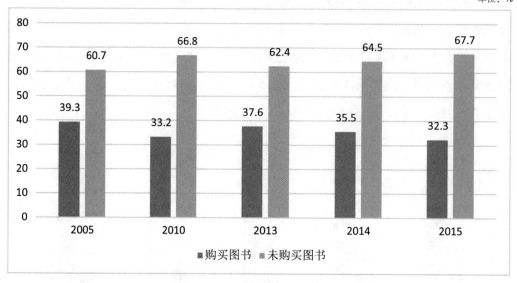

图8 斯洛伐克国民图书购买情况

资料来源：《N日报》《斯洛伐克人每年阅读和购买多少本书？很少》

(六)互联网使用情况 [1]

2021年是斯洛伐克接通互联网的30周年。在全球化的互联网革命中，互联网也在不断重塑着斯洛伐克人信息传播与获取的方式。[2]

截至2019年，82%的斯洛伐克家庭已接入互联网，在欧盟27国中排在第23位。相比于2014年，提高5%。但与其他三个维谢格拉德国家相比，斯洛伐克的互联网发展仍相对落后。2019年，捷克和波兰已接入互联网家庭的比例达87%，匈牙利达86%，分别位于欧盟的第15、16、17位。（见图9）此外，斯洛伐克互联网普及率的城乡差距较大。在大城市中接通互联网的家庭达到87%，较小的城市中达到83%，而在乡村只有78%。

---

① 该部分数据主要来自斯洛伐克共和国统计局和欧盟统计局。

② 资料来源：我们（SME.sk），《从调制解调器到智能手机：斯洛伐克互联网的故事已经有25年》（*Od modemu k mobilu: Príbeh slovenského internetu má už 25 rokov*）https://tech.sme.sk/c/20506623/z-luxusu-je-nevyhnutnost-slovaci-pouzivaju-internet-uz-25-rokov.html。

单位：%

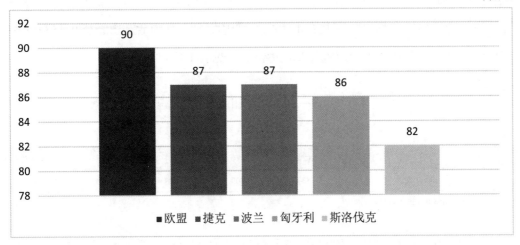

图9　2019年维谢格拉德国家接入互联网家庭的比例情况

资料来源：欧盟统计局

从个人互联网使用情况来看，性别对其不存在明显的影响，但不同年龄阶段人群的互联网使用率存在较为明显的差异。随着年龄阶段的递增，互联网使用率明显下降。在16~24岁青年人中，互联网使用率高达99.3%，而在65~74岁的老年人中互联网使用率仅为36.8%。

二、图书业发展概况 [①]

斯洛伐克每年发布两个与出版行业相关的重要报告，《非定期出版物年度报告》（Ročný výkaz o neperiodických publikáciách）和《图书市场报告》（Správa o knižnom trhu）。前者由斯洛伐克文化部发布。后者由斯洛伐克共和国出版商和书商协会统计发布，由于无法获得斯洛伐克图书市场统计准确、完整的数据，协会基于非定期出版物年度报告的公开统计情况，同时从出版商和书商的公开财务报表中获取数据，编撰并发布此报告。

（一）整体情况

2019年斯洛伐克标准增值税为20%。图书增值税为10%，低于本国的标准增值

---

① 该部分数据主要来自2015—2019年《非定期出版物年度报告》和2015—2019年《图书市场报告》。

税，有利于促进图书市场的健康发展。2016—2019 年斯洛伐克活跃出版社 ① 数量呈下降趋势。截至 2019 年斯洛伐克共有 1810 个注册出版社，其中活跃出版社共 1534 个，非活跃出版社 255 个，21 个出版社终止运营。（见表 1）

表 1　2015—2019 年活跃出版社数量情况

单位：个

年份	2015	2016	2017	2018	2019
活跃出版社数量	1733	1809	1673	1659	1534

资料来源：2019 年《图书市场报告》

随着互联网碎片化时代的到来，斯洛伐克纸质图书出版数量呈下滑趋势。2015 年图书出版数量达到近 5 年的最高值后，连续 2 年下降。尽管 2018 年出现大幅增长，出版数量接近 2015 年，但 2019 年又迎来大幅回落。2019 年斯洛伐克共出版 10275 种纸质图书，总计 12946638 册。其中新书 7994 种，再版图书 2281 种。在出版的纸质图书中，有 8360 种以图书（大于等于 49 页）的形式出版，1915 种以手册（5~48 页）的形式出版。（见图 10）

单位：种

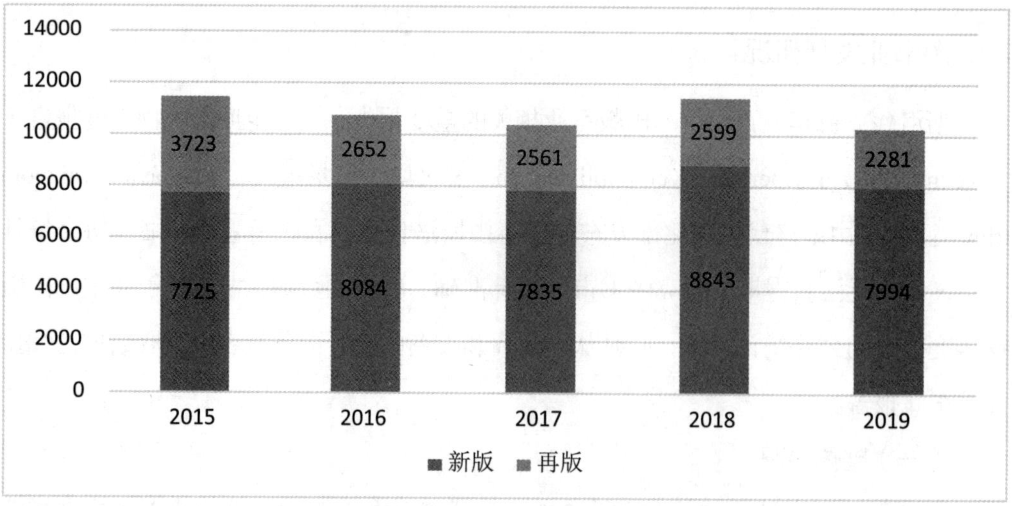

图 10　2015—2019 年斯洛伐克纸质图书出版情况

资料来源：2015—2019 年《非定期出版物年度报告》

①　活跃出版社是指在该年度出版了至少一本图书。

　　从出版语言来看，2019 年斯洛伐克共出版斯洛伐克语纸质图书 8894 种，约占 87%，其中 6676 种为斯洛伐克语原创作品，2218 种为外文翻译作品。除 2018 年斯洛伐克语纸质图书的出版数量明显增加外，纸质图书出版数量整体呈现下滑趋势。（见表 2）

表 2　2015—2019 年斯洛伐克语纸质图书出版数量

单位：种

年份	2015	2016	2017	2018	2019
斯洛伐克语纸质图书出版数量	9736	9257	9170	9891	8894

资料来源：2015—2019 年《非定期出版物年度报告》

　　此外，2019 年以斯洛伐克少数民族语言和以其他语言出版的纸质图书各占约 5%，多语言纸质图书约占 3%。（见图 11）以斯洛伐克少数民族语言出版的纸质图书中，匈牙利语出版物最多，共计出版 379 种，第二为捷克语，共计出版 164 种，且以匈牙利语和捷克语图书出版数量较 2018 年均有所增加。2019 年斯洛伐克共出版英语纸质图书 408 种，较 2018 年有所下降。（见图 12、图 13）

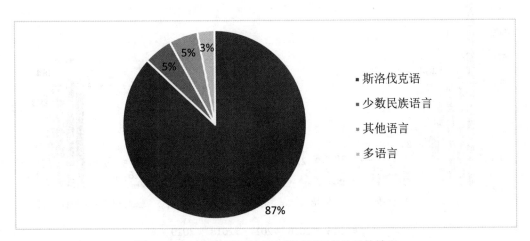

图 11　2019 年以不同语言出版纸质图书的总体情况

资料来源：2015—2019 年《非定期出版物年度报告》

单位：种

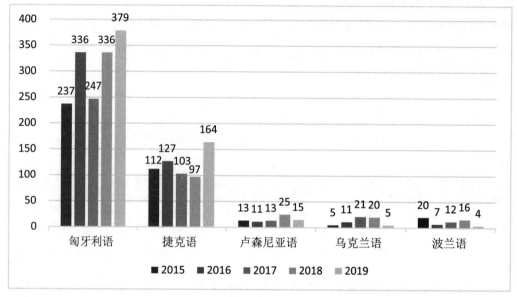

图 12　2015—2019 年以斯洛伐克少数民族语言出版纸质图书的情况

资料来源：2015—2019 年《非定期出版物年度报告》

单位：种

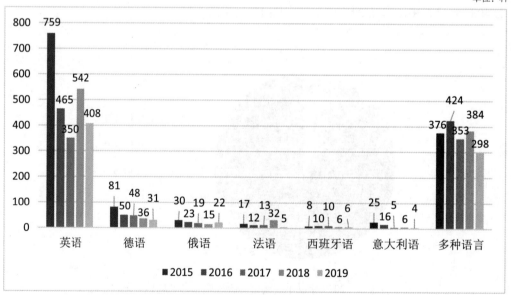

图 13　2015—2019 年非斯洛伐克少数民族语言的其他语言出版纸质图书的情况

资料来源：2015—2019 年《非定期出版物年度报告》

就翻译作品而言，2019 年共引进出版 2305 种外语图书，相较于 2018 年略有下降。其中英语图书数量最多，共 1422 种，约占所有翻译作品的 64%；德语共 225 种，约占 10%；法语共 115 种，约占 5%。斯洛伐克语翻译作品原著语言大多数都为欧洲国家的语言。

（二）图书销售情况 [①]

近几年斯洛伐克图书市场逐渐复苏。纸质图书、电子书和有声读物的销量都有所增长。阅读兴趣的多元化为斯洛伐克图书市场注入活力，人们的阅读兴趣向社会政治、健康生活方式和环境保护主题转移。同时，儿童和青少年对图书兴趣的与日俱增也是图书市场发展的积极表现之一。就图书零售的不同渠道而言，斯洛伐克网络书店的图书销量增加，大型卖场中的图书销售情况与 2018 年相比没有显著变化，上门推销图书的销量有所下降。尽管随着时代的发展人们的阅读结构发生着变化，但数据表明，在传统的实体书店中购买图书仍然是最受斯洛伐克人欢迎的方式。

近几年斯洛伐克图书市场每年的总销售额在 1.1 亿欧元左右波动。实体书店约占 57%，网络书店占 21%，大型卖场或超市大约占 5%，校内教科书直售约占 14%，其余约 3% 为通过其他渠道销售，如上门推销，通过玩具店、文具店、加油站、邮局、报摊销售等。2019 年纸质出版物总销量为 550.80 万册，占印刷总数量的 42.54%。2015—2019 年纸质出版物的销售册数占印刷总数量的百分比一直在 40% 上下波动。

斯洛伐克图书市场基本被几个大型书商垄断，而较小体量的书商缺少核心竞争力。2016—2019 年营业额排名前三的图书销售公司一直为帕恩塔·尔海伊、马尔季努斯、伊克阿尔。2019 年帕恩塔·尔海伊营业额为 4540 万欧元，约占图书市场总额的 33%；马尔季努斯营业额为 2710 万欧元，约占图书市场总额的 20%；伊克阿尔营业额为 1870 万欧元，约占图书市场总额的 14%。（见表 3）

---

① 该部分数据主要来自斯洛伐克共和国出版商和书商协会 2019 年《图书市场报告》。

表3　2016—2019年斯洛伐克图书销售公司营业额

单位：百万欧元

公司	2016	2017	2018	2019
帕恩塔·尔海伊（Panta Rhei）	38.2	39.5	41.7	45.4
马尔季努斯（Martinus）	21	23.5	25.5	27.1
伊克阿尔（Ikar）	16.6	17.7	18.9	18.7
合作伙伴技术（Partner Technic）	6.7	7.7	7.9	8.5
斯洛瓦尔特（Slovart）	6.5	6.7	6.7	6.8
佩米茨（Pemic）	5.5	6	5.9	6.1
信天翁媒体（Abatros Media）	4.3	4.5	5.7	5.6
沃尔特·克鲁维尔（Wolters Kluwer）	4	3.9	3.9	4.5
所有人的书（Knihy pre každého）	3.3	3.6	4	4.1
SNP青年时代（SNP Mladé letá）	2.3	2.3	2.8	4.5
阿伊特茨（Aitec）	1.8	2.7	3.7	3.6
拉贝（Raabe）	1.5	1.9	2	1.9
塔特拉（Tatran）	0.9	1	1.1	1.4

资料来源：2019年《图书市场报告》

在图书批发与分销方面，近几年斯洛伐克图书市场保持平稳。伊克阿尔对乐购（TESCO）等大卖场和超市的图书供应进行了统筹兼顾，使之维持平稳状态。但在市场保持稳定的同时，传统实体零售商与网络书店的竞争依旧存在。斯洛伐克图书市场中图书批发分销商共分为3种，即大型图书批发分销商、小型图书批发供应商和图书出版单位自有的图书批发供应商。

近几年伊克阿尔一直为斯洛伐克最大的图书批发供应商。截至2019年底，伊克阿尔拥有8700多平方米的图书储存空间，可存储约450万册的图书。伊克阿尔除供应自家出版社出版的图书外，还与国内外400多家出版社合作供应图书。到目前为止，伊克阿尔已提供超过10万种斯洛伐克语和捷克语图书，其最主要的国外出版商合作伙伴为捷克的欧洲媒体团体（Euromedia Group）。通过双方的合作，伊克阿尔向斯洛伐克书店提供很多高质量的捷克语图书。

合作伙伴技术已在斯洛伐克图书市场运作了近30年，并逐渐成为斯洛伐克主要的图书批发供应商之一。合作伙伴技术拥有近 95 万册图书储存量，并为实体书店与网络书店供应图书。同时，它是一些书店的独家图书供应商，如考夫兰（Kaufland）连锁店。

佩米茨也是斯洛伐克大型的图书批发供应商之一。其为客户提供超过 70000 种图书。图书出版语言以斯洛伐克语为主，同时也有一部分图书以捷克语出版。除供应图书外，佩米茨也提供日历、游戏、玩具和文具。同时，佩米茨是一些书店的独家图书供应商，如麦德龙（Metro）连锁店。

斯洛瓦尔特属于图书出版单位自有的图书批发供应商，其专注于本公司的斯洛伐克语和捷克语出版品的分销，以及其他外语文学的分销。信天翁媒体是斯洛伐克近年来图书市场上发展最快的图书批发供应商，目前共提供 15 家出版商的出版物。（见图 14）

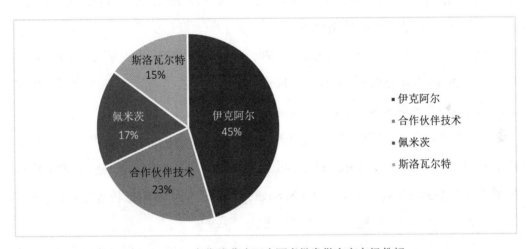

图 14　2019 年斯洛伐克四大图书批发供应商市场份额

资料来源：2019 年《图书市场报告》

斯洛伐克图书零售市场在实体书店与网络书店的竞争中不断发展。随着互联网时代的到来，即使是在较小的城市或村庄，实体书店也面临着与网络书店日益激烈的竞争。随着互联网时代的到来，网络商店的总销售额不断增加。尽管网络书店不断发展，2019 年斯洛伐克实体书店的数量依旧稳定在 300 家左右。

近几年，帕恩塔·尔海伊一直为斯洛伐克第一大零售商。截至 2019 年底其销售额约占斯洛伐克整个图书零售市场的 42%。该公司在零售市场中的主导地位主要归功于其在实体书店与网络书店领域的同时发展。2019 年，帕恩塔·尔海伊共开设 4 家新店，其中 2 家在购物中心。帕恩塔·尔海伊旗下的格罗什（Groš）图书折扣店的数量保持不变。同时，帕恩塔·尔海伊还是斯洛伐克第二大网络图书零售商。

马尔季努斯作为斯洛伐克第二大图书零售商，也是最大的网络图书零售商。尽管 2019 年旗下实体书店数量与 2018 年持平，但其网络书店和实体书店的销售额均有所增长。

所有人的书在斯洛伐克图书市场上也十分具有影响力，其营销方式为薄利多销。除普雷绍夫州（Prešovský kraj）和科希策州（Košický kraj）外，该公司在斯洛伐克全国范围均开设了实体书店。2019 年，该公司仅新开设一家实体书店。

除传统实体连锁书店外，近几年独立书店[①]也在斯洛伐克蓬勃发展。2019 年独立书店约占斯洛伐克图书市场的 23%~24%。艺术论坛（Artforum）是斯洛伐克重要的独立书店之一，其包含 7 家实体连锁书店。

此外，随着人们对文化生活需要的增加，创意个体书店[②]也逐渐发展。迪亚咖啡厅（Café Dias）和福克斯福德咖啡厅（Foxford）将图书的销售活动与咖啡馆运营相结合。同时也举办各种图书文化交流活动。

斯洛伐克市场上长期稳定的店还有改变自我（Alter ego）、图书艺术（KnihArt）、巴里卡（Barica）、雅各布（Jakub）、克里斯蒂安妮娅（Christiania）、进口（Dováľ）、格尼亚科娃（Grniaková）、米亚瓦（Myjava）等。近几年随着互联网的普及，大多数实体书店同时也创办并经营自己的网络书店。

同时，斯洛伐克的大型连锁超市如乐购、考夫兰和麦德龙，也在其营业范围内销售图书，但是只覆盖一小部分固定读者。长期以来，乐购占据大型连锁超市图书销售额榜单的第一位，这与其整体规模和市场地位密切相关。近几年大型连锁超市中图书的销售情况持续走低，图书销售面积不断缩小。

网络书店在斯洛伐克销售市场中的份额逐年提升。马尔季努斯的网络书店在市场

---

① 独立书店是指拥有少量实体连锁店的小型文化创意书店品牌。
② 创意个体书店是指个人经营的小型咖啡馆文化创意书店等。

上占据绝对的主导地位，同时也是最受欢迎的电子书网络书店之一。帕恩塔·尔海伊、巴克斯（Bux）（伊克阿尔旗下网络书店）、梅加图书（Megaknihy）也是斯洛伐克网络书店的代表，这些书店同时也在捷克建立了网络书店门户网站。在实体书店与网络书店的竞争中，实体书店通过各种营销活动，尤其是采取积极的价格政策来稳定其市场份额。但从长远来看，这种营销模式并不具有可持续性。亚马逊（Amazon）和书库（Bookdepository）（亚马逊旗下网络书店）是斯洛伐克读者订购外语文学作品的主要渠道。（见图15）

单位：个

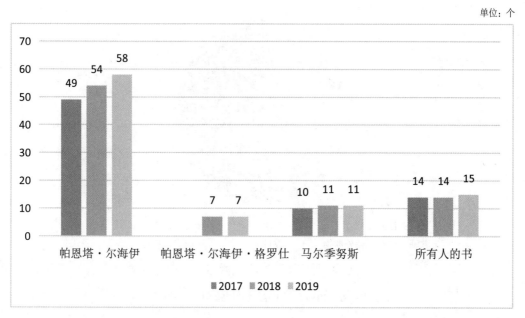

图 15　2017—2019 年斯洛伐克四大图书零售商旗下连锁零售实体书店数量

资料来源：2019 年《图书市场报告》

（三）细分市场情况

　　根据图书出版的形式，可将斯洛伐克图书分为纸质图书、电子书和有声读物。纵观 2019 年斯洛伐克出版物结构，纸质出版物占 72%，电子书占 19%，有声读物占 9%。近 5 年除 2017 年外，斯洛伐克出版结构比较稳定。随着电子产品的普及，各大图书出版商抓住时机，纷纷在 2017 年将电子书出版列入其出版计划。2017 年电子书出版量爆炸性增长至 172%，电子书市场份额急剧上升至 32%，从而将纸质出版物占比挤压至 55%。

根据出版物的内容，斯洛伐克文化部将图书市场划分为 32 个部分。2019 年文学类作品的出版量最多，为 2427 种，约占 18%；第二为通识类作品，数量为 1384 种，约占 10%；第三为儿童读物，为 1129 种，约占 9%；第四为教辅、教育、课外读物，数量为 1007 种，约占 8%；第五为教科书，为 886 种，约占 7%。除此之外，相比于其他题材的图书，历史、传记类数量较多，约占 5%，宗教、神学类约占 4%。（见图 16）

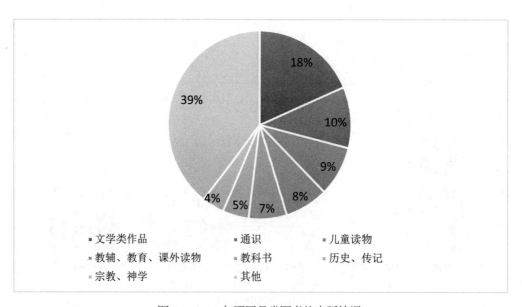

图 16　2019 年不同品类图书的出版情况

资料来源：2019 年《图书市场报告》

1. 文学类作品

斯洛伐克文学类作品每年出版数量最多，同时文学类作品也屡屡登上斯洛伐克畅销图书榜单。近几年，虽然外国文学在斯洛伐克图书市场所占份额有所下降，斯洛伐克本土作家的作品越来越流行，但外国文学在斯洛伐克畅销书领域依然有着不可小觑的影响力。随着人们生活质量的提高和阅读兴趣的提升，畅销书的类型也呈多元化发展的趋势。畅销书中犯罪悬疑小说的数量最多，其次是励志哲学类图书和情感类小说。

在斯洛伐克共和国出版商和书商协会统计发布的 2019 年斯洛伐克纸质畅销书前 10 名的榜单中，共有 6 名作者为斯洛伐克本土作家，4 名作者为国外作家。在这 4 位外国作家中，尤瓦尔·诺亚·赫拉利来自以色列，其作品《人类简史》为近几年的人类历史类全球畅销书。来自挪威的乔·内斯伯为世界著名的犯罪悬疑小说作家。瑞典作家汉斯·罗斯灵、奥拉·罗斯林格和安娜·罗斯林格·罗隆恩卢恩德的《事实》和美国作家马克·曼森的《重塑幸福》均为世界范围内励志哲学类图书。整体来看，2019 年斯洛伐克畅销纸质书前 10 名中有 5 本犯罪悬疑小说、3 本励志哲学类图书、1 本爱情小说、1 本历史类图书。

在 2019 年斯洛伐克畅销电子书前十名的榜单中，斯洛伐克本土作家和国外作家平分秋色。其中前 7 名均为犯罪悬疑小说，8~10 名均为爱情小说。在 2019 年斯洛伐克畅销有声读物前十名的榜单中，5 本书为儿童童话和歌谣，4 本书为语言自学教程类图书，1 本为犯罪悬疑小说。

从近几年畅销书榜单来看，斯洛伐克人钟情于几位著名作家的作品。斯洛伐克犯罪悬疑小说作家多米尼克·达恩和约瑟夫·卡利卡，以及挪威犯罪悬疑小说作家乔·内斯伯的犯罪悬疑小说作品深受斯洛伐克人的喜爱。自 2017 年斯洛伐克共和国出版商和书商协会开始统计发布畅销书榜单起，每年至少有两部多米尼克·达恩的作品入围斯洛伐克选纸质畅销书及电子畅销书前十名的榜单并位居前列。近几年，斯洛伐克作家塔尼亚·克莱奥娃·瓦西尔科娃的爱情小说也深受读者喜爱。入围斯洛伐克年度畅销书的外国文学作品几乎均为当年的全球畅销书，如 2019 年畅销书《人类简史》、2018 年畅销书《达·芬奇密码》（*Pôvod*）。除传统小说外，一些新兴题材的文学作品也进入畅销书的行列，如 2018 年畅销书斯洛伐克自行车运动员彼得·萨根（Peter Sagan）的个人回忆录《彼得·萨根：我的世界》（*Peter Sagan: Môj svet*）、彼得·布兰库斯（Peter Brenkus）和娅娜·库兹贝鲁娃（Kucbeľová Jana）编纂的斯洛伐克民族服饰发展图鉴《服饰之美》（*Odetí do krásy*）。（见表 4）

表4   2019年度纸质畅销书

作者	书名
多米尼克·达恩（Dominik Dán）	《你不知道那天，你不知道那些小时》（Nevieš dňa, nevieš hodiny）
多米尼克·达恩（Dominik Dán）	《活埋》（pochovaní zaživa）
尤瓦尔·诺亚·赫拉利（Yuval Noah Harari）	《人类简史》（Sapiens）
扬·佩特罗维奇（Ján Petrovič）	《斯洛伐克黑手党》（Slovenská mafia）
斯拉夫卡·库比科娃（Slávka Kubíková）	《坚不可摧的儿童俱乐部》（Klub nerozbitných detí）
乔·内斯伯（Jo Nesbø）	《刀》（Nôž）
汉斯·罗斯灵，奥拉·罗斯林格，安娜·罗斯林格·罗隆恩卢恩德（Hans Rosling, Ola Rosling, Anna Rosling Rönnlund）	《事实》（Moc faktov）
约瑟夫·卡利卡（Jozef Karika）	《破裂》（Trhlina）
马克·曼森（Mark Manson）	《重塑幸福》（Jemné umenie mať veci v paži）
塔尼亚·克莱奥娃·瓦西尔科娃（Táňa Keleová-Vasilková）	《镜子》（Zrkadlo）

资料来源：2019年《图书市场报告》

2. 儿童读物

近几年斯洛伐克儿童读物的出版量逐年增加。2019年斯洛伐克共出版儿童读物1129种，占图书出版总量的10.98%，其中出版新书共865种，再版旧书264种。2019年出版的每种儿童读物平均印刷数量约为1999册，远高于每种出版图书印刷的平均数量1260册。在儿童和青少年文学方面，斯洛伐克出版业拥有雄厚实力。这在很大程度上取决于斯洛伐克拥有一批很优秀的插画师。例如凯特琳娜·克莱柯索娃（Katarína Kerekesová）的《咪咪和丽莎》（Mimi a Líza）系列丛书和丹妮拉·奥莱伊妮科娃（Daniela Olejníková）绘画插图的《奔跑》（Útek）等书均为斯洛伐克热销儿童读物。布拉迪斯拉发国际插画双年展（BIB）也是联合国教科文组织举办的重要的政府间儿童图画书插画展，并且每年展览期间进行奖项的评选。

2015—2019年儿童读物的出版数量有上升的趋势，且在斯洛伐克年度有声读物畅销榜单中儿童读物占绝大多数。（见图17）

单位：种

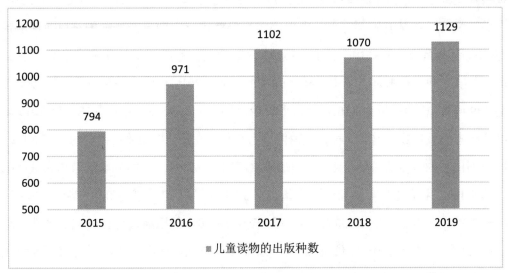

图 17　2015—2019 年斯洛伐克儿童读物出版种数

资料来源：2015—2019 年《非定期出版物年度报告》

（四）数字内容生产情况

文化遗产数字化基于里斯本战略和欧共体的倡议于 2000 年在斯洛伐克开展。近年来，该项目成为欧盟和斯洛伐克政府重点投资项目之一。斯洛伐克数字化文化遗产体系包括 106 个博物馆、25 个美术馆、6485 个图书馆、72 个档案馆和 14577 个名胜古迹。2011—2015 年，文化部共实施了 12 个文化数字化国家项目，耗资 2.05 亿欧元，并创造 141 个工作岗位。到目前为止，斯洛伐克已有 400 万件作品被数字化，其中一些作品可在官方门户网站进行免费远程访问，数字化的古迹和作品也在疫情期间使斯洛伐克国民不断增长的文化需求得到满足。①

在斯洛伐克图书的电子化有两种方式。第一种即基于图书出版人的义务，向指定文化机构提供一定数量的强制性副本来进行数字图书馆的建设。2010—2015 年，在文化部的支持下，斯洛伐克国家图书馆圆满完成有史以来最大的国家级数字化项目——数字图书馆和数字档案馆（DIKDA）。该项目对 1378650 件作品进行了大规

---

① 资料来源：斯洛伐克最高审计署（Najvyšší kontrolný úrad Slovenskej republiky）.数字化使斯洛伐克文化遗产到达每一个家庭（Kultúrne dedičstvo sa vďaka digitalizácii môže dostať do každej domácnosti）. https://www.nku.gov.sk/aktuality/-/asset_publisher/ 9A3u/content/kulturne-dedicstvo-sa-vdaka-digitalizacii-moze-dostat-do-kazdej-domacnosti/pop_up?_101_INSTANCE_9A3u_viewMode=print.

模数字化处理，包括132583本图书、356210册报纸和杂志、879057篇文章和10800个特殊文本（如稀有版画等），项目完成后仍然进行定期更新和维护。目前斯洛伐克国家图书馆门户网站中，共有646594件数字化的作品可供注册用户免费远程访问。[①] 第二种方式则是电子书、有声读物的出版。2019年斯洛伐克电子书出版种数为1890种，总销售量为85676册，平均单本销量约为45册。（见图18）而2019年纸质图书出版种数共10275种，总销售量为5508036册，平均单本销量约为536册。电子书出版的数量约占传统纸质图书出版数量的18.39%，平均单本销量约为纸质图书的8.40%。尽管近些年随着电子设备与互联网的普及，电子书的市场份额有所上升，电子书的销售数量也呈增加的趋势，但调查表明90%的斯洛伐克公民更愿意选择纸质图书阅读，电子书和有声读物仍是小众的阅读方式。斯洛伐克出版的有声读物主要包含儿童读物、外语自学教程、盲人读物以及一些畅销小说等。2019年斯洛伐克有声读物出版种数为965种，总销售量为2362册，平均单本销量为2.45。2017—2019年有声读物的销售量呈下降趋势，2019年同比减少39.08%。从斯洛伐克有声读物畅销榜单来看，儿童读物以及外语自学教程为主要题材，部分畅销书的有声版也受到有声读物读者尤其是盲人读者的欢迎。（见图19）

斯洛伐克电子书出版有两种模式，即通过正规出版社出版和自助出版，其中自助出版有三个途径：作者自建独立门户网站，iBooks、亚马逊（目前暂不支持以斯洛伐克语出版）、Smashwords等全球化自助出版平台，以及本土电子书发布平台，如Publico。该平台于2013年3月由马尔季努斯创立，迄今为止共帮助536位独立作者出版864种电子书。

---

① 资料来源：数字图书馆和数字档案馆官网 http://dikda.eu/stav-projektu/。

单位：册

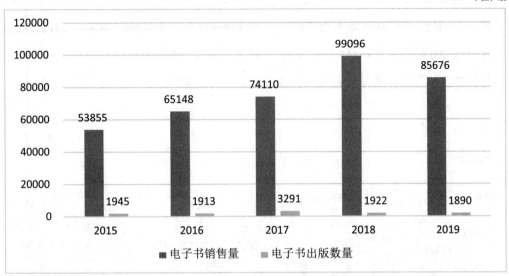

图 18　2015—2019 年电子书出版销售情况

资料来源：2015—2019 年《非定期出版物年度报告》

单位：种、册

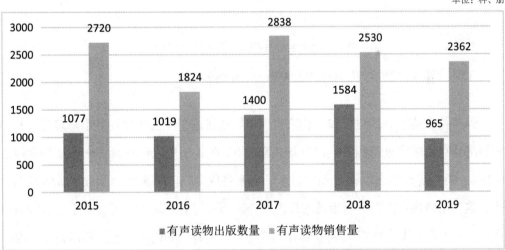

图 19　2015—2019 年有声读物出版销售情况

资料来源：2015—2019 年《非定期出版物年度报告》

（五）出版物对外贸易情况

近几年，斯洛伐克出版业对外交流比较活跃，呈现出贸易顺差的态势，但贸易顺差目前有缩小的趋势。2019年斯洛伐克出版物进口总额达12475.99万欧元，较2018年减少10.00%，较2010年增长7.82%。2019年斯洛伐克出版物出口额达18155.58万欧元，较2018年减少3.46%，较2010年减少1.26%。如果斯洛伐克出版物对外贸易持续保持这一态势，贸易顺差可能会逐渐填平。（见图20）

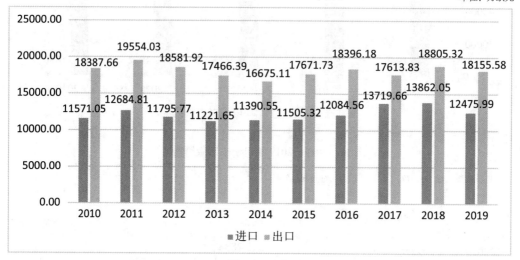

图20 2010—2019年出版物进出口总额

资料来源：斯洛伐克共和国统计局（Štatistický úrad Slovenskej republiky）

从斯洛伐克整体的进出口结构来看，出版物进出口所占比例均呈下降趋势。2019年斯洛伐克出版物进口额占进口市场总额的0.16%，出版物出口额占出口市场总额的0.23%。持续走低的出版物对外贸易市场与斯洛伐克国内繁荣的出版业形成鲜明的对比，这与斯洛伐克内部出版市场的环境和外部国际市场环境均有关。对于出版物进口而言，一方面，斯洛伐克出版市场对于国外进口出版物的需求较弱。斯洛伐克政府鼓励国内作家进行创作，同时从畅销书榜单中也可以看出斯洛伐克人偏爱国内几家大型权威出版社的推荐图书。另一方面，斯洛伐克作为国际出版市场的一个体量较小的参与者缺少竞争力。同样对于出版物出口而言，国际出版市场对于斯洛伐克出版物的需求量较小，出版物出口也是斯洛伐克对外文化交流的短板。（见图21）

单位：%

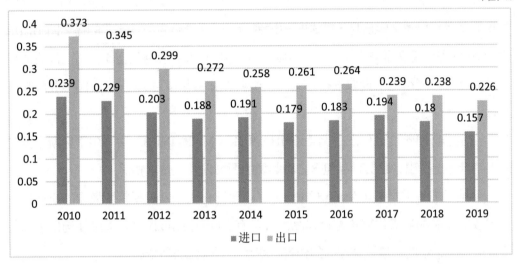

图 21　2010—2019 年出版物进出口占对外贸易的比例

资料来源：斯洛伐克共和国统计局

目前为止在对外出版合作方面，斯洛伐克还没有签订相关双边或多边政府间出版合作协定。斯洛伐克的国际出版合作主要在欧盟框架内进行。2017 年斯洛伐克加入欧洲出版商联合会（Federation of European Publisher），共同进行版权的保护并开展国家间出版合作。相比于捷克、匈牙利、波兰等中东欧国家，斯洛伐克加入时间较晚。这与斯洛伐克相对欠发达的图书市场有关。2018 年斯洛伐克作为"16+1"中东欧合作机制（现为"17+1"）成员国加入中国中东欧出版联盟。近几年斯洛伐克出版合作稳步发展，图书出版在斯洛伐克文化产业中也占据越来越重要的地位。

此外，近些年斯洛伐克政府加大对斯洛伐克原创文学及其翻译作品海外出版的支持。文学信息中心下设斯洛丽亚委员会对斯洛伐克文学的海外出版提供资金支持。2019 年委员会帮助 78 部斯洛伐克文学在海外出版，相比于 2010 年增加 57 本。

（六）主要文学奖项和活动

1. 文学奖项 [①]

年度最佳图书奖（KNIHA ROKA–KNIŽNÁ REVUE）是由文学信息中心组织筹

① 此部分数据主要来自于 2019 年《图书市场报告》和艺术支持基金。

办的，由《文学信息》杂志负责评选活动的年度奖项。该奖共分为两个类别：《文学信息》读者奖与《文学信息》首次亮相读者奖。《文学信息》读者奖的提名图书清单包含 20 种书，《文学信息》首次亮相读者奖的提名图书清单包含 5 本书。最终的优胜者通过公开网络电子投票进行评选。颁奖典礼在每年 4 月 23 日世界图书和版权日举行。

马尔季努斯年度最佳图书奖（KNIHA ROKA MARTINUS）由马尔季努斯根据其图书销量评选得出，获奖作品包含各种类型的图书以及儿童读物。

阿纳索夫特文学奖（Anasoft litera）每年颁发一次，以表彰年度最佳的斯洛伐克原创散文作品和斯洛伐克语翻译作品。每年有 10 部作品被提名，最终评选出 1 部年度最佳作品，年度最佳散文作品的作者将获得 1 万欧元的奖金。

此外，艺术支持基金每年颁发文学领域大奖 10 余项，以鼓励不同文学领域的文学创作和文学翻译。鲁道夫·法布里奖文学大奖赛（Literárna súťaž Cena Rudolfa Fabryho）和沃尔克罗瓦·波利阿恩卡文学奖（Literárna súťaž Wolkrova Polianka）均是每年斯洛伐克年轻诗人的全国性文学盛典。亚希科韦文学大奖赛（Literárna súťaž Jašíkove Kysuce）和伊万·克拉斯克奖（Cena Ivana Kraska）均是每年面向 35 岁以下的年轻作家的文学大奖赛。三朵玫瑰奖（Cena Trojruža）旨在表彰为斯洛伐克儿童文学和青年文学的发展作出杰出贡献的作家，每年评选一次。设立于 1994 年的文学基金斯洛伐克原创文学奖（Cena LF za pôvodnú slovenskú literárnu tvorbu）旨在表彰斯洛伐克优秀原创作品。科学和专业文学奖（Cena za vedeckú a odbornú literatúru）表彰社会和人文科学、生物学和医学、自然科学和数学、科技与地球宇宙、百科全书学、字典学、建筑学这 7 个领域的优秀的专业文学作品。

艺术支持基金也设立相关奖项鼓励外语文学创作与外国文学的翻译。亚历山大·帕夫洛维奇奖（Cena a prémia Alexandra Pavloviča）设立于 2005 年，旨在表彰以鲁森尼亚语创作的优秀作家与翻译者。乌克兰语创作翻译奖伊万·弗兰克奖（Cena Ivana Franka）设立于 1973 年，匈牙利语创作翻译奖伊姆雷·马达哈奖（Cena Imre Madácha）设立于 1967 年。

2. 文学活动

比布利奥特卡书展（Bibliotéka）每年 11 月在斯洛伐克首都布拉迪斯拉发市举行，

是斯洛伐克每年规模最大的书展。展出的图书种类十分广泛，包括女性小说、科幻小说、侦探小说、儿童读物、宗教文学和诗歌等。在书展中还举行作家见面会和书迷交流会。2019 年 11 月 7 日至 10 日，第 27 届比布利奥特卡书展和第 23 届教育和教学技术展览（书展）同时在伊恩海巴（Incheba）展览中心举行。为期 4 天的书展举办了许多丰富多彩的活动，如书迷作家见面会、新书发布会、作家和斯洛伐克文学翻译家学术研讨会、年轻作家的发布会和许多儿童读书活动。此次书展共分为两个展厅，6 个展台随机分布在两个展厅中举行着多种多样的活动，包括儿童展台"儿童是我们的书"（Deti sú naše knihy）和"塔塔妈妈阅读实验室，和我们一起阅读"（Laboratórium čítania Mama Tata, čítajte s nami）、斯洛伐克共和国出版商和书商协会展台、帕恩塔·尔海伊展台。总计 45387 人参观了此次书展。[①]

文学盛典（litera fest）是自 2006 年开始举办的一年一度、每次为期 3 天的文学节，由阿纳索夫特文学奖（Anasoft litera）的主办方主办，由艺术基金提供支持。举行时间一般定于阿纳索夫特文学奖主办方宣布提名名单的几周后，以评选出年度最佳作品。

此外，斯洛伐克不同地区也会举办区域性文学活动，如布拉迪斯拉发图书节（Bratislavský knižný festival）和喜爱—科希策当代文学节（Like-Festival súčasnej literatúry v Košiciach）。斯洛伐克一些大型出版商也会举行文学活动，如马尔季努斯的未读图书日（Deň neprečítaných kníh）。一些儿童活动中心也举办多姿多彩的儿童阅读活动，如我们来阅读（Čítajme si）、把书带回学校（Vráťme knihy do škôl）、用书签连接斯洛伐克的学校（Záložka do knihy spája slovenské školy）。

三、报刊业发展概况

斯洛伐克报刊业源远流长，在该国历史发展进程中发挥重要作用，产生深远影响。但是，随着网络技术和数字出版的发展，传统报刊出版和销售受到不同程度冲击，出现衰退趋势。

---

① 资料来源：伊恩海巴展览中心官网 https://www.incheba.sk/veltrh-a-vystavy/。

（一）发展历程 [①]

斯洛伐克报刊业起步于文艺复兴时期，其发展离不开造纸术与印刷术两大核心产业支柱。1530 年斯洛伐克第一家造纸厂在斯洛伐克东北部城市雷沃洽（Levoča）建立。1577 年印刷业出现在中南部城市班斯卡·比斯特里斯察（Banská Bystrica）、西北部城市特尔纳瓦（Trnava）以及东部城市巴尔代约夫（Bardejov）。1705 年，斯洛伐克最古老的报纸《匈牙利水星》（*Mercurius Hungaricus*）以拉丁语在巴尔代约夫和雷沃洽出版发行，主要内容为斯洛伐克在哈布斯堡王朝统治下的社会生活。斯洛伐克报刊业在斯洛伐克民族复兴运动（Slovenské národné obrodenie）时期充分发展，并在唤醒斯洛伐克人民族意识的进程中起到至关重要的作用。历史上对斯洛伐克社会影响深远的杂志主要有《前方》（*Napred*）、《雄鹰》（*Oral*）、《民族报》（*Národné noviny*）等。

（二）报刊阅读情况

随着科学技术的不断发展，人们的生活方式不断发生变化，互联网媒体的兴起也对传统纸媒产生冲击，斯洛伐克的报刊阅读率逐渐下降。斯洛伐克的报刊按发行周期可分为日刊、周刊、双周刊、月刊和年刊。根据统计数据，斯洛伐克月刊的阅读率最高，往下依次为周刊、日刊、双周刊。但由于不同报刊的受众存在明显差异，不同报刊的阅读率并不能代表斯洛伐克人对不同报刊的喜爱程度。不同类型的报刊阅读率下降程度也有所不同。2012—2020 年，日刊、周刊、月刊的阅读率呈现明显下降趋势，而双周刊的阅读率处于平稳波动中。2019 年日刊的阅读订阅人数约占斯洛伐克总人口的 30%，相比于 2012 年第三季度和第四季度下降 6%。2019 年周刊的阅读订阅人数约占斯洛伐克总人口的 33%，相比于 2012 年第三季度和第四季度下降 11%。2019 年月刊的阅读订阅人数约占斯洛伐克总人口的 42%，相比 2012 年第三季度和第四季度下降 6%。而双周刊的阅读率一直在 15% 左右波动。（见图 22）

---

① 资料来源：数字百科全书 https://encyklopediapoznania.sk/clanok/623/historia-novinarstva。

单位：%

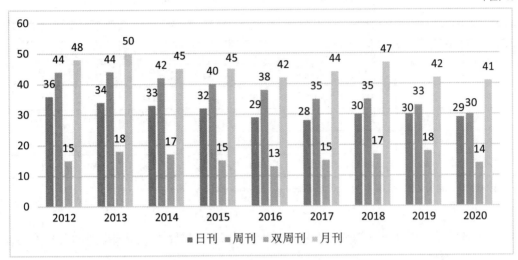

图 22　2012—2020 年斯洛伐克公民报刊阅读率情况（以每年三、四季度为代表）

资料来源：MML–TGI 全国消费、媒体和生活方式调查市场报告（Kontinuálny multiklientský prieskum spotrebného správania, mediálnej konzumácie a životného štýlu）

（三）报刊出版与销售情况

截至 2020 年，申请并获批进入文化部媒体音像处报刊清单的斯洛伐克报刊共 1649 种，如《我们》（Sme）和《真相》（Pravda）为历史最为悠久的新闻日报，《一周》（Týždeň）为政治社会类周刊，《趋势》（TREND）为最具影响力的经济和企业经营类周刊，《加七天》（Plus 7 dnní）是娱乐周刊。斯洛伐克还有外语类期刊以及少数民族期刊，如《斯洛伐克观察者》（The Slovak Spectator）是传统新闻英语半月刊，《新词汇》（Új szó）是斯洛伐克境内的匈牙利语地区性日刊。此外，还有一些针对特定群体的报刊，如专业期刊、社会生活类期刊、儿童期刊、女性期刊等。

在斯洛伐克，日刊分为全国性日刊与地区性日刊。全国性日刊的影响力大于地区性日刊，且影响力较大的几种全国性日刊均为新闻报道类，包括《经济日报》（Hospodárske noviny）、《新时间》（Nový Čas）、《加一天》（Plus jeden deň）、《真相》、《我们》等。近几年，日报的平均日印刷与销售量均明显下降。以日报销售冠军《新时间》（Nový Čas）为例，2020 年其日平均印刷量为 3116 份，相比于 2017 年减少 24.68%；2020 年其日平均销售量为 1927 份，相比于 2017 年减少 28.66%。（见表 5）

表 5　2017—2020 年斯洛伐克全国性日刊日平均印刷与销售量

单位：份

类别	《经济日报》		《新时间》		《加一天》		《我们》	
	印刷	销售	印刷	销售	印刷	销售	印刷	销售
2017	469	348	4137	2701	1943	1344	1243	844
2018	462	335	3956	2521	1884	1290	1139	775
2019	463	337	3602	2143	1787	1184	1079	725
2020	464	328	3116	1927	1572	1080	967	646

资料来源：斯洛伐克报刊发行量核查机构（Kancelária pre overovanie nákladov—ABC SR）

　　斯洛伐克的周刊也分为全国性周刊与地区性周刊。与聚焦于新闻报道的日刊不同，斯洛伐克的周刊深入人们文化社会生活的方方面面。斯洛伐克主要的全国性周刊有娱乐周刊《加七天》、欧洲新闻时事类周刊《欧洲电视台》（*Eurotelevízia*）、社会生活类周刊《生活》（*Život*）、专业经济周刊《趋势》等。同日刊面临的情况相同，周刊的印刷量和销售量也有明显的减少。以斯洛伐克热门娱乐周刊《加七天》为例，2020年其月平均印刷量为 129980 份，相比于 2017 年减少 13.40%；2020 年其月销售量为91406 份，相比 2017 年减少 12.00%。（见表 6）

表 6　2017—2020 年斯洛伐克全国性周刊月平均印刷与销售量

单位：份

类别	《加七天》		《欧洲电视台》		《生活》		《趋势》	
	印刷	销售	印刷	销售	印刷	销售	印刷	销售
2017	150087	103860	102947	77195	100327	69673	13517	10334
2018	133205	97346	99611	73503	93446	63679	13534	10707
2019	129617	92928	107647	76903	87150	61283	12438	9559
2020	129980	91406	91269	66479	83843	58666	9705	7403

资料来源：斯洛伐克报刊发行量核查机构

　　与日刊和周刊不同，斯洛伐克的月刊不存在地区性的区别。同时，月刊的市场份额较大，种类也相对多样化。如园艺杂志《园丁》（*Záhradkár*）、益智报刊《新时期益智题》（*Nový Čas Krížovky*）、健康类专业杂志《健康》（*Zdravie*）、文学评论杂志《图书杂志》（*Magazín o knihách*）。受到互联网新兴媒体的影响，斯洛伐克月刊的日平均印刷销售量也明显下降。以《园丁》为例，2020 年其月平均印刷量为 80404 份，相比于 2017 年减少 17.38%；2020 年其月平均销售量为 56418 份，相比于 2017 年减少15.19%。（见表 7）

表 7　2017—2020 年斯洛伐克月刊月平均印刷与销售量

单位：份

类别	《园丁》		《新时期益智题》		《健康》		《图书杂志》	
	印刷	销售	印刷	销售	印刷	销售	印刷	销售
2017	97316	66521	93156	65115	69195	47744	63532	34645
2018	88811	61861	89190	61421	61070	45329	60695	30164
2019	84246	58027	82543	53577	58395	40480	59471	30160
2020	80404	56418	75254	50251	51504	34698	47277	20058

资料来源：斯洛伐克报刊发行量核查机构

四、中斯出版业交流合作情况

1949 年 10 月 6 日中国同捷克斯洛伐克建交。1993 年 1 月 1 日，斯洛伐克共和国成为独立主权国家，中国即予以承认并与之建立大使级外交关系。1994 年 2 月，双方签署了两国间第一个文化合作计划，即 1994—1995 年度文化合作计划。

中国文学在斯洛伐克的传播可追溯到 19 世纪 80 年代捷克东方研究学（包括汉学）的兴起。伴随着捷克学者对汉学的不断深入研究，许多中国古代经典著作被翻译为捷克语版本，如《诗经》《论语》《道德经》等。20 世纪 50—60 年代，鲁迅、刘鹗、茅盾等作家的作品的捷克语译本也陆续出版。

在中斯文学交流史上，第一位也是最重要的一位中斯文化交流使者为斯洛伐克汉学家玛丽娜·黑山（Marina Čarnogurská），由其翻译的《红楼梦》斯洛伐克语译本在红学界影响深远。

2010 年，在斯洛伐克共和国文化部的支持下，上海市图书馆与斯洛伐克国家科学图书馆（Štátná vedecká knižnica）合作建立了斯洛伐克第一个中国文化信息中心"上海视窗"（Okno do Šanghaja）。斯洛伐克读者可通过此中心远程访问上海市图书馆。2015 年斯洛伐克同中国签署《中华人民共和国政府和斯洛伐克共和国政府关于推进丝绸之路经济带和 21 世纪海上丝绸之路建设的谅解备忘录》。近几年，伴随着"一带一路"倡议的纵深发展，中斯文化交流日益深入。我国更多的文学作品被翻译为斯洛伐克语版并出版。我国与斯洛伐克出版合作的方向主要为儿童图书。自 2015 年起，山东教育出版社与斯洛伐克布拉迪斯拉发国际插画双年展（BIB）展开深入合作，打造"布拉迪斯拉发国际插画双年展获奖书系"并在国内出版发行。目前为止，我国已有 5 位插画师获得斯洛伐克布拉迪斯拉发国际插画双年展大奖。除将斯洛伐克的儿童文学引进来，我国的儿童文学也走进斯洛伐克。2019 年中国大百科全书出版社与斯洛伐克图书出版公司奥拉（Aulea）达成合作协议，出版《中国儿童太空百科全书》。2019 年 7 月 29 日斯洛伐克共和国出版商和书商协会举办了与中国台湾代表团的儿童文学交流会，双方代表就儿童文学、插画、出版情况进行交流。

2018 年中国中东欧出版联盟正式成立，斯洛伐克作为成员国加入联盟。但相比于联盟内其他中东欧国家，斯洛伐克与中国的出版合作并不活跃。在中东欧合作机制和"一带一路"合作倡议的框架下，我国与斯洛伐克的合作仍以基础设施建设、科学创新等合作为主。在文化交流领域，尽管两国文化部已签署 2015—2019 年度文化合作计划，并有更多的文化团体进行访问演出，两国也合作举办电影周、展览等文化活动，但仍面临着我国文化对斯洛伐克的输出大于斯洛伐克文化对我国输入的现状。实践中，中斯出版合作的进展并不理想。在文学领域，我国的文学作品在斯洛伐克依旧为小众出版物。同时，斯洛伐克文学一直是被我国国内学界长期忽视的领域。由于斯洛伐克特殊复杂的历史发展背景，国内学界对于斯洛伐克文学的研究也通常仅限于作为捷克文学的分支，斯洛伐克现代文学在我国几乎无人问津。期待两国政府进一步推进新闻出版合作，通过图书实现两国人民的进一步文化交流。

参考文献

1. 姚宁 . 捷克汉学简史及现状 [J]. 国际汉学，2000（02）：430-433.

2. 中国出版集团：《中国儿童太空百科全书》英文版法兰克福书展现场签约 [EB/

OL].（2019.10.24）. https://www.163.com/dy/article/ES6TEFOJ051283QA.html.

3. *Aktuálny ročný komponent výročnej správy Ministerstva kultúry Slovenskej republiky za rok 2019*[R]. Ministerstvo kultúry Slovenskej republiky.

4. *Životaschopná a sebavedomá kultúra, ktorá napomáha rozvoju kreatívneho a ekonomického potenciálu Slovenska*[R]. Ministerstvo kultúry Slovenskej republiky.

5. *Implementačný plán 2021—2025 Revízia výdavkov na kultúru*[R]. Ministerstvo kultúry Slovenskej republiky.

6. *Ročný výkaz o neperiodických publikáciách*[R]. Ministerstvo kultúry Slovenskej republiky.

7. *Ročný výkaz o knižnici* [R]. Ministerstvo kultúry Slovenskej republiky.

8. *Správa o knižnom trhu* [R]. Združenie vydavateľov a kníhkupcov Slovenskej republiky, 2019.

9. *MML-TGI národný prieskum spotreby, médií a životného štýl* [R]. Median.sk, 2012—2020.

10. *Program kultúrnej spolupráce na roky 2015—2019 medzi Ministerstvom kultúry Slovenskej republiky a Ministerstvom kultúry Čínskej ľudovej republiky* [R]. Ministerstvo kultúry Slovenskej republiky.

（作者单位：中国新闻出版研究院、北京外国语大学）

坦桑尼亚出版业发展报告

李梦涵　宋　毅

坦桑尼亚联合共和国（The United Republic of Tanzania，简称坦桑尼亚）位于非洲东部，官方语言为英语和斯瓦希里语，货币为坦桑尼亚先令。其国土总面积为 94.5 万平方公里，总人口为 5910 万（2018 年），其中大多数信奉基督教和伊斯兰教。坦桑尼亚是联合国（The United Nations）及其专业机构世界银行（The World Bank）、国际货币基金组织（International Monetary Fund）、世界贸易组织（World Trade Organization）等国际组织的活跃成员国，区域性国际组织东非共同体（East African Community）的总部设在坦桑尼亚的阿鲁沙（Arusha）。

一、出版业发展背景

近些年来，坦桑尼亚在经济发展、扫盲运动等方面取得了长足进展。但是，坦桑尼亚仍是世界最不发达的国家之一，国民生活贫困，传染疾病肆虐。受到政策、国民习惯、资金资源、科技水平的限制，坦桑尼亚的出版业发展缓慢，行业体系仍不完善。

（一）政治经济状况

20 世纪 60 年代初，坦噶尼喀大陆（Tanganyika）和桑给巴尔群岛（Zanzibar）先后摆脱德国、英国的控制获得独立，并于 1964 年组成坦桑尼亚联合共和国。1974 年，坦桑尼亚首都由原来的达累斯萨拉姆（Dar es Salaam）迁至内陆城市多多马（Dodoma）。达累斯萨拉姆作为前首都和国家的第一大城市，仍承担着重要的政治、文化和经济职能。

近年来，坦桑尼亚作为撒哈拉以南非洲地区增长最快的经济体之一，通货膨胀率也从 2012 年的 16% 降至 2018 年 4%。世界银行 2020 年发布的国别收入分类，首次将坦桑尼亚从低收入国家升至中低收入国家的组别。2019 年国内生产总值（Gross Product Growth，GDP）达到了 139.9 亿坦桑尼亚先令，较 2018 年增长了 7.0%，主要的经济增长动力为建筑业（占 GDP 的 27.6%）、农业（16.2%）、采矿业（10.3%）、运输和仓储业（9.4%）。这些产业也是其对外贸易的重要组成部分。2019 年，坦桑尼亚的出口总额为 12.6 万亿坦桑尼亚先令，较 2017 年增长了 41.1%；进口总额为 21.0 万亿坦桑尼亚先令，较 2017 年增长了 21.1%，贸易逆差为 8.4 万亿坦桑尼亚先令。其出口以矿产和农业产品为主，进口以机械运输设备、工业产品、食品为主。出口产品中金矿占出口总额的 40.2%，此外，腰果、咖啡、烟草、棉花、钻石、茶叶、剑麻和丁香占出口总额的 16.7%。进口产品包括机械及运输设备，按材料分类的制成品，矿物燃料、润滑油及相关材料，化工产品及相关材料，动植物油、油脂及蜡，杂项制品，食品及动物，饮料及烟草，除燃料外的不可食用物料，共占进口总额的 92.0%。值得注意的是，虽然坦桑尼亚的经济取得了长足发展，但是联合国仍将其列为世界最不发达的国家之一，这与该国贫困发生率较高有关。坦桑尼亚 2017—2018 年食物贫困的发生率为 8%，有 26.4% 的人口的基本生活需求无法满足，且城乡发展水平差距较大。在坦桑尼亚的"基本生活需求贫困（Basic Needs Poverty）"人群中，达累斯萨拉姆人口占总贫困人口的 3%，其他城市人口占 16%，乡村人口占 81%。

2016—2021 年，坦桑尼亚实施了第三个国家五年发展计划（The National Five Years Development Plan），强调"工业化要以经济转型和人类发展为目标"，指出提高教育和医疗等公共服务的可及性是政府工作的重中之重。国家五年一次的家庭预算调查显示，2017—2018 年的成人识字率为 79%。具体来说，从 2007 年至 2017 年的十年间，受过教育的成年男性由 83% 增至 87%，受过教育的成年女性由 71% 增至 78%，中等教育净入学率从 15% 增至 34%，但小学净入学率从 84% 降至 83%，7~13 岁儿童受教育率由 86% 降至 83%。在 2020—2021 年度预算中，政府投入 4900 亿坦桑尼亚先令用于高等教育的学生贷款，2981 亿坦桑尼亚先令用于免费基础教育。除此之外，参加工作的人都享有国家健康保险基金（National Health Insurance Fund）提供的医疗保险服务，该医保可供全家使用（每人最多可有 5 名受益人）。全国卫生设施数量从 2016 年的 7519 个增加到了 2019 年的 9104 个。然而，坦桑尼亚仍深受资金不足的困扰，医疗卫生设施并不能与快速增长的人口数量相匹配，艾滋病、疟疾、伤寒等恶性传染病肆虐。

（二）机构组织和政策法规情况

坦桑尼亚出版和媒体的相关法律法规历经数次修改、废止和重新制定。目前，已形成了自上而下的行业体系，呈现出以国家政府为主导、监管机构各司其职、行业组织数量众多的特点。

1965 年，坦桑尼亚政府颁布了《坦桑尼亚临时宪法》（*The Interim Constitution of Tanzania*）。法案第三部分的序言中尽管提到"每个公民都享有言论自由的权力"，但时任总统朱利叶斯·尼雷尔（Julius Kambarage Nyerere）表示，言论自由必须无条件地服从于政府政策和国家利益。

此后，政府出台一系列法律对言论自由进一步明确规定。1970 年颁布的《信息政策》（*The Information Policy*）规定，媒体需要支持国家政策。1976 年颁布的《报纸法》（*The Newspaper Act*）仅在坦噶尼喀大陆生效，该法律要求出版机构在信息服务部（The Director of Information Services）进行注册，并限制了出版物的内容和进口。此外，如果某出版物被认定为可能会危害公众利益，总统可依法授权行政当局禁止该出版物出版或关闭其出版商。该法律在 2016 年被《媒体服务法》（*The Media Services Act*）所代替。根据《媒体服务法》，信息、文化、艺术和体育部（The Ministry of Information, Culture, Arts and Sports）作为监督大众媒体、促进民族文化发展的机构，负责颁发印刷媒体的许可证，并有权力停止任何违反公众利益的进口报刊、要求私人媒体发布有国家重要性的内容。1976 年，《坦桑尼亚通讯社法》（*The Tanzania News Agency Act*）生效。法案的第四条中规定，坦桑尼亚通讯社（Tanzania News Agency）是"国内唯一的接受和发布来自国外新闻和相关素材"的机构。出版业在上述法规的指导下，自觉进行严格地自我审查。

坦桑尼亚政府的多元化转型是政治领域和出版领域发展的重要转折点。1992 年，坦桑尼亚宣布实行多党制，政府对出版和媒体的管控逐渐放宽，媒体自由度有所增进，政府逐渐接受私人报刊的注册。时任总统本杰明·威廉·姆卡帕（Benjamin William Mkapa）的主要执政理念是"真相和公开"，他对信息双向流动的推行和强调使得媒体得到迅速发展。

随着坦桑尼亚出版业和传媒业的发展，一系列行业组织应运而生。1997年，坦桑尼亚媒体理事会（The Media Council of Tanzania，MCT）注册成立。这是一个独立、自愿、非法定的监管机构，旨在通过自我管理促进媒体自由，确保行业的专业标准和问责制度。1999年，坦桑尼亚版权协会（The Copyright Society of Tanzania，COSOTA）在《版权和邻接权法案》（*The Copyright and Neighboring Rights Act*）的指导下成立。该法定机构的主要任务为促进和保护作者、出版商、录音制作者等的权利，减少盗版现象。根据2002年的修正法案的规定，违反版权法的人将被处以更加严格的惩罚。同年，坦桑尼亚图书发展理事会（Book Development Council of Tanzania）成立，该理事会以协调坦桑尼亚图书行业各利益相关者活动为目标。2003年颁布的《信息和广播政策》（*The Information and Broadcasting Policy*）因包含着有助于媒体独立发展、创造多元化媒介环境的具体政策，并承认新闻自由的重要性和必要性，被视为坦桑尼亚在新闻自由道路上的重要一步。不过为了维护国家利益，其中明确规定，外国公司在媒体中的所有权不可超过49%，以避免干涉坦桑尼亚国内事务。此外，坦桑尼亚图书馆服务委员会（Tanzania Library Services Board，TLSB）、非盈利个人书商组织——坦桑尼亚书商协会（Booksellers Association of Tanzania）、出版权利组织——坦桑尼亚编辑论坛（Tanzania Editors' Forum）等行业协会也相继成立。不过，部分行业组织尚未开通线上访问入口，且社会参与度较弱。

为了应对不断变化的媒介生态，政府将新媒体纳入了考量，对出版业法律体系作出了进一步调整。2015年，国家颁布的《网络犯罪法案》（*The Cybercrimes Act*）对各类网络犯罪行为进行了定义，旨在保障网络安全，维护网络空间的信息真实性，保护公民的知识产权等合法权益。2018年，《电子和邮政通信（网上内容）法规》［*The Electronic and Postal Communications (Online Content) Regulations*］生效。法案要求博主必须获得坦桑尼亚通信管理局（the Tanzania Communications Regulatory Authority，TCRA）颁发的许可证，并每年缴纳930美元的许可费用。根据世界银行的数据，这一数额等同于2017年坦桑尼亚的人均GDP，该规定提高了网络博主的准入门槛。

在外资引入方面，坦桑尼亚稳定的政治环境、丰富的自然资源和巨大的经济发展潜力使其成为了非洲十大外商直接投资国。1997年国家颁布的《坦桑尼亚投资法》（*The Tanzania Investment Act*）建立了较为完善的外商投资促进机制，予以其公正、充分、及时的补偿，允许其依法自由汇入、汇出在境内的出资和所得。外商需提前在坦桑尼亚投资中心（Tanzania Investment Center）或桑给巴尔投资促进局（Zanzibar Investment Promotion Authority）进行登记后，方可获得投资奖励、增值税和进口关税豁免等权益。但是在自然资源和电信传媒领域国家也有一定的限制。就电信传媒领域而言，外商投资不可超过 75%。外商在电视台的股份不可超过 49%，且不可收购全国性报纸。外商的电信公司需要将其 25% 的股份在达累斯萨拉姆股票交易所上市。

目前，政府政策对发展文化产业有所倾斜。国家将"文化综合体建设"明确写入了第三个国家五年发展计划。同时，《坦桑尼亚联合国 2030 年可持续发展目标》（*The United Nations Sustainable Development Goals 2030*）中也强调了文化投资的重要性。此外，《2019—2020 年税费豁免条例》的第十条明确将"教材、字典和百科全书、印刷书、报纸、儿童绘画和着色书、地图和海道测量图、考试题、教学图表、答题纸"等出版物和文化产品纳入免税范围。根据东非共同体统一的对外关税条例，印刷书、报纸、图画书和其他印刷产业相关产品的税率均为 0，即印刷出版在坦桑尼亚享有对内和对外的免税政策。

（三）国民阅读习惯情况

坦桑尼亚政府开展的扫盲运动已经初见成效。但是，识字率的提高并不等同于阅读率的升高。国内并不强调阅读习惯的培养，国民的阅读兴趣普遍不高，有关坦桑尼亚图书的调查和研究更是少之又少。以下将从扫盲运动发展历程、图书馆发展情况、传统媒体和新媒体的使用情况三个角度，对国民阅读习惯进行分析。

1. 扫盲运动发展历程情况

20 世纪 60 年代以来，诸多撒哈拉以南非洲国家在摆脱殖民统治获得独立后，都面临着国民民族自信心不足、经济结构单一落后、工业生产力水平低下等困境。面对这些棘手的问题，包括坦桑尼亚开国总统尼雷尔在内的众多领导人坚信教育是实现国家发展目标的关键，将教育改革视为最紧迫的发展目标，认为扫盲教育是坦桑尼亚人民摆脱愚昧思想、发展经济、消除贫困的重要举措，积极投身于教育改革。联合国教科文组织开发计划署于 1967 年启动了"世界扫盲实验区计划"（Experimental World Literacy Program）。共有 7 个非洲国家参与了该计划，包括阿尔及利亚、埃塞俄比亚、几内亚、马达加斯加、马里、苏丹和坦桑尼亚。7 年后，仅坦桑尼亚的成人识字率从

17% 增长至 63%，其他各国成绩较小。坦桑尼亚斐然的扫盲成绩与政府配套的教育政策有着密不可分的联系。

1967 年，时任总统尼雷尔发表了《阿鲁沙宣言》（*Arusha Declaration*），提出了"非洲社会主义"的发展模式，即巩固和维护国家独立和人民自由，团结和领导一切进步力量，在自力更生的基础上建设社会主义。同年，《教育为自力更生》（*Education for Self-Reliance*）发表。报告提出应减少对西方的依赖，走独立自主、自力更生的教育本土化发展道路，奠定了坦桑尼亚教育改革的发展方向，成为坦桑尼亚在尼雷尔时期教育发展和改革的指导性文件。该理念推动了私人学校国有化、学校校长非洲化和教学课程标准化进程。

1969 年，坦桑尼亚教育部（Ministry of National Education）正式发起了全国扫盲教育，并负责该运动的协调与管理。国内逐渐形成了自上而下的全国扫盲教育组织与管理系统。1963 年成立的成人教育研究所被确立为教育部直属机构，负责全国扫盲教育的政策规划、财政分配、学术研究、项目评估、课程开发、教材编写和分发等相关事项。1972 年，政府将成人教育管理权下放给各地政府，由各地政府因地制宜开展扫盲教育并定期向国家提交进度报告。

1978 年颁布的《教育法》（*The Education Act*）首次提出要全民普及初等教育。国家的七年义务教育计划大大提高了小学入学率，超越了民族和宗教差异，有效地推动了社会统一和民族归属感。即使是在国家财政困难时期，政府仍坚持实行免费义务教育政策，有效遏制了新文盲产生的源头。此外，国家高度重视发展民族文化和语言。为了减少国民对殖民语言英语的依赖，教育部用斯瓦希里语编写了大量中小学教材和扫盲课本，并规定所有小学必须使用斯瓦希里语进行教学。斯瓦希里语被广泛用于政治、商业和国民的日常生活中。这一时期，国内掀起了开办扫盲教育学校的热潮，教育机构主要分为扫盲班、半扫盲班、农民发展学校三个类型，满足了不同水平学员的不同诉求，取得了较好的发展效果。政府的支持、健全的组织机构、丰富的扫盲课程使得扫盲教育取得了丰硕的成果。1986 年，小学入学率接近 100%，成人识字率高达 90.4%。

20 世纪 80 年代末，剧变的国际环境和复杂的国内局势致使坦桑尼亚背离了原先独立自主的发展道路，开始进行社会制度转型和经济结构化调整。国家在西方的影响下开启教育自由化转型，英语取代斯瓦希里语在教学中占据主导地位。但是，西方的教育模式并不符合坦桑尼亚的实际国情，国家呈现"逆扫盲化"的发展态势，成人识字率急剧下降，在 1988 年仅 59.1%。

进入 21 世纪，随着非洲一体化进程的推进，非洲求独立、谋发展的诉求日益强烈。坦桑尼亚政府开始自主地采取规范的扫盲管理，加大财政投入，开展扫盲项目，创新教学方法，促进男女平等。近年来，坦桑尼亚的成人识字率一直稳定在 80% 左右。

2. 图书馆发展情况

坦桑尼亚图书馆服务委员会于 1975 年在《坦桑尼亚图书馆服务法》（*The Tanzania Library Services Act*）的指导下成立，隶属教育、科学、技术和职业培训部（Ministry of Education, Science, Technology and Vocational Training）。该委员会负责国家的图书馆建设和发展，并协同进行国家扫盲运动。除此之外，委员会还承担了国家图书馆的职责，负责整合和编纂国家书目，但是最近几年的结果并未在其官方网站上发布。《坦桑尼亚图书馆服务法》将公共图书馆定义为所有公民都可以进出的图书馆，但是作为特定社区、俱乐部、组织机构等的成员享有免费福利，而其他公民需付费入内。也就是说，所有公民都享有图书馆这一社会资源，不同图书馆的使用收费标准因图书馆用户的国籍、年龄等有所不同，由图书馆根据自身情况制定。

坦桑尼亚共有 21 个区域图书馆（regional library）、18 个地区图书馆（district library）以及 1 个分类图书馆（divisional library）。图书馆功能齐全，除了正常图书、盲文图书、有声书的借阅和归还外，还为孩子提供了多媒体资源，并可作为阅读和会面的场所。图书馆中的图书以英文为主，读者多为年轻人。一旦人们完成了学业，图书馆的使用频率就会大大下降，他们来图书馆也主要为了阅读新闻，而非阅读文学图书。2018 年，一份针对坦桑尼亚高校学生阅读习惯的调查显示，学生在空闲时间会阅读纸质和电子报纸、图书和杂志，并在社交媒体上阅读体育、经济、科技、社会相关新闻和信息。他们的阅读目的主要为获取信息、扩大词汇量和提升阅读技巧。但是，其阅读受到了学业负担、家庭责任、网络条件等因素的限制。调查进一步提出了图书馆应提供更加丰富的资源为学生创造良好的阅读条件，定期举办阅读推广活动提升学生的阅读兴趣。

在图书馆发展的初始阶段，总统尼雷尔意识到教育、识字和图书馆的重要性，对公共图书馆给予了政策和资金的支持。然而，随着时间的推移，国家发展水平的限制和资源的匮乏使得图书馆的进一步发展受到限制。因此，坦桑尼亚的图书馆严重依赖外部的资助。截至 2016 年，图书馆通过坦桑尼亚出版商协会收到来自国内出版商超过 21.8 万册的图书。这些图书多以斯瓦希里语为主。除此之外，外国的组织机构对坦桑尼亚图书馆的发展有着至关重要的意义。图书馆的主要捐赠者包含英国的国际图书援助组织（Book Aid International）、美国的儿童国际组织（Children International）等。儿童国际组织于 2007—2015 年捐赠了近 60 万册图书，其中 30% 由图书馆服务委员会保存，其余的发放至各个学校和社区。自 2012 年起，非营利组织世界读者（Worldreader）在坦桑尼亚发起了电子阅读计划（E-Reader Program），旨在通过向当地图书馆或小学捐赠 Kindle 阅读器，用电子教材代替传统纸质教材，帮助当地贫困儿童解决教材问题。该项目已向坦桑尼亚 8 个学校或图书馆捐赠了 740 台 Kindle 阅读器。目前，坦桑尼亚手机阅读人数为 11533 人，电子阅读器阅读人数为 20580 人。此外，在希腊慈善组织斯塔夫罗斯·尼亚科斯基金会（Stavros Niachos Foundation）的资助下，坦桑尼亚于 2017—2018 年，举办了"数字连接儿童角"活动（Digital Connections Children's Corners），目的是提高儿童图书馆的服务能力。

随着信息通信技术在全球范围内的发展，图书馆数字化发展已成为大势所趋。芬兰外交部、中国驻达累斯萨拉姆大使馆、联合国教科文组织、日韩国际发展公司为坦桑尼亚的图书馆提供了数字化设备和图书管理员培训等方面的支持。

3. 媒体使用情况

近几年来，信息通信技术在坦桑尼亚飞速发展，在一定程度上改变了人们的阅读和媒体使用习惯。在这场新媒体和传统媒体的博弈中，广播作为坦桑尼亚独立以前唯一的传播方式，仍保持着其最受欢迎的媒介地位，报纸受挫严重，社交媒体等新媒体有所发展。不过，坦桑尼亚新媒体受到内外的双重制约，在内有政府严格管控，在外势头强劲的美国媒体已占领国内主要新媒体市场。

从 2015 年至 2019 年，无论是广播电台数量还是互联网用户人数都有了显著提升。2019 年，广播电台的数量达到了 183 个，较 2015 年增加了 72.6%；互联网用户人数大约达到了 2579 万人，互联网普及率达到 46%。（见表 1）这为新媒体和出版数字化的发展打下了坚实的基础。

表1　2015—2019年国家信息通信技术发展情况

年份		2015	2016	2017	2018	2019
广播电台数量（个）		106	148	156	158	183
互联网用户	数量（万人）	1726	1986	2300	2314	2579
	普及率（%）	29	34	40	43	46

资料来源：坦桑尼亚国家统计局

坦桑尼亚媒体理事会于2018年委派地理民意公司（GeoPoll）进行的一项有关公众媒体使用情况的调查显示，广播是该国最受欢迎的媒介形式，其次为电视、社交媒体、报纸。（见表2）这与公众对媒体的信任程度有些许出入。73%的公众认为电视是最可信任的媒介形式，广播、报纸、社交媒体的公众信任率分别为64%、16%和6%。信息消费成本是一个关键原因。

表2　媒体使用频率情况

类别	广播	电视	网络	社交媒体	报纸
从不	13%	39%	78%	79%	56%
少于每月一次	7%	14%	3%	2%	15%
每月几次	10%	11%	2%	2%	13%
每周几次	26%	13%	7%	7%	10%
每天	45%	23%	8%	8%	5%

资料来源：纸媒和网络媒体使用情况调查

美国网站和在线平台在坦桑尼亚新媒体市场占有巨大的份额。地理民意公司于2018年8月对国民最近30天访问的网络媒体进行的统计显示，国民经常访问美国网络媒体和在线平台，同时坦桑尼亚的博客平台也很受欢迎。其中，前三名均为美国媒体，即脸书（Facebook）、照片墙（Instagram）、瓦斯莱普（WhatsApp）。博客是当地一种流行的媒体形式，坦桑尼亚人对于博客制作和运营的擅长，以及私人博客的大量兴起，可能也引起了政府的警觉，对《网络犯罪法案》和《电子和邮政通信（网上内容）法规》的颁布起到了一定的推动作用。（见表3）

表3　主要网络媒体和在线平台的国民受欢迎程度情况

网站	近30天访问率	说明
脸书（Facebook）	39.0%	美国在线社交媒体和社交网络服务平台。
照片墙（Instagram）	15.2%	美国在线社交媒体和社交网络服务平台。
瓦斯莱普（WhatsApp）	12.1%	美国免费通信及跨平台集中信息处理软件。
优途（YouTube）	5.6%	美国在线视频分享平台。
斯玛捷论坛（Jamii Forum）	5.5%	坦桑尼亚社交网络服务平台，以斯瓦希里语为主。由马克森斯·海洛（Maxence Melo）于2006年创立，为斯玛捷传媒公司（Jamii Media Co.）所有，旨在为年轻人提供公开言论和打击腐败的平台。
谷歌（Google）	4.6%	美国跨国技术公司。
推特（Twitter）	3.2%	美国微博和社交网络服务平台。
米勒德阿约网站（Millardayo.com）	2.2%	该博客由坦桑尼亚著名广播节目主持人米勒德·阿约（Millard Afrael Ayo）于2012年创立，为坦桑尼亚阿约电视公司（AYO TV TZA Company）所有。
米丘斯博客（Michuzi Blog）	0.9%	该摄影博客由坦桑尼亚摄影记者毛希丁·米丘斯（Muhidin Issa Michuzi）于2005年创立，为米丘斯媒体集团（Michuzi Media Group Co.）所有，旨在让旅居海外的坦桑尼亚人了解祖国的相关新闻。
蒙瓦纳博客（Muungwana Blog）	0.9%	坦桑尼亚私人博客，旨在提供国内外的最新新闻。
姆佩库齐（Mpekuzi Huru）	0.6%	该坦桑尼亚私人网站于2009年创立，为姆佩库齐媒体公司（Mpekuaji Media）所有，旨在提供在线服务，实时更新娱乐新闻、政治新闻和名人八卦。

资料来源：地理民意公司（GeoPoll），媒体所有权监督协会（Media Ownership Monitor，MOM）

二、图书业发展概况

坦桑尼亚图书出版业的发展举步维艰。出版和版权产业由于政府对之关注不足及其在GDP中所占的较小比重，并未作为单独类别列入坦桑尼亚银行（Bank of Tanzania）发布的国家经济表现年度报告之中。政府机构和行业组织也未公布近年的图书出版官方数据。

（一）整体概况

坦桑尼亚图书市场止步不前的根本原因在于国家经济条件落后、国民对图书的精神需求不足。一方面，图书在坦桑尼亚是一种奢侈品。图书价格从2万至12万坦桑尼亚先令不等（参考矛星出版社的图书售价）。这意味着，如果每人每年买十本书的话，将等同于2019年人均GDP的7.8%~46.5%。与低廉公民生活成本不匹配的高昂图书价格定位，让很多人望而却步。另一方面，国家文化发展的进程仅达到了扫除文盲和普及正规教育的水平。因此，坦桑尼亚图书馆的主要用户为学生，最大的图书市场为教材，多数图书出版商为教育出版社。不过，20世纪80年代时，学生课本多由政府直接印刷再分配至学校，私人教育出版商较少。政府投入了大量资金开展扫盲教育运动，国内共开设了8000家图书馆。但是，由于没有本土出版社进行图书供给，图书馆的教育类图书多为进口，不仅与坦桑尼亚的实际国情不尽相符，而且也未使用斯瓦希里语编写。加拿大发展组织（Canadian Organization for Development Through Education，CODE）认识到了坦桑尼亚出版行业的窘境，为了提升坦桑尼亚儿童的识字率，于1991年发起了儿童图书计划（Children's Book Project）。计划规定，加拿大发展组织对15种用斯瓦希里语出版且由坦桑尼亚作者编写的童书进行资助。具体来说，每种书出版社需要印刷5000册。其中，该组织购入3000册（基本可覆盖出版成本）并分发至乡村的图书馆，剩余2000册出版社可用于市场销售。由于计划进展顺利并在坦桑尼亚获得了较好的成果，该组织针对每年的实际情况，对资助的图书数量也有一定的调整。不过，参与该计划的图书必须提前得到坦桑尼亚教师、专家、出版等委员会和儿童权益组织的认可。

（二）主要出版商情况

目前，坦桑尼亚的主要教育出版社包括隶属于大型国际集团的出版社，如朗文坦桑尼亚出版社（Longman Tanzania Ltd）、牛津大学坦桑尼亚出版社（Oxford University Press Tanzania Ltd）等，以及当地出版社，如位于达累斯萨拉姆的矛星出版社（Mkuki na Nyota Publisher Ltd），该出版社主要出版学术图书和大众图书，包括社会科学类、儿童图书、高质量艺术图书等。（见表4）

表4　坦桑尼亚主要图书出版商情况

名称	地点	说明
朗文坦桑尼亚出版社（Longman Tanzania Ltd）	达累斯萨拉姆	该出版社是隶属于大型国际集团的教育出版社。
牛津大学坦桑尼亚出版社（Oxford University Press Tanzania Ltd）	达累斯萨拉姆	该出版社是隶属于大型国际集团的教育出版社。主要出版英语和斯瓦希里语的学术、技术、教学、软件、科学、学校、医疗和法律图书。
坦桑尼亚教育出版社（Tanzania Educational Publishers Ltd，TEPU）	布科巴	是本地大型出版社，已出版200多种图书，并与54位来自坦桑尼亚、日本、比利时和其他国家的作者签约。主要出版农业图书，也出版戏剧、小说、时代楷模、出版和新闻类图书。该出版社从2019年起开放了线上购书渠道。

续表

名称	地点	说明
达累斯萨拉姆大学出版社 （Dar es Salaam University Press）	达累斯萨拉姆	是本地教育出版社，主要出版教育类、斯瓦希里语言和文学、小学图书和学术图书。
E&D 出版社 （E&D Publishing Ltd）	达累斯萨拉姆	是本地出版，社主要出版高质量图书，包括学前书、教科书、儿童图书、英语书、斯瓦希里语书、高等教育图书和行业图书。
蒙孔戈出版社 （Mkongo Publishers）	达累斯萨拉姆	是小型本地出版社成立于 1986 年，主要出版儿童图书、小说和大众图书。该出版社财政独立，经费来源于每年两种新书的销售收入。
矛星出版社 （Mkuki na Nyota Publisher Ltd）	达累斯萨拉姆	是独立的大型本地出版社，由沃尔特·布戈亚（Walter Bgoya）于 1991 年成立，专注于学术图书和大众图书，以斯瓦希里语和英语出版了一系列社会科学类图书、小说、儿童图书和高质量艺术图书。该出版社出版的图书不仅可通过其官方网站进行线上购买，还可通过其分销商进行购买，包括非洲图书集合体（African Books Collective Ltd，ABC）、密歇根州立大学出版社（Michigan State University Press，MSUP）、亚马逊（Amazon）、巴诺书店（Barnes & Noble）、英格拉姆集团的闪电源公司（Lightning Source）、英国最大的国际图书批发商加德纳斯（Gardners）等。
马图教育出版社 （Mture Educational Publishers）	达累斯萨拉姆	该出版社是领先的高质量教育出版社，主要为学前、小学、中学和大学出版纸质和电子版的课本、教辅书、挂图和字典。该出版社的宗旨是"高质量图书，高质量教育"。其出版的大多数图书通过了教育部的认证，被广泛用于坦桑尼亚学校的教学过程中。目前，有 22 本图书通过了肯尼亚教育研究所（Kenya Industrial Estates Ltd，KIE）的认证，被用于肯尼亚学校的课程和补充图书。
凤凰出版社 （Phoenix Publishers Ltd）	无信息	该出版社是肯尼亚出版社，在坦桑尼亚有伙伴公司，主要生产高质量的儿童图书、课本、小说和非虚构类图书。

资料来源：全球出版社网站（Publishersglobal）及各出版社官网

（三）发行渠道情况

非洲图书集合体（African Books Collective Ltd，ABC）是一家在英国注册的非洲非营利性有限公司，目标是在全球范围内发行和销售非洲的学术、文学和儿童图书。该公司与全球 108 家出版商有合作关系，其中包括五家坦桑尼亚出版社，分别是达累斯萨拉姆大学出版社、E&D 出版社、矛星出版社、坦桑尼亚教育出版社以及坦桑尼亚出版社（Tanzania Publishing House，位于达累斯萨拉姆）。

坦桑尼亚的部分出版社同时也承担了图书销售的角色并且拥有它们自己的官方网站。从图书出版商和图书销售商的地区分布中可以看出，坦桑尼亚的图书出版相关机构地区分布不均，多集中于旧首都达累斯萨拉姆，少部分位于新首都或其他大型城市。此外，网络销售渠道尚存在继续开发的空间，图书销售仍以实体书店为主。（见表 5）

表 5　大型图书销售商情况

名称	地点	说明
算盘书店（Abacus Bookshop）	达累斯萨拉姆	该书店成立于 1987 年，是一家网上书店。书店售卖二手书、绝版书和古籍，图书种类多样，包括艺术、摄影、文学和学术类等。2008 年，该书店被亚马逊公司收购。
新想法书店（A Novel Idea）	达累斯萨拉姆阿鲁沙	该书店成立于 2014 年，是坦桑尼亚唯一一家现代书店和礼品店。其实体店位于达累斯萨拉姆和阿鲁沙，网上商店提供国际货运服务。
友谊书店（Friendship Bookshop）	达累斯萨拉姆	该书店主要进行图书销售和报刊销售，无网络销售渠道。
大众书商有限公司（General Booksellers Ltd）	达累斯萨拉姆	该书店成立于 1953 年，主要销售教科书。该书店是坦桑尼亚的大型书店之一，有两家实体店。有官方网站，但无网络销售渠道。
凯泽书店有限公司（Kase Book Store Ltd）	阿鲁沙	该书店主要经营童话书、连环画、管理类图书，无网络销售渠道。
大众书店（Popular Bookshop）	达累斯萨拉姆	该书店为坦桑尼亚的主要书店之一，无网络销售渠道。
塞非学校中心（Seifi School Center）	达累斯萨拉姆	该教育类书店提供文具、教科书、书包、校服等物品的购买服务。有官方网站，但无网络销售渠道。
坦桑尼亚学校设备（Tanzania School Equipment）	达累斯萨拉姆	该书店为坦桑尼亚的主要书店之一，无网络销售渠道。
新的下一本书中心（New Next Book Centre）	达累斯萨拉姆	该书店为教育类书店，还提供办公用具和文具的购买服务，无网络销售渠道。

资料来源：非洲企业名录网站（Brabys）及各图书销售商官网

（四）畅销书情况

　　矛星出版社为坦桑尼亚的大型综合性出版社，从其畅销图书中我们可以初窥坦桑尼亚图书出版的特点。首先，坦桑尼亚公民对非虚构类图书，尤其是历史或政治类传记的阅读兴趣远超虚构类文学作品。具体来看，人物传记、儿童图书在坦桑尼亚的图书市场较受欢迎。其次，坦桑尼亚的图书多以英语或斯瓦希里语出版，出版社为了满足不同受众的需求，重要图书会分精装和简装出版。就矛星出版社的畅销图书来说，精装书比简装书更受欢迎。这或许是因为该类图书本身价格和价值均较高，受众更愿意多花一些钱以获得更好的阅读体验并将之收藏。最后，坦桑尼亚的图书正以打开非洲市场为契机，逐步迈入国际图书市场。（见表 6）

表6　矛星出版社十五大畅销书情况

单位：坦桑尼亚先令

排名	图书名称	作者	语言	价格	简介
1	《我的人生之旅》（精装版）（*Mzee Rukhsa: Safari ya Maisha Yangu*）	阿里·哈桑·姆维尼（Ali Hassan Mwinyi）	斯瓦希里语	75000	该书为坦桑尼亚第二任总统姆维尼的自传。该书记叙了其执政期间进行的经济和政治调整和面临的挑战。已通过非洲图书集合体在国际发售。
2	《赫里》（*Heri*）	西番雅·卡卢穆纳（Zefania Kalumuna）	斯瓦希里语	60000	该小说以青年人和社会之间的关系为主题，围绕主人公卷入的一场对其学习生活造成影响的爱情关系展开。已通过非洲图书集合体在国际发售。
3	《我的人生，我的目标》（精装版）（*My Life, My Purpose*）	本杰明·威廉·姆卡帕（Benjamin William Mkapa）	英语	60000	该书为坦桑尼亚第三任总统姆卡帕的自传。作者以其童年经历、政治生涯、退休后参与的国际发展和平调解工作为线索，提出了他对领导人工作的看法和建议。已通过非洲图书集合体在国际发售。
4	《我的人生，我的目标》（简装版）（*My Life, My Purpose*）	本杰明·威廉·姆卡帕（Benjamin William Mkapa）	英语	45000	同精装版。
5	《英语-斯瓦希里语袖珍词典》（*English-Swahili Pocket Dictionary*）	约瑟夫·塞弗里（Joseph Safari）；哈米斯·阿吉达（Hamis Akida）	斯瓦希里语 英语	10000	该简明轻便的词典由两位经验丰富的斯瓦希里语教师编写，他们充分考虑了来自不同语言背景的使用者在学习斯瓦希里语时可能遇到的困难。
6	《作为反抗的发展：朱利叶斯·尼雷尔传记》（精装版）（*Development as Rebellion: A Biography of Julius Nyerere*）	赛达·叶海亚奥斯曼（Saida Yahya-Othman）；恩曼·扎曼塔（Ng'wanza Kamata）；伊萨·希夫吉（Issa G. Shivji）	英语	175000	该套书为坦桑尼亚第一任总统尼雷尔的传记，共分为三卷，分别为：《哲学统治者的成功之道》（*The Making of a Philosopher Ruler*）、《成为民族主义者》（*Becoming Nationalist*）、《非造反性反抗》（*Rebellion Without Rebels*）。已通过非洲图书集合体在国际发售。
7	《斯瓦希里语-英语袖珍词典》（*Swahili - English Pocket Dictionary*）	约瑟夫·塞弗里（Joseph Safari）；哈米斯·阿吉达（Hamis Akida）	斯瓦希里语 英语	9000	该简明轻便的词典由两位经验丰富的斯瓦希里语教师编写，共包含6000多个词条，提供斯瓦希里语的发音、语法等注释。已通过非洲图书集合体在国际发售。
8	《司法独立》（*Uhuru wa Mahakama*）	巴纳巴斯·赛马特（Barnabas A. Samatta）	斯瓦希里语	35000	该法律类非虚构性作品的作者于2000年至2007年任坦桑尼亚首席大法官，且有丰富的司法行业经验。作者以通俗易懂的语言，论述了司法领域的重要问题，强调了司法独立、法律面前人人平等、诉诸司法的重要性。
9	《作为反抗的发展：朱利叶斯·尼雷尔传记》（简装版）（*Development as Rebellion: A Biography of Julius Nyerere*）	赛达·叶海亚奥斯曼（Saida Yahya-Othman）；恩曼·扎曼塔（Ng'wanza Kamata）；伊萨·希夫吉（Issa G. Shivji）	英语	125000	同精装版。
10	《你喜欢做什么？》（*What Do You Like to Do?*）	乌邦果（Ubongo）	斯瓦希里语 英语	6000	该图画书为双语版本，面向3岁以上儿童。

续表

排名	图书名称	作者	语言	价格	简介
11	《我的身体是用来……》（ *My Body Is For...* ）	乌邦果（Ubongo）	斯瓦希里语 英语	6000	该图画书为双语版本，面向3岁以上儿童。
12	《彩虹的颜色》（ *Colours of the Rainbow* ）	乌邦果（Ubongo）	斯瓦希里语 英语	6000	该图画书为双语版本，面向3岁以上儿童。
13	《朱利叶斯·尼雷尔的首席守卫者》（ *Mlinzi Mkuu wa Mwalimu Nyerere* ）	彼得·布温博（Peter Bwimbo）	斯瓦希里语	15000	作者为坦桑尼亚国家安全机构的首任领导人，且在国家独立前后负责开国总统尼雷尔的安全保卫工作。作者通过对其经历的详实叙述，表达了忠诚的爱国主义精神和敢于牺牲的奉献精神。
14	《开心和伤心》（ *Happy and Sad* ）	乌邦果（Ubongo）	斯瓦希里语 英语	6000	该图画书为双语版本，面向3岁以上儿童。
15	《两个国家的儿子》（ *A Son of Two Countries* ）	卡斯米尔·鲁巴古米亚（Casmir Rubagumya）	英语	20000	作者叙述了其在卢旺达和坦桑尼亚接受教育的经历，对比了殖民和后殖民时期教育的不同，阐述了其作为卢旺达裔坦桑尼亚公民是如何塑造自己的双重身份的。

资料来源：矛星出版社

三、报刊业发展概况

坦桑尼亚以新闻为主的印刷媒体共有175家，其中报纸和期刊分别有99家和76家。私人、政府和宗教组织所有的报刊分别占66.3%、18.9%和14.9%。媒体理事会发布的2018年国家媒体监测报告显示，大部分报纸的报道重点放在了发展中国家的政治、经济、卫生、农业、教育和法律问题，其他话题包括冲突、腐败、性别暴力和人权。

坦桑尼亚共有四家主要媒体集团。（见表7）其中，市民传播有限公司（Mwananchi Communication Ltd，MCL）占有巨大的市场份额，是出版业的翘楚。值得关注的是，市民传播有限公司最大的股权所有者是位于肯尼亚首都内罗毕（Nairobi）的阿迦汗发展基金会（Aga Khan Development Fund），且是东非和中非地区最大的媒体集团——肯尼亚国家媒体集团（National Media Group，NMG）的子公司。其他三个大型媒体所有者为爱普媒体集团（IPP Media Group）、新信息有限公司（New Habari (2006) Ltd），以及坦桑尼亚标准报业有限公司（Tanzanian Standard Newspaper Ltd）。

表7　坦桑尼亚四家主要媒体集团情况

名称	说明
市民传播有限公司（Mwananchi Communication Ltd，MCL）	该集团为私人企业，创办于 1999 年。其最大的股权所有者是位于肯尼亚首都内罗毕（Nairobi）的阿迦汗发展基金会（Aga Khan Development Fund），且是肯尼亚国家媒体集团（National Media Group，NMG）的子公司。旗下有用英语发行的《市民报》（The Citizen），并于 2000 年推出了用斯瓦希里语发行的《公民报》（Mwananchi）。该集团是出版业的翘楚，拥有平面媒体和网上平台，读者数量在坦桑尼亚位居前列。
爱普媒体集团（IPP Media Group）	该集团为私人企业，由坦桑尼亚最富有传奇色彩的成功商人雷金纳德·蒙吉（Reginald Mengi）于 1998 年创办，总部位于达累斯萨拉姆。旗下有英文报纸：《卫报》（The Guardian）、《卫报周日版》（The Guardian on Sunday）、《金融时报》（Financial Times）和《今日报》（This Day），斯瓦希里语报纸：《给我》（Nipashe）、《给我周日版》（Nipashe Jumapili）、《我们的国家》（Taifa Letu）和《要说不要听》（Sema Usikik），以及其他广播电台和电视台。该集团以跨媒体的运作方式著称，是东非地区最大的媒体企业之一，尤其在广播电视领域极具影响力。
新信息有限公司（New Habari (2006) Ltd）	该集团为私人企业，与政治家兼商业巨头罗斯塔姆·阿齐兹（Rostam Aziz）有所联系。其股权所有者除了阿齐兹外尚不为人知晓。旗下有用斯瓦希里语发行的《坦桑尼亚日报》（Mtanzania）等。
坦桑尼亚标准报业有限公司（Tanzanian Standard Newspaper Ltd）	该集团为国有企业，旗下有用英语发行的《每日新闻》（Daily News），用斯瓦希里语发行的《今日新闻》（Habari Leo）、《今日体育》（Spotileo）等报纸的纸质和电子版本。虽然读者数量在近几年有所下降，但是因占有政府广告的巨大份额，该集团仍保持了其在出版业的影响力地位。该集团拥有现代化的印刷技术和印刷设备，以及完善的出版物销售网络。

资料来源：媒体所有权监督协会

除了媒体所有权的高度集中化外，坦桑尼亚的报刊业还面临着诸多潜在威胁。例如，报刊阅读人数指数化的下降趋势，前景黯淡的报刊广告投资，国内媒体自由度的下降等。在媒体理事会发布的最新坦桑尼亚受众调查报告中，坦桑尼亚国有日报《每日新闻》的读者数量已大不如前。但是特殊的历史影响力和国家所有的性质，使《每日新闻》仍为国家决策者和政府机构的必读报纸。同时，由于政府广告多投放于该报，其拥有巨大的市场竞争优势。（见表8）

表8　坦桑尼亚主要报纸和杂志情况①

名称	说明	排名
《商业时代》（Business Times）	该报隶属商业时代有限公司（Business Times Ltd，于 1988 年成立），位于达累斯萨拉姆。它是坦桑尼亚独家的商业周报，主要报道坦桑尼亚的投资和商业相关新闻。该报用英语发行，有纸质和在线两个版本。	无信息

---

① 排名根据 2018 年媒体理事会委派地理民意公司进行的一项有关公众媒体使用情况的调查。

续表

名称	说明	排名
《公民报》（The Citizen）	该报隶属市民传播有限公司，位于达累斯萨拉姆。这是一份独立的英语日报，其周日版名为《公民报周日版》（The Citizen on Sunday）。六份同公司发行的杂志随该报发售，包括健康类杂志《我们的健康》（Our Health）、政治评论类杂志《政治平台》（Political Platform）、娱乐杂志《冲击》（The Beat）、商业杂志《商业周》（Business Week）、女性杂志《女性》（Woman）、家庭杂志《健康生活》（Sound Living）。2019年，由于发布了有关坦桑尼亚先令对美元贬值的虚假报道，该报被政府禁刊了7天。根据规定，只有坦桑尼亚银行才能发布货币相关信息。	无信息
《每日新闻》（Daily News）	该报为国家所有，隶属坦桑尼亚标准报业有限公司，于1972年由两个报纸强行合并而成。执行主编和董事会主席由国家总统任命，其他董事会成员由国家信息部委派。该英语日报涵盖了国内和国际新闻、专栏内容、政治经济、教育培训、社会宗教、运动工作、分类广告等板块。其在线版本于2011年上线。	未列入前十
《每日达累》（Dar Leo）	该斯瓦希里语日报隶属商业时代有限公司。	无信息
《在线快讯》（Express Online）	该报位于达累斯拉姆，于1993年发刊，仅有在线版本。	无信息
《卫报》（The Guardian）	该英语日报隶属爱普媒体集团，于1995年发刊，位于达累斯萨拉姆。该报提供当地新闻、体育、商业、娱乐和观点性新闻。该报数据显示，其全国范围的日发行量为15000份，每份约被2~6位读者阅读。对媒体质量的初步研究表明，该报行文结构较好，每个故事都有清晰的思路，且能够一以贯之地串联全文、引导读者。	新闻类的前十
《今日新闻》（Habari Leo）	该每日小报为国家所有，隶属坦桑尼亚标准报业有限公司，于2006年首次发行，可视为《每日新闻》的斯瓦希里语姐妹报。其代理执行编辑表示，该报的广告和市场份额分别为6.5%和10%。	新闻出版物的第四名
《星期五》（Ijumaa）	该报是全球出版商和通用企业有限公司（Global Publishers & General Enterprises Ltd）旗下的六份斯瓦希里语黄色报纸之一，其他五份为《射》（Risasi）、《透明》（Uwazi）、《和平》（Amani）、《冠军》（Championi）、《运动》（Spotixtra）。该报主要报道名人明星、短消息、娱乐、体育类新闻，仅涉及少量政治新闻。	社会政治类的前十
《青年非洲》（Jeune Afrique）	该杂志隶属青年非洲媒体集团（Jeune Afrique Media Group，最主要的泛非州媒体集团之一），于1960年在突尼斯首次发行，用法语发行。主要内容包括非洲大陆的经济、政治、社会新闻和阐述重要非洲事件的调查性报道。	无信息
《夏日》（Majira）	该斯瓦希里语日报隶属商业时代有限公司。	无信息
《坦桑尼亚日报》（Mtanzania）	该全国性的严肃日报隶属新信息有限公司，于1995年首次发行。主要报道政治、经济、社会、娱乐、体育的新闻和信息。其在线版本包括纸质版和网上专供的新闻。2013年，由于发布了"情绪化"报道，该报被政府禁刊了90天。	新闻类的第三名
《市民报》（Mwananchi）	该报纸为市民传播有限公司所有，于2000年首次发行。该报纸以斯瓦希里语发行，擅长政治报道，是坦桑尼亚发行量最大的报纸，占国内平面媒体半数以上的市场份额。七份同公司发行的杂志随该报发售，包括体育杂志《体育麦克风》（SpotiMikiki）、商业杂志《经济》（Uchumi）、社会事务杂志《大事》（Jungukuu）、体育杂志《舒适》（Starehe）、政治分析和调查类杂志《政治》（Siasa，可单独拆下保存）、面向学生和教师的教育类杂志《知识》（Maarifa，可单独拆下保存）、女性杂志《骄傲》（Fahari，可单独拆下保存）。	读者数量第一名
《给我》（Nipashe）	该斯瓦希里语日报隶属爱普媒体集团，主要目标读者为普通大众。为迎合各个年龄层受众的喜好，该报报道新闻、专题、分析、图片、政治、经济、教育、体育、娱乐等多方面的消息。该报在全国范围内发行，但是达累斯萨拉姆的居民为其主要读者群。	读者数量第二名
《射》（Risasi）	该报是全球出版商和通用企业有限公司旗下的六份斯瓦希里语大众报纸之一。	社会政治类的前十
《舒适体育》（Spoti Starehe）	该斯瓦希里语体育周报隶属商业时代有限公司。	无信息

名称	说明	排名
《永远的坦桑尼亚》（*Tanzania Daima*）	该斯瓦希里语日报隶属自由媒体有限公司（Free Media Ltd），主要报道社会、经济和政治方面的新闻。其报道被视为对执政党的批判。2017 年，因报道坦桑尼亚人服用抗逆转类病毒的药品治疗艾滋的虚假信息，该报被政府禁刊了 90 天。	社会政治类的前十
《自由》（*Uhuru*）	该斯瓦希里语日报隶属自由出版有限公司（Uhuru Publications Ltd），于独立日，即 1961 年 12 月 9 日首次发行。该报主要站在政府的角度，对政府领导人的演讲给予了诸多关注。	无信息

资料来源：媒体所有权监督协会，维基百科

总体来看，坦桑尼亚的报刊业呈现出如下特点：第一，集中化发展。首先，政府对媒体采取集中化管理，媒体采取集团化的经营方式，报刊所有权趋向集中。这导致了国内报刊发行的一个特有现象，即期刊会随着同公司发行的报纸一起发售。其次，报刊地域集中化程度高，多数报纸都位于达累斯萨拉姆，且达累斯萨拉姆居民为主要读者，乡村居民基本无法获得报刊资源。这进一步扩大了城乡之间的信息消费差距，阻碍了该国的文化和经济发展。第二，报刊双语出版。报刊主要用英语和斯瓦希里语发行。第三，数字化发展趋势。目前，国内除了传统的纸质印刷出版外，网站、电子版等数字化出版方式也日趋流行。

四、中坦出版业交流合作情况

作为"一带一路"国家，坦桑尼亚是中国出版"走出去"的重要战略对象。但是受限于当地的经济、教育和科技发展水平，中国尚未形成系统化的对坦桑尼亚的出版体系和规模。同时，相较于出版物，坦桑尼亚人对中国影视的接受程度更高。

中国和坦桑尼亚拥有传统的深厚友谊，早在 1962 年双方就签署了文化合作协议。20 世纪 60 年代，在修建坦赞铁路时，译制为斯瓦希里语的中国影片《红色娘子军》、《五朵金花》等在坦桑尼亚放映，吸引了不少当地的工人和周边群众。20 世纪 80 年代，中国在坦桑尼亚举办了中国书刊展览会，并参加了达累斯萨拉姆第七届国际贸易交易会，中国儿童读物备受当地家长和儿童的喜爱。

自 21 世纪以来，坦桑尼亚一直是"一带一路"倡议重要的沿线国家，中国对坦桑尼亚的出版也迈入了新的篇章。2011 年，中国民营企业四达时代与坦桑尼亚广播公司（Tanzania Broadcasting Corporation）合作，注册成了四达时代坦桑尼亚子公司（Star Times），开展数字电视和互联网视频运营活动。同年，国家新闻出版总署开始实施"中非影视合作工程"，将影视、动画片、纪录片等作品译为英语、法语、斯瓦希里语等语言，供非洲国家主流媒体在黄金时段播出。其中，斯瓦希里语版的《媳妇的美好时代》在坦桑尼亚一经播出就广受欢迎。此外，图书出版也小有发展：浙江科学技术出版社和当地出版社合作编写了专门针对当地居民的健康教育读本——《坦桑尼亚常见疾病防治手册》（*Manual of Prevention and Treatment of Tropical Diseases in Tanzania*）（英文版），世界知识出版社和当地最大的出版机构矛星出版社签署战略合作协议，斯瓦希里语版的《媳妇的美好时代》的影视同名小说也得以在当地出版。

纵观两国出版交流合作的历史可以发现，在关系友好和政策优惠的背景下，中国和坦桑尼亚的出版交流呈现缓慢而持续的发展态势。因当地出版商专业化水平有限、出版市场集中于教育用书，中国的儿童读物在坦桑尼亚较受国民欢迎。除此之外，坦桑尼亚和中国同为发展中国家，均有被殖民、反压迫的历史，因此，中国的发展故事包括毛泽东的相关著作在坦桑尼亚也有着较好的市场。不过，由于国民的文化水平有限，相比对知识消费有着更高要求的图书印刷出版物而言，译制的中国影视作品在当地有着更好的市场。此外，中国企业通过和当地企业的合作，已占据了坦桑尼亚电视运营市场的较大份额。

需要注意的是，在中坦的出版交流合作中，中国占据主导地位，坦桑尼亚的政府企业并未主动译制中国出版物。一方面，这可能是因为坦桑尼亚经济和科技发展水平受限，难以系统开展有关工作。另一方面，中国也需要充分考虑外译出版物在坦桑尼亚的市场需求和价值。中方出版机构需要了解目标受众的消费特点，精准开展出版物本土化编译、出版和销售工作，并与当地出版商建立合作共赢关系，找到合适的利基市场，创造更大的商业和文化价值。

参考文献

1. 陈力丹，周智秋. 从管控到自由：坦桑尼亚新闻政策的缓慢变化 [J]. 新闻界，2013（10）：72-76.

2. 非洲企业名录网站（Brabys）. https://www.brabys.com/tz/bookshops

3. 黄炯相. 中国书刊在坦桑受到热烈欢迎 [J]. 编创之友，1984（01）：234-236.

4. 联合国贸易和发展会议（United Nations Conference on Trade and Development）. https://unctad.org/topic/least-developed-countries/list#:~:text=1%20Afghanistan%202%20 Angola%203%20Bangladesh%204%20Benin,Central%20African%20Republic%2010%20 Chad%20More%20items...%20

5. 潘文敏 . 尼雷尔时期坦桑尼亚扫盲教育研究 [D]. 浙江师范大学，2019.

6. 全球出版社网站（Publishersglobal）. https://www.publishersglobal.com/directory/tanzania

7. 金海娜 . 中国影视作品对外译制模式探析——以坦桑尼亚为例 [J]. 中国翻译，2017，38（04）：33-37+44.

8. 世界银行博客（World Bank Blogs）. https://blogs.worldbank.org/opendata/new-world-bank-country-classifications-income-level-2020-2021

9. 斯坦德贸易（Santander Trade）. https://santandertrade.com/en/portal/establish-overseas/tanzania/investing

10. 尹伊 . 独立自主原则视角下的坦桑尼亚扫盲教育发展历程研究 [D]. 浙江师范大学，2020.

11. 张利萍 . 毛泽东著作英译本在坦桑尼亚的传播与接受研究 [D]. 浙江师范大学，2018.

12. 中国环球网 . https://china.huanqiu.com/article/9CaKrnJBymy

13. 朱利叶斯·曼甘达 , 李丛 . 坦桑尼亚媒体概况 [J]. 中国投资，2018（02）：70-71.

14. *2019 Tanzania in Figure*. National Bureau of Statistics, 2020

15. *African Media Barameter - Tanzania 2019*. Friedrich-Ebert-Stiftung.

16. *Annual report 2019/20*. Bank of Tanzania, 2020

17. Dzahene-Quarshie, J. *Language choice in Swahili newspaper advertising in Tanzania*, [J]. 2013, 447-460.

18. Kaiser, P. *Structural Adjustment and the Fragile Nation: The Demise of Social Unity in Tanzania*, [J]. 1996, 227-237.

19. Mcharazo, A A, Olden, A. *Fifty years of Tanzania's national/public library service,*

[J]. 2016, 136-144.

20. *Media Monitoring Report 2018*. Media Council of Tanzania

21. *Note on the United Republic of Tanzania Information and Broadcasting Policy*. ARTICLE 19, 2004

22. Rioba, A. *Media in Tanzania's Transition to Multiparty Democracy: An assessment of Policy and Ethical Issues*, [D]. 2008.

23. *Survey on the Publishing Sector in Selected sub-Saharan Countries*. Goethe Institut

24. Temple, C, De Yunén, A, Montenegro, L. *Reading around the World: Promoting Children's Literacy in Tanzania: Code's Children's Book Project*,[J]. 1994, 582-584.

25. *The Economic Contribution of Copyright-based Industries in Tanzania*. World Intellectual Property Organization, 2012

26. Wema, E. *Investigating reading culture among students in higher learning institutions in Tanzania*,[J]. 2018, 4-19.

（作者单位：北京外国语大学）

土耳其出版业发展报告

王　珺　韩诗语　闫卓文

土耳其共和国（Türkiye Cumhuriyeti，以下简称土耳其）总面积 78.36 万平方公里，其中 97% 位于亚洲的小亚细亚半岛，3% 位于欧洲的巴尔干半岛，属亚洲国家，邻格鲁吉亚、亚美尼亚、阿塞拜疆、伊朗、伊拉克、叙利亚、希腊和保加利亚，濒临地中海、爱琴海、马尔马拉海和黑海，地理位置十分重要。截至 2020 年 12 月，土耳其人口总数 8315.5 万人，其中土耳其族占 80% 以上，库尔德族约占 15%。土耳其语为官方语言。99% 的居民信奉伊斯兰教，其中 85% 属逊尼派，其余为什叶派（阿拉维派）；少数人信仰基督教和犹太教。土耳其现行 12 年义务教育制度，有各级各类学校 6 万余所，在校生总数超过总人口的 30%。[①]

一、出版业发展背景

（一）政治经济状况 [②]

土耳其是总统制共和政体，现任总统雷杰普·塔伊普·埃尔多安（Recep Tayyip Erdoğan）于 2014 年 8 月通过全民直选当选土耳其总统，2018 年 6 月 24 日连任。土耳其大国民议会是土耳其最高立法机构，共设 600 个议席，议员根据各省人口比例经选举产生，任期 5 年。土耳其实行普遍直接选举制，18 岁以上公民享有选举权和被选举权。只有超过全国选票 10% 的政党或政党联盟才可拥有议会席位。

---

① 资料来源：中华人民共和国外交部网站土耳其国家概况。

② 同上。

20 世纪 80 年代实行对外开放政策以来，土耳其经济实现跨越式发展，由经济基础较为落后的传统农业国向现代化的工业国快速转变。自 2002 年正义与发展党上台以来，土耳其加大基础设施建设投入，不断改善投资环境以吸引外资，大力发展对外贸易，经济建设取得较大成就。土耳其在国际社会享有"新钻国家"的美誉，是二十国集团的成员。2003—2015 年，土耳其经济总量从 3049 亿美元增长至 7200 亿美元；人均国民收入从 4559 美元增至 9261 美元。2020 年土耳其国内生产总值 7171 亿美元，同比增长 1.8%，人均国民生产总值 8599 美元。

2016 年以前，土耳其政局总体稳定，经济快速发展，投资环境日益改善，越来越受到外国投资者尤其是欧洲投资者青睐。根据联合国贸易和发展会议（UNCTAD）发布的 2013—2015 年世界投资前景调查报告，土耳其在世界各经济体中排在前 20位。2016 年以来，由于中央政府更迭[①]，未遂军事政变、修宪法案公投[②] 等因素叠加，土耳其吸引的外国投资大幅减少[③]。据土耳其统计局统计，2020 年土耳其出口总额1696.7 亿美元，同比下降 6.2%；进口总额 2195.1 亿美元，同比下降 0.5%，贸易逆差498.4 亿美元，同比增长 68.9%。

（二）相关法律及政策情况

土耳其与出版业相关的法律及政策相对完备，既有行业专门法，也有保护未成年人的专项法律。

1. 行业整体管理情况

《土耳其共和国宪法》（*Türkiye Cumhuriyeti Anayasası*）也被称为《1982 年宪法》，是土耳其的基本法律，其中第 26 条明确规定每个人都享有以口头、书面、图片或其他方式单独或集体表达和传播其思想和观点的权利；第 28 至 32 条分别从新闻自由、出版定期与不定期刊物的权利、保护印刷设备、使用除公共法人所有的报刊以外的传播媒介权利、更正和答复权五个方面明确了对新闻和出版的相关规定。

1951 年公布的土耳其《知识与艺术作品法律》（*Fikir ve Sanat Eserleri Kanunu*）

---

① 2015 年 6 月至 11 月，正义与发展党未能单独执政。2018 年 6 月起，正义与发展党和民族行动党组成"人民联盟"并获议会多数席位。

② 2017 年 4 月 16 日，土耳其修宪公投通过宪法修正案，土耳其政体由议会制改为总统制，总理职位被废除。

③ 来自 2017 年土耳其投资环境报告 https://wk.askci.com/details/d9fb92fcbcd541b58bad7659f8946281/。

为该国《版权法》，后经过多次修订，目前与世界知识产权组织（WIPO）标准基本一致。该法用于为权利持有人提供有效的程序以保护自身的权利，明确了版权的表现形式、主体、客体、版权注册、保护期限、例外情形、侵权诉讼等规定。

土耳其《新闻法》（*Basın Kanunu*）2004 年 6 月 9 日生效。该法第 1 条规定，该法的目的是确保新闻信息的自由流动以及确保自由的实现；第 3 条规定，新闻自由包括获得和传播信息，批评、解释和创作作品的权利；第 4 条规定出版物需注明的信息；第 10 条规定，出版者必须在期刊出版或分发的同一天，向当地最高检察官办公室提交每份出版物的两份副本；第 12 条规定，期刊的所有者、责任编辑和出版物的所有者不得被迫揭露新闻来源。此外，该法律还包括对发布非法文章或图像、非法披露身份、阻止或破坏印刷品等行为的处罚及量刑的规定。

2007 年，土耳其以法令形式颁布《土耳其互联网出版物和禁止利用互联网出版物的犯罪条例》（*İnternet Ortamında Yapılan Yayınların Düzenlenmesi ve Bu Yayınlar Yoluyla İşlenen Suçlarla Mücadele Edilmesi Hakkında Kanun*）。该法令最初目的是保护儿童，防止获取非法和有害的互联网内容，同时对土耳其国内互联网使用作出严格限制。该法令实施后 7 年的 2014 年 2 月，土耳其国会通过第 6518 号法案，允许土耳其电信管理局（TIB）在没有获得法庭许可的情况下屏蔽网站，并要求互联网供应商存储网络用户两年内的活动信息。

2. 未成年人相关保护法规情况

《保护未成年人免受有害读物侵害法》（*Küçükleri Muzır Neşriyattan Koruma Kanunu*）于 1927 年 6 月 21 日起正式生效，含 9 条正式条款以及 3 条补充条款，对不满 18 岁青少年可产生不良影响的印刷品进行限制，规定印刷品传播、出售要求及惩罚措施。该法将"对 18 岁以下人的精神健康有不利影响的印刷作品"定义为"有害读物"，但这类印刷作品"不包括具有教学、社会、科学和艺术文学价值的作品"。该法律还同时明确不得通过电影院、电影海报、广告、照片等传播对 18 岁以下未成年人心灵有害的内容。

《保护未成年人免受有害读物侵害法》分别于 1986 年、1988 年、2004 年、2014 年和 2018 年修订，与土耳其其他法律有较为密切的联动。违反该法上述规定者应根据《土耳其刑法》（*Türk Ceza Kanunu*）第 426 条予以处罚，受处罚对象包含利用各类图书、报刊、传单、文章、广告、图片、插图、海报、横幅、电视、录音带、照片、影院或其他传播设备在土耳其境内进行传播者；直接或间接提供材料、购买材料者，宣称可以提供或声明已经或将要提供相关材料者；在影院、剧院、广播、电视或公共场所代表或以其作品和主题为代表者；在公共场所发表演讲者。这些违法行为责任方将被处以200万~1000万里拉的重罚。《新闻法》（*Türk Basın Kanunu*）第3条规定，为上述违法行为提供场地的业主须缴纳罚款，不满一个月按照第一个月的平均实际销售额处罚，满一个月则按前一个月的平均实际销售额处罚；如果罚款额过高，则按照先前实际销售额总价的90%罚款，但不得少于3000万里拉；同时，将对该地点的实际负责人进行处罚，处罚额为上述罚款额度的一半。依据《国家教育基本法》（*Milli Eğitim Temel Kanunu*）的一般目的和基本原则，土耳其劳工、社会服务和家庭部（Çalışma, Sosyal Hizmetler ve Aile Bakanlığı）下设委员会，对出版的作品是否对未成年人有害进行专项审查，被该委员会认定为对未成年人有害的定期出版物可提出申诉，其后续出版物如被该委员会认定为无害则可继续出版。根据规定，"有害读物"只能用标识作品名称和"对未成年人有害"字眼的信封或袋子装好才可出售给18岁以上的人，违反者将被处以200万~1000万里拉的罚款。

3. 图书海外推广情况

土耳其文化、艺术和文学对外开放项目（Türk Kültür, Sanat ve Edebiyatının Dışa Açılması Projesi，简称 TEDA）是土耳其文化旅游部（TC Kültür ve Turizm Bakanlığı）于2005年推出的图书海外推广项目，目的是鼓励海外出版社翻译并出版有关土耳其文化、艺术和文学的作品。

该项目实施后，先后于2008年和2009年进行了部分调整，现只接受国外出版社申请，具体支持金额根据落地国家和翻译语种有所不同。作为申请方，国外出版社需要提交签名或盖章的申请表原件、证明在本国从事出版活动的相关文件、取得版权所有人许可的协议、与译者签订的协议及译者简历、作品原件或者翻译件、纸质版或电子版出版目录。该项目优先支持针对土耳其文学作品的申请，对医学、自然科学、应用科学等科技作品，除土耳其政府支持的历史及相关作品外的社会科学作品，生态和商业等非文学范畴作品，课本及相关辅导材料、讲义、字典，杂志与报纸、旅游指南，宣传片或者小册子等6类作品的申请不予受理。该项目接收的材料由专设的咨询评估委员会负责审核。委员会由 7 名成员组成，土耳其文化旅游部图书馆与出版物总局局长担任主席，另有出版社管理局的部门负责人及 5 位作家和学者。委员会每年至少召开两次会议，审核申请。

2005—2019 年，土耳其文化、艺术和文学对外开放项目共资助 79 个国家的 700 家出版社用 60 种语言出版土耳其作品 2395 种。保加利亚语、阿拉伯语、德语、阿尔巴尼亚语、法语为支持最多的语言。（见表 1）该项目至 2019 年共支持 30 种图书翻译出版中文版，在 60 个语种中排名第 22 位。保加利亚、德国、北马其顿、阿尔巴尼亚、伊朗为该项目支持的翻译作品落地品种最多的国家。（见表 2）30 种译成中文的土耳其作品中有 25 种在中国境内出版，在众多国家和地区中排名第 30 位。

表 1　土耳其文化、艺术和文学对外开放项目支持最多的 10 个语种排名情况

单位：种

排名	语种	数量
1	保加利亚语	319
2	阿拉伯语	290
3	德语	280
4	阿尔巴尼亚语	279
5	法语	160
6	英语	151
7	阿塞拜疆语	144
8	马其顿语	134
9	波斯语	127
10	意大利语	76

资料来源：根据土耳其文化、艺术和文学对外开放项目官网资料整理

表 2　土耳其文化、艺术和文学对外开放项目落地最多的 10 个国家排名情况

单位：种

排名	国家分类排名	数量
1	保加利亚	319
2	德国	272
3	北马其顿	200
4	阿尔巴尼亚	177

续表

排名	国家分类排名	数量
5	伊朗	165
6	阿塞拜疆	138
7	波斯尼亚和黑塞哥维那	127
8	黎巴嫩	93
9	埃及	89
10	美国	82

资料来源：根据土耳其文化、艺术和文学对外开放项目官网资料整理

（三）出版业管理机构情况

土耳其出版业管理机构分为政府机构与行业机构两类。政府机构主要为土耳其文化旅游部下属的图书馆与出版物总局，行业机构主要为土耳其出版商协会。

1. 政府机构

土耳其文化旅游部图书馆与出版物总局（Kütüphaneler ve Yayımlar Genel Müdürlüğü）前身为图书馆总局和出版物总局，于 2003 年 4 月 29 日在《文化旅游部组织和职责法》（*Kültür ve Turizm Bakanlığı Teşkilat ve Görevleri Hakkında Kanun*）的规定下合并，旨在通过出版具有公共利益的文学、知识和艺术作品传承土耳其文化遗产，维护和提供社会服务，促进土耳其民族的文化发展和得到国际社会认可。（见图 1）

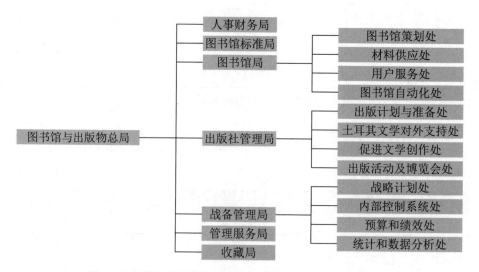

图 1　土耳其文化旅游部图书馆与出版物总局组织架构情况

资料来源：土耳其文化旅游部官网

在图书馆与出版物总局组织的各项活动中，国际儿童图书馆研讨会（Uluslararası Çocuk Kütüphaneleri Sempozyumu）是较为新颖的一个。该研讨会分别于 2018 年 11 月 14—17 日、2019 年 10 月 16—19 日举办了两届。该研讨会旨在进行学术讨论，为学龄前儿童提供受教育的机会，让拥有不同社会经济背景的儿童都有访问图书馆的机会。讨论会主题包括为父母提供材料、图书馆举办创意活动、加强学龄前儿童与图书馆的关系、确保学龄前儿童参加图书馆活动、学龄前儿童读物的主题、让学龄前儿童养成阅读习惯。该研讨会的组织机构包括马尔马拉大学、土耳其文化旅游部及乌斯库达尔市政府。组织结构包括名誉董事会、组织委员会、执行董事会及科学委员会。

土耳其总统府通讯局（Cumhurbaşkanlığı İletişim Başkanlığı）[①]成立于 2018 年 7 月 24 日，前身为 1920 年成立的土耳其总理府出版与信息总署（Basın Yayın ve Enformasyon Genel Müdürlüğü）。该局以"加强土耳其品牌"为口号，引导国家和国际舆论，提高公众意识，组织新闻界开展工作，促进民族和国家间的交流。阿纳多卢通讯社（Anadolu Ajansı）和新闻社（Basın İlan Kurumu）为通讯局下属机构。

2. 行业组织

土耳其出版商协会（Türkiye Yayıncılar Birliği）[②]成立于 1985 年，是一个由土耳其 300 多家出版商组成的行业协会，宗旨是促进土耳其出版业发展；加强同相关部委、官方和民间组织合作，解决各类专业问题；保护出版者权益，打击盗版；推动土耳其文化、艺术传播与发展。协会由理事会、监事会和委员会组成，协会全体会议每两年召开一次，决定理事会的成员。土耳其出版商协会的资金来源为图书销售、社会保障机构捐款、银行利息、证券销售、外汇利润、机构入场费、会员年费及各项活动收入等。[③]该协会组织或参与了一系列的活动，包括出版代表大会、全国出版大会、图书展览会、培训项目以及与欧盟合作举办的阅读文化传播项目、专业出版项目、亚美尼亚与土耳其出版商会见项目、自由出版项目等。

---

① 根据 2018 年 7 月 9 日《官方公报》（*Resmi Gazete*）发布的第 703 号法令《新闻和信息总局组织和职责法令》（*Basın Yayın ye Enformasyon Genel Müdürlüklerinin Teşkilat ve Görevleri Hakkında Kanun Hükmünde Kararname*），废除土耳其总理府出版与信息总署，其所有职能移交至土耳其总统府通讯局。总统府通讯局官网为 www.iletisim.gov.tr/turkce。

② 官网为 www.turkyaybir.org.tr。

③ 来源于《土耳其出版商协会第 23 届工作报告》（*23. Olağan Genel Kurulu Çalışma Raporu*）

出版代表大会（Türkiye Yayıncılık Kurultayı）自 2004 年以来每两年举办一次，目的是召集各个领域的出版商共同商讨出版方面的问题，并提出解决方案。全国出版大会（Ulusal Yayın Kongresi）是由土耳其文化旅游部副部长主持、出版商协会和作家协会（Yayıncı ve Yazar Meslek Birlikleri）的代表参加的不定期会议，从 1939 年至今共举办五次，旨在对出版机构当前存在的问题进行评估，制定未来发展计划。图书展览会（Kitap Fuarları）包括图雅普书展（Tüyap Kitap Fuarları）和国际书展（Uluslararası Kitap Fuarları），前者是由图雅普展览集团（Tüyap Fuarcılık Grubu）组织的在阿达纳、布尔萨、伊兹密尔、萨姆松等 4 个城市举办的城市书展，后者自 2007 年来由土耳其文化旅游部协调组织，在法兰克福书展和伦敦书展上展示土耳其语图书。培训项目（Eğitim Programları）开始于 2013 年，由出版商协会与伊斯坦布尔比尔吉大学合作，为希望从事出版行业的人提供包括出版社职能、出版市场营销、出版编辑、文本编辑等不同主题和级别的培训，已注册协会成员可获得 30% 的学费减免。此外，土耳其出版商协会自 1995 年举办出版和言论自由奖评选（Düşünce ve İfade Özgürlüğü Ödülleri）。

土耳其印刷与出版专业协会（Türkiye Basım Yayın Meslek Birliği）① 于 2007 年 1 月 4 日由土耳其文化旅游部批准成立，是土耳其最大的出版商专业协会。该协会主要目标是强调版权意识、打击盗版、确保出版业的健康发展以及规范出版社、解决版权纠纷、加强同官方及私人机构组织的合作。协会共包括反盗版委员会、版权和许可委员会、成员关系委员会、新闻和公共关系委员会、研发委员会、资源开发和财务委员会、国际关系委员会等 7 个独立委员会。2013 年该协会加入国际复制权组织联合会（International Federation of Reproduction Rights Organizations）。此外，协会也是世界知识产权组织（WIPO）、联合国教科文组织（UNESCO）的代表之一。协会于 2016 年在土耳其文化旅游部、伊斯坦布尔市政府和伊斯坦布尔发展局的支持下组织了"伊斯坦布尔奖学金计划"，以"土耳其作为版权市场"为口号，同 20 个国家的出版社展开合作，向各国提供土耳其出版市场发展情况和出版业信息，举行出版商之间的特别会议、签署版权合同。目前，该协会同阿拉伯出版商协会已签署互惠协

---

① 官网为 http://tbym.org/。

议，并设有专门委员会同阿拉伯国家的 25 个出版商协会直接联系，同非洲出版商协会保持密切关系，同伊斯坦布尔发展通讯社（İstanbul Kalkınma Ajansı）、新闻传播合作协会（Basın Yayın Birliği Derneği）、独立实业家和商人协会（Müstakil Sanayici ve İşadamları Derneği）合作举办了"国际广播版权和咨询中心"（Uluslararası Yayıncılık Telif ve Danışmanlık Merkezi）项目，为作者和出版商在国外进行版权销售提供支持和帮助，促进国家与地区间出版商的合作和发展。

新闻传播合作协会（Basın Yayın Birliği Derneği）[1] 成立于 1991 年，旨在推动出版业发展，解决出版相关问题，同图书盗版做斗争，普及阅读，推广土耳其文化艺术发展。协会包括董事会、新闻出版联合监事会、新闻出版协会执行委员会、广播协会监事会、新闻发布监督委员会。主要活动包括主办书展和讲座、出版图书等。资金来源为会员费（每人每年 25 里拉）、社会捐赠、组织活动收入、商业活动收入等。

（四）图书馆建设情况

土耳其是一个历史悠久的国家，也是最早具备图书馆传统的国家之一。早在 11 世纪，土耳其早期图书馆便在私人基金会的资助下纷纷成立，其后还得到清真寺、神学院等机构的支持。1299 年，奥斯曼帝国成立后，帝国君主支持手稿创作，开设图书馆。1884 年成立的欧斯马尼耶图书馆，是奥斯曼时期由国家成立的首座图书馆，也是现在土耳其贝雅兹特国家图书馆的前身。1920 年土耳其大国民议会成立之后，在教育部下设文化局来管理各地图书馆。1924 年土耳其政府将所有宗教图书馆的管理工作转交给隶属于教育部的图书馆总理事会[2]。

土耳其图书馆类型十分多样，包括国家图书馆、公共图书馆、大中小学图书馆、手稿图书馆等。其中，最具土耳其特色的是手稿图书馆，大部分手稿图书馆藏有土耳其语、阿拉伯语和波斯语手稿。土耳其有很多特色的图书馆，如记录土耳其漫长历史文明的阿塔图尔克图书馆，收藏土耳其造型艺术档案的毕尔肯大学图书馆，以及 1990 年建立的女性图书馆等，都是土耳其文化多样性在图书馆方面的体现。土耳其儿童图书馆主要面向 14 岁以下儿童开放。截至 2019 年 12 月，土耳其全国共有 63 个儿童图书馆。这些图书馆管理较为规范，除会定期举办活动外，还有统一的管理要求，如根

---

① 官网为 https://www.basyaybir.org/。
② 图书馆总理事会后更名为图书馆出版物总理事会。

据儿童年龄对图书进行分类和摆放。

在众多类型的图书馆中，数量最多的是土耳其的公共图书馆，这些公共图书馆除了面向普通民众开放，还会在省长批准后为本省监狱、护理中心、托管中心等公共机构提供服务。2003—2012 年，土耳其公共图书馆数量基本呈递减趋势，近几年虽有所回升，但仍未回归 2003 年的水平。与此形成对比的是，土耳其的大学及其院系开设的图书馆数量在 2003—2018 年一直呈上升趋势，这与 2000 年阿纳多卢大学图书馆联合会（ANKOS）的成立密不可分，该联合会为大学购入了大量研究学习所需文献。[①]（见表 3）

表 3　2003—2019 年土耳其不同类型图书馆数量变化情况

单位：座

年份	国家图书馆	公共图书馆	大学图书馆	合计
2003	1	1350	221	1572
2004	1	1367	242	1610
2005	1	1144	275	1420
2006	1	1178	277	1456
2007	1	1162	320	1483
2008	1	1156	416	1573
2009	1	1149	435	1585
2010	1	1136	473	1610
2011	1	1118	487	1606
2012	1	1112	512	1625
2013	1	1118	533	1652
2014	1	1121	559	1681
2015	1	1130	555	1686
2016	1	1137	552	1690
2017	1	1146	564	1711
2018	1	1162	598	1761
2019	1	1182	610	1793

资料来源：根据土耳其统计局数据整理

---

① 陶敏娟. 土耳其图书馆事业发展史简述 [J]. 河南科技学院学报，2018，3（3）：58-62.

截至 2019 年，土耳其国家图书馆中的图书数量为 1402627 种，期刊 270512 种，包括 517 幅原始绘画、邮票、海报、唱片等在内的稀有档案材料 34 类，同时收藏土耳其共和国第一任总统、总理及国民议会议长阿塔图尔克相关图书 3053 种。土耳其 2019 年共有公共图书馆 1182 座，与 2018 年相比增长了约 1.7%，其中图书有 20742540 册，非图书材料有 132052 份；土耳其大学图书馆共有 610 座，较 2018 年增长了约 2%，其中共有图书 17945383 册，非图书类材料有 1280374 份。

土耳其国家图书馆（Milli Kütüphane）于 1946 年 4 月 15 日建立，1982 年完成扩建。该图书馆隶属于土耳其文化旅游部，并作为土耳其文化旅游部的主要服务单位开展相关活动。该图书馆是土耳其全国最大的图书馆，同时承担文化历史资源保存与传承责任，具有国家档案馆和博物馆属性，珍藏着土耳其民族的记忆。该馆的图书、期刊和其他类型材料总共约 170 万种，若将报纸和期刊不同刊期计算在内，则馆藏超过了 1000 万种。土耳其国家图书馆还同其他图书馆开展了国际合作，如欧洲数字图书馆（EUROPEANA）、欧洲报纸（Avrupa Gazeteleri）、国家总目录（Ulusal Toplu Katalog，简称 To-KAT）等，欧洲读者可借此阅读到土耳其国家图书馆藏书中的手稿，土耳其读者可以访问欧洲其他国家的数字图书馆。

（五）互联网使用情况

2005—2020 年，土耳其 16—74 岁的互联网用户比重稳步增长，越来越多的土耳其民众可以接触并使用互联网，互联网普及率逐渐升高。2014 年土耳其互联网用户数量超过总人口的一半，2020 年这一数据达到 79%。（见图 2）从性别上看，2005—2020 年男性和女性互联网用户的数量均逐年增多，增长幅度基本一致，但男性用户比例始终高于女性。（见图 3）从家用互联网情况看，2011—2020 年土耳其可访问互联网的家庭数量占比始终保持上升趋势。其中，2014 年上升幅度最大，当年突破家庭总数的一半，占比 60.2%，2020 年这一比例已达到 90.7%。（见图 4）

据非官方统计，土耳其每天人均互联网使用时间为 7 小时，其中，3 小时 9 分钟看视频，2 小时 46 分钟使用社交媒体，1 小时 15 分钟听音乐。土耳其人最广泛使用的社交媒体平台依次为脸书（Facebook）、照片墙（Instagram）、推特（Twitter）、色拉布（Snapchat）和领英（Linkedin）。2019 年土耳其人使用电子商务方式支出最

多的是旅游（包括旅游推荐），其次为电子产品、时尚美容产品、玩具、家具等。^①

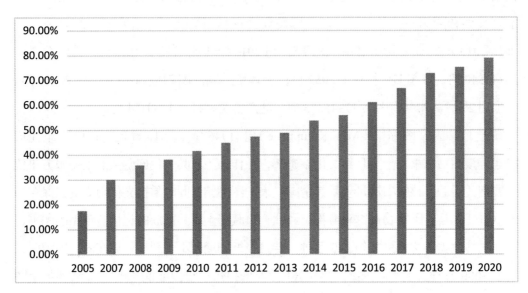

图 2 2005—2020 年土耳其 16—74 岁互联网用户占比情况

资料来源：根据土耳其统计局数据整理

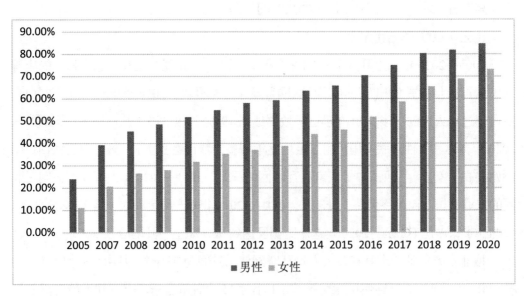

图 3 2005—2020 年土耳其不同性别互联网用户占比情况

资料来源：根据土耳其统计局数据整理

---

① 数据来源：https://dijilopedi.com/2019-turkiye-internet-kullanim-ve-sosyal-medya-istatistikleri/。

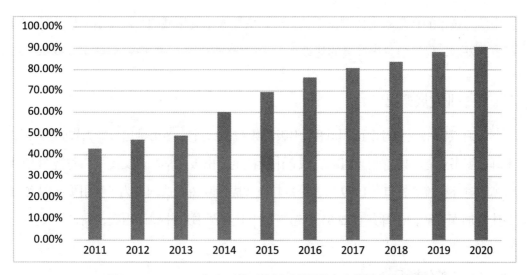

图4　2011—2020年土耳其可访问互联网的家庭数量占比情况

资料来源：根据土耳其统计局数据整理

据世界经济论坛发布的全球网络就绪指数（NRI）[①]，2016年土耳其网络空间综合就绪指数为4.4，在139个国家中排第48位。土耳其互联网环境综合指数为4.2，其中政治和制度环境指数为3.8，商业与创新环境指数为4.7。2019年，土耳其在全球联接指数（GCI）排名中名列第45位，较上一年上升一位。土耳其在近年不断提升电子政务体验，提高互联网参与度。实惠的移动宽带价格使智能手机渗透率[②]达到历史最高，并促进了固定宽带用户数的提升。

在互联网发展战略方面，土耳其政府提出信息与通信技术2023目标，希望到2023年土耳其信息与通信技术行业规模达1600亿美元，至少拥有一个可以在全球信息与通信技术市场具备话语权的国有公司及国家品牌。[③]此外，土耳其于2010年就制定了由土耳其教育部（Milli Eğitim Bakanlığı）和交通运输部（Ulaştırma Bakanlığı）共同主持的增加机会和改进技术运动项目（Fırsatları Artırma ve Teknolojiyi İyileştirme Hareketi，简称FATİH），通过将4万所学校中近60万个教室改造为智能教室进一步开展大规模网络课程，提升教师网络教学能力，确保教育机会均等，同时通过提高教

---

①　"网络就绪指数"（Networked Readiness Index），是由世界经济论坛推出的一套指标体系。对全球主要经济体利用信息和通信技术推动经济发展及竞争力的成效进行打分和排名，从而对各经济体的信息科技水平进行评估。

②　指使用智能手机的用户数占移动用户总数的比例。

③　https://ekonomi.haber7.com/ekonomi/haber/509849-acarer-ict-sektorunun-2023-hedefini-acikladi

育中信息技术的参与率支持国家在信息与通信技术相关领域的公共支出，带动互联网经济的发展，促进信息化社会的建设。

二、图书业发展概况

土耳其图书业相对发达，年图书出版种数约6.9万种，多语种出版能力较强。同时，土耳其图书业有不以营利为目的，独立出版社主要出版文学和人文图书，重视图书的营销和对外交流等特点。1999年，土耳其正式成为欧盟候选国，为了吸引更多国家的关注与加深了解，土耳其自2005年起资助土耳其图书对外翻译出版，向世界传播土耳其文化。

（一）整体概况[①]

整体来看，2008—2019年土耳其图书业出版能力稳步提高，图书出版种数在金融危机之后增长明显，增速超过10%的年份达6年之多，各类载体的图书出版量在12年中增长超过160%。据土耳其统计局数据，2019年土耳其新出版的出版物数量为68554种，较上一年增长2.1%；其中，图书出版61512种，占出版物总数的90%，较上一年相比增长了0.4%。2019年土耳其各类载体的图书出版量达到4.24亿册，较2018年增长3.2%。综合考虑土耳其人口同期增长情况可以认为，土耳其图书业生产增速快于人口增速，图书业在总体商品供应量上可以满足土耳其读者需求。（见表4）

表4 2008—2019年土耳其图书出版情况

年份	出版种数（种）	出版册数（册）
2008	32339	163165695
2009	31286	170324457
2010	35767	214414289
2011	41386	289193982
2012	42626	293257824
2013	47352	330017405
2014	50752	344405399

---

① 图书业发展概况数据来自土耳其统计局 http://www.tuik.gov.tr/。

续表

年份	出版种数（种）	出版册数（册）
2015	56414	384054363
2016	54446	404129293
2017	60335	407739008
2018	67135	410641305
2019	68554	423602828

资料来源：土耳其统计局

从出版的图书语种看，土耳其出版的非土耳其语图书主要为英语、阿拉伯语和德语。2008—2019 年，土耳其语图书数量基本处于总图书种数的 90% 左右，英语图书数量占比基本处于 5% 左右。2008—2019 年土耳其语图书占所有语言图书比重最大，其他语言图书的占比呈整体增长态势。2019 年，土耳其语图书共出版 61700 种，英语图书出版 4514 种，阿拉伯语出版 960 种，德语出版 248 种，其他语言出版 1132 种。（见表 5）

表5　2008—2019 年各语种图书出版数量及占比情况

单位：种

语种		土耳其语		英语		阿拉伯语		德语		其他语言	
年份	总量	数量	占比	数量	占比	数量	占比	数量	占比	数量	占比
2008	32339	29911	92.5%	1632	5.0%	192	0.6%	105	0.3%	342	1.1%
2009	31286	29352	93.8%	1022	3.3%	203	0.6%	90	0.3%	522	1.7%
2010	35767	33463	93.6%	1400	3.9%	242	0.7%	83	0.2%	509	1.4%
2011	41386	39143	94.6%	1207	2.9%	237	0.6%	122	0.3%	599	1.4%
2012	42626	40335	94.6%	1303	3.1%	327	0.8%	99	0.2%	562	1.3%
2013	47352	43086	91.0%	2615	5.5%	473	1.0%	166	0.4%	1012	2.1%
2014	50752	46528	91.7%	2502	4.9%	482	0.9%	150	0.3%	1090	2.1%
2015	56414	50644	89.8%	2965	5.3%	459	0.8%	339	0.6%	2007	3.6%
2016	54446	50572	92.9%	2308	4.2%	615	1.1%	126	0.2%	825	1.5%
2017	60335	55143	91.4%	2987	5.0%	1237	2.1%	191	0.3%	777	1.3%
2018	67135	61828	92.1%	3139	4.7%	801	1.2%	302	0.4%	1065	1.6%
2019	68554	61700	90.0%	4514	6.6%	960	1.4%	248	0.4%	1132	1.7%

资料来源：根据土耳其统计局数据整理

以土耳其里拉和以美元计算的土耳其图书销售规模差别较大。以里拉 [①] 计算的 2016 年土耳其图书零售市场规模为 63.35 亿里拉，2018 年为 69.65 亿里拉，而以美元计算时，两年的市场规模却呈现下降趋势。（见表 6）考虑国际市场各国汇率变动和土耳其近年国内经济波动较大，或可认为土耳其图书市场规模同期并未扩大，而土耳其出版社面临的市场形势可能较为严峻。

表 6　2008—2019 年土耳其图书零售和批发市场情况

单位：百万美元

年份	图书零售总额	图书批发总额
2008	—	760
2009	1730	1125
2010	1933	1250
2011	2308	1500
2012	2225	1450
2013	2314	1583
2014	—	—
2015	2125	1415
2016	2126	1440
2017	1591	957
2018	1386	928
2019	1463	970

资料来源：土耳其出版商协会

土耳其出版商协会将图书分为教育类、文化类、学术类和进口图书四个类别。其中，教育类图书包括教科书、教辅书和备考类图书，文化类图书包括成人小说、成人文化、宗教、儿童与青少年等 4 个细分类。除 2017 年之外，每年均为教育类占比最大，其次为文化类图书，学术类最少。（见表 7）

---

① 2009 年，1 美元 =1.55 里拉；2013 年，1 美元 =2.15 里拉；2017 年，1 美元 =3.64 里拉；2019 年，1 美元 =5.67 里拉。

表 7　2015—2019 年四类图书零售和批发总额情况

单位：百万美元

年份	零售					批发				
	总计	教育	文化	学术	进口	总计	教育	文化	学术	进口
2015	2125	1088	811	48	178	1415	—	—	—	—
2016	2126	1094	833	45	153	1440	—	—	—	—
2017	1591	616	806	35	134	957	361	486	23	87
2018	1386	634	621	25	106	928	454	380	20	74
2019	1463	775	547	28	113	970	552	325	20	73

资料来源：土耳其出版商协会

按照土耳其统计局标准，出版商可分为 4 类，分别是私营部门、公共和教育机构、非政府组织及其他。2008—2019 年间，土耳其私营部门的图书出版能力最强，占年出版品种的 90% 左右，公共和教育机构的图书出版量基本呈下降趋势，非政府组织的图书出版量在 2011—2012 年大幅下滑，近几年逐渐回升。（见表 8）

表 8　2008—2019 年土耳其各类出版社图书出版数量及占比情况

单位：种

整体情况		私营部门		公共和教育机构		非政府组织		其他	
年份	总量	数量	占比	数量	占比	数量	占比	数量	占比
2008	32339	28300	87.5%	2418	7.5%	1528	4.7%	93	0.3%
2009	31286	27511	87.9%	2408	7.7%	1312	4.2%	55	0.2%
2010	35767	30412	85.0%	3954	11.1%	1337	3.7%	64	0.2%
2011	41386	35724	86.3%	3704	8.9%	1958	4.7%	—	—
2012	42626	37523	88.0%	3667	8.6%	1436	3.4%	—	—
2013	47352	42438	89.6%	3606	7.6%	1308	2.8%	—	—
2014	50752	46525	91.7%	2972	5.9%	1255	2.5%	—	—
2015	56414	52056	92.3%	3061	5.4%	1297	2.3%	—	—
2016	54446	50072	92.0%	2981	5.5%	1393	2.6%	—	—
2017	60335	55633	92.2%	3190	5.3%	1512	2.5%	—	—

续表

整体情况		私营部门		公共和教育机构		非政府组织		其他	
年份	总量	数量	占比	数量	占比	数量	占比	数量	占比
2018	67135	61607	91.8%	3864	5.8%	1664	2.5%	—	—
2019	68554	63163	92.1%	3571	5.2%	1820	2.7%	—	—

资料来源：根据土耳其统计局数据整理

（二）细分市场情况

土耳其出版商协会将大众类图书细分后，能更加直观地看出各类图书的市场表现。2017—2019 年间，土耳其只有成人小说和学术类图书的出版种数在持续增加，成人文化、儿童与青少年、教育、宗教等 4 类有不同程度的波动。（见表 9）

表 9　2017—2019 年土耳其各类图书出版情况

单位：种

年份	成人小说	成人文化	儿童与青少年	教育	学术	宗教	总计
2017	9830	11509	10042	17153	8143	3658	60335
2018	10639	11687	9299	21628	10751	3131	67135
2019	12505	11172	10338	19368	11434	3736	68554

资料来源：土耳其统计局

2013—2019 年，教育类图书始终是土耳其图书出版种数中占比最大且稳步增加的图书类别。2018 年是多年中土耳其出版教育类图书最多的一年，达到 21628 种，2019 年为 19369 种，较上一年下降 10.4%。此外，成人小说近 7 年来的增长幅度最大，2013 年成人小说出版物的数量占总体的 14%，2019 年为 18%，种数由 2013 年 6637 种增加到 2019 年的 12505 种。成年文化类图书出版种数在 2014 年之后基本保持平稳，并在 2019 年出现了下降的现象。宗教类图书数量占比始终最少。（见图 5）

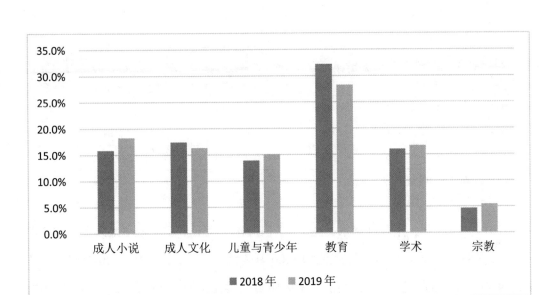

图 5　2018—2019 年土耳其各类图书出版数量占比情况

资料来源：根据土耳其统计局数据整理

　　根据土耳其出版商协会零售市场和批发市场规模的最新数据，2019 年土耳其教育类图书零售规模为 7.75 亿美元，成人文化类图书为 3.08 亿美元，成人小说为 9000 万美元，宗教类图书为 8100 万美元，儿童与青少年图书为 6700 万美元，学术类图书为 2800 万美元，进口图书为 1.13 亿美元。从批发市场规模看，2019 年土耳其上述各类图书的市场批发规模分别是 5.52 亿美元、1.85 亿美元、5400 万美元、4900 万美元、3700 万美元、2000 万美元和 7400 万美元。截至 2019 年，无论零售市场还是批发市场，教育类图书市场基本是土耳其最大的图书细分市场，学术类图书份额基本保持最低水平。（见表 10 ）

表 10　2015—2019 年土耳其大众类图书零售和批发规模情况

单位：百万美元

年份	成人小说		成人文化		宗教		儿童与青少年	
	零售	批发	零售	批发	零售	批发	零售	批发
2015	104	—	400	—	226	—	81	—
2016	112	—	414	—	219	—	88	—

续表

年份	成人小说		成人文化		宗教		儿童与青少年	
	零售	批发	零售	批发	零售	批发	零售	批发
2017	121	76	447	279	135	74	103	57
2018	98	61	346	216	109	66	68	37
2019	90	54	308	185	81	49	67	37

资料来源：根据土耳其出版商协会数据整理

2015—2017 年，土耳其学术类图书占图书零售市场比例维持在 2% 以上，市场规模分别是 4800 万美元、4500 万美元和 3500 万美元，可以看出 2016—2017 年学术类图书市场规模大幅下降，2018 年继续减少 1000 万美元，为 2500 万美元，零售市场的占有率也下降到 2% 以下，为 1.8%。2019 年学术类图书的市场规模为 2800 万美元，较上一年相比有所回升，市场占有率为 1.93%。同期，此类图书在批发市场中所占比率基本保持平稳，始终在 2% 以上，占有率最高的年份为 2017 年，达到了 2.39%。2015—2019 年，学术类图书批发市场的规模持续缩小，自 2015 年的 3100 万美元下降到 2019 年的 2000 万美元，给零售市场留下的收入空间也在缩减。

土耳其也十分重视儿童与青少年图书的发展。2015—2019 年，儿童与青少年类图书零售市场规模占比在 3.81%~6.49% 之间，2017 年曾达到创纪录的 1.03 亿美元。图书批发市场方面，该类图书市场 2017 年时规模最大，达到了 5700 万美元，市场占比为 5.94%。土耳其成立一批专业出版社，1980 年成立的蓝云出版社（Mavibulut）是第一家儿童与青少年图书出版社，随后，土耳其本土专业社和国际出版集团的少儿社数量都在增加。2014 年伊诺努大学与费拉特大学的一项覆盖 1002 名埃拉泽省 15~29 岁高中生及费拉特大学在校生调查结果显示，25% 的人每月阅读 2~3 本书，22.3% 的人每月阅读 1 本书，21.0% 的人每周阅读 1 本书。15~29 岁青少年最常阅读的图书种类依次为科幻小说（21%）、文学类图书（21.1%）、个人发展相关图书（19.3%）。[1]

（三）数字内容生产情况

土耳其统计局按照图书的载体形式将图书分成纸质图书，含 DVD、VCD、CD

---

[1]　Doç. Dr. Cemal Gündoğdu, Begüm Barata, Yrd. Doç. Dr. Evrim Çelebi. *Eğitim ve Öğretim Araştırmaları Dergisi*[J]. 2016-5.

等在内的物理介质电子书，网络电子书，其他形式图书等 4 类。2008—2019 年，以纸
质图书为载体的出版物占据土耳其整体出版物总数的绝大部分，且始终保持增长的态
势；网络电子书出版量在 2016—2017 年有明显下降，后于 2018 年有所恢复，2019 年
基于网络的电子书为 6072 种，占到出版物总数的 8.9%。（见表 11）

表 11　2008—2019 年土耳其不同载体图书出版情况

单位：种

年份	总数	纸质图书		物理介质电子书		网络电子书		其他	
		种数	占比	种数	占比	种数	占比	种数	占比
2008	32339	31760	98.2%	292	0.9%	107	0.3%	180	0.6%
2009	31286	30560	97.7%	435	1.4%	146	0.5%	145	0.5%
2010	35767	34857	97.5%	330	0.9%	305	0.9%	275	0.8%
2011	41386	39247	94.8%	258	0.6%	1037	2.5%	844	2.2%
2012	42626	39367	92.4%	311	0.7%	2617	6.1%	331	0.8%
2013	47352	42655	90.1%	1981	4.2%	2299	4.9%	417	1.0%
2014	50752	44613	87.9%	483	1.0%	5245	10.3%	411	0.9%
2015	56414	49148	87.1%	539	1.0%	6389	11.3%	338	0.7%
2016	54446	51113	93.9%	325	0.6%	2697	5.0%	311	0.6%
2017	60335	58027	96.2%	212	0.4%	1767	2.9%	329	0.6%
2018	67135	61265	91.3%	391	0.6%	5177	7.7%	302	0.5%
2019	68554	61512	89.7%	415	0.6%	6072	8.9%	555	0.9%

资料来源：根据土耳其统计局数据整理

　　从细分市场看，2018 年土耳其网络电子书经历 2016—2017 年大幅减少后出现翻
两番的增长，其中，学术类网络电子书是多年来唯一稳步增长的类别，占土耳其全年
网络电子书的 38.82%，其他几类均回归到 2014—2015 年的出版水平。（见表 12）在
2014—2019 年，土耳其有声书的整体出版量远低于网络电子书。其中，成人小说有声
书最多，一度占到当年有声书出版总量的近一半。儿童与青少年有声书在 2019 年迅
猛增长，达到 101 种，是各类有声书中幅度变化最大的。（见表 13）

表12　2013—2019年土耳其网络电子书出版情况

单位：种

年份	成人小说	成人文化	儿童与青少年	教育	学术	宗教	总计
2013	528	519	378	305	211	358	2299
2014	1683	2107	647	142	246	420	5245
2015	2930	955	915	744	437	408	6389
2016	519	717	453	143	426	439	2697
2017	298	376	309	127	464	193	1767
2018	628	1083	398	964	2013	100	5186
2019	644	1042	575	903	2662	246	6072

资料来源：土耳其统计局

表13　2014—2019年土耳其有声书出版情况

单位：种

年份	成人小说	成人文化	儿童与青少年	教育	学术	宗教	总计
2014	93	26	52	12	1	9	193
2015	39	4	36	19	2	3	103
2016	12	7	3	6	1	1	30
2017	10	8	4	2	2	—	26
2018	13	8	—	4	3	—	28
2019	71	11	101	—	2	1	186

资料来源：土耳其统计局

土耳其电子书出版仍处于起步阶段，电子书价格较其他国家以及土耳其本国纸质图书价格要高。这是由电子书发行商在出版社规定价格上又增加利润导致，但随着越来越多的出版社选择出版电子书和电子书销售平台加大推销力度，土耳其电子书价格仍有下降空间。

现在越来越多的土耳其人在运动、外出或做饭时收听有声书，这已成为人们生活重要的一部分。根据有声读物平台斯德拓（Storytel）公布的数据，土耳其人2019年收听有声书的时间累计为405.44万小时，较2018年增长325%。其中，收听时间累计排前五名的内容分别是：非小说类 94 万小时、小说类 89.5 万小时、经典读物类 51.7 万小时、儿童类 50.7 万小时、侦探类 41.5 万小时。2019 年斯德拓收听率排名最高的是《哈利·波特》系列。①

目前土耳其最大、最有创新性的电子书供应商是 1996 年 5 月成立的意迪菲斯（Idefix）。从 2003 年开始，意迪菲斯每年举办一次网上图书博览会，除众多活动外，还会有来自 2000 多家出版商的 19 万种图书七折销售。意迪菲斯网站上电子书资源非常丰富，出售包括文学、儿童与青少年、科幻、卡通漫画、音乐、健康与饮食、体育运动、商业与金融等在内的多类型电子书。该平台与 KOBO 电子书阅读器合作，为阅读电子书的读者提供更加便利的服务。自 2006 年起，意迪菲斯为超过 50 家出版社提供官网运营服务，其中包括一批土耳其大型出版社。

三、报刊业发展概况

与土耳其人口相比，土耳其报刊数量较为丰富，出版周期、发行范围、内容类别也较为多样，可以满足土耳其读者整体阅读需求。随着互联网的不断普及，报刊尤其是报纸的网络化成为传统纸媒努力的方向。

根据土耳其统计局最新数据，2018 年土耳其报纸数量为 2463 种，较 2017 年减少 0.4%。从出版周期看，土耳其报纸周期较为多样，涵盖日报到一年出版一次的报纸，其中，日报 280 种，每周出版 2~6 期的报纸 694 种，周报 730 种，半月报 195 种，月报 399 种，两月发行一次的报纸 35 种，季报 47 种，每 4 个月发行一次的报纸 3 种，半年发行一次的报纸 10 种，每年仅发行一次的报纸 17 种，不定期发行的报纸 53 种。从发行范围看，土耳其有全国性报纸 171 种、区域性报纸 44 种、地方性报纸 2248 种。从报纸内容看，出版种数占比最大的前两类报纸分别是：政治、新闻、时事类和地方政府报纸，两者分别占出版总种数的 87.8% 和 2.2%。2018 年土耳其报纸发行量为 12.89 亿份，其中全国性报纸 10.52 亿份，区域性 943.7 万份，地方性报纸 2.27 亿份。《自由报》（Hürriyet）、《晨报》（Sabah Gazetesi）和《发言人报》（Sözcü Gazetesi）是土发行量最大的报纸。《每日新闻》（Hürriyet Daily News）和《每日晨报》（Daily

---

① 来自 https://www.marketingturkiye.com.tr/haberler/sesli-kitap-dinleme-orani-2019da-yuzde-315-artti/。

Sabah）是主要的英文报纸。[①]

2005—2018 年，土耳其每年出版品种最多的是周报，出版种数远超其他出版周期的报纸。周报出版品种在 2012—2018 年呈下降趋势，2018 年出版周报 730 种，较 2017 年相比下降了 3%。自 2015 年来，日报的出版数量基本呈下降趋势，2018 年土耳其拥有日报 280 种，较 2017 年减少 18.1%。（见表 14）

表14   2005—2018 年土耳其日报和周报出版种数

单位：种

年份	日报	周报
2005	508	539
2006	524	586
2007	467	686
2008	452	753
2009	396	811
2010	401	863
2011	412	899
2012	405	885
2013	485	963
2014	520	886
2015	432	842
2016	391	759
2017	342	753
2018	280	730

资料来源：土耳其出版商协会

土耳其 2018 年出版期刊 3464 种，与 2017 年相比下降 4.1%。其中，周刊 50 种、半月刊 6 种、月刊 841 种、双月刊 483 种、季刊 783 种、半年刊 558 种、年刊 323 种，

[①] 来自中华人民共和国外交部网站土耳其国家概况 https://www.fmprc.gov.cn/web/gjhdq_676201/gj_676203/yz_676205/1206_676956/1206x0_676958/。

另有每四个月出版的期刊 276 种和不定期刊物 144 种。[①] 从发行范围看，全国性期刊 2250 种、区域性 150 种、地方性 1099 种。2018 年土耳其期刊发行量为 7945.14 万份，其中全国性期刊 6004.48 万份，区域性 283.32 万份，地方性 1657.34 万份。在 2018 年所出版的期刊中，行业专业期刊、学术类、教育和考试类是出版种数占比最大的三个类别，分别占土耳其期刊种数的 17.5%、13.8% 和 8.5%，幽默类最少，仅为 0.4%。

整体上看，土耳其 2018 年报刊年发行量与上一年相比下降 17.6%。其中，报纸占 2018 年总发行量的 94.2%。

《自由报》是土耳其主要报纸之一，1948 年创刊，具有主流、自由和保守的特点。该报 2018 年初的发行量为 31.9 万份，是土耳其发行量最大的报纸。该报在伊斯坦布尔、安卡拉、伊兹密尔等六个地方设有地区办事处，并在国内外形成由 52 个办事处和 600 名记者所组成的新闻网络。据 2017 年 1 月的监测数据，该报网站的访问量在土耳其排名第十位，报纸阅读量位列第二。近年，该报也面临经营上的困难，2018 年收入 4.22 亿里拉，较上一年减少 6357.8 万里拉；纸张使用量为 2.7 万吨，减少 1 万吨。

四、中土出版业交流合作情况

中国与土耳其是两大古文明的发源地，也都是陆上丝绸之路的重镇。1971 年，中土建立外交关系，两国间的交往日益密切。成立于 1990 年的土耳其—中国友好基金会致力于全面加强土中两国的政治、经济、文化关系。2015 年 10 月，在安塔利亚二十国集团峰会期间，中国政府与土耳其政府签署了关于将中国"一带一路"倡议与土耳其"中间走廊"倡议相衔接的谅解备忘录，为双方相关合作提供了指南。此后，中土两国开展了多个重大经济合作项目，包括安卡拉—伊斯坦布尔高铁和伊斯坦布尔昆波码头等，这些项目为两国都带来丰厚回报。

多年来，文化交流是中土关系发展的重要组成部分。2010 年上海世博会期间，中土双向文化交流日渐活跃。2012—2013 年度中土文化年活动，以政治论坛、经贸论坛、记者和作家交流、电影电视周、美食节等内容、形式多样的活动，在两国人民间开展了一场文化的交流与对话，让土耳其民众切身感受到了多姿多彩的"中国元素"和土

---

① 另有周期内出版 2—6 期的刊物 35 种，因土耳其统计局来对此类刊物的周期明确说明，故未列入正文。

耳其风情。2018 年中国"土耳其旅游年"期间，中国赴土耳其游客达到 39.41 万人次，同比增长 59.38%。2021 年土中建交 50 周年之际，北京土耳其文化中心——尤努斯·埃姆雷学院落成，两国政府 2017 年共同签署互设文化中心的协定得以实施。

中土两国出版业交流合作在两国政治互信不断加强、经济合作不断扩大、文化交流日益多元的背景下持续深入开展。2007 年，中国作为特邀国参加伊斯坦布尔书展。2008 年，土耳其文化旅游部在北京国际图书博览会期间向中国出版业发布 "土耳其语言翻译资助项目"①，成为土耳其政府支持土耳其图书进入中国市场的开端。2013—2014 年，中土两国分别以主宾国身份参与对方国际书展相关活动，通过举办各种活动为中土双方出版业人士提供面对面交流与沟通的机会，加深双方对两国出版业现状及发展更为直观和较深入的了解，为实现交流共赢提供沟通的平台、合作的平台。2014 年 7 月，中土两国签署《中国国家图书馆与土耳其国家图书馆合作意向书》，旨在就互办展览、古籍修复、数字图书馆建设、出版物交换和文献搜集等方面展开深入合作。2019 年，习近平总书记倡导实施亚洲经典著作互译计划，帮助亚洲人民加深对彼此文化的理解和欣赏，为展示和传播文明之美打造交流互鉴平台，中土出版交流进入一个新阶段。在出版界频繁交往的基础上，中土图书翻译出版活动保持了较为活跃的状态。2016—2020 年间，中国出版社每年与土耳其相关机构签署图书输出协议从最初的不到 50 项增加到 160 余项，参与中土图书版权贸易的中方出版机构从 15 家扩大到 30 余家。

参考文献

1. 陶敏娟 . 土耳其图书馆事业发展史简述 [J]. 河南科技学院学报 .2018，3（3）：58-62.

2. *Küçükleri Muzır Neşriyattan Koruma Kanunu*[R]. T.C. Cumhurbaşkanlığı İdari İşler Başkanlığı Hukuk ve Mevzuat Genel Müdürlüğü.

3. *Türk Ceza Kanunu*[R]. T.C. Cumhurbaşkanlığı İdari İşler Başkanlığı Hukuk ve

---

① 即上文中提到的"土耳其文化、艺术和文学对外开放项目"。

Mevzuat Genel Müdürlüğü.

4. Doç. Dr. Cemal Gündoğdu, Begüm Barata, Yrd. Doç. Dr. Evrim Çelebi. *Eğitim ve Öğretim Araştırmaları Dergisi*[J]. 2016-5.

5. *TEDA list*[R]. T.C. Kültür ve Turizm Bakanlığı.

6. *Basın Yayın ve Enformasyon Genel Müdürlüğünün Teşkilat ve Görevleri Hakkında Kanun Hükümünde Kararname*[R]. T.C. Cumhurbaşkanlığı İdari İşler Başkanlığı Hukuk ve Mevzuat Genel Müdürlüğü.

7. *Yayınlama Özgürlüğü Raporu Kasım 2018-Ekim 2019*[R]. Türkiye Yayıncılar Birliği.

8. *23. Olağan Genel Kurulu Çalışma Raporu*[R]. Türkiye Yayıncılar Birliği.

9. *2. Uluslararası Çocuk Kütüphaneleri Sempozyumu 16-19 Ekim 2019 İstanbul*[R]. Türkiye Cumhuriyeti Kültür ve Turizm Bakanlığı.

10. *2010-2019 Yılı Bütçe Kitabı*[R]. Türkiye Cumhuriyeti Kültür ve Turizm Bakanlığı.

11. *İletişim Başkanlığı 2020-2024 Stratejik Planı*[R]. İletişim Başkanlığı.

12. *2001-2019 Kütüphane Türüne Göre Kütüphane, Kitap ve Kitap Dışı Materyal Sayısı*[R]. TÜİK.

13. *2005-2020 Bilgisayar ve İnternet kullanım oranı*[R]. TÜİK.

14. *2011-2020 İstatistiki Bölge Birimleri Sınıflaması 1.Düzey'e Göre Hanelerde İnternet Erişimi*[R]. TÜİK.

15. *Yayınlanan Materyallerin Türüne Göre Sayısı*[R]. TÜİK.

16. Tunay Alkan, Arzu Bilici, Dr. Tunç Erdal Akdur, Oğuz Temizhan, Harun Çiçek. *Fırsatları Artırma Teknolojiyi İyileştirme Hareketi (FATİH) Projesi*[S]. 2011-9.

17. *2017 Turkish Publishers*[R]. Türkiye Cumhuriyeti Kültür ve Turizm Bakanlığı.

18. *2008-2019 Yayınlanan Materyallerin Türüne göre Sayısı*[R]. TÜİK.

19. *2008-2019 Yayımcı Türüne Göre Yayınlanan Materyal Sayısı*[R]. TÜİK.

20. *2013-2019 Materyallerin Konusuna Göre Sayısı*[R]. TÜİK.

21. *2018-2019 Materyalin Türü ve Konusuna Göre Yayın Sayısı*[R]. TÜİK.

22. *2018-2019 Yayımcı Türü ve Materyalin Konusuna Göre Yayın Sayısı*[R]. TÜİK.

23. *2018-2019 Yayımcı ve Materyal Türüne Göre Yayın Sayısı*[R]. TÜİK.

24. *2018-2019 Materyalin Konusu ve Yayın Diline Göre Yayın Sayısı*[R]. TÜİK.

25. *2018-2019 Gazete/dergilerin Yayımlanma Sıklığına Göre Sayısı*[R]. TÜİK.

（作者单位：中国新闻出版研究院、北京外国语大学）

文莱出版业发展报告

周　伊　徐丽芳

文莱达鲁萨兰国（Negara Brunei Darussalam），简称文莱（Brunei），位于加里曼丹岛西北部，北濒南中国海，东南西三面与马来西亚的沙捞越州接壤，并被沙捞越州的林梦分隔为东西两部分，国土面积5765平方公里。全国划分为四个区，文莱—摩拉区（Brunei-Muara）、马来奕区（Belait）、都东区（Tutong）、淡布隆区（Temburong）。首都为斯里巴加湾市（Bandar Seri Begawan），位于文莱—摩拉区，面积100.36平方公里。截至2019年，文莱人口总数45.95万，其中马来人占65.8%，华人占10.2%，其他种族占24%。文莱官方语言为马来语，通用英语，在华人中中文使用广泛。伊斯兰教为文莱国教，其他还包括佛教、基督教等。[①]

一、出版业发展背景

（一）政治经济状况

文莱古称浡泥，后为苏丹国，14世纪中叶伊斯兰教传入文莱，对文莱司法体系产生重要影响，文莱因此逐渐变成政教合一的国家。16世纪初，文莱国力达到鼎盛，自16世纪中期开始，先后遭到葡萄牙、西班牙、英国的殖民入侵，内忧外患之下，文莱国力不断衰微，最终沦为英国殖民地。1941年，文莱被日本占领，1946年重新回到英国政府的掌控中，直到1984年完全独立，并正式宣布"马来伊斯兰君主制"为国家纲领，将伊斯兰教确认为文莱国教，反对政教分离。至此，文莱成为世界上极

[①] 资料来源：中华人民共和国外交部网站文莱国家概况。

少数的保持君主专制政体的国家之一，也是东南亚地区唯一的君主制国家。"马来""伊斯兰"与"君主"是"马来伊斯兰君主制"的三根支柱，含义分别为："马来"确保马来民族权利的有效性和特殊性，是文莱王室、家庭、社会、民族和国家生活的支柱；"伊斯兰"代表作为文莱国教的伊斯兰教是确保文莱独特、完美社会生活方式的基本准则；"君主"则指文莱实行君主制，苏丹是文莱的最高统治者，是文莱人的领导者和保护者，拥有统治国家的最高权力。三者相辅相成、相互联系，在文莱的国家政治、经济和社会生活中发挥着重要作用。

在经济方面，文莱是东南亚主要产油国，也是世界主要天然气生产国，石油和天然气的生产和出口是文莱国民经济支柱，约占国内生产总值的2/3、财政收入来源的90%和外贸出口的95%以上。其他非油气产业，主要如制造业、建筑业、金融业及农、林、渔业等均不发达。2014年以来，国际油价暴跌对文莱经济造成巨大冲击，国内生产总值连续三年负增长，对外贸易额大幅缩水，财政收入锐减，赤字严重。为避免经济结构过于单一，近年来文莱正大力实施经济多元化战略，大力发展出口加工业、农业、渔业以及物流、金融、旅游和信息服务等产业。最近几年，文莱经济状况逐步恢复，2019年国内生产总值（GDP）184.4亿文莱元（约合136亿美元），同比增长3.9%，人均国内生产总值2.9万美元，是世界上最富裕的国家之一。

（二）相关法律及政策情况

目前，文莱正大力实施经济多元化战略，方向之一是发展基于知识和创新的生产型经济，文化创意产业逐渐受到国家政府部门重视，近年来对外资吸引力度的加大也为投资文莱文化产业提供了诸多利好条件。在市场准入方面，文莱对大部分行业没有明确的本地股份占比规定，对外国自然人投资亦无特殊限制，仅要求公司董事至少1人为当地居民。2001年，文莱政府颁布新的投资促进法令，将部分产业纳入先锋行业，投资享受税收优惠。"先锋产业"无准确定义，但需满足相关的条件，即符合公众利益；该产业在文莱未达到饱和；具有良好的发展前景，产品具有该产业的领先性。从事出版经营活动且符合公众利益的外资公司可被纳入"先锋服务公司"范围，享受所得税免除及可结转亏损和补贴等待遇，免税期8年，可延长但不得超过11年。此外，中国企业在文莱的投资合作受到双方签订的《鼓励和相互保护投资协定》《促进贸易、投资和经济合作谅解备忘录》《避免双重征税和防止偷漏税的协定》等诸多协议保护。

在对外贸易方面，出于环境、健康、安全和宗教方面的考虑，文莱海关对包括出版物、印刷品、电影、音像制品、宗教图书在内的部分商品实行进口许可管理，在出口上的管制较少，随着 2010 年中国—东盟自贸区正式建成，文莱对中国包括图书在内的约 7000 种产品实行零关税政策。

由于文莱独特的政治体制和宗教文化传统，文莱政府依靠集权统治和至高无上的宗教体系来维持原有的意识形态和价值观，强调文莱人生活的核心就是伊斯兰教信仰、忠君思想和文明礼貌，任何人不得破坏这一生活方式，而出版作为意识形态的主要组成部分，浸透在伊斯兰君主制的思想中，受到政府部门和法律的严密监管。文莱不仅有单独的报纸法和出版法，还通过一系列保卫王室和伊斯兰教的法律对新闻出版作出限制，因此我国出版商在进入该国市场时需充分注意规避政治与宗教风险。

文莱《本地报纸法》对报纸的登记、出版、印刷和发行等方面作出了相关规定。根据该法，任何报纸发行前必须向内政部（Ministry of Home Affairs）注册并申请许可，并根据发行数量缴纳不同数额的许可费（见表 1），以及 10 万文莱元的押金。

表 1　文莱报纸发行许可费用情况

发行数量（份）	许可费用（文莱元）
少于 200	50
200~500	200
501~1000	500
1001~4000	1000
4000 以上	15000

资料来源：文莱内政部官方网站

同时，内政部还负责对图书、报纸和期刊内容进行审查。任何本地报纸只要发表犯罪或诱导他人改变宗教信仰等危害文莱国家安全和稳定的内容，检查官就可以指控该报犯罪，相关部门可命令该报停刊并收缴所有的机器、纸张、印刷资料、图书、文件和各种用来印刷报纸的材料；发表虚假或错误新闻同样违法，印刷商、出版商、编辑和作者都将受到严厉处罚。在《有害出版物法》中，文莱进一步规定，进口、出版、出售、提供、散布、制作或拥有被禁止的出版物都将被认为是违法行为，主要包括淫秽、暴力等损害公共利益的出版物，以及引起不同种族或宗教群体之间敌意的出版物。除了专门针对新闻出版的法律，文莱的《暴乱法》规定，引起他人憎恨、蔑视苏丹和王室、引起对政府和法庭的不满、引起文莱居民之间的不满和敌对情绪都属有罪；而印刷、出版、出售、提供、分发、复制及拥有与上述犯罪行为相关的出版物都将被认为有罪。而在紧急情况下，只要苏丹认为对公众有利，就可以作出检查、控制出版物，镇压媒介的决定。

另外，文莱也是《伯尼尔公约》《WIPO 版权条约》《WIPO 表演和录音制品条约》的缔约国，由知识产权局（Intellectual Property Office）通盘负责版权保护事宜，其《版权令》最新一次修订为 2013 年，对包括小说、诗歌、报纸等在内的书面作品提出了版权保护细则，其他保护内容还包括戏剧作品、音乐作品、艺术作品、计算机软件程序等，双方合作或开展投资时应妥善处理版权事宜，避免产生纠纷。

（三）国民阅读情况

2008 年文莱政府制定并发布了"2035 年宏愿"，目标之一是打造知识经济，提高公民竞争力，而阅读是学习的基本要素之一。随后在 2011 年的知识大会和 2013 年的"增强阅读文化"专题研讨会中，阅读的重要性进一步被强调——"阅读文化是我国发展纲要中必须优先考虑的重要事项""我们必须让下一代养成阅读习惯，培育知识文化"。在政府层面文莱政府给予阅读高度重视，但在社会层面民众阅读情况却并不乐观，这是多方面因素共同导致的结果：一是文莱本地图书种类少，且需要接受严格的审查，无法满足各层次阅读需求，而进口图书价格较为昂贵；二是民众对阅读重要性的认识不够；三是支持和促进阅读的基础设施条件有待提升。近年来，为推广阅读，文莱政府采取了各种措施，一方面建设完善公共图书馆服务网络，另一方面由核心文化部门语言文学局（Dewan Bahasa dan Pustaka）策划了多种活动以激发、培养国民阅读兴趣，提高阅读能力，一些非政府组织也发挥了重要作用。

1. 图书馆建设情况

文莱语言文学局图书馆（Perpustakaan Brunei Darussalam）是文莱唯一的公共图书馆，共有 11 家分馆，另外还通过社区图书馆、移动图书服务点、在线图书借阅系统、阅读角等方式为民众提供公共阅读服务。根据文莱公布的统计年鉴，2019 年文莱达鲁萨兰国图书馆共有图书 795259 册，其中马来语图书占比 58.63%，英语图书占比41.13%，其他语言图书占比 0.24%。（见表 2）2015—2019 年，图书馆图书数量稳步上升，但年增长率从 2015 年的 4.4% 降至 2019 年的 0.55%，增长速度放缓。

表2　2015—2019 年文莱达鲁萨兰国图书馆图书馆藏数量情况

单位：册

语种	2015	2016	2017	2018	2019
马来语	448255	454801	461189	463706	466294
英语	310422	321537	323796	325405	327081
其他	1459	1583	1706	1779	1884
总计	760136	777921	786691	790890	795259

资料来源：文莱 2016—2020 年统计年鉴

在图书馆使用情况上，2015—2018 年图书馆年使用人数总体呈下降趋势，从 91395 人下降至 70884 人，而在 2019 年，使用人数陡然增长至 2018 年的 2.64 倍，达到 186995 人。其中，成人区使用人数最多，占比 42.9%；儿童区次之，占比 35.8%；青少年区使用人数最少，占比 21.3%。（见图 1）

单位：人

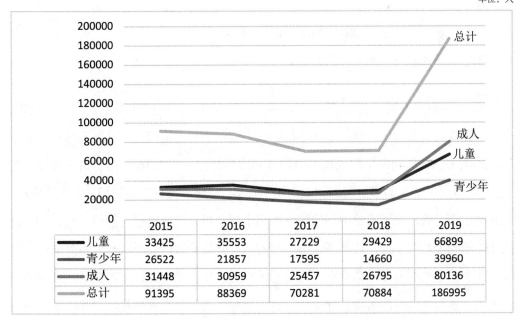

	2015	2016	2017	2018	2019
儿童	33425	35553	27229	29429	66899
青少年	26522	21857	17595	14660	39960
成人	31448	30959	25457	26795	80136
总计	91395	88369	70281	70884	186995

图1　2015—2019 年图书馆年使用人数情况

资料来源：文莱 2016—2020 年统计年鉴

在借阅情况上，2015—2017 年图书年借阅量从 103515 本逐年下降至 54354 本，2017—2019 年有所好转，上升至 83488 本，但仍低于 2015 年的水平。其中，儿童读物始终是借阅数量最多的种类，其次是成人读物，最后是青少年读物。（见图 2）

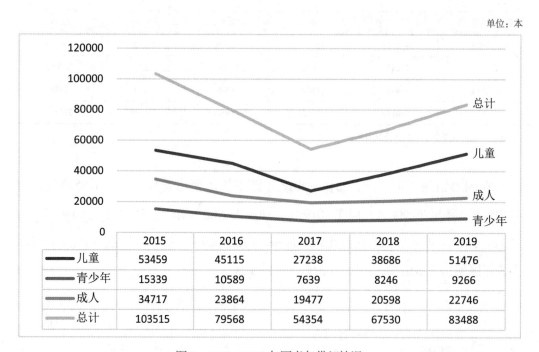

单位：本

	2015	2016	2017	2018	2019
儿童	53459	45115	27238	38686	51476
青少年	15339	10589	7639	8246	9266
成人	34717	23864	19477	20598	22746
总计	103515	79568	54354	67530	83488

图 2　2015—2019 年图书年借阅情况

资料来源：文莱 2016—2020 年统计年鉴

除公共图书馆外，文莱几乎所有政府部门都有自己的专业图书馆，至少由一名图书馆工作人员负责管理，例如立法部门的图书馆用于存储法律类图书及文件；文莱博物馆的图书馆为博物馆工作人员提供参考和阅读材料，在 2016 年以前用来保存"法定送存"出版物；宗教事务部的图书馆用于收集、存储和提供与宗教相关的参考资料，尤其是伊斯兰教；文莱历史中心的图书馆用于存储与文莱历史相关的研究资料。文莱的 232 所初等教育学校、12 所职业技术学校、7 所高等教育院校以及大多数清真寺也基本建有自己的图书馆或阅读室。为培养民众尤其是青少年的阅读习惯，文莱图书馆开展了一系列阅读推广活动，分少儿、青少年和成人三个类别展开。少儿活动包括讲故事比赛、涂色比赛、阅读比赛、读书俱乐部、参观图书馆等；青少年活动主要包括读书研讨会、字谜游戏、戏剧和传统音乐培训班等。

2. 阅读推广情况

自 1970 年以来，文莱语言文学局在推广阅读方面作出了诸多尝试，并将每年 6 月定为国家"阅读月"，发起"阅读嘉年华"和文莱书展两项大规模年度活动。阅读嘉年华活动于 2002 年首次开展，与世界读书日同期，由文莱各地的语言文学局和图书馆承办，组织包括讲座、图书馆员研讨和培训会、图书展销以及文学、绘画比赛等在内的多项活动。文莱书展始于 1984 年，通常在文莱国庆节期间举办，活动包括图书展销、趣味竞赛以及各类有关阅读、图书馆和信息科学的研讨会等，参观者能够以折扣价购买图书以及各种文具。2020 年，文莱书展以"教育和启发"为主题，于 2 月 28 日在国家体育馆举行，为期 10 天，来自本地和国外（尤其是印度尼西亚、马来西亚、阿曼苏丹国和约旦）的 35 家出版商参与了展出，参观人次高达 6.5 万，由语言文学局出版的许多图书都被抢购一空，尤其是折扣高达 70% 的品类。据语言文学局称，书展和狂欢节活动旨在唤起民众尤其是青年对读书的热情，是建设和发展国家的一项长期投资，迄今为止对民众产生了积极影响，许多参观者表达了对活动的期待，希望能从中找到与当前环境相关且有意义的阅读材料。语言文学局每年还会开展各类写作比赛、新书发布会、诗歌朗诵会以及面向家长的阅读、选书讲习班等活动，同时与学校密切合作以确保学生掌握基本阅读技能，获得良好的阅读环境支持。

2011 年，文莱民间阅读爱好者成立了非营利性组织 B:Read（Bruneians Read 的缩写）以在全国推广阅读文化。B:Read 最早是脸书（Facebook）上的阅读小组，随着参与人数增多，活动范围逐渐从线上延伸至线下，组织的常规性阅读活动包括线下的图书交换会和读书会，在线上也会发起"共读一本书"活动，并在读书小组中进行分享讨论。B:Read 还在文莱各地设置了 5 家免费图书馆，人们可以免费借阅图书，无须注册登记，如果想保留借到的书也可以用自己的书来交换。另外，文莱图书馆协会、文莱语言教师协会等非政府组织也会定期举办阅读讲座和培训班等，在促进阅读上发挥了积极作用。

二、图书业发展概况

（一）整体情况

文莱出版业发展与国家文化政策密切相关，目前仍处于萌芽状态。自1984年文莱独立以来，马来语正式确认为国家官方语言，发展马来文化符合文莱"马来伊斯兰君主制"意识形态和话语体系的要求。因此，尽管英语也是文莱通用语言，但马来语图书在文莱出版业始终拥有不可比拟的优先地位。1961年，文莱在文化、青年和体育部（Ministry of Culture, Youth and Sports）下专门成立了语言文学局，负责马来语和马来文学的发展与传播、文化研究以及图书出版工作，如今语言文学局出版的马来语图书在文莱图书市场中占据了相当大的比例，其余图书也大多来自政府部门，私人出版业规模较小。由于文莱出版业没有单独的统计部门，在经济统计中，图书、报纸与文具零售归于同一口径，详细数据获取困难，语言文学局每年图书出版数量大致可反映文莱出版业整体规模。

根据语言文学局官网数据，2015—2020年间，语言文学局共出版图书184种，其中马来语图书175种，英语图书（含双语）5种，另外还有《暹罗河的起源》一书被翻译成了7种语言出版，包括阿拉伯语、法语、日语、韩语、汉语、德语以及杜顺语[①]。近年来文莱图书出版数量总体呈上升趋势，2020年为45种，是2015年的2.5倍。（见图3）据笔者粗略统计，2015—2020年出版数量最多的为儿童读物，约56种，占比30.4%；小说38种，占比20.7%；诗歌28种，占比15.2%；学术类17种，占比9.2%；其他图书类别包括宗教，民俗、传统，历史，字典、术语，文学，记传，经济、管理，科教，语言，参考书，漫画，戏剧，政治，教育，心理、健康（按出版种数排序），共计45种，占比24.5%。

---

①　"杜顺族"为马来西亚沙巴州原始部落，属杜顺语系。

单位：种

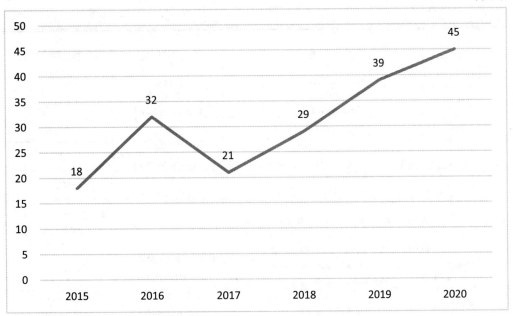

图3　2015—2020年语言文学局出版图书数量情况

资料来源：文莱语言文学局官方网站

相比之下，文莱人创作的英语作品往往由海外机构出版，且数量稀少。除1998年出版了一部诗歌选集外，文莱英语文学在2009年以前都处于停滞状态，2009年以后产量才逐渐增长，这或许得益于互联网的发展，越来越多的博客平台和在线小组为英语作家提供了栖息地。表3统计了文莱1998年至2017年近二十年间的英语文学作品，包括9部小说、1部戏剧和8部诗集。在这18部作品中，有12部是通过海外机构进行自助出版，3部由语言文学局出版，2部由当地教育机构汇编，还有1部由新加坡季风图书出版，海外出版比例达72%。

表3　1998—2017年文莱的英语文学作品出版情况

类别	年份	书名	作者	出版方
小说	2009	《东方野人》 （ *The Wild Men of the East* ）	塞拉玛特·蒙纳普 （Selamat Munap）	自出版 （Raider Publishing）
	2010	《穿过林荫大道：非凡的爱情》 （ *Crosswise the Boulevard: An Extraordinary Love Saga* ）	M. 费萨尔 （M Faisal）	语言文学局
	2011	《四个国王》 （ *Four Kings* ）	克里斯托弗·孙 （Christopher Sun）	自出版 （CreateSpace）

类别	年份	书名	作者	出版方
	2013	《孤独的冒险》 （ *The Forlorn Adventure* ）	阿米尔·法里克 （ Amir Falique ）	自出版 （ Trafford Publishing ）
	2014	《用黑色书写》 （ *Written in Black* ）	KH·林 （ KH Lim ）	季风图书
	2016	《最后的堡垒》 （ The Last Bastion of Ingei ）	阿姆顿·阿利亚 （ Aammton Alias ）	自出版
	2016	B.I.S.A（1~3卷）	—	自出版
	2017	《宝石：探索伊斯兰爱情》 （ *Jewel: An Attempt at a Halal Romance* ）	艾莎·马利克 （ Aisha Malik ）	自出版
	2017	《克里斯·海里昂》 （ *Kris Hellion* ）	迈克尔·哈迪 （ Michael Hardy ）	自出版
戏剧	2012	《聚光灯下：文莱英文戏剧选集》 （ *In the Spotlight: An Anthology of Bruneian Plays in English* ）	—	文莱达鲁萨兰国大学创意产业研究中心
诗歌	1998	《苍穹之下与其他诗集：文莱的英语诗歌艺术》 （ *Under the Canopy and Other Poems: English Poetry in Brunei* ）	埃德·沃恩·拉帕塔哈纳 （ Vaughan Rapatahana ）	英国教师中心
	2009	《黑天鹅》 （ *The Swan Scripts* ）	沙伊·奥马莱利 （ Shai Omarali ）	自出版 （ CreateSpace ）
	2009	《年轻的梦》 （ *Young Dreams* ）	伊扎蒂·贾米尔 （ Izzati Jamil ）	语言文学局
	2012	《给文莱和其他诗集的颂词》 （ *Tribute to Brunei and Other Poems* ）	约翰·奥努·奥迪希 （ John Onu Odihi ）	自出版 （ Trafford Publishing ）
	2013	《彩色条纹》 （ *Streak of Colour* ）	温特·弗罗斯特 （ Winter Frostt ）	自出版 （ Trafford Publishing ）
	2015	《虚无时刻》 （ *Moments of Nil* ）	弗洛拉·塔武 （ Flora Tavu ）	自出版 （ Partridge Singapore ）
	2016	《努鲁达·迪·瓜拉：给恋人》 （ *Neruda di Kuala: A Section of Lovers* ）	Fice KB	自出版 （ La Lectrice Borneo ）
	2016	《年轻的梦想之后》 （ *Journey After Young Dreams* ）	伊扎蒂·贾米尔 （ Izzati Jamil ）	语言文学局

资料来源：卡斯琳娜·莫哈末·达马德.对抗瞬息：文莱叙事、公共记忆，需要批判的"中间角色".（Kathrina Mohd Daud. Battling Ephemera: Bruneian Narratives, Public Record, the Need for a Critical Middle.）

可以发现，文莱马来语图书和英语图书不仅在出版数量上有极大差距，在出版模式上也非常不同。这一方面与文莱国家文化政策相关，马来语文学得到了国家制度化的支持，虽然英语作品在国际市场广受欢迎，但文莱本地翻译基础设施还不够完善，无法实现将本地马来语作品翻译成其他语言的常规化运作。另一方面与文莱严格的内容审查机制相关，马来语图书出版基本上限于语言文学局或其他政府部门，出版时间和内容均由政府机构掌控，对作者来说存在一定局限性，因此越来越多的英语作家转向自出版模式或与新加坡、马来西亚等国外出版机构合作，创作上能更加自由，另外也受到电子书激增、自助出版成本低等因素的影响。

随着互联网的发展，通过博客或网站进行创作也越来越流行，为文莱内容创作提供了新的数字空间。近年来文莱比较突出的网络文学平台有两个，一个是网站"松革联盟"（Songket Alliance），成立于 2013 年，旨在提供一个内容空间来"鼓励文莱人继续写作"，计划每周推出 3 篇博文，内容大多是非虚构类，以个人随笔为主，关注文莱少数人的故事。另一个内容体量更大、持续时间更长的是通过脸书（Facebook）发布恐怖故事的"幽灵模式"（Mode Seram），成立于 2010 年，目前有近 4 万读者。该平台宣称自己的宗旨是"在不改变或不影响伊斯兰信仰的前提下为所有人提供有教育意义的阅读材料和娱乐体验"，以避免争议和批判。除了发布故事，该平台也鼓励读者提交故事，从而模糊了创作者和读者之间的界限，这种模式在网络文学中也十分常见。这些较少受到政府监督的数字平台为文莱的内容创作提供了更多可能。

（二）主要出版机构

文莱图书市场整体规模较小，出版主体结构较为单一，政府部门掌握了大部分市场，私人出版商数量较少，另外高等教育机构也有自己的出版社，以生产学术、教育类图书。

1. 政府出版部门

文莱文化、青年和体育部下属语言文学局、文莱历史中心、文莱博物馆均涉足出版业务，其中语言文学局统筹负责全国各类图书出版，文莱历史中心与文莱博物馆主要出版与部门工作相关图书。另外，宗教相关部门如穆夫提办公室、宗教事务部也会出版宗教类图书。

语言文学局由下属部门图书策划处统筹规划图书出版事宜，其中学术和文学图书科负责出版各个学科领域的研究性学术图书以及小说、诗歌和戏剧等创造性文学图书；大众和儿童图书科负责出版语言、艺术、经济、历史、法律、社会科学、医学和地理等各个领域的通用图书以及故事书、儿童诗歌、漫画等儿童读物。对于收到的作品稿件，图书策划处需要对其进行审核和评估，主要标准是该作品为原创，不涉及敏感问题，并且不得引起争议和矛盾。除了接受作者投稿，语言文学局还会举办各种题材的写作比赛及研讨会，并将成果整理出版。

文莱历史中心成立于 1982 年，主要任务之一是收集、整理和保存各种形式的有价值的文莱历史资料，并将研究内容整理出版，供公众阅读传播。根据 2020 年公布的出版书目清单，文莱历史中心从 1983 年至 2019 年共出版图书 91 种，其中马来语图书 66 种，历史图册 12 种，阿拉伯语图书 1 种，英语图书 12 种，内容主要包括"马来伊斯兰君主制""文莱伊斯兰教""文莱教育""文莱海外关系""研讨会文集""国家政府及人物""文莱早期历史"等。

文莱博物馆成立于 1965 年，基本职责是保存国家文化和自然遗产，传播相关知识以激发文莱人民对国家遗产的热爱和欣赏，图书出版则是知识传播的重要渠道之一。据文莱博物馆官网发布的出版书目清单，目前文莱博物馆共出版图书 62 种，内容涵盖考古学、民族志、博物学、口头民间故事等。

穆夫提办公室是文莱权威的伊斯兰教法研究和信息中心，目前已出版图书 54 种，主要内容包括伊斯兰律法的裁决或教令、科学著作和研究成果等。

2. 私人出版机构

据笔者检索，目前文莱仍在运营的私人出版机构数量较少，出版的图书品种也是如此，其中几家代表性机构如下：

蓝图出版服务（Blueprint Publishing Services），成立于 2018 年，提供的服务包括图书封面设计、编辑和校对、版式设计、社交媒体营销、出版协助、咨询和作者培训，另外还会举办马来语和英语的写作比赛，并将成果整理出版，目前已出版图书近 10 种，包括马来语和英语，内容涵盖诗集、恐怖小说、爱情小说、财务管理等。

AD 漫画（AD Comics），文莱第一家漫画出版商，旨在开辟文莱漫画书出版版图，创作了文莱第一个漫画超级英雄特布安曼（Tebuanman），受到当地居民的热烈欢迎，目前该系列漫画已出版 4 期。

治愈信仰出版社（HealOurIman Press），成立于 2016 年，出版内容侧重于励志与伊斯兰信仰，目前已出版 3 本图书。

其他出版机构还包括卡斯伦·纳菲斯出版社（Qasrun Nafis Publishing House）、M 内容创意（M Content Creations）、心灵写手（Heartwrite）等。

3. 大学出版社

文莱大学出版社主要出版学术类图书，促进知识在各个学科领域的传播，代表性出版社为苏丹谢里夫·阿里伊斯兰大学出版社（Sultan Sharif Ali Islamic University

Press，简称 UNISSA Press），目前已出版近百种学术类书刊，其中主要有马来语 18
种，阿拉伯语 35 种，英语 8 种，还建有专门的在线书店供研究人员购买。文莱最大
的高等教育和科学研究中心文莱达鲁萨兰大学（Universiti Brunei Darussalam）在 2014
年也开设了自己的出版社达鲁萨兰大学出版社（UBD Press）。

（三）图书发行渠道

文莱图书销售主要有线上和线下两种渠道，线下零售书店规模不等，有较大的综
合性书店，也有专门出售细分类目的小型书店。近年来随着互联网的快速发展，文莱
也出现了几家在线图书零售网站以及通过社交媒体营销的书店，为文莱居民提供在线
购书及配送服务。（见表 4）

表 4　文莱线下及线上书店情况

类别	书店名称	简介
线下零售书店	比斯米贸易有限公司（Bismi Trading Sdn Bhd）	成立于 1978 年，是文莱最大的教科书和伊斯兰图书零售商，拥有小说、传记、计算机科学、教材、文学和宗教等 50000 余种图书。
	穆巴拉克图书城（Mubarak Book Emporium）	成立于 1975 年，是文莱最古老的书店，供应各年龄阶段图书及文具、办公用品等，目前在文莱有 6 家门店。
	贝斯特书店（Best Eastern Book Store）	文莱领先书商之一，拥有 6 家门店，注重文莱教育发展，多为儿童提供图书、教辅资料、杂志，以及有关儿童成长教育类图书。
	语言文学局书店（Kedai Buku DBP）	语言文学局官方书店，出售图书分为 5 类，包括科学类、一般读物、文学、儿童故事和漫画。在新冠肺炎疫情期间，书店推出了在线订购服务，客户通过扫描二维码获取图书目录，然后通过电话订购并在线支付。
	毕业生书店（Pustaka Graduan）	由文莱高等教育机构的毕业生管理，旨在以合理的价格提供图书和文具，出售图书大多为语言文学局、文莱历史中心等政府部门出版物。
	青少年书店（Pustaka Remaja）	主要销售一般读物、教材和宗教图书等，在文莱全国拥有 3 家门店。
	故事书店（The Story Shop）	主要出售各种伊斯兰图书。
线上书店	克拉菲蒂（Krafiti.com）	Krafiti 成立于 2012 年，除新书外还销售二手书、珍藏本及绝版书，内容涵盖商业、艺术、历史、文学、教育、信息技术及宗教等。网站拥有图书品类约 500 余种，其中语言文学局出版的图书最多，占比 61.6%，其次是文莱历史中心和文莱达鲁萨兰大学。91% 的图书价格低于 24.99 美元，订单最低消费达 50 美元可享受免费配送服务。
	诺利图书（Nollybook.com）	该书店除了线上运营，在文莱国际机场还有 1 家实体店，提供商品包括图书、杂志、文具、玩具、家具和旅行用品等。网站拥有图书近 700 种，其中文莱本地图书 213 种，占比 31%。订单最低消费达 40 文莱元可享受免费配送服务。
	伊克尔图书（Icklebooks.com）	该书店成立于 2006 年，是一家专门销售儿童图书的书店，除线上网站外拥有 1 家实体店，提供近 2500 种本地及进口儿童图书，另外还销售儿童玩具、游戏、文具等。订单最低消费达 40 文莱元可享受免费配送服务。
	德本豪斯（Dbookhaus）	该书店成立于 2010 年，宗旨是为读者提供价格低廉的图书，主要通过脸书（Facebook）、照片墙（Instagram）等社交媒体进行在线销售，无独立的销售网站，目前拥有 1 家实体店，读者可通过社交媒体预订图书，由书店提供送货服务，也可自行去门店提取。

资料来源：文莱各书店官方网站

三、报刊业发展概况

文莱报刊业发展一直受到国家政治环境的深刻影响。在 1950 年以前，除了英国殖民办公室出版的《年度报告》外，文莱没有其他出版物，1951 年政府开始定期出版《政府公报》，但这并不算严格意义上的报纸。文莱第一份正式报纸可以追溯到 1952 年，不列颠马来亚石油公司（现为文莱壳牌石油公司）向员工和公众分发的公司官方刊物《沙蓝·赛瑞亚邮报》（*Salam Seria*），以马来语和英语双语出版，提供有关石油勘探的信息以及公司新闻，在马来语版本中还增加了世界新闻及教育相关内容，该刊第二年更名为《沙蓝邮报》（*Salam*），一直出版至今，并且免费向读者提供。在这之后，文莱自己的新闻报纸《婆罗洲公报》（*Borneo Bulletin*）、《文莱灯塔报》（*Pelita Brunei*）、《文莱新闻》（*Berita Brunei*）等才相继出现。在近 70 年的时间里，文莱先后共出现了十余种报纸，但相当一部分报纸例如《文莱新闻》等只维持了短暂的时间，仅有少数报纸在变化的时局中得以存活。（见表 5）

表 5 　 文莱已停刊报纸情况

时间		名称	售价	简介
独立前	1954—1958	《文莱新闻》（*Berita Brunei*）	10 美分	马来语周报，部分以爪夷文印刷，印数约为 5000 份，编辑称广告减少是停刊的主要原因。
	1958.03—1958.09	《马来西亚》（*Malaysia*）	20 美分	另一份爪夷文周报，但存在时间不长。
	1961.10—1962.02	《奉献之声》（*Suara Bakti*）	20 美分	马来语周报，由前政党创办，自称"在北加里曼丹发行量最大"。
	1966—1971	《每日星报》[马来版（*Bintang Harian*）] [英文版（*The Daily Star*）]	15 美分	双语日报，除文莱外，还在马来西亚、新加坡等地发行，被文莱新闻社（Brunei Press）收购后停刊，停刊时每期印数超过 15000 份。
独立后	1990—1993	《文莱每日文摘》（*Brunei Darussalam Daily Digest*）	免费	英语日报，由文莱政府出版。
	1999—2002	《新闻快报》（*News Express*）	80 美分	英语日报，是文莱当时第二大报纸，员工多为外国人，处于文莱传统权力结构之外，经常发布批评性报道。2002 年 9 月，该报停刊，其发行人因逃税被捕。
	2006—2016	《文莱时报》（*The Brunei Times*）	80 美分	英语日报，继《新闻快报》后文莱第二大日报，专注于当地和外国新闻事件的分析评论，商业和金融也是其重要栏目。2016 年 11 月，该报突然关闭，报纸称是由于"业务可持续性及新闻标准等问题"，但也有声音指出是因为该报发表了一篇批评文莱政府的报道。

资料来源：根据网络资料笔者自行统计

如今，创刊于文莱独立前并持续运营的报纸有两份，一份是由文莱政府发行的《文莱灯塔报》（*Pelita Brunei*），另一份是由文莱国有企业 QAF 公司旗下文莱新闻社发行的《婆罗洲公报》（*Borneo Bulletin*）。独立后，文莱政府又创办了《文莱新闻通讯》（*Brunei Darussalam Newsletter*），文莱新闻社创办了《宝石报》（*Media Permata*），加上后来出现的独立新闻网站直击文莱（BruDirect）、独家（The Scoop）、文莱报（The Bruneian）以及商业文莱（Biz Brunei）等多个新闻品牌共同支撑文莱报刊业的发展。目前，文莱社交媒体普及率为94%，居东盟国家首位，80%的文莱人都会从手机上获得新闻信息，因此文莱报刊业虽然体量较小，但数字化程度较高。

《婆罗洲公报》最开始是一份英文周报，于1953年首次发行，主要集中于婆罗洲新闻，尤其是文莱，期初发行量在3500份左右，是当时婆罗洲最大的出版物。1959年，《婆罗洲公报》被卖给新加坡《海峡时报》（*Straits Times of Singapore*），后于1985年回到 QAF 公司手中，交由旗下子媒体公司文莱新闻社运营，随后《婆罗洲公报》开始改为每日发行。报纸主要刊登当地、外交事业、商业等严肃性新闻以及体育、生活、娱乐等休闲性新闻。

目前，《婆罗洲公报》每期平均日发行量2万份，周末和周日版平均发行量为2.5万份，同时还推出了网页及电子版。（见表6）

表6　《婆罗洲公报》电子版订阅价格情况

价格（文莱元）	5.99	28.80	81.60	153.60	288.00
访问权限	7天	1个月	3个月	6个月	1年
	—	2周内过刊	4周内过刊	6周内过刊	8周内过刊

资料来源：《婆罗洲公报》官方网站

《文莱灯塔报》由文莱首相府下属信息部出版，是文莱政府的官方报纸，成立于1956年，最初为双周发行，使用马来语。1965年至2008年为每周三发行；2008年起，随着数字媒体的发展，《文莱灯塔报》推出免费的网页版和电子版，每天更新，纸质版改为每周一、周三、周六发行。2014—2018年间，为降低成本、平衡传统媒体与新媒体的发展，该报纸质版减少了近 3/4 的发行量。

《文莱新闻通讯》成立于 1985 年，是文莱政府面向外国读者出版的英文报刊，最开始每月发行 2500 份；1991 年起变为双周发行，发行量为 10000 份；2004 年改回月刊，每月发行 3000 份；2013 年起不再发行纸质版，仅在信息部官网提供 PDF 版本。

《宝石报》是文莱新闻社于 1998 年创办的马来语日报，主要为马来读者提供当地新闻，满足其信息获取、教育和娱乐需求。与《婆罗洲公报》一样，网页版和电子版需付费订阅，但价格更低。（见表 7）

表 7　《宝石报》电子版订阅价格情况

价格（文莱元）	4.99	20.80	54.00	98.00	175.00
访问权限	6 天	1 个月	3 个月	6 个月	1 年
	3 天内过刊	2 周内过刊	4 周内过刊	6 周内过刊	8 周内过刊

资料来源：《宝石报》官方网站

新闻网站"直击文莱"聚合了文莱所有的新闻，以为用户提供便捷、即时的阅读体验为宗旨，是文莱第一大新闻网站，也是文莱网络媒体的先驱。除新闻外，该网站还提供体育、娱乐、科技、健康、电影以及航班时刻表等生活方面的内容，使服务面更加广泛。目前，网站每天至少更新两次，日均访问量约为 15 万至 25 万。

新闻网站"独家"于 2017 年 9 月推出，是文莱独立的新闻平台，也是文莱第一个且唯一一个由女性领导的新闻品牌，专注于讲述人物故事，以更深入、更具反思性的视角探讨文莱发展趋势和新闻事件。目前，该网站免费向公众提供服务，并推出了年度印刷版，在文莱受到极大欢迎。

文莱报与商业文莱均为商业新闻网站。文莱报成立于 2017 年，订阅费为每年 60 文莱元，主要提供文莱本地及国际最新商业资讯，目前已推出网页版、电子报和应用程序三种数字形式，数字平台每月读者数量累计超过 70 万。商业文莱网成立于 2019 年，旨在面向国内外读者展示文莱本地商业发展，为文莱企业家搭建经验分享平台，网站分为商业新闻、创业之旅、商业战略、商业促销四个栏目，在疫情期间新增了新冠肺炎疫情专栏。

除上述本地报刊外，文莱中文报纸均由国外进口，大部分从马来西亚沙捞越美里陆路运抵文莱，经过审核后，发行至文莱各地。三家马来西亚报社在文莱设立分社或办事处，负责编辑或出版当地版华文报章，分别是《联合日报》（总社设在马来西亚美里）、《诗华日报》（总社设在马来西亚诗巫）、《星洲日报》（总社设在马来西亚吉隆坡），唯一中文资讯网为易华网。

四、中文两国出版业交流合作情况

中国与文莱关系源远流长，文莱也是我国"海上丝绸之路"的重要枢纽。随着中国—东盟建立战略伙伴关系，文莱作为东盟东部增长区的核心，与我国有着巨大的合作潜力和空间。在双方努力下，两国双边贸易一直呈上升趋势，相关数据显示，2018 年文莱所有的货物贸易有 35.2% 来自中国，2019 年中文贸易额达 11 亿美元，其中中国对文莱出口 6.5 亿美元，自文莱进口 4.5 亿美元。在两国关系进展中，文莱新闻媒体一直发挥着积极作用。2013 年《文莱时报》曾于 10 月 1 日发布 8 个有关中国的热门话题，包括"中国—东盟关系""中国梦""中秋佳节""神舟十号"等。2018 年文莱媒体团队又到中国云南省开展了为期一周的媒体交流活动。文莱媒体对中国的积极宣传在文莱社会层面有极大影响力，为文莱人民了解中国国情以及中、文两国交流现状提供了信息渠道，也为两国深化合作奠定了公众基础。

在文化领域，1999 年中国与文莱签署文化合作谅解备忘录，约定双方鼓励和协助文化领域的专家、学者、教师、学生以及专业文化团体进行交流和互访，鼓励发展双边学术机构、技术和研究所、专业协会以及其他文化和学术机构之间的联系，互相提供和分发能够促使两国关系友好发展的图书、电影、教学材料、录音带、录像带、专业报刊以及文学和艺术著作。近年来，在协议框架指导下，两国文化交流日益密切，文化展览、文艺演出、文化节等活动往来不断，出版业的交流与合作也取得突破。

近年来，我国多次向文莱各高等教育机构及华文学校赠送图书及教学资料。例如，2019 年中国驻文莱大使馆向文莱双溪岭中岭学校、九汀中华学校、那威中华学校、淡布隆培育学校、都东中华学校、诗里亚中正中学六所华校捐赠汉语教材，支持文莱中文教育的发展；2020 年向文莱达鲁萨兰大学、文莱理工大学、文莱中华学校、马来奕中华中学和诗里亚中正中学五所学校赠送 307 册图书及影视资料，涉及中国经济、科技、文学、艺术、旅游等方方面面，其中包括中国企业家的人物传记，介绍中国最新科技成果的专著等，为文莱师生更深入地了解中国、更全面地认识中国，加深对中国历史文明和科技实力的理解提供了阅读材料。

在交流互访方面，我国积极参与文莱举办的书展、文化节、语言周等活动，例如中国驻文莱大使馆在 2018 年文莱书展暨增进阅读文化嘉年华活动现场展出了涉及中国政治、社会、经济、文化、科技及中文关系的中文、英文、马来文图书四十多种，吸引了文莱读者驻足阅读；我国香港书展上也屡现文莱展商的身影，我国读者通过文莱书刊加深了对当地的历史和文化的认识。随着中国与东盟文化交流合作走向纵深，以东盟为纽带，中文双方借助中国—东盟出版博览会、中国—东盟少年儿童书展、中国—东盟文化论坛等平台进一步沟通，增进了对双方出版业发展情况、国家文化形象的相互了解。

在图书出版方面，由于文莱翻译资源薄弱，因此语言文学局出版的中文图书种类较少，民间也没有私人中文图书出版机构，仅有少数短篇故事书如《纳克霍达马尼斯》《鳖岛传说》《暹罗河的起源》等被翻译成中文。而华人占文莱总人口的 10.2%，华文教育已有接近 100 年的历史，华校一直面临师资匮乏、教材不适用等诸多困境，为此中国华文教育基金会组织，北京燕京文化专科学校和文莱中华中学的领导及教师共同编写出版了文莱小学高级华文教材，让文莱华校学生拥有适用的、本土化的学习资料。另外，由中、文两国 24 位作者联袂创作的"我们和你们"系列丛书之《中国和文莱的故事》也于 2017 年正式发行，该书同时翻译成了马来语出版，作者们结合亲身经历讲述了中文两国的历史渊源，聚焦中文两国关系和民间友好交往，可以说是两国在图书内容上的一次成功合作。

由于文莱政治制度和社会文化的特殊性，政府对外来出版物内容把控严格，对外输出作品也较少。2011 年在文莱书展开幕式上，文莱文化、青年和体育部部长表示，"文莱的图书出版还未达到能与海外作品竞争的水准""希望文莱人能努力出版在国际市场上具有竞争力的优质图书"。随着文莱 2006 年加入东盟图书出版商协会，2007 年加入亚太出版商联合会，亚太地区国家间的合作互助为文莱出版产业发展创造了机会，也为中文两国深化出版合作打开了渠道。目前，两国在图书输送、交流互访方面进展顺利，在图书译介、内容创作方面的成果较为缺乏，未来合作可从以下几个方面入手。一是充分发挥中国—东盟伙伴关系、亚太出版商联合会的作用，推动双方在版权贸易、出版物进出口、读者阅读交流方面的合作。根据文莱当地出版情况，儿童读物是出版大类，另外文莱华校也十分需要本土化的华文教材，因此符合少年儿童的认知规律和阅读特点的儿童读物、面向中小学阶段的汉语学习类教材可以是合作重点。二是进一步鼓励参与对方国家举办的书展活动，目前我国最大的国际书展北京国际图书博览会上还未见文莱展商的身影，我国可积极与文莱政府沟通，鼓励文莱出版机构参展并为其提供便利条件。三是关注当地华文创作，为文莱华人作家提供出版平台。文莱华文图书尤其是文学图书十分匮乏，华文创作没有发表平台，中方可积极联系、培养文莱华文作者资源，鼓励并支持他们进行创作，为中国民众了解文莱历史文化现状提供视角。同时，鉴于文莱的政治和宗教文化背景，我国出版机构进行活动时需熟悉当地法律法规、宗教状况、市场管理机制等，保持充分的风险防范意识。

　　文莱出版业整体规模较小，相对来说市场并不发达，图书、报刊体量均较小，缺乏一定多样性。由于国家政治、文化背景，文莱出版物需要经过严格的审查，虽然有利于国家对出版物的控制和管理，但在某种程度上也打击了一部分作者的创作热情，近年来随着互联网技术的成熟，许多作者开始转向自出版平台，并用英语创作以获得更高的自由度。当前，文莱众多读者、出版商和学者都在呼吁创作更多文莱叙事作品，以弥合生产与消费间的鸿沟，让文莱故事走进本地乃至国际读者的世界。目前，尽管中文两国在新闻出版上的合作还处于较初级阶段，但"一带一路"为两国在各领域的深入交流又打开了新的窗口。在媒介快速发展的今天，加强交流合作、共同应对挑战是两国共识。"一带一路"背景下，随着两国出版业的发展和进步，相信未来有更多合作机会，两国人民间的了解和友谊将进一步加深，两国关系将全面向好发展。

参考文献

1. 邵建平，杨祥章. 文莱概论 [M]. 广州：世界图书出版公司，2012：89-90.

2. 商务部.《对外投资合作国别（地区）指南——文莱》. [EB/OL]. [2021-08-18]. http://www.mofcom.gov.cn/dl/gbdqzn/upload/wenlai.pdf.

3. 李异平 . 浸透着伊斯兰文化传统的文莱媒介 [J]. 东南亚研究，2002（04）：81-84.

4. 孙莹莹 . 文莱国家图书馆述略 [J]. 情报探索，2016（08）：99-101+105.

5. 传统媒体与新媒体间的平衡——中国—文莱媒体座谈会在文莱首都举行 [EB/OL].（2019-10-22）[2021-01-05]. https://world.huanqiu.com/article/9CaKrnKnnnE.

6. 中国—东盟传媒网 . 文莱：共同协作是各国加强双边关系的根本途径 [EB/OL].（2018-05-24）[2021-02-01]. http://www.china-asean-media.com/show-12-17259-1.html.

7. 邛古阿诗韵 . "一带一路" 背景下中国与文莱的人文交流路径研究 [J]. 新西部，2019（27）：43-64.

8. 燕京文化专科学校 . 北京燕京文化专科学校参与编写的文莱小学高级华文教材投入使用 [EB/OL].（2014-01-14）[2021-02-01]. http://www.bjzg.org/portal.php?mod=view&aid=20343.

9. 王以俊 . 文莱出版印刷信息二则 [J]. 印刷世界，2011（11）：63-64.

10. Sunny N. Empowering a reading culture: A Brunei Darussalam perspective[C].TK Conference on Reading, May, 2012: 10-11.

11. Brunei Book Fair & Empowering The Reading Culture Carnival 2018[EB/OL].（2018-02-28）[2021-01-29]. https://www.brudirect.com/news.php?id=42183.

12. Kathrina Mohd Daud. Battling Ephemera: Bruneian Narratives, Public Record, the Need for a Critical Middle[EB/OL]. [2021-01-30]. https://kyotoreview.org/yav/battling-ephemera-bruneian-narratives/.

13. Daud K M, Chin G V S, Jukim M. Contemporary English and Malay literature in Brunei: A comparison[M]. The Use and Status of Language in Brunei Darussalam. Springer, Singapore, 2016: 241-251.

14. Ailin Lai. Book publishers want more Bruneian content[EB/OL].（2020-12-09）[2021-01-05]. https://thescoop.co/2020/12/09/book-publishers-want-more-bruneian-content/.

（作者单位：武汉大学信息管理学院出版科学系；

武汉大学数字出版研究所）

约旦出版业发展报告

刘欣路　马　超

约旦哈希姆王国，简称约旦，是个资源贫乏的西亚内陆小国，位于亚洲西部，阿拉伯半岛西北部，西邻以色列和巴勒斯坦，北接叙利亚，东北与伊拉克交界，东南及南部与沙特相接，具有极其重要的地缘政治和经济战略意义。约旦国土面积共89342平方公里，其中陆地面积88802平方公里，东部和东南部为沙漠，占全国面积的78%。截至2021年2月，约旦总人口达到1083万（含巴勒斯坦、叙利亚、伊拉克难民）。约旦的主要人口是阿拉伯人，占全国人口的98%，其他2%的人口主要是切尔克斯人、土库曼人和亚美尼亚人。约旦国教为伊斯兰教，92%的居民属伊斯兰教逊尼派，2%属什叶派和德鲁兹派。信奉基督教的居民约占6%，主要属希腊东正教派。

约旦虽是中东小国，但却在中东事务中发挥着重要的建设性作用。约旦充分发挥自身优势，实行符合国情的政策，以外援、侨汇、旅游为三大经济支柱，促进国民经济的不断发展。与黎巴嫩、埃及的出版业相比，约旦出版业虽然体量小、历史短，但其能够凭借约旦稳定的政治局势、独特的地理位置和安曼国际书展的举办，在阿拉伯世界的出版业中独树一帜。

一、出版业发展背景

受经济政治条件限制，约旦出版业底子薄，发展较为缓慢。在历任约旦国王和政府的努力下，出版业政策和法律体系逐步完善健全，相关行业组织和管理机构也日臻完善。安定的政治环境以及政策和制度的发展推动着约旦国内出版业朝着平稳、有序的方向前进。

（一）政治经济状况

1921 年，英国以约旦河为界，把巴勒斯坦一分为二，西部仍称巴勒斯坦，东部建立外约旦酋长国（约旦哈希姆王国的前身），由阿卜杜拉担任酋长国首领。1946 年 5 月 25 日，阿卜杜拉酋长宣布国家独立，自立国王，将国家更名为外约旦哈希姆王国。1950 年 4 月，外约旦同约旦河西岸合并，改名约旦哈希姆王国。

约旦是一个世袭的阿拉伯君主立宪制国家，立法权属议会和国王。国王是国家元首，有权审批和颁布法律、任命首相、批准和解散议会、统帅军队。约旦历任国王有阿卜杜拉一世·本·侯赛因（1946—1951）、塔拉勒·本·阿卜杜拉（1951—1952）、侯赛因·伊本·塔拉勒（1952—1999），现任国王为阿卜杜拉二世·本·侯赛因。约旦现有政党 40 余个，主要政党包括伊斯兰行动阵线党、宪章爱国党、约旦阿拉伯社会复兴党、约旦共产党等。在对外关系层面，约旦一直推行睦邻友好政策，注重发展与世界大国间的关系，强化与美国的特殊盟友关系。

约旦经济被归类为新兴市场，其总量较小，国内市场空间有限，资源较为匮乏。2019 年约旦国内生产总值为 444 亿美元，人均国内生产总值为 4156 美元。在人口自然增长率增长和难民涌入的双重影响下，约旦人口大幅增加，经济增长疲软。公共债务的上升加剧了约旦国内的贫困和失业状况。约旦失业率连续六年增加，从 2014 年的 11.9% 上升至 2019 年的 19%。

为吸引境外投资，约旦与美国、欧盟成员国家、加拿大、新加坡和泛阿拉伯地区签署了自由贸易协定和优惠贸易安排。根据弗雷泽研究所公布的《阿拉伯世界 2019 年经济自由度报告》，约旦的经济自由度在 22 个阿拉伯联盟国家中排名首位。世界银行《2020 年营商环境报告》显示，约旦在全球 190 个经济体的营商环境便利度排名为第 70 位。工业制造业是约旦 GDP 的最大贡献者，占 GDP 的比重约为 19%，工业制成品出口占全国出口总量的 91%。除发展工业外，约旦还积极鼓励旅游业、酒店业发展。为减少公共债务对经济的负面影响，约旦于 2019 年出台财政整顿计划进行经济改革，努力在 2021 年将国家公共债务占国内生产总值的比重从 2019 年的 95% 降到 77%。

受全球新冠肺炎疫情影响，约旦大多数经济领域都出现了不同程度的下滑。截至

2020 年 6 月底，约旦政府的债务余额为 320.6 亿第纳尔 [1]，预计占 GDP 的 101.8%。1—6 月，约旦财政收入为 30.4 亿第纳尔，同比下降 5.76 亿第纳尔，跌幅近 16%。约旦失业率在 2020 年第三季度达到了 23.9%，同比上涨 4.8 个百分点。

（二）相关法律及政策情况

1. 新闻出版业政策发展历史

现代的约旦国家雏形于 1920 年左右才开始出现，因此与周边黎凡特地区阿拉伯国家相比，约旦的新闻出版业起步较晚。1921 年外约旦酋长国建立时，境内并无出版社，酋长国只得依靠从邻国进口图书、期刊、报纸满足民众需求。1922 年，哈利勒·纳赛尔出版社迁至约旦酋长国，成为约旦第一家出版社（该社后更名为约旦出版社）。为宣传国家、政府、军队事务，外约旦政府于 1925 年开设了第一家官方出版社——约旦国家出版社（又名国王出版社）。上述两家约旦出版社不仅在 20 世纪 20—30 年代的出版印刷运动中发挥了重要作用，也在一定程度上促进了该国新闻出版业的兴起。约旦最早一批出现的报纸，如《宪法报》《阿拉伯半岛报》《阿拉伯之声》都曾印刷于约旦出版社和约旦国家出版社。1927 年，外约旦政府成立印刷出版局以管理新闻出版事业。

1946 年，英国同约旦缔结友好联盟条约，承认约旦哈希姆王国独立。但缔约后的英国仍在约旦保留有政治军事特权，并在约旦的各个方面都有举足轻重的影响。随着阿拉伯民族主义和纳赛尔主义在约旦的传播，反对英国殖民势力的爱国主义政党和报纸不断涌现，如《阵线报》《祖国报》《新时代报》等。为消灭反对声音，约旦国内残存的英国势力对多家报纸、出版社都进行了不同程度的限制和打压。

1953 年，约旦颁布首部《新闻出版法》，保障新闻出版业享有法律范围内的自由。1964 年，约旦设立新闻部，对新闻出版业进行统一监督和管控。1967 年第三次中东战争后，时任约旦总理瓦斯菲·塔尔对国内报业进行重大调整，将《巴勒斯坦报》和《灯塔报》的相关管理机构合并为约旦新闻出版公司，负责《宪法报》的发行；将分属耶路撒冷的《圣战报》和《国防报》的管理机构合并为耶路撒冷新闻出版公司。约旦政府以合资的方式与上述新闻出版公司合作，以更好管控国内舆论。1969 年 7 月，约旦

---

[1]　1 美元 ≈0.71 约旦第纳尔。

国王下令将印刷出版局下属的新闻处独立，成立约旦新闻通讯社。1971年，约旦政府在结束了三年政治动荡后创办了官方报纸《观点报》，以充当政府喉舌，发表政府官方观点和态度。

1974年到1989年间，约旦政府实施的新闻出版业政策摇摆不定。1974年，扎伊德·里菲在担任政府第一任总统后对新闻出版业改弦易辙，取消了政府对舆论的控制，奉行相对自由开放的管理政策，并于1975年废除了对报纸的审查制度。但1977年，穆德尔·巴德兰政府开始重新实施限制新闻出版业的政策。

从1989年开始，约旦开始逐步通过推出新立法推进国内的民主化改革。1993年，约旦出台《新闻出版法》，重新开放并扩大新闻出版业自由；但在1994年同以色列签署和平协定后，约旦的民主进程很快又停滞不前，政府重新加强对公共自由和新闻出版业的限制。约旦国内对新闻出版业的限制直到1999年国王阿卜杜拉二世登基后才有所缓和。自此，约旦政府逐渐推动民主转型，恢复宪政生活，有限地恢复新闻出版自由，并结束国家对电视和广播节目的垄断和直接控制。2008年，约旦国王阿卜杜拉二世发表讲话，指出应鼓励新闻出版自由，并申明不得因任何原因囚禁记者。为适应网络技术的发展，约旦于2012年对《新闻出版法》进行修订，对所有侵权、违规的电子出版物进行审查，加强版权保护的力度，推动新闻出版业实现进一步发展。

为适应各种新媒体的出现，恢复和巩固约旦官方媒体及其平台机构的领导地位，约旦政府制定了《媒体战略2011—2015》（2015—2011 الاستراتيجية الإعلامية），并提出以下发展原则：建设国家媒体话语体系，展示约旦发展、改革和民主转型的成就；通过把控公共和私营机构的媒体内容质量提高媒体表现，支持媒体部门的自我监管；强调社会责任、文化内容在媒体表现中的突出位置；为以出版发行业为代表的传媒产业吸引投资创造条件等。

2. 现行法律

作为约旦治国理政总章程，约旦《宪法》一直维护法律范围内的新闻、印刷、出版、媒体自由，为新闻出版业的发展提供了基本保障。约旦宪法规定：除通过发布司法命令形式外，个人或政府无权终止新闻媒体机构或撤销其许可证；政府只有在戒严或紧急状态下才有权对国内出版物、传媒中涉及公共安全或国防需求的内容进行有限审查。除宪法外，约旦还先后出台了各项补充性法律，约旦现行的出版业法律主要包括1998

年的《约旦新闻出版法》（于 2012 年再次修订）、1992 年颁布的《约旦产权保护法》（于 2011 年再次修订）等，这些法律对约旦本国的新闻业、出版业作出了较为详尽的规定，明确了相关领域从业者的权利与义务，建立了法律规范和行业秩序。

约旦现行法律中，1998 年颁布的《约旦新闻出版法》不仅对出版物的种类进行了划分，对图书馆、出版社、印刷社、舆论调查协会等相关机构的职能也进行了界定，还规定了新闻从业者的权利自由、职业道德。此外，该法律还规定：约旦境内的个人或机构只有依据现行《公司法》注册公司，方能申请获得新闻或专业出版物出版发行许可；任何期刊出版物都必须由约旦公民担任专职主编，主编对出版物负全部责任。2012 年重新修订的《约旦新闻出版法》增加了对电子出版物的监管，该法规定任何涉及约旦内政外交事务的出版物都需进行登记并获得出版许可；电子出版物必须保存评论及评论人信息不少于六个月，若评论内容触犯法律，则出版物所有者和出版物主编对该评论负有连带责任。

1992 年颁布的《约旦版权保护法》为约旦境内出版物的版权保护提供了法律依据，规定了版权保护的保护范围、保护期限，明确了合著情况下版权所有者对出版物权利的界定与划分。此外，该法律还规定了侵犯著作权的情形、诉讼程序和处罚方法。为适应现代科技的进步，约旦分别于 2003 年和 2011 年对原有《约旦版权保护法》进行两次修订，重新规范版权的转让与使用程序，加强版权保护力度，还增加与约旦民俗遗产相关的法律条例。

（三）出版业管理机构情况

1. 政府机构

长期以来，约旦一直对新闻出版事业高度关注。约旦哈希姆王国独立前，外约旦政府就于 1927 年成立印刷出版局以管理新闻出版事业。此后，经过约旦历任国王和历届政府努力，约旦新闻出版管理机构得到进一步调整和优化，管理范围更加全面，分工更加明确，层次更加多样。约旦哈希姆王国成立后，于 1958 年成立国家指导司，统筹管理约旦新闻媒体和出版行业。1964 年约旦成立文化和新闻部，取代国家指导司行使新闻出版管理领域的相关职权。2003 年 1 月 8 日，约旦国王阿卜杜拉二世·本·侯赛因宣布对新闻业的愿景，其中包括加强媒体机构决策、管理和运行的独立性，允许个人在社交媒体发布或转发信息等。为减少国家权力对新闻媒体的管控，2003 年约旦决定撤消国家新闻部，不再由国家统一控制新闻媒体工作，并于同年成立最高新闻委员会、视听委员会、约旦新闻中心、约旦广播电视公司董事会等机构，分别独立履行相关职能。2014 年，约旦出台《政府机构和部门重组法》，取消了印刷出版局，将其资产和职能并入约旦新闻委员会。

约旦新闻委员会（هيئة الإعلام）是约旦最重要的官方新闻出版机构之一，具有法人资格，在行政和财务上都有很大独立性。约旦新闻委员会的前身是约旦视听媒体委员会，由约旦政府根据 2002 年《约旦临时视听媒体法》组建。2014 年约旦出台《政府机构和部门重组法》，将该委员会更名为新闻委员会。其使命是制定和执行国家新闻战略、发展新闻业、创造投资环境、提供高质量新闻服务。该委员会的主要职能有：制定颁发许可证的标准；受理报纸、杂志、新闻网站、广播电视台、出版社、研究中心的许可证申请；监督许可政策的落实情况；制定和宣传国家指导计划；执行政府批准的公共新闻政策等。该机构下设多个局，如行政和财务事务局、执照局、监督局、公共关系和记者资格认证局、法务局等。该委员会会长直接对约旦总理或约旦新闻事务大臣负责。

印刷出版局（دائرة المطبوعات والنشر）被认为是约旦历史最悠久、最负盛名的官方媒体机构之一。自 1927 年成立到 2014 年政府部门重组前，该局一直在约旦媒体和文献出版领域享有很高的知名度。除出版众多著作外，该局还曾定期发布研究报告、推出新闻报道。此外，它还在监管私营媒体机构工作中（如报社、出版社、印刷及其他行业相关机构）发挥了重要作用。该局下设多个职能部门，如执照管理处、新闻信息处、国内新闻处、行政发展和培训处等。据职能划分演变，约旦印刷出版局自成立以来共经历了三个阶段：第一，1927 至 1964 年的法律职能阶段。在此阶段，该局一直发挥着约旦新闻部的作用，负责颁发报社、出版社、书店、印刷厂的经营许可证，同时还负责管理出版、宣传事宜。第二，1964 至 1994 年职能多样化阶段。1964 年，约旦进行政府机构调整，设立新闻部，将印刷出版局并入约旦新闻部成为其下属独立部门之一。该局在此阶段的工作任务主要是整合新闻出版等各种媒介实现约旦的整体传播目标。第三，1994 至 2014 年现代化管理阶段。1994 年，约旦颁布实施新闻出版业监督管理体系，明确并细化该局的具体职能并引用先进的电子系统储存和管理有关信息文件。在此阶段中，约旦印刷出版局积极同政治领导人、各类政党、新闻界和各类媒体密切沟通，发布大量相关新闻报道和专题研究，从而为广大受众提供信息服务。

除独立的新闻机构外，约旦外交与侨务部也下设了新闻与联络局。该局的主要职能有：同国内和国际媒体沟通协调，组织安排新闻发布会和采访，以确保对约旦国情的全面真实报道，阐明约旦在区域和国际问题上的立场；整理、组织、分析国内外新闻并及时传达至决策者；同约旦国内相关部门合作，为阿拉伯及国外新闻代表团的手续办理提供便利等。

2. 行业协会

约旦出版业的行业协会主要有约旦出版商联合会。约旦出版商联合会成立注册于1993年，总部设在约旦安曼市。该联合会的目标有：组织协调约旦国内的印刷、出版活动，促进该行业中的团体和机构相互合作；保护出版自由，努力减少出版限制，支持约旦境内的印刷出版活动；尊重和保护与印刷、出版、编著相关的权利；大规模出版约旦著作，鼓励将国内著作从阿拉伯语译为外语等。自该联合会成立以来，先后有56个出版印刷社成为其成员。自2000年以来，约旦出版商协会就一直配合约旦安曼市文化局举办安曼国际书展，推动约旦国内出版印刷业走出去，加强同阿拉伯和世界各国在该领域的合作与交流。

为实现进一步发展本国出版业，实现出版业同国际接轨，约旦出版商联合会于2015年提出加入国际出版商协会的申请。在两年观察期结束以后，约旦出版商协会在德国法兰克福举行的国际出版商协会年会上获得了永久会员资格，从而使约旦出版商能够积极参与国际出版商协会组织的所有国际活动。

（四）图书馆建设情况

约旦的公共图书馆发展较为滞后，虽然在20世纪就设立公共图书馆局管理国家的图书馆事业，但公共图书馆的数量却一直在中东国家中处于较低水平。过快的人口增长和城市化速度进一步加剧了公共图书馆短缺的现状。以约旦首都安曼为例，其常住人口在2012年到2014年间增长了大约100万人。2014年，安曼市常住总人口约为400万人，约占全国总人口数量的38%，但安曼市的公共图书馆却只有72座。除设备和基础设施薄弱外，安曼市现有的公共图书馆还缺乏现代图书资料，照明和通风条件也相对较差。目前，约旦获得许可的图书馆约900家，仍在艰难运营的仅剩218家，其中大多数都难以为继。

为解决公共图书馆访问率低、纸张价格高昂等问题，约旦文化部自 2006 年开始推出"约旦家庭图书馆项目"（مشروع مكتبة الأسرة الأردنية），该项目由拉尼娅·阿卜杜拉王后赞助，面向整个约旦社会，以最低廉的价格向民众提供涵盖约旦研究、阿拉伯伊斯兰遗产、文学艺术、哲学和常识、科学和技术、儿童文学六大基本领域的优质图书；此外该项目还定期举办全民阅读节，以激发约旦公民的阅读兴趣，培养良好阅读习惯，提高知识文化水平。

约旦国家图书馆的前身为国家图书馆与文献中心（مديرية المكتبات والوثائق الوطنية），1990 年约旦文化部颁布第 5 号组织管理条例，取消国家图书馆与文献中心，成立约旦国家图书馆。该馆的基本职能有：发行国家书目并组织统一索引；国家知识产权产品推广与保存；收集和保存与民族遗产有关的、特别是与阿拉伯世界有关的图书、手稿、期刊、照片、录音等；收集、整理和出版各部委和机关单位文件、与国王相关的文件；按照著作权保护法和作品存管制度的相关规定，开展资料储存工作；监督和协调公共图书馆，制定图书馆标准，推动改善图书馆服务并为建立新图书馆设定计划等。约旦国家图书馆下设多个职能部门，如：存管中心、文献管理处、图书馆服务处、供应处、国家书目和统一索引处等。

为满足公民的阅读需求，约旦图书馆免费为国民提供借阅服务，不收取任何借阅费或押金。作为科学研究的支持机构，约旦国家图书馆藏有英文、阿文各类图书 16.8 万册，此外还有 1554 种约旦本国和国际期刊。2015 年起，约旦国家图书馆宣布延长公共图书处和借阅处的工作时间，目前的工作时间为每周六至周四的早上 8 点至晚上 7 点，周五闭馆休息。

二、图书业发展概况

整体而言，约旦人口较少，国内图书消费人群较为单一，多为女性。内需不足、数字化转型和缺少政策扶持等各种不利因素给约旦国内图书业的发展带来了多重挑战。为破除发展壁垒，约旦出版业积极利用本国主办的安曼国际书展推动图书销售和版权交易，努力实现"走出去"，开拓国际市场。受新冠肺炎疫情和经济下行影响，约旦图书业发展前景仍不乐观。

（一）整体概况

根据约旦新闻委员会发布的统计，截至 2018 年，共有 750 家出版社从约旦获得了经营许可证，其中已有 371 家正式倒闭，剩余的出版社中真正在约旦出版商联合会登记运营的只有 72 家。总体而言，约旦图书业相关机构总量在中东国家排名靠后，远低于国际水平；从分布情况而言，约旦的印刷社、出版社和书店地域分布极其不均，大都集中分布于约旦首都安曼，零散分布于其他城市。

过度集中的约旦图书出版业面临着巨大困境。约旦出版商联合会会长阿尔·比斯在 2019 年 10 月 1 日召开的国际出版商协会区域会议上表示，约旦图书出版业面临着以下挑战：首先，约旦国内的图书市场规模较小。约旦国内的人口规模与其他阿拉伯国家相比较小，约旦国内收入普遍较低也使得图书销售雪上加霜；其次，约旦图书市场对其他阿拉伯国家的市场依存度高。国内市场的不足迫使约旦出版商必须依靠不稳定的其他阿拉伯国家市场，而国外严格的图书审查制度又增加了出口、运输流程的成本；再次，缺乏政府和其他公共部门的支持。政府和公共部门采购的图书太少，几乎可忽略不计；此外，约旦出版商还要参与国内教科书的编纂与印刷，这些因素大大压缩了约旦出版商的盈利空间；最后，约旦国内法律体系的不完善使得版权保护受到挑战，盗版行为时有发生。

（二）图书销售情况

据约旦《明日报》报道，约旦图书市场最为畅销的图书类别是小说（特别是情感小说），其次为宗教哲学类、历史类图书。总体而言，约旦国内的图书市场规模较小，对外依存度较高，约旦出版商需要通过安曼国际书展的平台向外推介、销售图书。在目标人群上，约旦年轻女性是约旦图书市场最大的消费人群，约占图书购买人群总数的 65%。

2018 年前，约旦的图书销售享受税收豁免权。但 2018 年 1 月 16 日，约旦内阁在官方报纸公布了关于对豁免商品重新征收税收的决定，其中包括图书、期刊等纸质出版物、带有插图广告的印刷物。该类商品拟定税额为 10%。此决定遭到了约旦出版商协会成员的联合抗议，约旦出版商主席警告称："这项税收的实施将导致大多数出版社和书店关门，并增加读者的阅读负担，进而刺激盗版现象恶化。"①

　　约旦图书主要通过书展、实体书店、实体书摊、网上订购等形式进行销售。值得一提的是，约旦拥有阿拉伯世界最大的阿拉伯语、英语图书销售公司贾马隆（جملون）。该公司由阿拉·阿尔萨勒（Alaa Alsallal）于 2010 年成立，目前同 3000 多家阿拉伯出版机构和 27000 多家英语出版机构保持合作关系，可向全球读者提供超过 1000 万册阿文、英文读物。2018 年，贾马隆公司在阿拉伯地区的出版市场的规模约达到 17 亿美元，有约 15% 的图书在中东以外的地区销售。贾马隆公司采用按需印刷（Print On Demand）的销售形式，按照用户的要求进行即时印刷、私人定制印刷，以减少物料浪费，实现零库存。其印刷能力已经超过 200 万册，平均打印每本书的时间不到五分钟。

　　约旦图书销售公司贾马隆曾于 2016 年对约旦畅销书市场开展问卷调查，调查结果显示小说仍是约旦国内最为畅销的图书类别。其中一些阿拉伯经典小说虽已问世多年，仍旧在畅销书中拔得头筹；在全球范围内，以寻找自我、人际关系和行政关系为主题的图书高居榜首。在贾马隆网站发布的 2020 年图书畅销榜中，排名较为靠前的图书有：纳吉布·马哈福兹的《我们街区的孩子》、弗里德里希·威廉·尼采的《查拉图斯特拉如是说》、穆斯塔法·哈里发的《壳：偷窥日记》、约翰·格雷的《男人来自火星，女人来自金星》等。

　　2020 年爆发的全球新冠疫情使得约旦图书出版业遭受了沉重打击。受疫情影响，原定于 2020 年 9 月 23 日举办的第二十届安曼国际书展被迫取消。约旦出版商联盟主席贾伯·阿布·法雷斯表示：取消本次国际书展将使得国内出版商陷入经济危机，如果没有政府的支持，图书出版行业将面临崩溃。随着数字阅读的普及，约旦出版业面临数字转型的选择。但受到图书消费需求疲软的影响，数字化转型前景仍不乐观。阿拉伯世界的纸质书平均销售量为每人每年 1/8 本，而欧洲的纸质书平均销售量为每人每年 35 本。在约旦，只有不到 30% 的出版商使用在线平台。

---

　　① 观点报.出版商协会拒绝政府施加图书销售税 [EB/OL]. http://alrai.com/article/10422166/-رفض-الناشرين-اتحاد-وفنون-ثقافة الكتب-على-المبيعات-ضريبة, (2018-1-23)[2021-3-8].

（三）主要企业情况

约旦国内影响力较大、较为出名的出版社主要有：

1. 日出出版社（دار الشروق للنشر والتوزيع）

日出出版社成立于 1979 年 5 月，是约旦乃至阿拉伯世界最为著名的出版社之一，其创始人兼现任社长是哈利勒·穆罕默德·阿尔卑斯。从成立伊始，日出出版社就致力于出版各个领域中具有较高水平的阿拉伯图书，囊括政治、军事、历史、法律、文学、心理学、社会学等众多领域。该出版社曾于 1994 年创办图书和图书馆领域杂志 Al-Jadeed，后因财务压力于 1998 年底停办。

2. 韦尔出版社（دار وائل للنشر والتوزيع）

韦尔出版社是一家专门出版学术、大学教育图书的出版社，曾于 2002 年获杰出创新出版商奖，于 2004 年获得约旦出版业先锋奖。2009 年，韦尔出版社在沙迦国际图书博览会上从 780 家阿拉伯出版社中脱颖而出，获得最佳出版社奖。该社目前有出版物近 900 种，包括科学、语言、商业管理、经济学、教育等类别；此外，该社还出版发行多种类型的文学出版物。

3. 源泉出版社（دار المنهل）

成立于 1990 年的源泉出版社是约旦境内第一家儿童出版社，其总部位于约旦首府安曼，在大多数中东和北非阿拉伯国家都设有分支机构和经销代理商。该社同阿拉伯世界众多教育领域作者保持合作关系，并致力于为阿拉伯世界的私立幼儿园和相关学校制定全面的教学计划。除出版儿童读物、低年级教材等纸质出版物外，源泉出版社还为幼儿园和小学阶段的儿童开发交互式线上应用程序，以现代化的方式为学校、教师、学生和家长提供优质的教育资源。

（四）主要书展情况

安曼国际书展是约旦规模最大的书展，该书展始于 2000 年，每年 9 月底至 10 月初举行，由安曼市文化局主办、约旦出版商协会协办，以图书销售以及阿语地区间的版权贸易和文化交流活动为主。（见表 1）

表1　2016—2020年安曼国际书展举办情况

届别	主宾国	参展出版商信息	举办时间
第16届	巴勒斯坦	来自15个国家的346个出版机构	2016年9月28日—2016年10月11日
第17届	阿联酋	来自18个国家的335个出版机构	2017年10月4日—2017年10月14日
第18届	埃及	来自17个国家的350个出版机构	2018年9月26日—2018年10月6日
第19届	突尼斯	来自22个国家的约360个出版机构	2019年9月26日—2019年10月5日
第20届	停办	停办	停办

资料来源：约旦出版商协会网站 https://www.unionjp.com/

除安曼国际书展外，约旦还举办各类中小型书展，以推动国内图书销售。如阿兹巴卡书展、"正午"旧书展销书展等，此类书展多由约旦境内书店或相关非营利机构举办。

三、报刊业发展概况

与埃及、黎巴嫩等阿拉伯国家相比，约旦的报刊业起步晚，发展较为缓慢。约旦舆论管控政策的变动对报刊业的发展产生极大影响。阿拉伯之春后，约旦政府加大了对期刊出版物的审查和监管力度，报刊业发展受到了一定的冲击。此外，纸质报刊业正面临着数字化转型的挑战，发展较为困难。

（一）整体概况

约旦的报社从所有性质上区分可大致分为私营、混合所有两大类。按周期分，可分为日报和月报。以日报为例，约旦国内的日报数量共有8种，其中《今日阿拉伯人报》《阿萨比尔报》纸质版已停刊，《明日报》《纳巴泰报》《家园报》3份为完全私营报纸，《观点报》《约旦时报》《宪法报》为混合所有报纸。周报虽大多为私营，但在整改后已所剩无几。约旦《新闻出版法》第19条规定：若每周定期发行一次的非每日出版物未能连续发行12期，则该出版物的出版许可自动失效。据此，约旦新闻委员会在2015年下令关闭了境内30种期刊出版物（周报和杂志）。按性质划分，约旦的报纸可以分为政治性报纸和政党性报纸，其中政治性报纸截至2018年有29种，政党性报纸截至2018年有10种。

约旦早期发行的杂志大多都以文学和文化事务为主题，约旦首份文学杂志名为《鸽子》，于 1924 年由约旦文学家艾布·加尼玛在德国创办。约旦哈希姆王国独立后，约旦的杂志种类日趋多元化，科学、社会、艺术、政治类等专业杂志相继出现，其中较为有名的有《智慧》《时代之声》《新觉悟》《思想联盟》等。约旦国内发行的各类杂志截至 2018 年共有 869 种。

（二）主要企业及代表性报刊主要情况

约旦国内影响力最大、最重要的报纸主要有以下 3 家：

1.《观点报》

《观点报》是约旦观点新闻基金会（ALrai Jordan Press Foundation）发行的阿拉伯文政治性日报，于 1971 年 6 月 1 日在时任约旦总理瓦斯菲·塔尔的支持下创刊，首任总编辑是尼扎尔·拉希德·拉菲。经历多次所有权变动后，《观点报》的出版方约旦观点新闻基金会完成了从政府所有到公私混合所有的转变。截至 2015 年，约旦政府持有 55% 的基金会股份。因此，《观点报》也被认为是政府的半官方喉舌。作为约旦影响力最大的报纸，《观点报》不仅覆盖了境内各省市，还被分销到巴勒斯坦、叙利亚、黎巴嫩、伊拉克、埃及等多个阿拉伯国家。以 2007 年数据为例，《观点报》日发行量为 9 万份，其中约旦境内销售量为 7.5 万份，约旦境外销售量为 1.2 万份。《观点报》不仅建立了阿拉伯文官网更新每日国内外大事，还在脸书（Facebook）、推特（Twitter）、优途（YouTube）等社交平台上设有官方账号，以实现新闻的实时更新。

2.《宪法报》

《宪法报》是约旦新闻出版公司（Jordan Press and Publishing Company）发行的阿拉伯文政治性日报，是约旦国内影响力最大的报纸之一。《宪法报》最初由《巴勒斯坦报》《灯塔报》两份报纸合并而成，于 1967 年 3 月 28 日首次出版。该日报最初为私人所有，1986 年约旦政府购买了报纸的部分股权。截至 2015 年，约旦政府持有 35% 的股份。1998 年，《宪法报》开设了官方网站，成为阿拉伯世界首份拥有独立官网的报纸。2020 年，"工业阿拉伯语"网站将《宪法报》评为 2020 年最具影响力的阿拉伯语报纸。

3.《约旦时报》

《约旦时报》是约旦新闻基金会（Jordan Press Foundation）于 1975 年发行的英文日报，总部位于约旦安曼。虽然《约旦时报》和《意见报》均由政府占多数股份的约旦新闻基金会发行，但该报在内容编辑方面仍保持自己的独立性。该报是约旦最重要的英文报纸之一，但因受众规模较小，其关注度和发行量无法与《观点报》《宪法报》相比。2010年，《观点报》的日发行量为8万份左右，《宪法报》为3万份左右，《约旦时报》则只有1万份左右。

约旦84%的网民每天都要通过互联网访问社交网络、获取新闻资讯和分享信息。因此，尽管当前纸质媒体的发行量未出现严重下降，但几乎所有的约旦媒体都已使用互联网平台提供新闻服务。阿拉伯之春后，叙利亚、伊拉克局势动荡，《观点报》和《宪法报》的阿拉伯市场受到了不同程度的冲击，国内经济的低迷、电子阅读的普及和广告投入的减少也让两大报纸陷入连年亏空之中。（见图1、图2）2014年，《观点报》的净亏损从2013年的100万约旦第纳尔增加到了263万约旦第纳尔；同年《宪法报》的净亏损为322万约旦第纳尔。

单位：万第纳尔

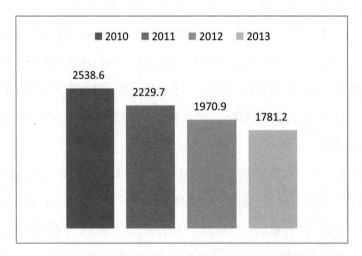

图1　2010—2013年《观点报》《宪法报》广告收入情况（合并收入）

资料来源：7iber网站①

---

① 7iber是一家位于约旦的民间在线媒体和多媒体新闻组织，成立于2007年。https://www.7iber.com.

单位：万第纳尔

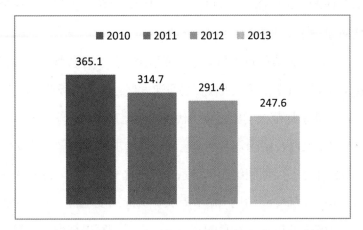

图2　2010—2013年《观点报》《宪法报》出版收入情况

资料来源：7iber 网站

新冠疫情的出现使得约旦境内的报纸雪上加霜：为控制新冠肺炎疫情在国内传播，约旦政府于 2020 年 3 月 13 日下令停止印刷纸质报纸，该禁令于当年 6 月 2 日才最终解除。此举使得约旦国内报业损失惨重。

四、中约出版业交流合作情况

自 1977 年两国建交以来，中约两国友好合作关系发展平稳、不断深入。自 2011 年叙利亚国内陷入内战以来，约旦在地区的重要性日益凸显，其国内政治局势较为稳定，经济风险较低。约旦已经成为中国在"一带一路"倡议中的重要合作伙伴。2015 年中约两国建立战略伙伴关系，进一步提升了双边关系水平。与此同时，约旦国内学术界也逐渐提出了"向东看"的思潮。约旦著名学者萨米尔·艾哈迈德就曾撰写《文明的追随：中国的崛起与阿拉伯人的未来》，认为阿拉伯人应当积极学习和借鉴中国的发展经验，帮助自身发展。目前，中约两国不断推进在"一带一路"框架内的能源、基建、人文等领域的务实合作，两国关系不断稳定向好发展。在出版业方面，中约双方的合作也不断深化，取得了丰硕成果。

（一）图书出版交流情况

约旦在图书出版交流领域一直非常活跃。自 2000 年起，约旦首都安曼每年都会举办国际书展。安曼国际书展与埃及开罗国际书展、黎巴嫩国际书展、阿布扎比国际书展并称为阿拉伯世界四大书展。依托国际书展舞台，约旦出版商不仅增强了在阿拉伯和世界范围内的影响力，还开拓了国际市场。

与此同时，国内出版单位也不断通过书展平台助推、经营版权、项目合作、实体书和数字出版等途径走出去，促进版权贸易快速发展，探索出版业"走出去"新路径、新方式。2015年，北京师范大学出版集团代表团与北京师范大学文学院专家、北京外国语大学阿拉伯语专家以及中国知名小说家和诗人参加了在约旦首都安曼举行的第15届约旦国际书展，并在书展期间组织了一系列的文化交流活动。这是中国首次参加约旦国际书展。中国的参加受到约旦出版界、文化界的高度重视，在阿拉伯世界也产生了较大影响。约旦国家通讯社、约旦国家电台、约旦国家电视台、约旦《明日报》、黎巴嫩《使节报》、半岛电视台、真理网等十余家国内外媒体都对中国的参展进行了报道。2015年末，北师大出版集团与安曼市文化局直属出版机构阿克拉姆文化机构合资成立了北师大出版社约旦分社，并入选中国"丝路书香工程"出版本土化项目，获得专项资助。北师大出版社约旦分社计划图书出版和销售渠道以约旦为基地，以沙姆地区为核心，辐射海湾和北非地区，涵盖22个阿拉伯国家，这是中国大学出版社国际化经营的第一步。除了文学、人文领域的出版交流外，中约两国还在少儿出版领域进行了合作。2016年，长江少年儿童出版社作品《杨红樱画本馆》在约旦出版，这是中国少儿出版物首次输出到中东地区。截至2020年，《杨红樱画本馆》20本中的15本均已在约旦首都安曼出版。

约旦首都安曼市中心于2018年开设了永久性的中文图书角，约旦文化部长出席了图书角开幕式。同时，中国对安曼国际书展的参与程度也逐渐深入。2018年，参加安曼国际书展的中国出版社数量有了明显增多，中国展位的面积达到了48平方米，在展图书的种类也更加多样，既有诸如《三国演义》《西游记》《孙子兵法》等中国文学经典作品译本，又有《稍等》《中国的软实力》等现当代作品。

2018年第25届北京国际图书博览会上，五洲传播出版社与约旦空间出版社签署战略合作框架协议，并于当年联合在中国举办that's阿拉伯网络小说创作与翻译大赛。获奖作品最终结集出版，并获得国内外媒体广泛关注。

（二）报刊交流合作情况

除出版领域外，中约两国还在报刊业领域进行了广泛深入的合作与互动。2017

年 4 月，以约旦记协副主席、《宪章报》副总编辑阿瓦尼·达乌德为团长的约旦新闻代表团一行应中国记协邀请访问中国。代表团围绕"新疆'一带一路'建设新进展"的主题，先后访问了国家民委、中国记协、北京日报社、乌鲁木齐市政府、伊犁州电视台、中哈霍尔果斯国际边境合作中心等单位。

2018 年 10 月，时任中国记协书记处书记潘岗带领中国新闻代表团访问约旦，与约旦记协、明天报社、言论报社、约旦通讯社、宪章报社、约旦广播电视台及媒体界人士座谈交流，共商合作。中国记协向约旦方面介绍了协会的历史、组织架构和主要职能，并表示愿在"一带一路"框架下与约旦方面建立更加深入、有效的机制化交流合作关系，推动两国媒体在数字化背景下的深度交流与合作。

参考文献

1. 中华人民共和国外交部网站 . 约旦国家概况 [EB/OL]. https://www.fmprc.gov.cn/web/gjhdq_676201/gj_676203/yz_676205/1206_677268/1206x0_677270/，(2021-2)[2021-3-2].

2. 中华人民共和国驻约旦哈希姆王国大使馆经济商务处 . 约旦概况 [EB/OL]. http://jo.mofcom.gov.cn/article/ddgk/zwdili/201406/20140600623167.shtml，(2014-6-12)[2021-3-2].

3. 中华人民共和国商务部网站 . 6 月底约旦公共债务总额达 320.6 亿约第 [EB/OL]. http://www.mofcom.gov.cn/article/i/jyjl/k/202010/20201003006903.shtml，(2020-10-11)[2021-3-4].

4. 中国日报中文网 . 约旦经济自由度在中东地区排名第一 [EB/OL]. https://cn.chinadaily.com.cn/a/201912/29/WS5e095067a31099ab995f43d1.html，(2019-12-29)[2021-3-4].

5. 中国新闻网 . 中国新闻代表团访问约旦 推动两国媒体交流与合作 [EB/OL]. http://www.chinanews.com/gn/2018/10-19/8653994.shtml，(2018-10-19)[2021-3-21].

6. 中国记协网 . 约旦新闻代表团结束访华回国 [EB/OL]. http://www.xinhuanet.com//zgjx/2017-04/17/c_136215262.htm，(2017-4-17)[2021-3-21].

7. 光明网.中国出版界首次亮相约旦国际书展 [EB/OL]. https://epaper.gmw.cn/zhdsb/html/2015-09/09/nw.D110000zhdsb_20150909_2-01.htm，(2015-9-9)[2021-3-18].

8. 约旦文化部.约旦家庭图书馆 [EB/OL].https://culture.gov.jo/AR/Pages/الأسرة_ا_مكتبة _لأردنية, [2021-3-8].

9. 宪法报.约旦印刷出版局出版新书《不负使命 90 年》 [EB/OL]. https://www.addustour.com/articles/770462- والنشر-المطبوعات-لدائرة-جديد-كتاب-الرسالة-خدمة-في-عاما-تسعون, (2011-4-11)[2021-3-5].

10. 宪法报.国家图书馆延长公共图书处借阅图书处的工作时间 [EB/OL]. https://www.addustour.com/articles/94922- الإعارة-ومكتبة-العامة-بالمكتبة-الخاصة-الدوام- ساعات-تمدد-الوطنية-المكتبة &desktop=1?desktop=1，(2015-9-2)[2021-3-8].

11. 观点报.出版商协会拒绝政府施加图书销售税 [EB/OL]. http://alrai.com/article/10422166/ الكتب-على-المبيعات-ضريبة-يرفض-الناشرين-اتحاد/وفنون-ثقافة, (2018-1-23)[2021-3-8].

12. 明日报.贾马隆公司成功融资千万美元 [EB/OL]. https://alghad.com/ اسـ جملون-تستقطب ملايي-10-تتجاوز-ثمارات / , (2019-3-20)[2021-3-11].

13. 7iber.阿拉伯之春如何改变阿拉伯人的阅读 [EB/OL]. https://www.7iber.com/culture/how-the-arab-spring-changed-reading-habits-in-jordan/，(2017-4-23)[2021-3-11].

14. 7iber.谁拥有约旦的媒体？ [EB/OL]. https://www.7iber.com/politics-economics/who-owns-media-in-jordan/，(2015-9-13)[2021-3-12].

15. 7iber.约旦的日报印刷面临压力 [EB/OL]. https://www.7iber.com/2015/03/jordans-daily-print-newspapers-under-pressure/，(2015-3-25)[2021-3-15].

16. 出版业观点.约旦出版商联盟法蒂·阿尔·比斯：需要"更好的互动" [EB/OL]. https://publishingperspectives.com/2019/09/jordan-publishers-union-president-fathi-al-biss-interview-ipa-amman-seminar/，(2019-9-24)[2021-3-9].

17. 中东北非金融服务网.约旦出版业取消书展，敦促政府采取刺激措施 [EB/OL]. https://menafn.com/1100400682/Jordan-Publishing-sector-reels-from-cancellation-of-book-fairs-urges-govt-stimulus-measures，(2020-6-28)[2021-3-11].

18. 牛津商务集团.为自己正名：更加关注质量和技术应为约旦媒体行业的未来发展贡献力量 [EB/OL]. https://oxfordbusinessgroup.com/overview/making-name-itself-

greater-focus-quality-and-technology-should-serve-sector-well-going-forward，(2020-6-28) [2021-3-11].

19. 工业阿拉伯语 . 2020 年最具影响力的阿拉伯报纸排名 [EB/OL]. https://www.industryarabic.com/arabic-newspapers/，[2021-3-11].

（作者单位：北京外国语大学）

案例|

人民出版社主题图书走出去的实操与思考

李　冰

在出版走出去中，主题出版图书的走出去是直接诠释中国价值观、直接展示中华文化自信的部分，也是最为艰难的部分。全国的出版单位都在积极开展主题出版以及主题出版走出去的工作，有着"主题出版第一重镇"美誉的人民出版社更是发挥了重要作用，将走出去工作的全部重心都放在了主题出版上。作为一线实操人员，在此将工作中的粗浅思考做一分享，以待批评指正。

一、人民出版社出版走出去十年

人民出版社出版走出去当然不止 10 年。起这个标题是因为笔者在人民出版社从事出版走出去工作将满 11 年，可以作为亲历者与读者做一交流。人民出版社的走出去是随着 21 世纪初国家文化走出去大战略一同展开的，但是如果向前追溯的话，应该说始于《毛泽东选集》。

《毛泽东选集》于 1951 年由人民出版社出版——当然新中国成立前已经有很多版本在发行，国外也有包括部分篇章在内的很多版本的译文在流传。20 世纪 50 年代中后期，世界上出现了多个《毛泽东选集》英语译本，期间，我国组织专家进行多语种翻译出版。1992 年，我国同时加入了《世界版权公约》和《伯尔尼公约》，同年我国与韩国建交。不久后，人民出版社与韩国出版协会建立了联系，与时任协会会长尹炯斗先生的汎友社签订了版权合同，授权其翻译出版《毛泽东选集》韩文版。2005 年前后，人民出版社正式开启了同世界各国在法律框架下的版权交易，加快了走出去的步伐。

多年来，人民出版社一直以围绕党和国家中心工作做好主题出版为使命。人民出版社的主题出版图书以其权威性和创造性广受赞誉和喜爱，各个语种的译本也受到全球读者的欢迎。以下从几大重点题材方面介绍人民出版社出版走出去的总体情况。

（一）老一辈无产阶级革命家的著作、传记及相关作品

在领袖著作方面，除了《毛泽东选集》韩文版以外，人民出版社还输出了《邓小平文选》韩文版。2014 年，日本筑摩书房购买了《毛泽东选集》中的《抗日游击战争的战略问题》《延安文艺座谈会上的讲话》《湖南农民运动考察报告》三篇文章的日语版权，出版了一本口袋书并成为畅销。2021 年初，委内瑞拉军事科学出版社来函商讨《毛泽东选集》中的 6 篇军事作品西班牙语版修订事宜，该社在 20 世纪 70 年代出版过《毛泽东六大军事著作》西班牙语版。以《毛泽东选集》为代表的老一辈无产阶级革命家的经典著作一直广受关注，历久弥新。

在老一辈无产阶级革命家的相关作品方面，毛泽东同志的相关作品受到了海外，特别是韩国市场的欢迎。十几年来，人民出版社陆续授权海外翻译出版了一批优秀著作：《握手风云——毛泽东与国际政要》《毛泽东智慧》《毛泽东、周恩来与溥仪》《毛泽东的幽默智慧》《回忆主席与战友》《毛泽东人生之旅的哲学诠释》《毛泽东读书生活十二讲》《毛泽东箴言》《听毛泽东谈哲学》《毛泽东与孔夫子》《毛泽东的诗路与心路》等。这些作品全部进入了韩国市场，同时部分著作还输出了英语、阿拉伯语、日语、俄语等版权。《中国有个毛泽东》是人民出版社 2021 年出版的优秀传记类图书。该书一经出版，便受到了多家海外出版机构的关注。目前已输出韩文版权，英、俄、日、法、西等文种版权正在洽谈中。

周恩来同志的相关作品《大外交家周恩来》《周恩来答问录》《你是这样的人——回忆周恩来口述实录》《周恩来寄语》《周恩来卫士回忆录》等，邓小平的相关作品《向邓小平学习》《邓小平南方谈话真情实录》《邓小平智慧》等都已经翻译成韩、英、日、阿、法、俄等多语种并出版。

2017 年，包括《万里画传》《习仲勋画传》《任仲夷画传》《谷牧画传》和《项南画传》在内的"改革开放元勋画传系列"实现多语种输出。

这一本本图书在海外的出版发行，不断书写着中国老一辈无产阶级革命家的理论功力、革命经历和人格魅力故事。

（二）反映中国改革开放成就的作品

我国改革开放成就是各国持续关注的话题。2012 年，《对外开放 30 年》英文版在伦敦书展首发，引起英国媒体热烈关注，英国广播公司（BBC）等多家媒体驻华记者对作者江小涓及人民出版社进行了系列采访和报道。2018 年，恰逢我国改革开放四十周年，人民出版社抓住机遇，实现了《中国对外开放四十年》《中国改革为什么成功》等相关图书的多语种海外推广，使海外读者有机会进一步了解中国改革开放的进程与成就。

有关中国科学家的作品成为反映改革开放以来我国科技进步成就的重要部分。讲述我国第一位获得诺贝尔奖的女科学家屠呦呦生平故事的《屠呦呦传》一书成功实现多语种输出，目前该书英文版、法文版、日文版、韩文版、阿拉伯文版、越南文版及中文繁体版等已出版发行。摩洛哥国王顾问阿祖莱为《屠呦呦传》阿文版题词："我十分荣幸能在这里致敬屠呦呦老师——2015 年诺贝尔医学奖得主，也对中国政府能够帮助此书以阿拉伯文出版感到十分高兴。这给我们提供了发现、了解这一伟大、杰出科学领域的机会，同时让我们得以了解中国的传统医学文化。"而讲述中国杂交水稻之父袁隆平的《袁隆平画传》中文版即将出版之际，就有多个国家出版社表达了引进意愿。

介绍"一带一路"倡议推进成果的图书成为宣传我国改革开放现阶段情况的新类别。《"一带一路"：机遇与挑战》《"一带一路"：中国崛起的天下担当》《"一带一路"：联动发展的中国策》《"一带一路"：打造中国与世界命运共同体》《中国与"一带一路"沿线国家合作反贫困研究》等图书实现了英语、日语、韩语、俄语、哈萨克语和吉尔吉斯语的多语种版权输出；其中《"一带一路"：机遇与挑战》是我社版权输出工作从"走出去"到"走进去"转型升级的一个典型案例。该书韩文版首付款 8000 美元创下我社首付款新高，日文版成为当时唯一正面介绍"一带一路"倡议的日语图书，甫一出版即被日本国会列为学习教材。日本前首相福田康夫、政治家谷口诚、教育家西原春夫等日本政界、学界名人及日本主流媒体认为本书向日本传递了正确的中国声音，为日本国民客观了解中国发挥了积极作用；自民党干事长二阶俊博在访华前专门阅读此书，以便在与习近平主席会谈时探讨"一带一路"与中日合作话题。

（三）阐释中国传统文化的作品

如果说介绍中国改革开放成就的作品代表着中国的道路自信，那么阐释中国传统文化的作品就反映着中国的文化自信。人民出版社将《中国传统文化通论》《中华美学概论》《墨学通史》《老子道德经释解》《论国学》《论老子》《论孔子》《从庄子到郭象》《和合哲学论》《论儒道禅》《发生与诠释——儒学形成、发展之主体向度的追寻》《儒家北学发展史》《朱熹易学思想研究》《虚静与逍遥》《东亚道教研究》《在这里，中国哲学与世界相遇——24 位世界哲学家访谈录》等一大批优秀作品推介到海外。

阐释中国传统文化，尤其是中国哲学的理论性著作，最早多为韩国和日本学者所接受。近年来，在英语、阿拉伯语、俄语，乃至德语、法语、西班牙语和意大利语方向也不断有所突破。中国哲学与中国文化正在走向世界。

（四）诠释习近平新时代中国特色社会主义思想的作品

人民出版社从各个方向出版了一批精品图书，宣传习近平治国理政思想，阐释其哲学逻辑和文化底蕴。《平"语"近人——习近平总书记用典》累计输出 28 个语种，目前英语、阿语、俄语、日语和韩语 5 个语种已出版。2019 年底，该书阿拉伯文版在摩洛哥举办的新书发布会获得成功，在当地引发热议，国内《新闻联播》对该活动的报道更是掀起中文版新一轮销售浪潮；英文和韩文版在 2020 年北京国际图书博览会上进行线上发布，也取得良好效果。《习近平讲故事》目前累计输出 30 个语种，英语、日语、俄语、韩语等 15 个语种已经出版，日文版在 2018 年发行后迅速挺进日本亚马逊畅销书排行榜；土耳其语版已销售 4000 余册；英语数字版开放式获取（OA）下载量达到 1.1 万次；俄文版新书发布会获得俄罗斯多家媒体深入报道和热切赞扬；中文繁体版与中国台湾读者见面后，迅速占据宝岛实体书店和网络书店的醒目位置，发行一个月就完成了预期销售数量的六成。《习近平新时代中国特色社会主义思想基本问题》已经完成 13 个语种的签约。《习近平新时代中国特色社会主义思想学习问答》签约 7 个语种。《学习习近平总书记重要讲话》《平天下——中国古典政治智慧》《平天下——中国古典治理智慧》《学而时习之》《学习关键词》《论中国特色社会主义制度》《新时代 新思想》《习近平指导过的贫困村脱贫纪实》《深入学习习近平关于教育的重要论述》等图书的多语种版本也陆续走向世界，《以习近平同志为核心的党中央治国理政新理念新思想新战略》于 2017 年出版英文版，2018 年出版阿拉伯文版，并在当年北京国际图书博览会上举行首发式，得到中摩两国媒体的高度赞扬。

（五）近两年的三大主题图书

除了诠释习近平新时代中国特色社会主义思想的著作之外，阐释我国重要政治经济政策的时政类图书也是人民出版社出版走出去的重要部分。从改革开放政策经验分享，到"一带一路"、亚投行、供给侧结构性改革等经济政策的解析，从脱贫攻坚乡村振兴到人类命运共同体理念的阐释和全球治理中国方案的解析，尤其是最近的抗击新冠肺炎疫情和建党百年图书，人民出版社都输出了大量的精品力作到世界各地，为正面传递中国声音做了扎实的工作。《中国共产党简史》签约 3 个语种，英语版已经出版；《中国共产党 100 年奋斗历程》已经出版法语、西班牙语和韩语三个版本；《百年复兴的开端——中国共产党从这里走来》签约多个语种，英语版已率先出版；《中国共产党如何改变中国》日语版已出版，《读卖新闻》邀请作者进行采访。其他如《百年大党何以能》《为了初心和使命——中国共产党一路走来的故事》《初心与抉择——转折关头的中国共产党人》《中共历史探微》《党领导的强大体制对中国意味着什么》《共产党执政规律研究》也都签约多语种海外出版，目前正在紧锣密鼓地进行翻译工作。

2020 年初，新冠肺炎疫情袭击神州，为鼓舞全国人民斗志，人民出版社出版了一批反映中国各行各业团结抗疫生动故事的图书，同时推动多语种，主要是英语的版权输出。《中国疫苗百年纪实》《战"疫"日记》《最美逆行者》《武汉战"疫"》《中共应对突发疫情经验》《往者可鉴——中国共产党领导卫生防疫事业的历史经验》等图书英语版出版的时候，疫情在全球肆虐，而在中国已经得到了很好的控制。"环球不同凉热"的状况，让海外读者了解到中国党和政府真正以人为本的信念、巨大的号召力和组织能力，也让国人深刻体会到了制度自信。

在习近平总书记庄严宣告中国全面进入小康社会的时候，人民出版社一批反映脱贫攻坚乡村振兴的图书已经实现了多语种翻译出版。《图说中国特色减贫道路》《中国反贫困的贵州样本》《中国扶贫模式研究》《精准扶贫的故事》《中国共产党反贫困实践研究（1978—2018）》《枫叶红于二月花——内蒙古科右中旗脱贫攻坚纪实》等作品从另一个角度诠释了中国共产党全心全意为人民服务的宗旨，也让海外读者对中国有了更全面更深刻的认识。

二、走出去工作中的点滴感悟

（一）国际社会对中国关注点的转变折射出中国国际地位的不断变化

纵观人民出版社十几年来输出版权的题材变化，可以发现占比最高的题材从中国历史、改革开放及经济成就、中国制度与模式方面，逐渐转向实时反映中国政治经济政策与走势、阐释习近平新时代中国特色社会主义思想的作品。这种转变应该是具有代表性的，从国际市场需求变化中可以体会中国国际地位的不断变化。2009 年以前，人民出版社输出的版权中，"中国历代帝王传记"系列图书是最具影响力的，韩国民音社的韩文版、中国台湾商务出版社的中文繁体版和中文简体版一样成为常销书，一再续约和再版，版税收入持续稳定。2011 年，人民出版社授权牛津大学出版社出版英文版《朱镕基答记者问》，在伦敦举办了高规格的新书发布会，朱镕基同志用英语录制视频作为作者发言（视频中还略微展示了他的退休生活），在全球引发热烈反应。2012 年，人民出版社授权圣智学习出版集团出版的《中国对外开放 30 年》在伦敦举办了新书发布会，同样获得了成功。随着中国经济的高速发展，《改革是中国最大的红利》《打造中国经济升级版》《中日韩自由贸易区问题研究》《论新常态》《一带一路：机遇与挑战》《七问供给侧结构性改革——权威人士谈当前经济怎么看怎么干》《亚投行：全球治理的中国智慧》《改革开放为什么成功》《看好中国》等一系列图书被译介到世界各地，一方面向世界解读阐释中国经济的发展轨迹，另一方面版权输出作品涵盖的时间跨度越来越小，关注点已从对一段时间中国发展的总结性研究转向了对中国实时性政策趋势的解读；从对中国成就的审视认定转向对其运转机理的探寻了解——尤其是全球应对疫情的强烈反差，使得中国制度与中国文化受到了前所未有的瞩目。中国的理论研究者和学者们笃定对此有着深刻体会，他们的作品已经有所反映，相信在未来的一段时间会更加凸显。

（二）乐于了解中华文化和自身出版业发展较好是成为中国出版走出去目的地的两大因素

通常情况下，成为中国图书天然优良引进国需要满足两个条件：一是仰慕中华文化、自身拥有较发达的出版业；二是东亚、东南亚国家有着与中国共通的东方哲学基础，有利于文明交流互鉴。但各国在上述两大条件方面差异巨大。

韩国无疑是最为契合这两个条件的国家。韩国经济腾飞较早，出版业相对发达，中小出版社众多，专业性较强，版权代理也很出色。对传统中华文化的仰慕，与对当代中国道路的关注相叠加，奠定了韩国成为中国图书最大引进国的基础。韩国一直是人民出版社的第一版权输出国。在加强同"一带一路"沿线国家的文化交流之前，韩国在人民出版社版权输出中的占比一直接近 50%。

日本的情况相对复杂，具有东方哲学思维与西方意识形态相交织的特点。早些时候呈现出传统与现代相割裂的态势，仰慕中华传统文化与俯视中国当代成就的心态并存。反映在出版领域，日本对于中国传统文化持续引进和研究，中国则引入了日本大量的各学科研究成果，尤其是经济管理方面的大量图书，这类图书直至今日仍然占有相当的市场份额。日本民众对于如何看待今日中国，正处于纠结期，但有调查显示，日本年轻一代对中国的好感度正在上升，尤其是全球共同应对新冠肺炎疫情的过程，助推了这一趋势。随着中国第二个百年奋斗目标的进程的开启，经济持续发展，文化不断繁荣，日本对中国的关注有望超越韩国，成为中国版权第一引进国。

同为社会主义国家的越南，对于中国各个阶段、各个层面的改革政策、措施、成就表现出极其强烈的研习欲望，但同时也存在一定的戒备与小心翼翼。这样的审慎不难理解，甚至有着积极的意义，这种认真研究的态度更说明交流的深层次。如果我们对自身文化先进性有足够的自信，就更应该欢迎、期待、推动更深层次的交流。

（三）中国主题图书走向欧美发达国家更需要"太极推手"

我们必须承认，当今国际事务仍然以欧美发达国家为主导。实际上，中国一直极其重视与欧美国家增强交流与相互了解。在中国出版走出去的三条脉络中（欧美发达国家、周边国家、"一带一路"沿线国家），欧美是最受重视的，也是投入最大的。随着中国经济快速发展，国际地位稳步提高，面向欧美国家出版走出去的步伐也越发坚定。越来越多的国际一流出版机构参与到中国主题图书出版中来，越来越多的中国图书进入欧美市场。中国政治、经济、国际关系等方面的话题热度不减，但遗憾的是海外的声音（包括图书）往往是负面多于正面，随意多于严谨。中国主题出版在欧美市场肩负的消除误解任务依然艰巨。怎样才能克服"好事不出门，坏事传千里"的传播学魔咒，将正面展示真实、立体、全面中国形象的优秀作品送到海外读者手中，送到读者心里，打破偏见，消除误解，将成为对外传播的重要课题。从传播效果角度考虑，中国主题出版向欧美走出去需要讲求更多的策略，"直拳"

未必比"太极"有效。

（四）"一带一路"沿线国家：中国出版走出去的巨大潜力

我们常说，中国人对于西方的认知远超西方人对中国的了解，但我们对世界上大多数国家的了解同样远远不够。随着"一带一路"合作圈的不断扩大，随着人类命运共同体构建的逐步深入，更广泛更深入地增强对世界的了解，成为我们的新课题。

中国提出"一带一路"倡议以来，非洲、南美、中东、东南亚的广大国家与中国一道共同为开展经济合作、消除贫困作出了艰苦努力并取得了巨大成就。"一带一路"合作的展开也为中国同广大"一带一路"沿线国家的文化交流与合作开辟了广阔天地。中国出版走出去的输出国家和语种数量直线上升。尽管这些国家在体制、宗教、文化、经济等各个领域千差万别，但无不与中国合作愉快，中华文化的包容性体现得淋漓尽致。政治上的求同存异、经济上的合作双赢、文化上的相互欣赏与借鉴成为"一带一路"发展的基石。前文所述"仰慕中华文化"与"拥有较发达出版业"的两大制约因素有望在"一带一路"合作发展前景下逐步消融。无论是柬埔寨、老挝、尼泊尔这样的出版业欠发达的国家，还是广大非洲经济亟待腾飞的国家，或者南美相距遥远、文化迥异的国家，再或中亚处于上合组织框架内的各个国家，中国总能找到互惠互利的合作模式。而一旦驶入中国引领的发展快车道，合作伙伴国的经济必将快速发展，出版文化领域也必将享受经济发展带来的红利，中国与"一带一路"沿线国家的出版文化交流合作前景可期。

三、走出去工作的问题与思考

随着时间的推移，业界对于中国出版走出去的方式已经取得了共识：由大张旗鼓转向春风化雨。在传播效果优先的思路下，国家对于传播方式给出了具体指导："柔性传播细水长流润物无声，立足当前着眼长远，持续用力久久为功。"主题出版图书在鲜活性和感染力上难以跟电视剧、网络小说及其他文艺作品相比，如何提高海外读者的契合度和接受度值得出版工作者深入思考。

（一）加强重点主题图书多语种出版发行，将中华文化寓于其中

人民出版社在尝试多种营销方式高效推广《习近平讲故事》《平"语"近人——

习近平总书记用典》过程中，充分考虑将主题图书内容与中华民族丰富的精神世界相连接，将中国领袖的人格魅力与真诚负责的国家形象相连接，以持续不断的多语种投送方式实现一脉相承的中华文化、治国理念的广泛传播。

首先是对产品的认真分析和定位。习近平总书记有着丰富的学养，他在国际国内的各场演讲中常常引用古文经典讲述故事，说明问题。《平"语"近人——习近平总书记用典》《习近平讲故事》等图书对这些故事和经典进行阐释，将故事背后的中华历史文化、中国哲学思想展现在世界面前。海外读者大多对中国哲学不太了解，认为太神秘，但对于中国人来说，这是深入血脉的。习近平总书记说："古诗文经典已融入中华民族的血脉，成了我们的基因。我们现在一说话就蹦出来的那些东西，都是小时候记下的。……应该学古诗文经典，把中华民族优秀传统文化不断传承下去。"

对古代诗文的引经据典体现着习近平总书记的哲学思想、价值取向，人生和政治的智慧，是读者，尤其是海外读者深入了解一个大国当代领袖心灵世界的高效途经。譬如，习近平总书记 2014 年 3 月 28 日在德国科尔伯基金会演讲时引用了《司马法》里的一句话"国虽大，好战必亡"。海外读者由此就会知道，中国人喜欢和平是有哲学基础的。"一个故事用过一打道理"，秉承这一哲学思想的领导人在带领中国前进，可以相信中国是维护世界和平的力量，所谓"中国威胁论"不攻自破。正如习近平总书记所说，"一个民族最深沉的精神追求，一定要在其薪火相传的民族精神中来进行基因测序。有着 5000 多年历史的中华文明，始终崇尚和平，和平、和睦、和谐的追求深深植根于中华民族的精神世界之中，深深融化在中国人民的血脉之中。"

其次是对营销方式的选择和推进。人民出版社对这两本书的海外推广采取了多种合作方式的尝试，有的同外方社共同策划方案，共同组织实施，有的由外方单独组织实施，还有的同中国公司等合作并同外方社一道进行整体营销宣传，都取得了良好效果。

俄罗斯尚斯国际出版集团举办了俄语版《习近平讲故事》新书发布会，当地多家媒体进行了深入报道和热切赞扬，两位翻译者接受了多次采访。俄罗斯通讯社报道称，《习近平讲故事》俄文版一书得到了俄罗斯学术界的好评，中国治理国家的智慧成为俄罗斯学术界讨论的话题。该书不仅被俄罗斯国家图书馆、圣彼得堡俄罗斯国家图书馆、俄罗斯科学院国家科学技术图书馆（新西伯利亚）等十余家图书馆收藏，也深受俄罗斯普通读者喜爱。

2020 年疫情背景下，人民出版社同中图公司合作，充分利用 BIBF 云书展设置"《习近平讲故事》多语种图书展示专区"，通过海外出版社联合当地力量，采用线上线下相结合的创新方式，优化营销宣传方案，重点在土耳其、尼泊尔、克罗地亚、塞尔维亚和伊朗 5 个国家开展国际推广和发行工作，举办了 9 场阅读推广及展览展销的线上活动；中外多方共同努力，切实保障各语种均进入更多当地主流渠道，土耳其文版进入 17 家书店和 1 个当地最大的线上图书销售平台，克罗地亚文版上架首都萨格勒布 3 家重要书店和 2 家图书馆。塞尔维亚主流媒体当纳斯（Danas）作了标题为《传统的智慧是进步的保证》的书评报道，知名书评人、作家均对此书进行推荐。目前，该书在 5 个国家的发行总量已超万册。

人民出版社旗下的人民天舟出版公司在摩洛哥首都拉巴特创建了极具现代气息的星空书店，被当地人称为"摩洛哥最美书店"。2019 年底，《平"语"近人——习近平总书记用典》阿拉伯语版新书发布会暨座谈会在这里举行。摩洛哥文化、青年与体育部图书局局长木法塔吉尔、摩洛哥国家图书馆馆长阿费兰尼、摩洛哥皇家学会负责人，摩洛哥学术界、出版界代表，时任中国驻摩洛哥大使李立，以及上海外国语大学、清华大学、中国人民大学等中摩两国政府、文化、教育、媒体等各界嘉宾 100 多人出席发布会和研讨会。在发布会上，摩洛哥大学生还用阿拉伯文和中文朗读了习近平总书记词作《念奴娇·追思焦裕禄》，赢得了阵阵掌声。这场活动得到了中外媒体的争相报道，效果极佳。

《平"语"近人——习近平总书记用典》《习近平讲故事》等作品在海外的广泛传播，高密度普及了中华民族优秀传统文化，很好地展现了中国领袖的人格魅力，从而树立了真诚负责的国家形象。

（二）加强对世界各地政治经济文化的研究了解，创新主题图书翻译出版的表达方式

人民出版社的作者最大的特点就是集中于中国权威的官方机构、高校、研究机构等，观点权威、解读精到。他们的作品主要服务于国内读者，虽然有部分作者对国际问题很有研究，但写作时也只是兼顾海外读者而已，并没有将其作为主要受众。在目前阶段，已经有些出版社在尝试定位海外受众的创作或者既有图书的改写，也取得了一定的效果，但还远未达到成熟。

创新表达方式，一定是中国出版走出去，尤其是主题出版走出去的必由之路，也是目前最大的难点和重点。表达方式，注定没有万能公式，需要极具智慧的创新力和对大量信息的收集与提炼能力。不同的内容，不同的受众，需要不同的表达方式。人民出版社有过针对海外读者进行的文本改写经验，但还没有过针对不同的语种和国家进行不同改写的尝试。针对不同受众的不同改写，或者从创作之初就针对特定受众进行，恐怕是未来实施走出去"一国一策"的最低要求。

深入开展科学的海外市场调研是有针对性进行合作的基础。《平"语"近人——习近平总书记用典》《习近平讲故事》等作品在非洲、亚洲、南美洲等国家的各个语种授权洽谈中，常常出现多家出版社竞争的局面，而欧美国家的出版社往往需要人民出版社一家家进行推广，这显然与国家友好度，与主流社会主流媒体导向正相关。这种冷热不均的情况也说明了一国一策的必要性。从 2002 年算起，中国出版走出去已经步入第 20 个年头。在"一带一路"相关国家及周边国家成为新的重要走出去目的国之后，加强国别研究，深入了解当地文化习惯，实施一国一策、一书一策的差异化营销已经成为中国出版走出去的新追求。

差异化的海外营销极其依赖于智慧，但不仅仅是智慧。深耕一国一地，首先需要的是充分精准的市场调研，充分调研是精准施策的前提和基础。一线实操人员热切盼望着更多的国内外文化、研究、商业等机构能从不同角度进行深入。主要是历年来销售量大、影响力强的中国输出图书分析，如图书题材、体裁、作者特点等；这些图书表述方式的可借鉴之处；这些图书在不同国家的差异化表现及原因，等等。其次是各国民众对中国的了解情况调查。不同国家的人对中国的了解程度、了解意愿、希望了解的方面等都会有所不同。对此进行分析，有助于在输出内容上做更有针对性的选择，乃至进行更有针对性的创作。如果能够建立一定的合作机制，利用各出版机构、研究机构、文化团体在海外设立的公司、书店、分社、编辑部等，联合做好深入的国别文化调研，将成果反馈给国内文化生产单位（不仅限于出版单位），必将大大促进中国文化走出去的精准性和有效性。最后是研讨交流。在对调研数据进行精准分析之后，采取专家讲座、业内交流等方式，让更多的作家、编辑和版权贸易人员不断加强对海外市场的深入了解，进行有针对性的创作和差异化的行销，一定会对走出去工作大有助益。

经过十几年的探索，国家对于"文化走出去"战略意图的描绘越发清晰："提升国际传播影响力、中国话语说服力、国家形象亲和力、中国文化感召力"。显然当代中国文艺作品的海外传播在"润物无声"方面已经小有成就——从东南亚到非洲，无数观众和读者正在为中国的欣欣向荣而欣喜，为家长里短的中国故事而感叹，与故事里的人物同喜同悲。对于主题出版图书，要想在注重影响力和说服力的同时，兼顾亲和力与感召力，需要理论界、出版界等多方的共同努力，从而更好地向世界展示真实、立体、全面的中国。

（作者单位：人民出版社）

锚定主流　锐意创新

——五洲传播出版社主题出版走出去工作纪实

邱红艳

　　十八大以来，主题出版进入快速发展期。自 2015 年，中宣部和原国家新闻出版广电总局每年发出通知，就做好当年主题出版工作集中作出部署，提出主题出版的重点方向。主题出版成为每个出版单位最重要的出版活动。时任国家新闻出版广电总局出版管理司司长的周慧琳在《出版参考》2017 年第 1 期上发表了题为《努力做好新形势下的主题出版工作》文章，对主题出版做了明确的定义："主题出版是以特定'主题'为出版对象、出版内容和出版重点的出版宣传活动。具体来说，就是围绕党和国家重点工作和重大会议、重大活动、重大事件、重大节庆日等集中开展的重大出版活动。"不过，从这两年的《通知》可以看出，主题出版已经不仅仅围绕讲政治这个核心，范围还延伸至经济、文化、社会发展、科学等方方面面。同时，对外讲好中国故事，不断提升中华文化影响力，为我国社会主义现代化建设营造良好外部环境也被专门提出作为重点方向。

　　对外图书出版一直是五洲传播出版社（以下简称"五洲社"）的传统优势和核心业务。五洲社始终秉承"让世界了解中国，让中国了解世界"的建社宗旨，积极围绕国家对外宣传工作重点，融通中外讲好中国故事，向世界展示真实、立体、全面的中国，对外传播中华优秀文化。主题出版的重点方向，尤其是有关党和国家重点工作、重大会议、重大活动、重大事件、重大节庆日等，自然是五洲社对外讲好中国故事的重中之重。近年来，立足媒体融合发展大背景，不断深化"优先发展西语、阿语地区"

的"农村包围城市"的发展战略，经过多年努力，五洲社逐步探索出一条"传统出版打底、数字阅读先行、抢占区域优势、逐步覆盖欧美"的图书走出去道路。

一、谋定方向，精准施策

在走出去实践中，面对国际舆论格局依然是西强我弱的客观现实，五洲社根据自身的优势，确定了优先开拓西语和阿语地区市场，进而再进军英语地区的对外出版战略。

西语、阿语地区人口众多。西语是世界第二大语言，被 23 个国家作为官方语言，约有 4.37 亿人作为母语使用；阿语为 22 个国家的官方语言，全球约有 2.3 亿人以阿拉伯语作为母语。无论在西语地区还是阿语地区，大多数国家都是发展中国家，一直以来和中国有着传统友谊，人民之间有着良好的沟通，对中国的认同感较强。随着中国经济的快速发展，中国的发展道路、发展模式成为一种选择。其民众希望更多地了解中国，寻找可借鉴的经验。因此，这两个地区对中国信息及文化产品需求增大。

在确定了优先发展西语、阿语地区的方向后，五洲社从 2010 年起，着力开发西班牙文和阿拉伯文图书出版项目。随着 2013 年"一带一路"倡议的提出，五洲社的"农村包围城市"的对外出版发展战略与国家战略同频共振，在西语和阿语地区的深耕更加行稳致远。如今，五洲社已经是在这两个地区做得最深入的中国出版社，拥有最优质的合作伙伴，形成了联通国际国内的西语、阿语朋友圈，出版了一大批有影响力的图书，搭建了数字阅读平台，建设了两个海外编辑部。

以"中国当代作家及作品海外推广（西班牙语地区）"项目为抓手，至今，五洲社已出版 200 多种西语图书。尤其是通过该项目将莫言、刘震云、麦家、周大新、迟子建、王蒙、王安忆、徐则臣等十几位茅盾文学奖得主的 30 余部作品翻译成西班牙文出版，向西班牙、墨西哥、古巴和阿根廷等国实现版权输出 20 余项。这是中国当代作家和文学作品第一次大规模、成系列地被翻译成西班牙语，实现了中国当代文学在广大西语地区传播的突破。根据首都师范大学西语系对中国当代文学在西语地区的传播情况进行的数据统计研究，在全球 20 余个西语国家的国家图书馆和高校图书馆中，共收藏有中国当代文学作品 645 部。其中，西班牙的凯伊拉斯出版社有 102 部作品被收录，排名第一；排名第二的五洲传播出版社出版的作品共收录了 67 部，占总数的 10%。（见图 1）

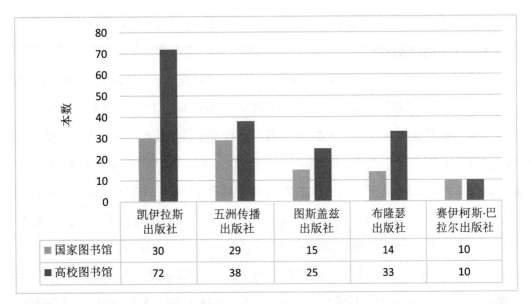

图 1　西语地区国家图书馆和高校图书馆中国当代文学作品馆藏情况

资料来源：首都师范大学"中国当代文学图书开拓西语地区市场数据整理分析"研究项目

随着"一带一路"倡议的全面推进，五洲社已出版 200 多种阿拉伯文版图书，其中大部分是介绍中国国情、中国传统文化、当代中国发展、伊斯兰教文化、"一带一路"等主题图书，以及中国文学、文化等相关图书；同时还承担了"中阿互译项目""中科互译项目""中沙互译项目"等国家级互译项目；与埃及、摩洛哥、阿联酋、突尼斯、伊拉克、约旦、阿尔及利亚、黎巴嫩、阿曼等多国的出版机构展开业务合作，累计输出了 150 多项阿文版权。丰富的阿拉伯文图书资源为五洲社申请设立"丝路书香·中国书架"和建设 that's books 数字阅读平台打下坚实基础。

二、聚焦主题主线，打造对外出版精品

百年未有大变局，百年不遇大疫情。单边主义、保护主义、霸权主义甚嚣尘上，中国威胁论、中国强硬论、中国掠夺论等不绝于耳。中国发展处于重要战略机遇期，给我们对外塑造国家形象带来了难得机遇。五洲社作为专业的对外出版单位，始终紧跟国家外宣外交工作需要，不断加强议题设置能力，积极向世界宣介习近平新时代中国特色社会主义思想，讲好中国共产党治国理政的故事、新时代中国特色社会主义事业发展进步的故事、中国人民奋斗圆梦的故事、中国坚持和平发展合作共赢的故事；

弘扬中华优秀传统文化，传播优秀当代文化，努力提升中华文化国际影响力。

（一）主动设置议题

近几年，我国的大事、喜事、要事多，为我们因时而动、顺势而为，做好对外图书出版与传播的内容建设工作提供了宏大的舞台。2018 年改革开放 40 周年、2019 年中华人民共和国成立 70 周年、2020 年决战脱贫攻坚全面建成小康社会取得了全面胜利、2021 年中国共产党成立 100 周年……这些重要的时间节点、重大事件都是对外出版的重点方向。五洲社先后策划实施多文版"中国共产党"丛书、"全球治理的中国方案"丛书、《中国社会主义道路为什么成功》《中国改革开放 40 年》等重大主题出版项目，多语种、多维度、多层次地向世界推介中国共产党、中国特色社会主义的理论和实践成就。推出多文版《解读新时代中国特色社会主义》《解读新时代中国外交理念》《中国震撼》以及"新时代的中国人""当代中国""创新中国"等系列图书，展现新时代中国的新人新事新风尚，介绍新理念新思想新主张，为中国奇迹、中国成就增添新的注脚，用新时代中国人追梦圆梦的精气神吸引打动世界，增进关注认同。

五洲社精心策划出版的一批多文版主题图书入选国家出版基金、主题出版重点出版物选题等国家级项目。如"中国军队"丛书（汉、英、法、西、阿文版）、"中国共产党丛书"（法、西、阿文版）、"全球治理的中国方案丛书"（法、西、俄、阿文版）和"当代中国"丛书（法、西、俄、阿文版）、《中国改革开放 40 年》（汉、英文版）、"人文西藏"（汉英文版）等入选国家出版基金项目；《简明中华人民共和国史》（汉、英文版）、《"一带一路"小词典》电子书（汉、英文版）、《大国战"疫"：2020 中国抗击新冠肺炎疫情纪实》多文版图书和"共同战疫"丛书（多文版）入选中宣部主题出版重点出版物选题。

（二）面对热点快速反应

面对国际关注热点，五洲社在短时间内策划出版介绍中国军队、中国海洋发展、钓鱼岛主权问题、中国治理方案、新疆职业技能教育培训中心情况等方面的图书、电子书，是国内第一次以多语种、多媒介的出版内容主动回应国际关切，用事实和数据向国际社会解疑释惑。

2020 年新冠肺炎疫情暴发，五洲社第一时间联合人民卫生出版社，紧急推出英、意、日、韩、法、西、波斯共 7 个文种的《新型冠状病毒肺炎公众防护手册》和《新型冠状病毒肺炎公众心理防护手册》，并发挥数字传播的优势，通过自有的 that's books 多文版数字阅读平台、亚马逊海外站点、苹果 iBooks、美国最大的电子书平台赛阅（Overdrive）、Proquest 和华为阅读西班牙平台、易阅通、知网海外平台等国内外知名数字阅读平台，免费供全球读者下载，与乌克兰汉学家协会、俄新网、白俄国立大学白俄汉学发展学院、意大利欧亚—地中海研究中心合作推送这两种手册电子书的下载链接；通过孔子学院、公安部外警特训网络、卫健委、阿里巴巴基金会等渠道免费向全球读者发放；实现多个文版的版权输出，向世界各国介绍疫情防控知识、分享中国经验，贡献全球抗疫中国出版的力量，获得国外受众好评。

（三）立体化开发，创新产品形式

在信息技术不断发展和媒体融合的趋势下，五洲社传统图书出版业务有意识地尝试利用新的技术、新的产品形态，以贴近国外读者的阅读兴趣和阅读习惯，逐渐拓展 epub 电子书、增强互动型电子书、音频书、视频书、多媒体电子书和数据库产品，形成了自身的风格与品牌，在国外读者和国内业界有较好的口碑。近年围绕"一带一路"倡议、改革开放 40 周年、新中国成立 70 周年、脱贫攻坚、全面建成小康社会以及建党百年等主题，策划开发了《"一带一路"小词典》《改革开放全记录》数据库型电子书，《图说中国改革开放 40 年》H5 电子书，《前进中的中国——新中国成立 70 周年数据面面观》《国富家兴——小康中国数据面面观》视频书以及《脱贫路上的中国人》多媒体电子书等汉英双语产品，实现了一次策划，多元开发。

此外，五洲社也积极探索主题内容文创产品的创意开发，以读者喜闻乐见的产品形式传播中国文化。譬如，《走过》建党 100 周年双语主题手账，非常巧妙地运用连环画的故事风格，以温馨轻快的旋律和普通百姓的视角，通过一个普通中国家族五代人的生活经历，展现中国共产党建党 100 周年这个宏大的主题，讲述一代又一代中国共产党人同中国人民接续奋斗的历史见证，将原本比较"硬"的题材用"软"的方式表达，更容易引起共鸣，以小见大，于微末中见历史。

三、注重推广发行，多渠道进入海外文化市场

对于对外图书而言，内容是王道，但渠道往往更重要。再精美的图书，如果束之高阁或者仅仅以免费赠送的形式给到外国读者，那它的传播力和影响力也会大打折扣。

如何让外国读者很便利地买到中国主题的外文版图书是五洲社一直致力解决的难题。总体上，五洲社坚持"两条腿走路"，以国际发行推广为基础，多渠道进入海外市场。一方面，不断加强版权贸易，与50多个国家和地区的110多家出版机构开展合作，每年版权输出超过100种。另一方面，背靠体制，面向市场，始终坚持做外文版图书的市场发行。图书发行到近200个国家和地区，搭建了一个由300多个网点构成的中国内容外文图书销售网络。

（一）版权输出的世界区域不断扩大，书香洒满"一带一路"

自2013年"一带一路"倡议提出以来，五洲社发挥自身相对优势积极践行，利用多年来积累的资源，在保持西语、阿语等优势语种的基础上，不断开拓与"一带一路"沿线及辐射国家的深入合作，创新版权输出形式，拓展输出地区、文种及输出品种。经过多年的努力，累计实现版权输出及合作出版超过千项，其中主题类图书实现版权输出近300种。（见图2）

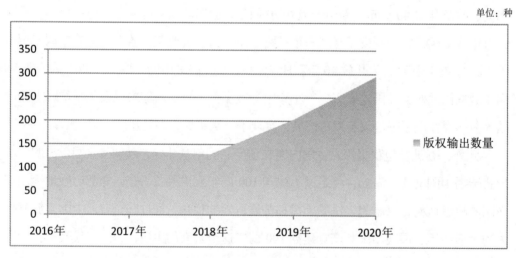

单位：种

图2　2016—2020年五洲传播出版社图书版权输出数量情况

资料来源：五洲传播出版社各年度版权输出统计数据

从文种上来看，五洲社主题类图书在英文、阿拉伯文、俄文、塞尔维亚文等文种上实现了较多的版权输出。五洲社与俄罗斯、塞尔维亚等国出版机构保持着紧密合作，出版的多个系列图书均实现了俄文及塞尔维亚文的输出，如"新时代的中国人"系列、

"当代中国"系列及其他介绍新疆、西藏人文及发展相关的图书等；此外，阿文一直以来都是五洲社的优势语种，通过与埃及、黎巴嫩、约旦等阿拉伯国家的合作，也实现了"创新中国"系列、"魅力新疆"系列、"魅力西藏"系列及"中国军队"系列、"共同战疫"丛书等图书的阿文版权输出。

同时，五洲社多部颇具分量的主题类图书由新加坡圣智学习亚洲私人有限公司以英文出版，如"全球治理的中国方案"丛书、"中国创造"丛书、"中国基本情况"系列及《四十年回眸与前瞻》等。

从品种上来看，多个系列图书实现多语种版权输出，尤其受到国外出版方和读者的欢迎和好评。其中主要包括："全球治理的中国方案"系列输出至俄罗斯、新加坡、意大利、葡萄牙、乌克兰等国家；"新时代的中国人"系列输出至塞尔维亚、波黑、阿尔巴尼亚、亚美尼亚等国家；"我们和你们"系列输出至泰国、巴基斯坦、以色列、印度尼西亚等国家；"创新中国"系列输出至新加坡、黎巴嫩等国家；"当代中国"系列输出至俄罗斯、塞尔维亚、伊朗、巴基斯坦等国家；"追梦中国·商界领袖"系列输出至法国、西班牙、韩国、印度等国家；"中国创造"系列输出至俄罗斯、新加坡、越南等国家；"魅力西藏""藏书坊"系列及《走向光明：纪念西藏民主改革 60 周年》《达赖喇嘛转世制度》等涉藏图书输出至俄罗斯、意大利、埃及、塞尔维亚、尼泊尔等国家；"魅力新疆"及《关于新疆的谣言和真相》等涉疆图书输出至俄罗斯、埃及、土耳其、哈萨克斯坦、乌兹别克斯坦、吉尔吉斯斯坦等国家。

在版权输出的实践中可以看到，相比只有中文版或者仅提供了图书内容简介和目录的翻译资料，如果图书本身已经有英文版本或相应的外文版，外国的出版商能 更好地理解图书的内容，将增加版权转让的成功率。

在版权输出的实践中，五洲社还十分注意单品推广和品牌建设结合，增强国外的读者对出版社品牌的识别度和了解的深度，使他们在选择相关类型图书时能第一时间想到五洲社。譬如，在有关涉疆涉藏、中国当代作家文学作品外译（尤其是西语和阿语）、新时代中国人的故事、双边国家人文交流领域等，五洲社有丰富的积累和口碑。

（二）发力精准传播，用"中国书架"讲好中国故事

五洲社一直致力于中国主题外文版图书的市场发行。外文图书的发行渠道有限，一般以版权贸易的方式输出到国外，或者通过图书进出口公司少量进入海外图书市场。

与中文图书发行不同，中国主题外文版图书没有统一的发行中盘，因此，很多出版社尽管出版了外文版图书，出于人力物力的考虑，最终放弃了外文图书的发行。针对中国主题外文图书销售难的"卡脖子"问题，五洲社多方整合、多措并举，初步搭建起300多个直接面向国内外读者、覆盖全球的销售网络，成为中国题材外文图书的销售中盘。在国际渠道方面，已经与阿拉伯地区、拉美地区等出版商、书店和大学建立了稳定的业务合作，实现精准传播。

尽管五洲社的图书已经通过各种方式和渠道进入到国内外的书店、图书馆等，但由于中国主题图书在整个世界图书市场中属于小众产品，国外引进方的发行量大都偏小，而且在书店上架时，中国主题的图书都按图书分类被散放在众多的同类图书中，读者很难找到。为方便外国读者阅读和购买中国内容的外文图书，五洲社在有关部门的指导和支持下，利用多年走出去形成的国际渠道优势和在国内建立的唯一外文图书发行网络的基础，将分散在各出版社的中国内容外文图书资源整合起来，于2015年策划并实施了"中国书架"项目，并已提升为国家项目。

"中国书架"项目分为国内、国际两部分，分别在海外的主流书店、机场书店、高等院校、中国企业在海外的分支机构等场所以及国内的涉外酒店、高等院校、机场、高铁车站、特色书店、旅游景区，设立具有统一标识的中国主题外文图书的专架（柜），集中展示销售中国主题的外文图书。中国书架为想了解中国的外国读者提供了便利，让海外的读者能够更加容易地寻找到有关中国的外文版图书。来华在华的外国人是"送上门"的读者受众，中国企业在海外分支机构的外籍员工更是对了解所在企业的母国有着更浓厚的兴趣和直接的需求。精准服务他们，可以有效绕开中国文化走出去的"隔离带"和"玻璃墙"，实现中国文化和影响力的有效和精准传播。经过几年的实践，五洲社执行的"中国书架"项目已经形成国内外主流书店、国内外机场、国内博物馆、涉外酒店、央企海外分支机构以及地方政府6种成熟模式。至今，在国内布局13个城市，建立了45个书架；在海外47个国家和地区建设了442个书架。

"中国书架"上架图书主要包括习近平总书记著作，中国政治、经济、社会、文化、文学类图书，反映中国价值、中国文化的原创童书绘本，少量的汉语教材教辅及手账、明信片等相关文创产品等，以当地语言为主，英语和汉语为辅。"中国书架"项目实施后，对中国主题外文图书的销售拉动效果明显，涉及中国传统故事的绘本童书、学习中文的教材教辅及部分中国主题、传统文化类图书的销售数据名列前茅，给合作书店带来了收益。截至 2019 年底国外"中国书架"实现发货 11.4 万册，销售 6.5 万册。

"中国书架"已经成为推动中国图书走出去、中国文化走出去的品牌项目，日渐成为对外宣传阐释习近平新时代中国特色社会主义思想的新平台，海外读者阅读中国、了解中国的窗口。

四、以数字阅读为利器，着力在西语、阿语区形成独家优势

随着互联网和新媒体新技术的迅猛发展，国际传播的产品形态日益向移动化、可视化、社交化转变，互联网和移动社交媒体已经成为国际传播的主阵地。五洲社按照习近平总书记关于"重塑外宣业务，重整外宣流程，重构外宣格局"的要求，守正创新，把内容做精做活，把渠道做宽做多，通过打造具有国际影响力的自有数字阅读平台，以民间视角在海外社交媒体平台传播中国内容，以及依托主办国际性大赛推动中外青年文化交流等形式，立体布局，以"你中有我，我中有你"的方式探索实践对外出版的数字化转型升级，拓展数字传播渠道，创新国际传播能力建设，实现柔性传播。

（一）自建平台"造船出海"，抢占阿语、西语地区数字阅读市场

五洲社对外出版数字化转型升级起步早，2005 年就开始策划出版电子书，目前已经形成纸电同步和自主策划的音频书、增强型电子书、多媒体电子书和数据库产品等内容丰富、形式多样的数字产品集群。数字传播渠道建设方面依然遵循"优先发展西语、阿语地区"的对外出版发展战略，形成了特色鲜明、成果丰硕的数字出版走出去路径：针对欧美成熟的数字出版市场，"借船出海"，直接与当地主流数字出版平台合作；在阿拉伯、拉美等欠发达地区，抓住当地缺乏有实力的数字阅读平台的市场机会，"造船出海"，自建 that's books 数字阅读平台，将中国内容嵌入本地内容，打造中外融合、具有国际影响力的平台。

目前，that's books 数字阅读平台聚合了包括五洲社、外文出版社、商务印书馆、人民教育出版社等国内近 20 家出版机构 2000 多种外文版中国内容图书数字资源，以及 110 多家海外出版商的 2 万余种本地精品图书数字资源，实现了内容的国际化。其中，阿文平台包含大量国际获奖图书和最新出版的本地内容，是阿拉伯地区内容资源最多最新的数字阅读平台，部分出版商还在平台实现纸电同步出版。五洲社通过参加阿拉

伯地区各大书展、与华为合作、在脸书开设账号和举办阿拉伯网络小说创作大赛和翻译大赛等方式对平台进行宣传推广，加速海外落地。2020年，that's books 阿语平台在阿拉伯本地数字阅读平台的排行榜上位居第二，被阿拉伯主流媒体评价为"送给阿拉伯读者的中国礼物"。截至2021年5月，that's books 阿语 App 下载量超过592万，网站日均访问量约5万，用户遍及全球175个国家和地区。其中埃及下载量116万，沙特下载量101万，在北美欧洲也有一定数量的用户，美国下载量1.9万，法国下载量1.2万。

（二）与华为合作，以"中国文化"+"中国创造"走出去新模式，实现从走出去到走进去

五洲社"农村包围城市"的走出去道路与华为出海战略高度吻合。双方在软件预置、为海外本地电信运营商提供定制移动阅读服务以及协助华为海外阅读 App 出海等方面进行深度合作，实现了"中国文化"+"中国创造"联手走出去，海外本土落地。2017年，五洲社通过商业竞标，成为埃及电信运营商 Etisalat 手机阅读订阅服务合作伙伴，经过3个月推广用户达到17万，2018年全面覆盖埃及三大电信运营商。五洲社是目前中国唯一直接与海外电信运营商合作的出版社。与此同时，装有 that's books 阿语 App 的160多万部华为手机陆续出货到埃及、沙特、阿联酋等7个阿拉伯国家。2019年，华为海外阅读依靠五洲社提供的西语数字内容资源上线西班牙，五洲社也是华为阅读马来西亚站点、英国站点的重要内容提供商。

（三）适应传播移动化、可视化、社交化的趋势，将图文视频内容通过脸书账号传播

五洲社研究西语阿语社交媒体发展特点，依托丰富的外文图书资源，并整合国内优质内容运营西语、阿语脸书（Facebook）账号，以民间视角在脸书平台用外国年轻一代喜爱的方式推介中国文化、中国价值、中国生活，推动中国故事和中国声音区域化、分众化传播，增强中国声音国际传播的亲和力和实效性。

2015年，五洲社开通脸书西语账号，以一个活泼、热情、幽默的中国女孩形象，用西语向海外网友介绍关于当代中国有趣的事情和中国图书内容。截至2021年5月，五洲社脸书西语账号拥有68万粉丝，遍及墨西哥、秘鲁、阿根廷、美国等40多个国家，粉丝的活跃度高，视频播放次数最高超过1250万。

2020 年，新冠肺炎疫情暴发之初，五洲社第一时间在脸书西语账号推出多文版的《新型冠状病毒肺炎公众防护手册》和《新型冠状病毒肺炎公众心理防护手册》，供广大网友免费下载，及时将中国的新冠肺炎疫情和抗疫的真实情况通过脸书账号发布。西语账号发布 12 条关于中国抗疫的短视频，帖文覆盖人数 82 万，其中如何正确佩戴口罩的原创视频播放量 28.9 万次。

（四）借中国网络文学优势创国际性比赛品牌，引领阿拉伯地区网络文学发展

为了扩大 that's books 阿语平台在阿拉伯地区的品牌影响力，从 2018 年起，五洲社每年举行 that's books 阿拉伯网络小说创作大赛和翻译大赛。这是目前阿拉伯地区唯一的网络文学大赛，引领了阿拉伯地区网络文学的发展。网络小说创作大赛共收到来自沙特、埃及、科威特、加拿大等近 30 个国家 9000 多名作者的投稿，先后有埃及《金字塔报》等 300 多家阿拉伯知名网站、报纸和杂志进行了报道；翻译大赛吸引了国内外近 50 个高校和机构 836 位阿语译者参与。首届网络小说创作大赛第一名获奖者来自巴勒斯坦的文学女博士艾拉·娜依姆在颁奖现场眼含泪花地表示"中国是一股世界上的正义力量，that's books 为阿拉伯文化的传播打开了一扇窗，感谢中国。"

五洲社通过网络小说创作大赛和翻译大赛，不仅仅推广了 that's books 平台，提升了平台的品牌影响力，更重要的是联络了一批爱华友华的阿拉伯本土文学评论家、作家、记者等人士，让他们对当代中国的发展进步能有更多更真实的认识与了解，促进了中阿文化交流与互鉴。

五、新形势下主题出版走出去任重道远

百年未有之大变局、百年不遇之大疫情，给图书出版走出去工作带来了严峻挑战的同时，也带来了难得的机遇。

第一，提高讲好中国故事的能力。对外出版应以习近平总书记 5 月 31 日《加强和改进国际传播工作　展示真实立体全面的中国》的讲话精神为指导，依托我国发展的生动实践，立足五千多年中华文明，全面阐述我国的发展观、文明观、安全观、人权观、生态观、国际秩序观和全球治理观，广泛宣介中国主张、中国智慧、中国方案，以各种生动感人的事例讲好中国共产党的故事、中国人民的故事，以融通中外的表述和方式努力塑造可信、可爱、可敬的中国形象。

第二，注重融合出版。随着数字技术的不断发展，传统的内容承载介质也在不断发生变化，传统的出版业也正经历着向全媒体的演变。单一的形式已经不能满足读者的需求。媒体融合为出版业开拓新路提供了新的选择。全媒体内容形式，能满足不同群体的差异化需求，增强不同场景下的内容体验，不断提高感染力和影响力。一方面，加强融媒体产品的策划和制作，提高对传统图书品牌的音频化、数字化开发，以Z世代青年喜闻乐见的方式，打造数字化、体验式、交互式的产品。另一方面，还应探索如何从传统的内容生产商向知识服务商转变，实现数字技术、互联网技术与传统纸质媒体的深度融合发展，谋求新的业务增长点。

第三，善用海外社交媒体平台。新媒体传播已经成为网络传播的基本形态，脸书、优途、推特、照片墙、领英等海外社交平台已经成为国际传播的主阵地。疫情防控常态化下，除了积极参加线上线下的国际书展与国际会议，需要我们更加重视海外新媒体营销。在脸书等海外主流社交媒体上，除简单地发布图书信息资讯外，更需要通过制作微视频、生成相关话题，进入相关主题讨论组，与粉丝密切互动等来提高用户覆盖率、粉丝关注度、评论率。

第四，用好海外编辑部。近年来，中国出版社在海外设立的编辑部如雨后春笋，遍地开花，形势喜人，说明越来越多的出版机构意识到本土化是出版走出去一条有效途径，值得探索。海外编辑部对当地的图书市场、读者偏好都会有更深刻的感受，这对于国内端进行选题策划以及制定国际化的营销方案有很强的指导意义。以五洲社的阿联酋海外编辑部为例，自成立以来，阿联酋海外编辑部充分调研本土市场，策划和出版了一批符合当地市场需求的中国主题图书，收到良好的市场反馈，这些图书在阿拉伯国家书展上与广大读者见面，得到了当地读者及出版社的热情反馈，同时通过编辑部与海外大学、图书馆等的良好合作，五洲社"中国文化"系列等多种图书走进了阿拉伯地区主流大学，与广大读者见面。

（作者单位：五洲传播出版社）

中国主题图书海外编辑部运行情况研究

——以外文出版社工作实践为例

于　瑛

　　"中国主题图书海外编辑部"项目是中国外文局落实中央关于加强国际传播能力建设和在海外推动合作出版总体要求，组织实施的对外出版业务的本土化战略拓展项目。该项目自 2016 年开始前期调研策划，2017 年陆续建立实施，由外文局旗下的多家出版社与海外知名出版机构建立联合编辑部，共同策划推出具有地区针对性的与中国各方面相关的图书，在当地出版，推进本土化发行。本文以外文出版社参与该项目建设实践为例，分享工作体会，探索未来发展。

一、中国主题图书海外编辑部创立源起

　　为满足国际社会了解中国的愿望，以及我国经济社会持续快速发展带来的对外宣传的迫切需求，多年来，国内出版单位不断探索尝试各种形式的走出去，如自主翻译出版发行多语种图书实现出版实物的走出去，通过版权输出和国际合作出版进行传播内容的走出去，在海外设立驻外机构进行运营模式的走出去。然而，国内出版社在实践中仍面临着诸多难题：意识形态壁垒严重，文化差异明显；对外传播内容无法真正满足当地市场需求，选题针对性不足；大部分图书很难进入对象国主流发行渠道，即便进入了发行规模也很小；缺乏立足当地、热爱中国文化的本土化出版、发行、管理人才，等等。因此，寻找一条既适合我国国情，又符合海外出版发行规律的国际化出版模式尤为迫切。

基于多年国际合作实践和对外出版经验积累，外文局开始部署旗下出版社与外方一起探索一种新的国际合作出版形式。通过与国际出版机构的合作，建立联合编辑部，围绕中国相关内容进行选题策划，共同推出具有地区针对性的当地语种版本图书，实现本土化发行，构建形成一种适应当前对外宣传工作要求、符合国际传播特点，互惠互利、可持续发展的对外出版合作模式。外文局将这种联合编辑部命名为"中国主题图书海外编辑部"，旨在逐步通过该项目在世界不同地区的布局，完善中国主题图书本土出版的重点地区、国别和语种分布，形成以大国和周边国家为重点，覆盖全球主要地区、国家和重点语种的国际出版工作格局，使中国主题图书在国际市场的规模实现较快增长，增强海外传播的实力和影响力。

二、外文出版社中国主题图书海外编辑部运行情况及工作机制

在外文局的整体部署和统一指导下，自 2017 年开始，经过几年的开拓、培育和发展，外文出版社成立并运营德国、西班牙、印度、黎巴嫩、阿尔巴尼亚、波兰、罗马尼亚、老挝、巴西和蒙古国等 10 家海外编辑部。截至目前，已共同策划实施选题 112 种，其中已出版 87 种，在制 25 种。政治类图书占比 34.82%，文化类 1.79%，文学类 25%，社会类 30.36%，中医保健类 5.35%，经济类 2.68%。涉及德文、西班牙文、英文、印地文、阿拉伯文、阿尔巴尼亚文、波兰文、罗马尼亚文、老挝文、葡萄牙文和西里尔蒙古文等 11 个语种。

（一）清晰的工作目标明确工作方向

通过与海外各地国际出版机构的合作，先行在目标区域建成"中国主题图书海外编辑部"，然后以当地出版经验丰富的外籍编辑为主，双方共同策划中国主题图书，建立起行之有效的工作机制和合作机制。共同出版符合当地阅读习惯、特色鲜明、内容新颖、针对性强的中国主题对外出版物，并通过合作方进入当地主流发行渠道，进而辐射周边国家。此外，充分利用对象国合作方的地理、人文和商脉优势，积极开展营销推广、国际合作、媒体宣传等活动，拓展主流销售渠道，进一步扩大市场份额，提高海外知名度和影响力，并不断加强对发展中国家、新兴国家和海外华文市场的布局。

（二）良好的工作机制促进运行顺畅

编辑部由中外双方联合管理，各国家情况不同，双方应充分尊重各自原有工作流程，如遇分歧，友好协商，妥善处理。双方均指派专人保持长期、及时的沟通，外方出版机构将当地市场动态信息直接反馈给外文出版社；外文出版社将优质资源推向国外，双方结合各自人力和各种资源，共同推出受国外读者喜爱、传播中国声音的好选题。通过双方长期的互相沟通与合作，共同培养出一支既懂国外市场、又知国内外宣需求的编辑、翻译、发行队伍，强强联合，提升双方的核心竞争力。

（三）严谨的工作流程保障质量效果

选题策划：选题内容由双方共同策划决定。外文出版社可推荐或提出选题，请外方根据当地国情和市场情况分析研判，双方共同讨论后决定。外方也可从外文出版社已出版选题中进行选择，或自主策划选题，请外文出版社组织编写或在当地寻找适合的作者进行创作，选题内容及作者人选经由双方商议后确定。

内容编译：选题内容确定后，编译工作主要由外方完成。首先，外方编辑人员可根据自身国情、文化特色和读者需求等因素，对选题内容进行相应的删改等编辑加工，然后再进行当地语种的翻译工作。

装帧设计与印制出版：一般由外方根据当地出版习惯、语言文字要求以及读者喜好自主进行图书封面、内文版式设计，并排版制作，完成批量印刷和出版手续等工作。双方共同出版，并按照国际合作出版的原则，在封面及相关位置体现外文出版社标识。

内容审读与印前把关：虽然相关图书是在国外出版发行，但由于图书内容涉及我国的政治、经济、社会、文化、文学等多个领域，国外编辑和译者对我国的了解难免有局限，为避免中外文化或国情等差异导致编辑或翻译过程中出现不恰当的地方，选题内容的终审把关必须要通过外文出版社。外文出版社会安排相关语种专家审读外方提供的排版文件，并出具审读报告，如有必要，则与外方沟通进行相应修改，同时，社领导和项目负责人也会同审读专家一起审看图书封面和内文版式设计，原则上尊重外方意愿，如有不适当的地方会要求外方修改。

发行推广与效果反馈：相关图书由外方在当地主渠道发行销售，外文出版社密切关注出版效果反馈，定期向外方收集相关图书海外影响力、发行量、版税报告等信息，要求外方积极开展多种形式的营销推广活动，并视情况和外方共同协商在对象国开展相应的推广活动。

三、外文出版社中国主题图书海外编辑部建设的传播效果

通过近几年中外双方的共同努力，外文出版社进行的中国主题图书海外编辑部建设已见成效，工作机制运行平稳，出版产品内容丰富，进入海外各地主流发行渠道，取得了良好的传播效果，这种合作模式也促进了国际合作出版工作水平的整体提升。

（一）一批中国主题图书在海外落地出版，并进入当地主流发行渠道

截至目前，外文出版社运行的 10 家海外编辑部已策划出版 87 种多语种图书，另有在制选题 25 种。这些图书，有对外介绍中国共产党的选题，如《历史与现实：100个词了解中国共产党》《红船精神：启航的梦想》《中共十八大：中国梦与世界》等；有全面展示当代中国的选题，如《中国新名片》《中国速度——中国高铁发展纪实》《突破与创新：解读中国科技》《中国的绿色发展之路》《指尖上的中国：移动互联与发展中大国的社会变迁》等；有"一带一路""脱贫攻坚""改革开放"等主题内容，如《筑梦"一带一路"》、《丝路上的故乡》、"一带一路"故事系列、《中国脱贫在行动》、《我不见外——老潘的中国来信》、《从富起来到强起来：如何看中国改革开放》等；还有文学文化类选题，如《西游记》、《大唐西域记》、《孔子的故事》、"十分钟健身气功"系列、"路灯"文学丛书等；全方位展示了当代中国新形象。

落地出版的相关图书均通过合作出版机构进入当地主流发行渠道。如西班牙海外编辑部出版的图书已在西班牙、墨西哥、玻利维亚、哥伦比亚等地区销售，并推广到拉丁美洲多个国家；德国海外编辑部出版的图书在德国以及其他德语地区的实体书店、网络销售平台及图书馆系统等渠道销售，在德国维藤大学、奥地利维也纳大学"第二届世界汉学论坛"书展上推广展示，并通过当地销售网络进入欧洲的大学图书馆系统；罗马尼亚海外编辑部图书进入罗马尼亚实体书店和线上书店发行；黎巴嫩海外编辑部图书进入黎巴嫩、埃及等地的主流发行渠道，并上架"尼罗与幼发拉底"大型线上阿拉伯语书店，销售范围覆盖阿拉伯语国家地区；阿尔巴尼亚海外编辑部图书除了在阿尔巴尼亚销售外，还在多个阿尔巴尼亚语区如黑山、马其顿、科索沃等发行。

（二）海外合作方积极推动中国主题图书亮相各大国际书展

相关图书通过合作出版机构，集中亮相国际书展。黎巴嫩海外编辑部合作方携带

中国主题图书参加黎巴嫩贝鲁特书展、也门书展、阿联酋阿布扎比书展、沙迦书展、巴林书展等当地和国际书展，进行了积极展示与推广。罗马尼亚海外编辑部为《丝路上的故乡》等图书在 2019 年罗马尼亚布加勒斯特国际书展上举办首发式。阿尔巴尼亚海外编辑部参加了 2019 年 11 月地拉那国际书展并就合作图书举办新书发布会。西班牙海外编辑部出版的图书在西班牙马德里书展、英国伦敦书展、德国法兰克福书展、古巴书展等大型国际书展中进行集中展示。德国海外编辑部在德国莱比锡书展、英国伦敦书展、塞尔维亚贝尔格莱德书展等国际书展上推出合作出版的图书。

（三）形式多样的海外营销推广活动，扩大了中国主题图书影响力

各海外编辑部注重与读者的交流与互动，举办了形式多样的营销推广活动，使读者深度参与，有效扩大了中国主题图书海外影响力。

在 2018 年 1 月印度新德里书展上，印度通用图书公司（GBD Books）举办了印度海外编辑部出版的印地文版图书首发式，包括《西游记》《大唐西域记》，印度商界及出版界重要嘉宾参加活动并致辞。该编辑部将出版的中国主题图书赠予大学教授、图书馆以及印度媒体。此外，印度通用图书公司设有"中国图书中心"，陈列中国主题图书，并联合中国驻印度使馆文化处在该公司办公室或新德里书展上举办讲座或文化活动，宣传中国主题图书。

2019 年，外文出版社与罗马尼亚科林特出版社集团（Corint Books SRL）合作出版了《丝路上的故乡》《中国速度——中国高铁发展纪实》等罗马尼亚文版图书，在布加勒斯特国际书展上举办了首发式，之后借助实体书店、网络平台、图书馆系统等渠道发行销售，在媒体上播放宣介视频，受到当地读者的广泛关注和积极评价。为此，该集团于当年正式成立罗马尼亚首个集中出版中国主题图书的品牌"发现中国"。

（四）充分利用当地各种资源，探索多渠道发行推广途径

海外合作方积极利用当地书店、图书馆、社交媒体、新闻媒体等线上线下平台，加大纸质图书和电子图书宣传力度，促进销量。

西班牙海外编辑部图书出版后，合作方大众出版社在西班牙、墨西哥、玻利维亚、委内瑞拉、厄瓜多尔、哥伦比亚等多国进行销售，读者可在出版社网站查看相关图书信息，也可通过西班牙国际标准书号系统和 Dilve 图书信息网站等各类数据库查看了解图书情况。此外，还与其他国家经销商尝试更多推广途径，为图书宣介发行提供更

强有力的支持。

黎巴嫩海外编辑部图书出版后，合作方阿拉伯科学出版社在其官方网站和阿拉伯最大的网上书店上进行销售，图书信息还可一键分享至推特、脸书、照片墙等，充分满足不同读者的需求。

阿尔巴尼亚中央电视台在其图书推荐节目中专题推荐了阿尔巴尼亚海外编辑部出版的《中国新名片》《富起来到强起来：如何看中国改革开放》等多种中国主题图书。

罗马尼亚海外编辑部图书出版后，获得当地读者的积极评价。以《中国脱贫在行动》罗马尼亚文版为例，读者在评论区表示："中国人以智慧著称，中国的脱贫速度和进展就是这种智慧的生动例证。当今世界，许多人仍然面临着贫困的挑战，这本书让我们了解到中国这样一个伟大的国家是如何与贫困做斗争的。中国的经验很实用，罗马尼亚也可以采用中国的方法去解决偏远地区的贫困问题，并且这些经验方法可以成为世界上许多其他国家的灵感之源。"

四、中国主题图书海外编辑部建设在对外出版工作中发挥的作用

经过近几年的工作实践，外文出版社在已有资源和优势基础上，整合国内外两种市场、两个资源，妥善处理好中国内容与国际表述的关系，建立可持续发展的商业模式，不断完善中国主题图书海外编辑部工作机制，努力提升中国主题图书对外出版的针对性和有效性，以点带面带动相关地区市场的开拓，实现社会效益和经济效益最优化，使得海外编辑部建设在整体对外出版工作中发挥了更加积极的作用。

（一）成立海外编辑部是创新对外出版方式的重要举措，具有独特优势

多年对外出版实践表明，海外本土化是加快走出去步伐、融合国际社会传播体系的重要抓手。与相关国家知名主流出版机构加强合作，在其内部建立中国主题图书联合编辑部，把选题策划、编辑出版、营销发行等环节前移到对象国家和地区，逐步实现机构本土化、人员本土化、内容本土化，提供符合国外受众需求的图书，使图书进入到主流的发行渠道，形成中国声音的本土化表达，增强我方对外文化交流合作的能力。

与国内单位设立驻外机构或收购海外出版社等走出去方式相比，海外编辑部前期成立手续简单，成本投入较低，能在较短时间内，以有限资金融入当地知名出版机构

的运营中，工作方式灵活。利用双方已有的硬件和软件资源、现有人力资源即可实现办公，启动机构；合作方的发行渠道还有助于我方快速了解当地出版市场情况和经济文化特色，满足对外传播需求，能够更加有计划、有效地出版发行我方想推出的选题内容，实现可持续发展。

此外，不同于常规的版权输出和国际合作出版，我们可以充分利用外方合作机构的专业化水平和在当地的影响力，共同策划出版符合当地读者需求的中国主题图书，并进入当地主流发行市场，避免意识形态壁垒、多元文化差异、"水土不服"等弊端。

同时，海外编辑部的建立有利于在工作实践中打造形成一批具有一定品牌影响力和市场竞争力的中国图书工作室，培养一批了解并喜欢中华文化、精通中国图书翻译出版发行的外籍编辑、出版家和发行人员。

（二）在海外系统出版中国主题图书，可作为我方自主对外出版的有益补充

随着我国的快速发展，综合国力不断提升，国际社会越来越关注中国的方方面面，但目前由海外出版机构出版的反映中国主题和当今主流价值观的图书还不成系统，国内出版的一些图书在议题设置、语言表达、封面设计等方面尚未与国际社会接轨。因此，成立中国主题图书海外编辑部，围绕国际关切，在海外系统出版发行中国主题图书，全面客观地展示当代中国政治、经济、文化等领域的建设成果，充实完善中国国情、当代中国、中国文学、中国文化、汉语教学等重点对外出版产品线，按照国际市场规律打造系列化、品牌化、规模化产品，有利于提高对外出版的针对性，增进国际社会对中国的了解，满足国外受众的需求，同时可成为我方自主对外出版的有益补充。

在自主出版的基础上，外文出版社根据不同国别、不同合作方的出版需求和特点，按照本社产品线规划，精准施策，有针对性地对外推荐本社图书，目标受众更加明确，需求更加具体。同时，选题策划端口前移，通过国外出版机构充分获取当地读者对中国主题图书的需求，传达给国内作者和编辑人员，在选题策划环节就有针对性地提出合理化建议，在写作和编辑过程中目标性更加明确。逐步解决我方自主出版的对外图书针对性不强、难以进入对象国主渠道、国内对外出版资源分散等一些长期制约对外出版工作发展的问题，增强对外出版的国际影响力。

经过海外编辑部的运行，外文出版社出版的一些对外图书焕发了新的生命力。以文学出版为例，我国当代文学作品推入欧美市场时，由于文化差异、语言转换等原因，

海外读者难以体会到中式叙事的美感和作品所反映的文化特色，因此，就需要在内容编译方面寻找到中西文化的共通点。西班牙海外编辑部自 2017 年成立以来，成功出版了一系列中国文学图书。该编辑部根据图书选题特色和当地市场及读者需求，对内容进行了相应的删改，翻译时在准确的基础上注重文学润色，对图书封面进行重新设计，使得中国图书的风格更好地与当地读者的阅读习惯相吻合。再加上利用当地主流媒体进行宣传推广，取得了良好的传播效果，丰富了外文出版社文学作品对外出版产品线。

（三）通过海外编辑部建设，可以深度开发当地市场

对于中国主题图书海外编辑部建设，中国外文局有统一的规划和部署，涉及重点国家、周边国家以及"一带一路"国家，不仅符合国家外宣大局，且市场潜力巨大。以外文出版社参与的项目为例，西班牙语出版业是世界第二大市场，覆盖欧非拉三大洲 20 多个国家和地区约 4 亿人口，同时还是全世界最大的翻译图书出版市场。德国是出版业大国，大型的出版集团如贝塔斯曼等均设立在德国，每年还举办法兰克福书展等国际知名书业盛会。德国及欧洲读者对纸质出版的需求仍然很大，德国民众了解中国的愿望也在不断加强，但是，在德国还没有专门的针对中国主题出版的机构或销售中心，因此，市场潜力较大。黎巴嫩出版业一直享有良好声誉，是中东出版的中心，在阿拉伯世界素有"埃及人著书，黎巴嫩人出书，伊拉克人读书"之说。阿拉伯世界的第一个书展贝鲁特国际书展每年都会举行，这也是中东地区最大的书展之一。书展展出的图书涵盖了整个阿拉伯地区，范围非常广。印度有 13 亿人口，是"一带一路"沿线重要国家，也是金砖国家之一。印度市场对中国主题图书需求较大，但当地市场上只有少数汉语学习类图书，关于文化、文学、政治、经济等类别的图书还很少。综上所述，通过海外编辑部建设，可以深入了解和开发当地市场，为后续国际合作和国际传播工作奠定基础。

（四）海外编辑部的运行，有助于满足我方的多种外宣需求

基于海外编辑部的工作模式，外文出版社与多家国外出版机构建立了良好且稳固的合作关系，并将海外编辑部运作模式应用至其他图书的国际合作出版中。无论是各类出版推广活动，还是突发事件的外宣需求，国外合作方均给予大力支持，取得了较好的出版和传播效果。

2020年新冠肺炎疫情突发，外文出版社紧急编译出版了《武汉封城：坚守与逆行》和《2020：中国战"疫"日志》两种对外图书，回应国际关切，分享抗疫经验，并第一时间向国外出版机构进行推介，还适时与来自亚洲、欧洲、非洲、南美洲13个国家的15家出版机构，就抗击疫情和中国主题图书举办了"云签约"仪式，签署合作协议37项，这其中就包括波兰、罗马尼亚、阿尔巴尼亚、西班牙、德国等5家海外编辑部的合作方。上述图书尼泊尔文版由中国驻尼泊尔大使侯艳琪和尼泊尔副总理博克瑞尔分别撰写序言，出版后在当地产生热烈反响。尼泊尔中国研究中心代主席巴特拉伊和尼泊尔马卡鲁出版社执行董事达卡尔表示，这两种图书详细介绍了中国人民为抗击疫情所做的不可思议的努力和牺牲，中国政府和人民成功控制疫情的经验将帮助尼泊尔一线医务工作者、官员和民众更好地抗击疫情。此两种图书葡萄牙文电子版图书在巴西上线发行仅10余天，下载量就超过20万。《武汉封城：坚守与逆行》罗马尼亚文版在当地出版发行后，罗马尼亚国家电视台1套的《报刊摘要》栏目专题报道了该书，强调武汉给世界树立了一个榜样，武汉采取的防疫措施是切实可行的。

2021年，为庆祝中国共产党成立100周年，外文出版社推出系列主题图书，并向海外合作伙伴进行重点推介，得到各方积极响应，同时，外方还积极参与相关推广活动。6月22日，中国外文局庆祝中国共产党成立100周年多语种图书首发式暨研讨会在京举行，外文出版社和罗马尼亚科林特出版集团就《苦难辉煌》一书签署版权输出协议；7月23日，中国外文局、中宣部对外推广局共同举办《志同道合：中国共产党的海外挚友》新书首发式暨"志同道合 命运与共"研讨会，外文出版社与罗马尼亚、土耳其、印度、老挝、斯里兰卡等国外出版机构签订该书合作出版协议。这些举措有利于国际社会更加真实立体全面地了解中国共产党和中国，对促进中外交流具有重要意义。

（五）借助合作方专业优势，提升我方对外出版工作团队的整体水平

外文出版社始终坚持国际一流的行业标准来遴选合作对象。海外编辑部的合作方均为对象国知名出版机构，具有较为成熟的编辑队伍、营销经验及发行渠道。西班牙大众出版社的图书出版、市场营销以及品牌宣传等业务在西语市场占据重要位置；黎巴嫩阿拉伯科学出版社发行销售网络覆盖整个阿拉伯国家地区，旗下的尼罗与幼发拉底网是阿拉伯地区最大的网上书店；波兰阿达姆·马尔沙维克出版集团是波兰最大的综合出版机构之一；罗马尼亚科林特出版集团在当地颇具影响力和实力，常年稳居全国出版商前三位置。

借助合作出版机构的编辑、营销、发行等专业优势，打造中国主题精品图书的同时，也解决了我方国际化多语种复合型人才缺乏的难题。通过海外编辑部工作模式与外方的深度合作，我方工作团队的专业化水平有了明显提升，增强了版权经理、编辑、营销等人员对国际合作出版规则的认知和了解，充分锻炼和提升了相关人员对外向型图书国际化运作的判断力和执行力。

五、中国主题图书海外编辑部未来发展

在运行中国主题图书海外编辑部的过程中，外文出版社积累了一些经验，取得了一定的传播效果，但是，也存在一些有待进一步加强和完善的地方，如外方对选题策划的参与度还不够高，选题结构有待丰富；选题内容呈现形式较为单一，电子书、有声书等新业态发展不足；部分选题推进节奏较慢；不同国家地区的发行量和传播效果不平衡，个别国家力度不够、推广手段单一。此外，合作出版图书通常由外国译者翻译成当地语言，内容涉及我国政治、经济、社会、文化等多个领域，不同国家国情、文化和语言的差异增加了译文质量把控的难度。

针对上述问题，外文出版社在实践中不断创新工作方式方法，逐步加以改进和完善。一是不断调动外方参与选题策划的积极性，主动创造利于双方共同策划选题的工作条件，特别是鼓励和支持外方直接组织当地作者资源来撰写与中国主题相关的选题。二是以纸质图书起步，根据市场需求，与外方协商，有选择性地制作电子书销售。合作方黎巴嫩阿拉伯科学出版社（Arabic Scientific Publishers, Inc.）旗下的 Alkitab 平台是阿拉伯地区最大的阿拉伯文电子书平台，并服务于手机、平板电脑等移动终端。外文出版社已与外方签订了电子书合作协议，将海外编辑部以及本社所有阿拉伯文版图书上传至该平台。三是将海外编辑的资源作为自主策划选题的有力依靠，更加准确及时地获取当地市场资讯、读者反馈等信息，甚至在图书装帧设计方面请外方提供建设性意见，提高对外选题的针对性。四是更加注重图书译文质量把控，做到关口前移。首先遴选精通语言、了解中国国情的外国译者，译文完成后请中方专家审读，并鼓励译者与中方专家充分交流、及时总结，确保译文准确、地道。五是着重加强选题规划和生产进度安排，特别是有一定时效性的选题，在确保出版质量的前提下，严格把控

选题推进节奏。同步也在考虑为海外编辑部不断扩充人才队伍，以便更好地推进各项工作。

此外，外文出版社高度重视图书出版后的宣传推广和营销发行工作，不断完善考核体系，明确考核目标。对于具备条件和能力的国家，充分利用书店、网络、书展等渠道，增强宣传推广力度；制作电子书、有声书，以图书为基础素材，以音频为表现形式，扩大读者覆盖面；积极推动与合作机构共同开展形式多样的宣传推广活动，实现中国主题图书在海外出版发行的最佳效果。

建立和运行中国主题图书海外编辑部是外文出版社推动对外出版工作、加强国际传播能力建设的重要举措之一。本文粗略梳理了相关工作开展过程中的一些经验做法、实际效果、存在问题和个体性思考。面对新形势，如何实现对外出版真正意义上的走出去，提高国际传播影响力，必将是所有对外出版工作者一直积极探索和不断实践的永恒课题。

（作者单位：外文出版社）

中国少儿出版走出去正当时

——以中少总社走出去工作为例

刘莹晨　　沈丽娜

　　2020 年突如其来的新冠肺炎疫情打乱了正常的工作节奏，对于各出版社的版权业务、国际书展等均产生不同程度的影响。2020 年，中国少年儿童新闻出版总社（简称中少总社）版权输出完成了前一年度总量的 80%，年输出 370 余种图书。然而到了 2021 年上半年，我们明显地感觉到外部市场的版权需求在复苏，一些长期合作伙伴在沉寂了 1 年后，纷纷又提出了版权购买的需求。经历了 1 年多的疫情，在这种"新"常态下，海内外的出版业显示出了复苏的迹象。2021 年是"十四五"开局之年，回顾"十三五"时期走出去工作情况，充分总结经验心得恰逢其时，进而发掘少儿出版走出去规律与趋势，不断加强中国少儿图书国际影响力。

一、服务国家大局，打造少儿主题出版走出去新高度

　　中少总社作为团中央直属单位，聚焦主责主业，聚焦政治引领，担负起为党培养社会主义建设者和接班人的任务，发挥为共青团、少先队工作提供物质依托和工作手臂延伸的作用，以高度的文化自觉，承担起新形势下宣传思想工作的使命，帮助少年儿童"扣好人生第一颗扣子"，帮助他们打好精神底色。党的十八大以来，紧紧围绕党和国家工作大局，大力宣传党中央的理论方针政策，推进习近平总书记系列重要讲话精神的宣传阐释，中少总社邀请专家学者，精心策划出版的一批少儿主题出版图书，如"伟大也要有人懂"系列、《习近平讲故事（少年版）》、《伟大是怎样炼成的》

等已形成产品品牌规模，在业内逐渐形成了"主题出版找中少"的影响力。

中少总社在夯实自身原创出版能力的同时，自觉服务国家大局，发力版权输出和国际出版合作。《习近平讲故事（少年版）》自2018年出版以来已累计输出19个语种；"伟大也要有人懂"系列包含的《一起来读马克思》《一起来读毛泽东》两本图书，目前已输出英语、荷兰语、意大利语、尼泊尔语、柬埔寨语、普什图语、乌尔都语、波斯语、阿尔巴尼亚语等语种；《中国共产党一路走来》已输出僧伽罗语、俄语、普什图语、亚美尼亚语等语种。

（一）坚持主题出版图书走出去，影响力不断提升

向世界各地青少年讲好中国故事是"向世界讲好中国故事，传播中国价值观"题中应有之义。中少总社利用参加国际书展等机会，广泛接触国外出版商，了解不同国家读者和出版商对中国儿童图书的需求。随着中国的国际地位不断提升，影响力日益扩大，部分海外青少年希望通过阅读中国领袖和伟人故事，了解中国的发展和真实情况，而目前这类读物非常缺乏。例如在与美国博趣教育出版公司（BEC）合作过程中，我们了解到该公司给青少年提供的书目中有专门的人文社会科学板块，但缺少从国外特别是从中国引进的读本。针对这一现象，中少总社积极开展主题出版图书走出去工作。经过沟通，自2014年起，美国博趣教育出版公司持续引进"伟大也要有人懂"系列图书的英语版权，实现了中少总社主题出版图书的首次版权输出。该公司是全球领先的教育内容研发和出版机构，成立于1998年，拥有5000多个图书品种，覆盖全美50个州、数万所学校，遍布40多个国家和地区。该系列图书在英语版的带动下，随后陆续输出到荷兰、比利时、意大利、尼泊尔等国家，目前已实现英语、意大利语、荷兰语、俄语、德语、僧伽罗语、塞尔维亚语、日语、蒙古语等10多个语种的翻译出版，在国内和国际市场上逐渐形成品牌影响。

为提升合作伙伴的信心和兴趣，扩大该系列图书在输出国的社会影响力，每次实现版权输出后，中少总社都会联合外方出版社举办新闻发布会。如与美国博趣教育出版公司在钓鱼台国宾馆举办了英语版版权签约新闻发布会，中外专家云集一堂。高规格、高水平的活动，使外方对此次合作倍感振奋。该公司首席执行官汤姆·雷克福特表示，他们将集中力量做好"伟大也要有人懂"系列图书的出版推广工作。2015年，美国书展中国主宾国期间，为了更好地帮助美国博趣教育出版公司推广系列图书英语

版，中少总社在书展现场举办了出版交流活动——"好故事一起讲"，主要围绕《伟大也要有人懂——一起来读马克思》英语版的出版进行。活动吸引了当地出版商和众多媒体的关注，纽约电视台在 5 月 29 日专门邀请作者韩毓海教授参加访谈节目。为了将图书介绍给各个公共图书馆，该公司销售人员积极参加全美图书馆年会和各州书展，向图书经销商介绍这两本书；深耕校园市场，利用其校园资源，向师生们面对面地推荐，并且在亚马逊网站、各社交媒体策划专门的营销活动，定制了特别主题的促销活动。通过这一系列线上线下的推广活动，公司创始人汤姆·克雷福特告诉我们，该书在美国校园受到了师生的普遍好评，增强和丰富了美国学生对中国的了解，从而激励和增进中美学生之间的友谊。此书的成功出版，也为中美两国文化交流提供了新的路径和范例。

2018 年，中少总社与意大利博洛尼亚大学出版社联合举办"对话·成长——伟大也要有人懂系列"新书发布活动。时任中国驻意大利大使李瑞宇、博洛尼亚市副市长马蒂奥·列波瑞、博洛尼亚大学常务校长米尔克·戴·艾斯博斯提等参加活动。博洛尼亚大学出版社为此专门设立"对话·成长"品牌，持续引进中少总社少儿主题出版图书，积极进行海外推广。双方于 2019 年推出了《习近平讲故事（少年版）》意大利语版，并在博洛尼亚国际童书展期间，举办"对话·成长——《习近平讲故事（少年版）》海外出版论坛"。

2017 年，中少总社与荷兰雷奥诺出版公司在海牙中国文化中心举办该系列图书荷兰文版新书发布会。针对西方青少年喜欢从图书馆获取知识的特点，同时结合荷兰政府向当地学生提供免费的图书馆会员资格的政策，我们建议外方对图书馆市场进行针对性重点推广。荷兰图书馆服务组织（NBD Biblion）审阅图书后，给予了五星评定和认可，他们认为这两本图书为当地学生提供了宝贵的中文学习材料。荷兰和比利时图书馆和大学的专业人士将两书荷兰语的出版视为重大贡献，认为这对于年轻读者更好地了解中国文化具有积极作用。荷兰雷奥诺出版公司获得了许多大学和图书馆的订单，目前已有 150 多家荷兰图书馆购买了该系列图书。

（二）优秀原创内容，呼应全球热点问题

2020 年，全球新冠肺炎疫情焦灼之际，中少总社在统筹疫情防控的同时，将对外推广我社抗疫相关图书版权作为工作重点，积极捕捉并努力抓住新机遇，积极策划选题，《新型冠状病毒走啦！》在不到两个月的时间里推出中文版并实现了多语种输出，探索出了一套在困难重重的疫情现状之下中外出版合作的新模式，推动中国原创图画书的版权输出。目前，该书已累计输出 25 个语种，覆盖荷兰、保加利亚、斯洛伐克、波兰、巴西、伊朗、印度、韩国、马来西亚、印尼等 23 个国家和地区，版权输出对象均为所在国主流出版社，并进入当地主流出版市场。各语种电子版上线后，外方出版社纷纷向中少总社发来当地读者积极反馈的消息，并对免费捐赠版权的善举表达了感谢。波兰语出版社社长在接受中央电视台采访时，介绍了引进出版中国抗"疫"经验图书，其中就包括中少总社的《新型冠状病毒走啦！》；伊朗波斯语版上线不到一周下载超 3 万次；斯里兰卡僧伽罗语电子版点击量 6 万余次，纸质版由斯里兰卡新冠病毒疫情防控部队向民众发放，累计发放 18000 册；保加利亚语版上线 5 天，脸书和出版社官网阅读量超 8 万，当地重要媒体《劳动报》全书刊载并报道。

该书在海外市场产生了强烈的社会关注和巨大影响，有效传播了防疫科学知识，营造了有利于各国少年儿童了解新冠病毒疫情并参与抗疫的阅读环境，传播人类命运共同体理念，增强了关于中国抗疫情况的正面宣传，为促进国际交流与理解作出了突出贡献。

二、巩固原创卡通漫画、图画书优势，提升少儿出版走出去影响力

相较于儿童文学作品，海外出版商更易快速判断卡通漫画、图画书等图文结合的少儿图书的市场匹配度，同时，产品内容低龄化，海外读者更容易接受并引起共鸣，市场需求相对较大，因此成为少儿图书走出去的最重要品类。

（一）版权输出地区和语种不断延伸拓展

截至 2020 年底，中少总社已与遍及六大洲 50 多个国家和地区的将近 180 家出版机构建立了出版合作。亚洲地区合作出版方为 106 家，占比超过 60%。随着版权输出版图的不断扩大，输出语种也日益增加。授权语种通常以单一语种为主，兼有双语对照版本。同时还多次实现同一产品在同一国家的多语种版权输出。2016 年至 2020 年间，中少总社图书输出语种共 41 个，非联合国官方使用的小语种 35 个；单一语种输出 37 个，双语版输出 4 个。

以"中少阳光图书馆"和"九神鹿"为代表的原创图画书系列，在"十三五"期

间共实现版权输出 749 种，系列内接近 90% 的图书都实现了输出，在输出品种总量中占比 37%，覆盖全世界 30 多个国家和地区。"中少阳光图书馆"系列图书在语种输出数量方面表现最为突出，该品牌已实现版权输出 20 多个语种，涉及全世界 30 多个国家和地区；《羽毛》《雨伞树》《外婆住在香水村》等重点图画书也实现单本输出十个语种以上。

卡通漫画类图书的版权输出以中少总社重点打造的"植物大战僵尸 2"系列 IP 为依托，"十三五"期间，该系列图书共输出 630 种，占输出品种总量的 31%，覆盖马来西亚、新加坡、泰国、印度尼西亚、越南、中国台湾、中国香港、中国澳门等国家和地区，是境外版税收入比重最大的一个板块。除预付款外，每年均有后续的版税结算。目前已成功进入输出国家和地区的主流发行渠道，实现了版税收入的良性循环。以泰语版为例，截至 2020 年 12 月底，"植物大战僵尸"系列输出到泰国 43 种，累计销售 1322091 册，平均单种销量 3.3 万册，其中 38 种图书单种累计销售超过 1 万册，销量低于万册的 5 种图书集中在 2019 年 7—12 月出版，受疫情影响，销售尚未过万。

（二）电子书、有声书、视频书等新的图书版权输出形态逐渐活跃

中少总社在做好纸质书版权输出的基础上，不断创新版权合作模式。"十三五"期间成功开拓与多家海外电子出版商的业务联系并达成合作。与此同时，一些纸质书出版合作方也积极表示希望签署电子书、有声书以及视频产品的版权。

2018 年，中少总社与韩国教元出版集团（Kyowon Group）达成 44 种图画的电子版权输出协议，合约金额达 100 多万人民币；2019 年，加拿大 Greystone 出版社同时签下图画书《过年》全球英文版的纸质书、电子书、有声书及视频书版权，将以获得授权的多种版本形式在全球展开大力营销。2020 年，新冠肺炎疫情对纸质图书出版发行以及海外运输等造成了巨大影响，电子书、有声书版权就更受到越来越多海内外出版商的青睐，中少总社与英国、日本、伊朗、意大利等国家大型出版社达成了多项电子书、有声书的版权输出合作，在海外市场取得了热烈反响。2020 年，英国 Heckerty 出版公司一次性签署引进《老鼠嫁女》等 4 本图画书的纸质版、电子书、有声书和视频书版权，其中《老鼠嫁女》《月亮说晚安》电子书版已在亚马逊网站上线，《月亮说晚安》在 2020 年圣诞节上线首日，即名列亚马逊童书畅销品第一名，《老鼠嫁女》也在亚马逊网站好评不断。

《新型冠状病毒走啦！》一书也以电子书版权的多语种输出为特色，波斯语、僧伽罗语、保加利亚语、阿拉伯语、意大利语、西班牙语、荷兰语等语种版本上线后，累计下载阅读量超过 20 万次。其中，输出伊朗的波斯语版上线不到一周下载超 3 万次，保加利亚语版上线 5 天在脸书和出版社官网的阅读量超过 8 万人次，荷兰出版方更是签约出版了该书的视频版，并且也在短时间内收获极高点击量。

（三）海外市场畅销带动版权续约

中国出版如何由"走出去"到"走进去"一直是业内探讨最多的话题之一，而最好说明"走进去"的表现之一就是版权续约。2020 年中少总社共有 53 种图书的海外出版方提出续约需求，续约图书主要为"植物大战僵尸"知识漫画和《萝卜回来了》《爷爷打火匣》《盘中餐》等经典图画书。版权续约是图书得到海外市场认可的有力表现，这显示了中少总社原创内容的强大生命力，打破了版权输出一锤子买卖的局面。

同时，续约品种数的不断增长也表明了中少总社十几年耕耘海外市场的收获。2014 年开始，中少总社的原创图画书进入版权输出高峰期，到 2019、2020 年首个五年合同周期逐渐结束，图书版权续约需求不断增加。截至 2021 年 3 月底，已有 80 余种图书达成续约协议，涉及英语、西班牙语、韩语、越南语等多个语种，如《羽毛》《盘中餐》《爷爷的打火匣》续约英语、高棉语、日语等；"中少阳光图书馆"续约老挝语；"快乐小猪波波飞"系列、"植物大战僵尸"系列等续约越南语；"科学漫画"系列续约泰语；2017 年向美国 BEC 公司输出的 50 种原创图画书中有 34 种提前完成版权续约。随着中少总社图书国际化水平日益提高，版权续约将成为版权输出合作中的一种常态，从而带动整体版权业务的良性循环，成为中国少儿出版走进海外市场最生动的"注解"。

三、推动少儿出版走出去的举措

中国少儿出版连年快速增长，对外交流无论是频次还是规模都达到了前所未有的高度。中少总社从内容创作、国际化表达、国际影响力提升等方面不断作出努力，推动出版社国际合作交流工作不断迈上新的台阶，推动中国少儿出版走出去的发展。

（一）推动原创少儿主题出版图书内容策划，加强国际化表达和本土化改造

中少总社积极开展青少年版主题出版图书的选题策划。随着我国国际影响力的不

断增强，国外读者希望通过图书了解中国、学习中国语言文化的需求不断增长，少儿主题出版走出去正面临前所未有的发展机遇。在青少版主题图书中，传记和纪实文学类图书是最有效的载体。加强中国名人、各行各业榜样的传记和纪实文学出版，并积极推向世界，是国内少儿出版社面临的一个重要课题。同时，以通俗易懂的语言向海外青少年介绍当代中国的改革发展，介绍中国发展经验和模式，介绍习近平新时代社会主义思想，都是海外青少年图书市场的刚性需求，中少总社努力组织以上方面的选题，积极做好海外推荐工作。

同时，中少总社加强主题出版图书国际化表达与本土化改造的能力。为了更好地适应本土化市场需求，中少总社通过找寻合适的本土作者，并与中文版作者进行沟通交流，对作品进行本土化改造，真正贴近当地读者阅读习惯，让海外读者能够读得懂、读得进、读得明白，主题出版图书才能够真正从"走出去"实现"走进去"，才能让更多的海外读者真正地了解中国。在"伟大也要有人懂"系列英文版翻译出版过程中，为了更好地适应美国图书市场的需求，美国博趣教育公司邀请了美国作家伊丽莎白·基恩，对该系列图书的英语版进行了本土化调整，中文版作者韩毓海教授和我国驻外使馆的工作人员，对译本进行审读，确保了译本内容的准确与完整。

（二）原创内容获得国际认可，提升中国少儿图书国际市场份额

近年来，全球最大的童书市场在亚洲，亚洲最大的童书市场在中国，这依赖于中国的人口红利。中国少儿出版在国际少儿出版界日益受到认可，中国童书原创能力与欧美的差距日益缩小，正在由少儿出版大国向少儿出版强国迈进。中少总社版权输出数量逐年递增，版权输出的质量也在不断提升。

一方面，版权输出图书质量不断提升，越来越受到海外认可。2017年，中少总社与美国 BEC 公司签署了 50 种原创图画书的版权输出协议，目前已累计出版 30 种，面向大众市场和校园市场两种渠道发售。2020 年，在中少总社与美国 BEC 的共同努力下，《高山流水》获得美国"学校图书馆杂志"星级书评；《寄到南极的孩子》入选国际出版界权威性杂志美国《科克斯书评》杂志年度好书；《柠檬蝶》获得科克斯星级书评并入选"2020 年度恒星国际图画书"书单。这些重要荣誉的取得，是中少总社以原创为本、以坚定的文化自信和实践精神走向世界的生动案例，也是具有特殊意义的阶段性成果。在以欧美、日韩等国图画书为主流的背景下，这些图画书的获奖足

以证明中少总社原创图画书的独特价值，部分原创内容已达到与欧美比肩的水平，大大鼓舞了原创力量的士气，增强了文化自信。同时，这些承载着中国文化真、善、美精神内核的图画书，将中国的传统美德和现代智慧传播到世界各国，将中国故事讲给世界听，推动了中国文化与世界的交融与相通。

另一方面，图书版权输出业务向更广的市场拓展。通过对历年输出情况的分析，中少总社在版权输出的布局上面不断作出调整，在保持对中国港澳台地区及东南亚国家输出的基础上，积极拓展与英国、法国等欧洲国家、南美地区及"一带一路"沿线国家的合作；输出语种也从繁体中文、简体中文逐步扩大到英语、阿语、以及"一带一路"国家小语种。

（三）主动对接国外文化出版界主流机构和知名专家，建立中外童书合作交流的通道

在对外交往过程中，中少总社与国际专业人士建立了良好的关系，形成了较为广泛的"朋友圈"。其中比较典型的是与前国际安徒生奖评委会主席玛利亚·耶稣·基尔、国际儿童读物联盟（IBBY）基金会主席帕奇·亚当娜、前IBBY主席瓦力·德·邓肯、意大利汉学家萨碧娜等专业人士，以及美国博趣教育出版集团、荷兰雷奥诺出版公司、意大利博洛尼亚大学出版社等专业团体的交流沟通。通过这样的沟通交流，一方面，中少总社在出版创作阶段就注重放眼国际市场，在体现中国特色的同时发挥创造性，采用全世界儿童所共同接受和领悟的叙述角度和符号语言进行创作；另一方面，借助他们在国际出版界的重要地位和影响力，中少总社的主题出版图书和优质原创图画书以及与之相关联的中国作家和插画家在海外的知名度大大提升，获得更多进入国际主流出版文化圈的机会，结识更多适合讲述中国故事的国外优秀作家、插画家，为中国原创童书走向世界积累更多更优质的国际作者资源。

（四）发挥国际书展、国际组织渠道作用，拓展对外交流合作

通过博洛尼亚童书展、上海国际童书展、伦敦书展、北京国际图书博览会等各大国际书展平台，中少总社近距离接触国际出版界第一梯队，直观而深入地了解国际前沿动态。同时，中少总社与世界同行积极进行密切交流，推动世界更多地了解中国文化，更多地感受中国出版业的发展。中国少儿出版与国际同行的进一步了解与互信，为中外少儿出版合作的顺利推进奠定坚实基础，并推动合作向深入和多元化方向发展。另

一方面,中少总社借助IBBY中国分会秘书处的平台优势,服务国内少儿出版社的同时,积极拓展与各国分会的版权合作,发掘国内外优质出版资源,推动国际版权合作,为少儿出版工作及提升海外影响力贡献力量。2020年疫情暴发期间,IBBY中国分会与其他分会国家保持密切联系,共同举办抗疫绘画作品和版权征集活动,展现中国与各国共克时艰的患难真情,推动人类命运共同体的建设。

与此同时,每年及时更新并制作图书基础书目,组织图书样张翻译和样书制作,是对外版权推荐的有力工具。中少总社每年原创图书类型多样、品种众多,为了使版权输出工作高效开展,加快版权输出工作节奏,定期对图书的输出潜力进行讨论评估,在此基础上每年设计制作新书目,同时聘请专业的翻译人员进行图书样张的翻译,制作电子文件和实体书册,供线上交流和线下展会等场合使用,为版权推介业务提供助力。

在2021年北京图书订货会上,我们看到了少儿图书展区热闹的场景。作为2020年唯一增长的出版板块,中国少儿出版业高速发展带动了原创内容品质的提升,这对于对外版权输出无疑是利好的。"春江水暖鸭先知",越来越多的版权代理公司由原先的引进为主,悄无声息地在拓展输出业务;民营公司也在有意识地拓展国际市场,乐乐趣等民营童书出版公司的不少产品已进入了东南亚等海外市场;版权输出由单一的版权销售在逐步附加印刷服务,中方授权公司为海外出版商提供印刷服务,充分发挥中国印刷业的优势,提高客单价。越来越多的人自发进入到这个市场中来,充分说明了市场潜力已被看到,中国少儿出版走出去正在经历被看到、被发掘的阶段。

（作者单位：中国新闻出版研究院）[1]

---

① 沈丽娜曾任职于中国少年儿童新闻出版总社。

奏响新时代中国科技出版的国际化乐章

——中国科技出版旗舰扬帆远航

王　璐

　　科学出版社是国内最早开始走出去的出版社之一，早在改革开放伊始，就与当时的德国施普林格出版社签订了第一份版权输出协议。1990 年，科学出版社纽约分公司在美国纽约成立，成为国内第一批在海外成立分支机构的出版社。2009 年，科学出版社东京株式会社成立，2019 年 11 月全资收购法国 EDP 出版社，2020 年出版社再次入围"全球出版 50 强"，位列第 43 名。40 多年来科学出版社在走出去工作上取得的成绩与企业坚定不移地执行国际化战略密不可分。科学出版社的国际化主要是通过三步走的方式来进行的，首先"借船出海"实现产品走出去；第二，以"造船出海"实现品牌走出去；第三，通过跨越式发展的"买船出海"实现资本走出去。

一、加强国际合作，借船出海

　　改革开放初期，科学出版社从全世界特别是欧美发达国家引进了一大批反映当时世界最高科研水平和先进科研成果的科技、医学专著和教材。同时，科学出版社也专注于打造具有中国特色、代表中国水平的科研精品力作，借助国际合作伙伴的平台，"借船出海"，实现这些产品的海外发行。

（一）实物出口打开走出去之门

　　得益于国际市场对于来自中国的科技医学研究内容的需要，加之科学出版社每年出版若干英文版图书和期刊的产品基础，从 20 世纪 80 年代到本世纪初，实物出口曾经是科学社实现国际创收的主要方式，诸如《中国高山植物》《中国冰川》《大熊猫》《云南山茶花》等英文版图书都畅销不衰，《中国地球化学》《数学学报》等英文版科技期刊则与国外出版社建立了合作销售模式。然而，随着科技医学出版（STM）迈入数字时代，科研人员的阅读方式发生了巨大的转变，国际市场对纸质出版物的需求持续走低，对科学出版社实物出口的规模造成一定影响。

尽管如此，对于纸质出版物的国际市场需求仍然存在。未来，科学出版社将以进出口子公司为媒介、以按需印刷技术为抓手、着眼于未完成出版数字化转型的国家和海外留学生的需求，来继续推动实物出口工作。

（二）加大版权输出力度，推动中国科技内容走出去

进入 20 世纪 90 年代，科学出版社开始大量引进版权，主要集中在高水平的科技医学专著和教材上，填补了我国相关内容的空白。早在那时，科学出版社的领导就已经提出了"输出与引进并重"的指导思想，既从国际出版商购买引进版权，同时也向国际出版商销售输出版权。

科学出版社版权输出的成功经验总结起来主要有以下几点：首先是优先与国际知名的出版集团达成合作，签署版权输出协议，形成"头部效应"，施普林格自然、爱思唯尔、泰勒·弗朗西斯、约翰·威立等大型国际科技出版集团都是科学出版社主要的版权输出合作伙伴。其次，除这"四大家"以外，科学出版社也积极寻求与虽小但精，特色突出的专业出版商进行合作，输出版权，同样达到了很好的效果。第三，善于利用重大出版工程和系列化图书产品来带动其他产品的版权输出。回顾科学社历年的版权输出目录，不乏《中国出土玉器全集》《中国出土瓷器全集》《纳米技术大系》《中国野生兰科彩色植物图鉴》《中国道教科技史》等重大出版工程或重点书目。第四，积极参加国际书展，加强对外交流，并广泛结识新的业务伙伴。在伦敦书展、北京国际图书博览会和法兰克福书展为代表的版权贸易型书展上，科学社每年都会举办版权输出签约仪式，签署版权输出协议近百种。

（三）共同开发内容，合作出版

当今世界，科技研究方面的国际交流与合作日益紧密，英语则是沟通探讨、展示成果的主要语言，面对国内科研工作者以英语在世界上发布科研成果的需求，科学出版社结合国际市场需求，携手国际合作伙伴，以合作出版模式共同开发选题，直接对

外发布。根据合作产品不同形态,该模式可以划分为图书合作与期刊合作出版两种形式。

对于图书合作出版,科学出版社通常负责选题策划和稿件组织,合作伙伴负责编辑加工、语言润色、出版、电子平台发布、国际市场营销和销售。在科学出版社国际合作出版的成功案例中,特别值得一提的是《中国植物志》和"创新2050"系列研究报告英文版。

功载千秋的科学巨著——英文版《中国植物志》。《中国植物志》是迄今为止世界上规模最大记载植物种类最丰富的巨著,全书共80卷126册,5000多万字。记载了我国301科3408属31142种植物的科学名称、形态特征、生态环境、地理分布、经济用途和物候期等。1988年科学出版社与美国密苏里植物园出版社签订了中美合作编写出版《中国植物志》英文版的协议,成立了中国植物志英文版编委会,并于1989年正式开始编研工作。《中国植物志》英文版实际上是《中国植物志》的增订、修改版或第二版,是中国植物学家与全世界专家通力合作的产物。英文版编委会负责书稿的翻译和改编,稿件经科学出版社的编辑最终审定后在美国印刷出版。《中国植物志》英文版问世后扩大了传播范围和受众,为全世界其他国家植物志书编研提供了重要的参考资料。国际著名学术期刊《科学》(Science)于2005年刊文指出:"由中国植物学家完成的《中国植物志》是一个非常重要的事件,世界上没有任何植物志的规模可与之相比……通过完成《中国植物志》,中国植物学家对人类认识和了解世界植物作出了巨大贡献,为植物的保护和可持续利用打下了坚实的基础"。

前瞻世界发展大势,谋划中国科技战略——中国至2050年科技发展路线图。2007年,中国科学院启动了若干重要领域科技发展路线图的战略研究项目,这项研究分18个领域进行,集中了中国科学院300多位高水平科技、管理和情报专家的智慧。经过一年多的深入研究,各领域研究组取得了实质性重大进展,基本厘清了至2050年中国现代化建设对重要科技领域的战略需求,并在此基础上形成了总报告。该系列报告的中文版2009年6月一经推出即引发了国内外科学界的极大关注。施普林格集团专程前来商谈合作出版该报告英文版的有关事宜,并决定在当年的法兰克福书展上推出。2009年的法兰克福国际书展恰逢中国作为主宾国,科学出版社联合施普林格出版集团在中国展台举办了"创新2050"英文版的全球首发式,在国际出版界和全球科技界获得热烈反响。

科技期刊是传承人类文明、荟萃科学发现、引领科技发展的重要载体，直接体现国家科技竞争力和文化软实力，是进军科技强国的重要科技和文化基础。期刊走出去工作也是科学社的工作重点之一，特别是 2020 年 9 月 11 日，习近平总书记在科学家座谈会上提出"要办好一流学术期刊和各类学术平台，加强国内国际学术交流"，更是为科学社开展期刊工作指明了方向。对于期刊合作出版，科学出版社通常负责组建编委会、吸收稿件、组织同行评议、采用稿件、编辑加工，合作伙伴负责语言润色、托管、电子平台发布、国际市场营销和销售。

《中国科学》《科学通报》英文版系列合称"两刊"，代表了中国科技研究的最高水平。科学出版社 2006 年开始与施普林格出版集团合作，对方负责在其数字平台 SpringerLink 上进行两刊的海外发行。自此，"两刊"海外发行量显著上升，全文数据库的机构订户数量快速增长，截止 2020 年已达到 300 多家，海外销售收入也随之逐年递增。同时，基于 SpringerLink 的全文下载量大幅攀升（根据 SpringerLink 数据库的全文下载次数统计，"两刊"各辑的累积下载次数由 2006 年的 8.97 万次上升至 2019 年的 158.67 万次）。"两刊"的学术影响力得到显著提升，据 Web of Science 的数据显示，目前"两刊"中有 9 种刊位居国际同领域期刊排名 Q1 区，即前 25%，这其中有 3 种期刊位居排名前 10%。

《国家科学评论》是我国第一份英文版自然科学综述性学术期刊，由时任中国科学院院长、中国科学院院士白春礼担任主编，美国国家科学院院士蒲慕明担任常务副主编，各学科知名学者担任副主编。期刊定位于全方位、多角度反映中外科学研究的重要成就，深度解读重大科技事件、重要科技政策，旨在展示世界（尤其是我国）前沿研究和热点研究的最新进展和代表性成果。《国家科学评论》在创刊之初，就选择了要走国内自主办刊、国际合作出版的道路，在一系列的洽谈和综合考量之后，最终与牛津大学出版社达成合作。牛津大学出版社为期刊搭建了独立的门户网站。《国家科学评论》于 2014 年 3 月正式创刊出版，2015 年 6 月即被 SCI 收录，首个影响因子为 8.0，进入全球多学科综合类期刊前五名。2020 年的最新影响因子为 17.252，在全球多学科综合类期刊中位列第三名，仅次于《自然》（Nature）和《科学》。

迄今为止，包括上述两种系列期刊在内，科学出版社一共有 30 余种英文版期刊与国际顶尖的科技出版集团签署了合作出版协议。"十三五"期间，科学出版社所属期刊数据库海外付费下载收入合计达人民币近 3000 万元。

（四）成立合资公司，加强国际项目合作

在走出去的过程中，科学出版社一直在积极地进行探索，希望能找到更多更好的新模式和新路子。科学社与国外的出版公司合作，成立合资公司，分别在图书和期刊出版领域进行了探索。

1. 图解图书与英文排版助"东方科龙"腾飞

1998 年，科学出版社与日本欧姆社以及荷兰 IOS 出版社共同出资成立北京东方科龙图文有限公司（简称"东方科龙"），从事中文、日文、英文的图书编辑、翻译、平面设计、排版、出版等业务。东方科龙主要承接两家国际股东出版的科技图书和期刊的版式设计与排版，是国内最早开展外文排版和图文制作的专业公司之一。经过三十多年的发展，东方科龙已经形成了图解和数独图书的出版特色。

2. 植根中国，影响全球

2007 年，科学出版社与爱思唯尔出版集团合资成立了科爱森蓝文化传播有限公司（简称"科爱"），主要业务是提供图书翻译出版服务。2013 年科学出版社与爱思唯尔决定集中双方的战略资源来打造一个高品质的国际期刊出版平台，为国内的英文版期刊提供出版服务，同时自主创办高水平的英文版期刊。转型八年来，科爱已达到了 100 余种英文版开放获取期刊的出版规模。自办期刊《生物活性材料》（*Bioactive Materials*）于 2020 年首次被 SCI 收录，最新影响因子为 14.593，位居"材料科学、生物材料"领域的第一名。未来科爱还将继续依托两家股东的资源优势，继续推动中国高水平英文版科技期刊的发展，让全世界都看到来自中国的科技研究成果。

二、树立自信，造船出海

从 20 世纪 90 年代开始，科学出版社便运斤"造船"，努力推动中国科技成果的国际传播，积极推进中外文化交流，加速科学出版社品牌的国际化。目前，科学出版社打造的海外分公司都已经陆续扬帆，在国际科技出版大潮中乘风航行。

（一）美国公司：抢滩北美市场

20 世纪 80 年代末，科学出版社发现了英文版图书在海外的发展潜力，决定在北

美设点以开辟新的市场。利用开展国际业务所赚取的外汇，1990年科学出版社在美国纽约创建科学出版社纽约公司（Science Press New York），最初的定位是出版和销售英文版图书。2003年，公司搬到新泽西州，更名为科学出版社美国公司（Science Press USA，以下简称"美国公司"）。成立以来，美国公司在不同的发展时期也发挥了不同的作用，主要体现在以下三方面：

策划出版原创英文版图书。成立的第一个10年，美国公司的主要任务是利用美国当地的作者资源策划出版原创英文版科技专著，学科领域主要集中在植物学、地球科学和数学。美国公司就此联系和培养出一批在美科研和教学前沿工作的写作队伍，以海外华人为主，也有少量的美国学者和国内学者。这些学术著作的出版不仅丰富了科学出版社的产品线，也帮助科学社集聚了很多海外作者资源。

开拓北美书刊销售渠道。美国公司利用两个市场和两种资源，借助中科进出口公司的实物出口平台，建立了图书馆、机构、个人订户等的多层级销售网络，销售科学出版社和其他国内出版社的书刊，销售范围除北美地区之外还远达大洋洲，为国内实物书刊走出去贡献了一份力量。同时，因为北美拥有众多的华人华侨团体，对于中文内容的图书、杂志和音像产品有很大的需求，美国公司也抓住了这一市场机遇，进行中文内容产品的销售。从1999年开始，美国公司每年都会举办3~4场全美巡回书展，满足广大在美华人华侨和中文爱好者的精神需求，也更好地传播了中国文化。

培养国际化出版人才。在中国出版业走出去的过程中，国际化人才的培养至关重要。作为科学出版社的国际化人才培养基地，美国公司抓住这一契机，从本社的人才培养需求放大到全国的出版业，利用在美国出版界多年积累的合作伙伴关系，为国内出版工作者提供系统的培训交流方案。近年开展得最多的是针对高级科技期刊编辑的业务培训。迄今为止，已有来自全国180余家科技期刊编辑部的220多位业务骨干参加了培训，为开拓我国科技期刊编辑的国际视野，加快期刊的国际化进程发挥了纽带作用。

（二）东京公司：中日出版业交流的桥梁

经国家新闻出版总署和商务部批准，2009年7月科学出版社在东京正式挂牌成立了"科学出版社东京株式会社"（简称"东京公司"）。东京公司的主要业务范围分为三部分：首先，利用来自国内的内容资源翻译出版发行日文版图书，出版方向集中在科学图鉴、文物图鉴、历史文化著作、人文社科和时政经济学术专著等；其次，代理中、日文版图书的版权；第三，销售中、日文版书刊。

打造系列精品产品线。东京公司成立 12 年来，已出版日文版图书 175 余种，打造了如"中国专史""中国文化遗产""中国传统文化""中国书画研究""中国文博""中国科学图鉴""中国的现在与未来""全球治理中的中国"等多条系列产品线。

建立全流程出版网络。东京公司在日本建立了全流程的出版网络，目的就是要让产品从内容、语言、制作、营销等各方面都能满足日本读者的需要，图书产品的制作也是完全按照日本图书的制作标准。经过多年努力，东京公司也建立了自己的发行网络，不仅进入日本东贩、日贩等主流发行渠道，还有国书刊行会、东京大学出版会、由麻尼书房、八木书店等专业图书发行渠道，保证了图书在图书馆、研究机构及书店、网络平台等渠道的上架，便于相关研究人员或普通读者购买阅读。

促进中日文化交流。每年的东京书展上，东京公司都会组织或协助国内其他出版社参展，并举办新书发布会、中日出版界研讨会、作译者座谈交流会等活动。2019 年 6 月，在中日高层互访之际，东京公司出版的《平易近人——习近平的语言力量》在大阪举办了日文版新书发布会，国务院新闻办公室、国家新闻出版署有关领导，以及该书的日方译者出席了会议，以书为媒，推动中日友好交流。2020 年，科学出版社对东京公司进行了增资，拓展业务类型和范围，逐步将东京公司打造成为中日科技出版与文化交流的一个窗口。

（三）欧洲公司：海外并购第一单，未来大有作为

科学出版社在欧洲设点的计划由来已久，出版社一直在寻找合适的机会，也在探寻一种与从零自建的美国公司和东京公司不同的模式。

2019 年，恰逢一家具有百年历史的法国专业出版社出售，科学出版社立即在巴黎注册了欧洲公司，并通过它成功收购了这家法国出版社，达成了"资本运作平台"的使命。有关并购事宜将在本文第三部分具体介绍。

（四）依托互联网平台，进入国际市场

除传统实体机构外，在"互联网 +"的时代，利用网络平台打造的"快船"也同样可以承担"出海"的使命。科学出版社在构建海外桥头堡的同时，也积极利用书刊的内容资源优势，开发面向全球的数字出版与传播平台，探索"数字化出海"之路。

当前，中国的高水平科技期刊主要以国际合作的方式面向海外发布，既不利于保护我们自有知识产权，也不利于中国科技期刊的发展。具有一定国际影响力的科技期刊数字出版与传播平台的缺乏严重制约了我国科技期刊的发展。因此，在国内的科技期刊界，"造船出海"的需求格外迫切。

为摆脱这一困境，科学出版社自 2014 年 6 月起，委托《中国科学》杂志社开发期刊全流程数字化平台 SciEngine。2020 年，科学出版社又成立了专门的期刊发展中心，加大力量推动 SciEngine 平台的发展。目前，该平台上运行的科技期刊有 275 种，载文 26 万余篇。下一步的目标是要集聚更多的期刊内容资源，每年载文量增长 3 万篇，成为向世界展示中国科技论文的窗口。

三、买船出海，扬帆远航

"买船出海"是指购买国外成熟的出版机构，并将其作为在海外发展的平台，从而实现企业的国际化发展。科学出版社为实现高质量的国际化发展，完成从"走出去"到"走进去"的根本性转变，尝试并成功开展实施了海外并购策略，用实践证明海外并购是实现出版走出去的路径可行、风险可控、效果可预期的最佳方式。

2019 年 11 月 13 日，科学出版社在法国巴黎与法国物理学会、法国化学学会等 4 家学术团体举行了收购 Edition Diffusion Press Sciences SA（以下简称"EDP"）100% 股权的交割仪式。这项并购在国内外出版界乃至学术界都引起了很大的反响，认为这不仅是中国科技出版业里程碑式的事件，而且还刷新了国际同行对于中国出版企业的认识。除了国内各大主要媒体的报道，国外科技出版界也对此事件给予了高度关注，并给予很高的评价。《自然》杂志官网刊登新闻报道，评论此次收购为"中国出版社首次收购国外主要竞争者"。就此次收购，有国际资深出版专家评价称，中国科技出版传媒股份有限公司对 EDP Sciences 的收购有可能极大地影响 STM 学术期刊出版的当前格局。如果科学出版社以正确的方式管理此次收购，未来则有可能成为国际排名前 10 的出版集团，甚至成为国际排名前 6 的出版集团。此次成功收购于科学出版社而言，实属不易。多年的快速发展、各方面的积累和准备、恰当的时机、果决的行动力，缺一不可。

（一）在海外并购之路上的探索

60 余年的发展历程，科学出版社已经在国际同行中建立起极高的知名度，是众所周知的中国领先的科技医学出版机构。2017 年 1 月在上交所上市后，公司的经营业绩持续稳步增长。为了进一步与国际接轨，公司制定了全方位的人才海外培训计划。经过多年的培养和积累，已经拥有了一批国际化的出版人才。科学社在公司的"十三五"发展战略规划纲要中明确提出"通过海外并购，完善海外布局，成为具有国际影响力的中国学术出版机构"。

内外条件均已成熟，下一步就是要锁定合适的目标公司。早在 2012 年，科学出版社就开始了海外并购的探索。考虑到公司已经在美国和日本都设有分公司，并且运营良好，科学出版社将战略投资的目标设定在尚未有布局的欧洲。近年来，科学社通过各种渠道搜集欧洲出版机构出售的信息，寻找合适的投资标的，也广泛地来自德国、荷兰、法国和英国等多家欧洲出版商接触，讨论资本合作的可能性。

（二）成功收购法国 EDP Sciences 出版社

2017 年 11 月，科学出版社得知法国历史悠久的科技出版机构法国 EDP Sciences 出版社（以下简称"EDP"）有意出售的消息。该社前身可以追溯到 1920 年，《物理学报：理论与应用》与《镭》两种期刊合并为《物理学报和镭》，EDP 由此成立。EDP 的创始人都是科技史上的重量级人物：诺贝尔物理学和化学奖获得者居里夫人，波动力学的创始人、诺贝尔物理学奖获得者路易·德布罗意，诺贝尔物理学奖获得者让·巴蒂斯特·皮兰，保罗·朗之万等杰出科学家。经过百年的发展，这家出版社已经成为法国最大的独立科技出版机构，每年出版科技期刊 77 种，其中英文期刊 62 种，有 29 种被 SCI 收录。同时，EDP 每年还出版近百种高质量的法语和英语图书，涉及物理、天文、数学、能源、材料科学、工程、化学、环境和医学等多个领域。此外，EDP 还积极推动开放科学，并基于开放获取、开放数据、开放代码、开放同行评议的"四个开放"的原则推动创建了 4OPEN 巨期刊。EDP 旗下的会议网（Web of Conferences）会议论文集出版发布平台，可为科研人员提供全方位的学术会议服务。

科学社和 EDP 都是拥有悠久历史的科技出版机构，均隶属于国家级学术团体，坚守严苛的学术质量出版标准，也同样在寻求自身的业务拓展。可以说，科学社的并购标准与 EDP 的情况不谋而合。

国际并购的复杂性及高度技术化的特点需要专业化的团队。在收购过程中，科学出版社国际业务部充分发挥了外语专业和出版业务能力相结合的优势，积极与法方沟通，在投行、律所、会计师事务所、评估师等专业第三方中介机构顾问团队的协助下，从估值分析、并购方案制定、尽职调查、商业谈判、法律文件起草、海外投资审批直至交割的各个环节给出专业意见，帮助公司规避各种风险。

（三）业务整合：从走出去到走进去

完成交割看似并购交易的结束，实为企业整合工作的开始，是国际并购能否成功的关键。收购完成后不久，新型冠状病毒疫情肆虐全球，阻碍了原计划的人员互访交流。法国本土的新冠疫情发展迅猛，经历了多轮全国范围的"封城"控制，EDP的员工只得远程办公。这些给双方的整合工作带来了很大的困难。不过，完成交割一年多以来，EDP的稳健增长和双方业务的日益融合证明了双方已经克服了困难，其中的经验或可归纳为以下几点：

提前启动业务整合，边谈判边整合。并购是为了通过双方的整合发挥出更大的协同效应。本着这一认识，科学出版社在收购谈判之初就与EDP的经营团队开启了关于业务整合的讨论。双方的主要负责人多次面对面讨论图书、期刊、会议网和出版平台等主要业务线的整合。

强化出版合作整合。推动国内优质图书的版权输出，通过EDP平台翻译成英文版或法文版图书，在全球市场销售推广。科学出版社与EDP建立了图书合作出版工作小组，并制定了图书合作出版工作流程。工作小组每周通过网络视频会议沟通工作最新进展情况，努力推动国内编辑部在策划组稿过程中提升稿件质量，达到国际出版标准，同时策划更加适合国际读者的科技图书选题，更广泛地传播中国的优秀科技作品。期刊业务方面，整合科学出版社和EDP的资源，利用EDP的国际化期刊出版平台以及国内的各项支持政策，积极创办国际一流科技期刊，同时组建国际化编委会，提升国际化创刊水平。

强化平台对接。EDP的数字化转型较早。为与EDP做好平台对接，科学社成立专门的团队，不断提高双方在全流程数字出版、智能出版、知识服务、开放获取、开放科学等方向的技术支撑和服务能力，实现了双方资源共享。

强化国际交流。科学出版社利用EDP的平台，一方面做好公司内部的国际交流和出版业务培训，培养更多的国际化出版经营管理人才，提升社内员工的国际化视野和语言交流能力，加强业务对接和人员轮岗交换；另一方面，组织 EDP 与国内科研机构、院所高校的交流，立足 EDP 组织中法乃至中欧科技界的学术活动，在作译者层面打造科学出版社国际化的品牌印象。

（四）进一步扩大海外机构规模的规划

科学出版社对 EDP 的成功收购和整合为公司的国际化发展积累了宝贵的经验，也大大提升了科学出版社的国际影响力。科学社还在不停地进行新的探索和尝试，在开放获取和期刊平台等方面与国际知名出版机构合作，学习引进先进的理念和技术，加快推动科学出版社在国际化业务上的发展。

作为中国科技出版的"国家队"，科学人时刻牢记是"国家队""国家人"，必须心系"国家事"，肩抗"国家责"。未来，科学出版社将抓住机遇加快海外并购步伐，不断完善出版国际化布局，打造面向全球的现代化科技传播平台，实现做优做大做强，不断提升市场竞争力、国际传播力、文化影响力，从而为维护国家科技信息安全、提升全球科技评价话语权、建设科技强国和出版强国作出积极贡献。

（作者单位：科学出版社）

"一带一路"背景下主题出版走出去的发展与实践

——以上海交通大学出版社为例

王 威 李 旦

上海交通大学出版社（以下简称"上海交大社"）是上海交通大学于 1983 年创办的大学出版社。依托上海交通大学雄厚的学术背景，上海交大社具有学术界最有名望的专家、学者组成的强大的作译者队伍。近年来，上海交大社承担国家"十三五"国家重点出版物出版规划项目 25 项，出版了一大批高水平、具有重大社会影响力的优秀图书，包括"平易近人——习近平的语言力量"系列主题图书（累计发行超过百万册）、《走进殿堂的中国古代科技史》、《远东国际军事法庭庭审记录》（获"中华优秀出版物奖"）、《超声速飞机空气动力学和飞行力学》（获"第二届中国出版政府奖提名奖"）、《东京审判文献数据库》（获"第四届中国出版政府奖网络出版物奖"）、《湿空气透平循环的基础研究》、《民国书法篆刻史》、《原子光学》（获"三个一百"原创出版工程资助）、"大飞机出版工程"丛书（连续 8 年获得国家出版基金资助）等。上海交大社也因此先后荣获"先进高校出版社""中国出版政府奖先进出版单位奖""上海首批数字出版转型示范单位"等荣誉。

一、响应国家号召，大力推动主题出版物走出去

上海交大社积极响应中央文化走出去战略部署，将"平台国际化"确立为出版社四大发展主战略之一，近年来在国际合作和对外交流方面取得较大进展。"十三五"

期间，上海交大社共有近 400 种图书版权输出到海外数十个国家和地区，其中 150 余种图书获得国家重点文化走出去工程资助，上海交大社获得"2018 年度中国版权最具影响力企业"荣誉，连续多年被评为"国家文化出口重点企业""上海市版权贸易先进单位""上海版权示范单位"。

近年来，随着"一带一路"倡议的提出，主题出版走出去成为上海交大社新的发展发力点，上海交大社立足出版社长远发展，根据主题出版的特点和自身长期深耕科技出版的优势，通过三个维度找准上海交大社主题出版定位：一是服务上海交通大学建设世界一流大学的目标，结合上海交通大学的工科见长的学科背景，发挥大学学术高地优势，形成自身的主题出版特色；二是主动对接国家战略，对接上海市全球科创中心的建设，助推前沿研究，以上海交大社的学科优势和地域优势来策划优质选题，在上海打造科技主题出版高地，例如，2008 年中国商飞落户上海，上海交大社随即策划了"大飞机出版工程"，十余年出版规模达 180 余种，先后八次获得国家出版基金资助；三是顺应国际化发展要求，积极拓展海外市场，在选题策划阶段将主题出版与学术出版相结合，策划具有全球性热点问题或影响力的适合走出去的选题。因此，上海交大社确立了主题出版特色品牌，将习近平总书记相关主题出版物和抗战类、科技类以及全球性热点问题为主题出版发展方向，并积极推进主题出版物走出去。

上海交大社多路径、全方位大力推动主题出版物走出去，一是通过将上海交大社特色主题出版物进行全方位、多语种版权输出及海外推广，版权输出的海外出版社也开始从只注重施普林格·自然、爱思唯尔等欧美知名出版机构转向周边国家和丝路沿线国家的出版社并重，拓展了印度、俄罗斯、泰国、越南、阿拉伯等国家的国际合作业务，输出语种也从英语、日语、韩语等拓展到阿拉伯语、越南语、印地语等十几个小语种；二是加强海外平台建设，成立了若干个海外出版中心和联合编辑室。上述举措提升了上海交大社主题出版物的国际影响力，为主题出版开拓更广阔的国际市场。2019 年底，上海交大社受中国文化译研网的委托，与新加坡、泰国、越南等国家的出版机构建立联系，并做了大量的沟通协调工作，通过当地出版社与当地政府主管部门的紧密联系，来推动中国与新加坡、泰国、越南等国家经典著作互译出版备忘录的签署。随着中国与新加坡关于经典著作互译出版谅解备忘录的签署，上海交大社将联合国内其他出版社，集中力量做好"中新经典著作互译出版项目"，努力把该项目打造成亚洲各地区经典著作互译出版项目的排头兵、先锋队。2020 年 9 月，上海交大社与新加坡世界科技出版公司共同成立"海上丝绸之路出版中心"，并以图书出版、版权贸易、国际论坛与书展等形式，定期举办海上丝绸之路出版论坛，同时打造"海上丝绸之路文库"和"版权贸易"信息服务平台，从而推动中国与新加坡等海上丝绸之路国家在出版界、文化界、学术界以及教育界实现深度融合与协同发展，拓展中国文化的传播力与影响力。中新经典著作互译出版的实施更可以依托海上丝绸之路出版中心，借由世界科技出版公司在当地成熟的出版资源和销售渠道，不断深化与新加坡出版界的进一步合作，为两国读者提供更多优秀作品，推动中新两国文化交流。

二、立足主题出版海外推广，推动习近平总书记相关主题出版物国际传播

近年来，上海交大社在深入阐释习近平新时代中国特色社会主义思想，回应全球热点问题，展示国家科技前沿成果等方面均有重量级丛书及单行本出版。其中，"平易近人——习近平的语言力量"系列图书的多语种版权输出过程是上海交大社尝试主题出版物多路径海外推广的典型案例，为中国对外话语体系构建持久助力。

（一）"平易近人——习近平的语言力量"系列图书的多语种版权输出

语言是一种特有的影响力传播方式，十八大以来，习近平总书记在不同的场合发表了一系列极具特色的讲话，他善于用讲故事、用群众语言、用举事例的方式，深入浅出、凝聚共识，已形成一种特有的语言风格，在国内外形成了广泛的影响力。上海交大社也因此确立习近平总书记相关主题出版物的策划方向，策划出版了"平易近人——习近平的语言力量"系列图书，该系列图书于 2014 年出版后在国内引起了热烈反响，已重印十余次，销量累计超过 70 万册。随后陆续出版了《平易近人——习近平的语言力量（军事卷）》和《平易近人——习近平的语言力量（外交卷）》，销量累计超过 20 万册。与此同时，上海交大社积极将"平易近人——习近平的语言力量"系列图书进行多语种版权输出，其中，《平易近人——习近平的语言力量（经典卷）》已输出 6 个语种，英语、韩语、日语、阿尔巴尼亚语版已出版，蒙古语、阿拉伯语版在翻译中。《平易近人——习近平的语言力量（外交卷）》于 2018 年出版，目前为止已输出英语、法语、日语、韩语、俄语、泰语、印地语、阿尔巴尼亚语、老挝语、希伯来语、越南语、塞尔维亚语、吉尔吉斯语、土耳其语、蒙古语、柬埔寨语、阿拉

伯语、马来语 18 个语种。

（二）"平易近人——习近平的语言力量"系列图书的多路径海外推广

"平易近人——习近平的语言力量"系列图书多语种版权输出的同时，上海交大社通过与世界知名出版社合作、参加国际书展、举办新书推荐会、开发电子书等多路径进行海外推广，提高图书的国际影响力。2016 年 1 月，在印度首都新德里举办的第 24 届新德里世界书展（NDWBF）中国主宾国活动上，上海交大社联合外文出版社主办《平易近人——习近平的语言力量（经典卷）》英文版首发式；同年 5 月，在布拉格国际书展上，捷克斯特拉霍夫图书馆将此书选入并永久收藏；同年 6 月，在韩国首尔国际书展上，上海交大社举办《平易近人——习近平的语言力量（经典卷）》韩文版新书推介会，同年 11 月该书又在罗马尼亚国际书展上进行展出宣传。与此同时，上海交大社积极将该书电子版在海外推广，2016 年 5 月，上海交大社与美国传捷通睿公司在美国纽约哥伦比亚大学举行《平易近人——习近平的语言力量（经典卷）》英文版新书研讨会，并签订了该书英文、韩文和日文的电子版输出协议，并在美国书展上同步上线。随后，该书日语版在科学出版社东京分社出版，阿尔巴尼亚语版在凡·诺利出版社出版。《平易近人——习近平的语言力量（外交卷）》泰语版也于 2020 年由泰国盛道出版社出版并在泰国书展上亮相，得到当地读者的青睐，迅速成为书展上的畅销书。

（三）"平易近人——习近平的语言力量"系列图书助力中国对外话语体系构建

党的十八大以来，习近平总书记在国内外等重要场合的一系列重要讲话，强调国际传播能力建设，构建新时代对外话语体系。当前放眼全球，新冠肺炎疫情造成全球经济市场萎靡，国内也进入了常态化疫情防控状态以及"国内大循环为主体、国内国际双循环相互促进的新发展格局"，面对国际环境复杂、国内环境不确定性因素增加的后疫情时代，我们要有足够的文化自信来构建中国的话语体系，既要讲好中国故事，传播中国声音，也要在全世界形成中国表达，把真实的中国呈现给世界。随着"一带一路"倡议的提出，"一带一路"沿线国家积极响应参与和支持，与中国的合作关系加深，取得了众多合作成果，这也给我国构建对外话语体系带来了难得的机遇，一方面可以借此提高我国对外传播能力，参与全球治理，扩大中国的国际话语权，另一方面也让世界真正了解中国，破解国际上少数对中国形象的歪曲和偏见。"一带一路"

倡议的提出是主题出版走出去的有力抓手，对外话语体系建设是显示我国文化软实力，展示大国形象和国际影响力以及在"一带一路"国家讲好中国故事、传播中国声音的重要途径。"平易近人——习近平的语言力量"系列主题图书的多语种输出以及多路径的海外推广对我国对外话语体系建设发挥着重要作用，习近平总书记语言平实质朴、简洁凝练而又生动形象，具有高度的凝聚力，习近平总书记独特的语言风格具有强大的魅力，"平易近人——习近平的语言力量"系列主题图书走出去扩大了中国在"一带一路"沿线国家的影响力，增强了中国在世界发展中的话语权。

三、以全球性热点问题为策划方向，创新媒体融合出版走出去

全球性热点问题是主题出版选题策划一个主要方向，国内出版社也对此进行过积极策划，但目前市场上仍然缺乏能够在世界范围内引起共鸣的作品，能够引起世界关注与讨论的图书仍然较少。上海交大社自 10 年前策划运行"东京审判出版工程"，实践多媒体融合走出去，为其后及时回应全球热点问题，借助外力多点发声积累了宝贵经验。

（一）针对全球性热点问题策划抗战类和抗疫类主题出版物

2015 年，130 多个国家的领导人在纽约联合国总部召开了第四次议长大会，其中，应对当今全球性挑战、可持续发展、加强国际间交流与合作成为大会的主要议题并强调了纪念世界反法西斯战争胜利暨联合国成立 70 周年的重要性。因此，不忘历史、珍惜和平、为世界和平稳定而努力已成为世界各国的共识，成为全球性的热点问题。随着中国人民抗日战争暨世界反法西斯战争胜利一系列纪念活动的展开，尤其是 2015年，纪念中国人民抗日战争暨世界反法西斯战争胜利 70 周年大会更是将中国人民的爱国热情推向高潮，抗战类主题图书引起越来越多的读者的兴趣，让我们牢记那段充满牺牲的光荣抗战历史，牢记抗战精神，珍惜来之不易的和平，凝聚起中国人民实现中国梦的勇气。对历史资料档案的集结出版是抗战主题图书的重要组成部分，出版界也推出了许多重要的史料文献的抗战主题图书。针对该全球性热点问题，上海交大社自 2011 年来，开始策划运行"东京审判出版工程"，通过史料文献、研究性系列丛书、图片、数据库等形式陆续出版了《远东国际军事法庭庭审记录》（先后 7 年获得国家出版基金资助）、"东京审判研究丛书" 20 余种以及《远东国际军事法庭庭审记

录·中国部分》，开发了"东京审判文献数据库"，详细介绍了东京审判这一历史事件，让广大读者了解真实的东京审判。

2020 年初突如其来的新冠肺炎疫情给全世界各行各业带来了巨大冲击，上海交大社在第一时间响应，迅速推出抗疫主题出版物《查医生援鄂日记》，助力我国打赢疫情防控战役。《查医生援鄂日记》由上海交通大学医学院附属仁济医院主编，由仁济医院呼吸科查琼芳医生所撰，她作为上海市第一批援鄂医疗队员，生动记录了在金银潭医院的点点滴滴，是国内首部正式出版的一线援鄂医生亲历的抗疫日记，也是目前出版的最完整的抗疫日记。该书中文版发行后，获得各界的好评，入选 2020 年中宣部主题出版重点出版物、2020 年优秀现实题材文学出版工程以及 2020 年 4 月"中国好书"。虽然中国抗击新冠肺炎疫情取得胜利，但新冠肺炎疫情席卷全球，而且疫情之初少数国家通过新冠肺炎疫情对中国抹黑和诋毁。为了让全世界真正了解中国人民抗疫经验和抗疫精神，上海交大社同步将《查医生援鄂日记》进行多种语版权输出并大力进行海外推广，其中《查医生援鄂日记》英文版通过全球著名网络书店亚马逊在全球开启销售；《查医生援鄂日记》日文版也由日本知名出版机构岩波书店正式出版发行，上海交大社邀请岩波书店前总编辑马场公彦撰写长篇书评《抗击疫情的中国经验》并在中日两国重要媒体上刊发，在中日出版界引起极大反响，该书也迅速进入日本出版业的主流发行渠道，而且这是多年来岩波书店首次从中国引进图书版权。《查医生援鄂日记》的俄语版、越南语版、泰语版、印地语版、法语版、阿拉伯语版、西班牙语版目前已完成版权输出，为中国抗疫故事在世界范围内广泛传播、为人类最终控制新冠病毒肺炎作出了应有的贡献。

（二）创新主题出版形式，实践多媒体融合走出去

随着新一代信息技术的高速发展，新媒体技术不断涌现，各种 APP、电子书出现在读者面前，我国传统出版行业利用新媒体技术向多媒体融合出版实践是一种必然的发展趋势，目前许多出版社都对多媒体融合出版进行了尝试，但多数是大众畅销书、教材教辅等。对主题出版物的多媒体融合实践少之又少。上海交大社将"东京审判出版工程"向融合出版、数字化方向拓展，例如，上海交大社与上海电视台纪录片频道合作，联合出版了电子出版物《二战后 BC 级日本战犯审判口述影像实录》，推出了融合可视化技术、VR 技术、二维码技术的《亚太地区对日战争审判实录》等，力图

通过多媒体融合的多种新技术来发出具有影响力的"中国声音"，为全人类呈现鲜活的战争记忆。

上海交大社将数字出版视为学术出版走出去的新机遇，坚定不移地坚持"业态数字化"的战略目标，加强互联网出版和数字出版发展规划，促进国际合作项目的多元化、多领域拓展，重点在专题数据库领域进行探索。上海交大社依托自身的独有内容资源优势打造了一系列专题的学术资源数据库，如自主开发的全球第一个可全文检索的东京审判核心文献资源数据库——"东京审判文献数据库"（获"第四届中国出版政府奖网络出版物奖"），中国唯一的地方历史文献数据库以及规模最大的可全文检索的写本文献数据库——"中国地方历史文献数据库"。这些数据库对于全球相关领域的学术研究都具有一定的参考价值。上海交大社已将这些专题学术资源数据库推往海外市场，已经有哈佛大学燕京图书馆、斯坦福大学图书馆、杜克大学图书馆等十多所海外著名高校图书馆对数据库进行了采购，成为上海交大社出版走出去新的增长点。

（三）"东京审判出版工程"全方位版权输出：不仅"走出去"，更要"走进去"

学术出版物版权输出到海外出版并不是出版走出去的最终目的，"走出去"的同时能否"走进去"，即能否进入当地主流发行渠道、能否最终进入国际学术共同体、能否提升中国学者在该领域的话语权都至关重要。在"东京审判出版工程"中文版还没有正式出版前，上海交大社已经全方位布局"东京审判出版工程"的版权输出，一是进行多语种输出，目前已经完成了英语、俄语、韩语、阿拉伯语的版权输出；二是通过与世界知名出版社和知名学者合作，让输出的出版物进入国外的主流渠道，增加出版物的影响力。例如，上海交大社积极与世界著名的剑桥大学出版社合作，联合出版了《东京审判：中国的记忆与观点》英文版，为了扩大此书的国际影响力，出版社邀请国际知名汉学家卜正民教授为该书作了导言，上海交大社与剑桥大学出版社反复沟通，最终将该书纳入到"剑桥中国文库"。随后，上海交大社在法兰克福国际书展上举办此书的新书发布会，国内外反响良好。《东京审判：为了世界和平》《东京审判亲历记》的英文版也输出到麦克米伦·帕尔格雷夫出版社。《东京审判：为了世界和平》韩文版输出到韩国东国大学出版社。随着"一带一路"倡议的推进，上海交大社积极促进"东京审判出版工程"在"一带一路"沿线国家的版权输出，促进"一带一路"沿线国家能更深入地了解东京审判，目前《东京审判亲历记》俄文版已经输出到俄罗斯涅斯托尔历史出版社，《东京审判：为了世界和平》阿拉伯文版输出到黎巴嫩科学出版社。"东京审判出版工程"全方位版权输出提升了世界人民对东京审判的关注，同时也增加了中国学者在东京审判研究领域的话语权，促进了"一带一路"沿线国家和中国的文化交流和合作。

四、主动对接国家科技战略前沿，讲好中国科技故事

作为我国科技成果重点出版单位，上海交大社主动开辟新市场，结交新伙伴，采取版权输出、共建科技出版中心等不同方式，努力讲好中国科技故事。

（一）构建"一带一路"沿线海外出版平台——以中国—南亚科技出版中心为例

上海交大社积极开辟和拓展海外市场尤其是"一带一路"沿线国家的图书市场，依托上海交大社在科技出版领域打下的良好基础，上海交大社与印度NCBA出版集团在印度新德里共同建设中国—南亚科技出版中心，致力于将其打造成为中国科技出版走出去在南亚的桥头堡和中国重大科技成果传播的重要阵地。

中国—南亚科技出版中心以精品科技图书出版发行和版权贸易为主要功能，通过翻译出版一批代表中国科学技术在航空航天、深海开发、船舶制造、转化医学领域取得的最新国际顶尖研究成果的英文版精品图书，为印度、孟加拉、巴基斯坦等南亚国家的出版业、高校及研究机构、图书馆、装备制造业等提供科技出版和版权贸易信息服务平台；通过定期举办中国—南亚科技出版论坛的形式，创办交流期刊，发布学术和出版合作报告，构建涵盖图书、期刊等多层次的综合科技出版平台，提升中国科技成果在国际上的影响力，展现中国科技大国形象。

上海交大社通过建立中国—南亚科技出版中心，一是解决了传统的版权输出或者合作出版的图书在海外出版发行过程中难以做到市场渠道和翻译资源等共享、耗费较大的人力和物力、难以进入输出国家的主流市场等难题，借助海外出版中心在当地的渠道资源优势，强化宣传推广，可以进入南亚地区的高校及研究机构、图书馆、装备制造企业等，传播世界瞩目的中国重大科技创新成果，提升中国在科技领域的国际影响力；二是有效改善中国出版走出去在南亚地区的布局，符合中国出版走出去在"一带一路"沿线的重要布局，将国际出版中心设立在印度具有区域带动性作用。上海交大社未来会在更多的"一带一路"沿线国家建立海外出版平台，扩大中国出版走出去

的影响力。

（二）抗疫科技主题出版物走出去的实践探索——以《新冠肺炎防治精要》为例

《新冠肺炎防治精要》是一本由国内顶级传染病相关学科防治专家（瑞金医院瞿介明、中日友好医院曹彬、深圳市呼吸疾病研究所陈荣昌）主编的专业性极强的学术著作，由钟南山院士、王辰院士主审，主要介绍对新冠肺炎的科学认识、发病机制、诊断、治疗、预防与控制等，该书于 2020 年 4 月由上海交通大学出版社正式出版。该书中文版一经面世，即受到国际同行的高度关注。经反复比选，该书的英文版版权最终输出到全球专业从事科技与医学信息分析公司爱思唯尔，并将作为全球医护人员与广大读者认识和防治新冠肺炎方面的重要参考书在全球出版发行，该书是爱思唯尔引进的第一本由中国医学研究者撰写的关于新冠病毒防治的专业著作。除此之外，《新冠肺炎防治精要》的俄语版、泰语版、阿拉伯语版、马来语版目前也已完成版权输出。为全球抗击新冠肺炎疫情提供学术支撑，贡献中国抗疫方案。

五、后疫情时代主题出版走出去的思考

经过多年努力，上海交大社在出版走出去方面积累了一定的经验。面对新冠肺炎疫情产生的持续影响，上海交大社在选题策划、借助母体优势、加快融合出版、培养复合型人才、形成评价机制等方面进一步尝试，全力推动后疫情时代主题出版物对外出版工作。

（一）以应对全球性问题为切入点进行选题策划

新冠肺炎疫情造成人们的价值观念以及阅读需求发生了改变，此次疫情也给主题出版走出去的选题方向开辟了一个新的切入点——应对全球性问题。全球性问题需要发挥世界各国的力量一起采取行动来解决，需要全世界的通力合作，而中国在很多领域已经形成了破解全球性问题的中国实践，可以更好地阐释中国与世界的关系，为全球治理贡献中国智慧，更能满足世界公民的阅读需求。针对破解全球性问题的中国实践，可以形成众多优质主题出版物的选题方向，此类选题不仅是世界研究者真正关心的研究领域，也是大众读者感兴趣的主题。这次新冠肺炎疫情作为主题出版的一个关键问题，国内许多出版社推出众多抗击疫情主题出版物，输出到世界各国，得到各国读者的普遍认可。上海交大社在疫情初始时，就从两方面策划抗疫主题出版物，一是

通过医护工作者、基层工作者等平凡人物的英雄事迹宣扬中国抗疫精神，二是通过科学抗疫的学术出版物来指导广大人民科学认识、预防、治疗与控制新冠肺炎疫情，因此第一时间推出《查医生援鄂日记》和《新冠肺炎防治精要》，受到国内读者青睐以及国外知名出版社的认可。

另一方面，像东京审判这场人类史上规模最大、关乎世界和平的极其重要的国际审判，至今仍有不容忽视的特别意义。当前，全球各地普遍的地区性冲突和紧张局势使我们意识到，战争并未远去，和平仍是所有人的追求与渴望。在这一背景下讨论东京审判与世界和平，不仅是一项严肃的学术议题，也是紧扣时代的全球性热点问题。"东京审判出版工程"正是抓住这一全球性热点问题，才能够在世界范围内引起共鸣，引起全球学术圈的关注与讨论。

（二）融合母体大学学科优势，打造特色品牌

上海交通大学具有鲜明的多学科交融、理工农医见长的优势，以打造世界一流大学为战略目标，全面实施"人才强校""协同发展""国际化""文化引领"四大战略，在最新的 QS 世界大学学科排名中，工科整体实力进入世界前 30 强，人文社科整体实力进入世界前 400 强。上海交大社坚持为上海交通大学建设世界一流大学服务，加强顶层设计，立足出版社长远发展，紧密围绕上海交通大学世界一流学科建设开展精品著作的出版工作，提升服务母体学校文化建设能力。例如，上海交通大学于 2011 年远东国际军事法庭开庭 65 周年之际成立东京审判研究中心，为配合上海交通大学的学科建设，上海交大社同步成立战争审判与国际关系出版中心，配备专业的编辑力量，建立制度、机构、人员、机制、资金等一系列保障措施开展相关图书的选题策划和出版工作。此外，随着上海全球科创中心建设的推进，上海交大社也必将发挥好自身优势，在人工智能、集成电路、生物医药等领域继续深耕细作，打造高精尖的学术出版工程，做好科技主题出版走出去，建立与上海全球科创中心相匹配的科技出版高地。

（三）加快媒体融合出版走出去

疫情期间，直播、云游书店、电子图书和有声读物等成为出版宣传的主力军，出版社也真正进行了一场媒体融合出版的实践，也正是今年疫情席卷全球的情况下出版业之所以受影响有限的主要因素。在 5G 技术、人工智能、大数据、云计算等迅速发

展的后疫情时代，出版业进入加快发展数字文化产业、建立全媒体传播体系的新时期，数字出版走出去将成为主题出版走出去强大的内在动力。出版走出去未来不仅仅是图书版权的输出，更多需要的是一个内容资源库、一个出版平台、一个融媒体平台，更多体现的是主题出版走出去的整体效应、规模效应。上海交大社在媒体融合出版领域已经开展了多年的探索，以"东京审判出版工程"为切入点，全方位向融合出版、数字化方向拓展，充分利用可视化技术、VR 技术、二维码技术，建立了纪录片、专题学术资源数据库等多种形式的数字出版产品并积极向海外推广。

（四）复合型国际出版人才培养

出版走出去需要能够策划和运作走出去项目的、具有国际性视野和战略眼光、精通出版业国际贸易、既熟悉传统出版又懂全媒体传播的复合型国际出版人才。加强复合型国际出版人才队伍建设，是提升后疫情时代主题出版走出去国际竞争力的重要途径。国内出版企业需要完善复合型国际出版人才的专业化培训，加强国际化出版人才队伍建设力度，科学合理制定人才培训计划，例如上海交大社设立"国际编辑实训计划"，选派优秀的骨干编辑赴爱思维尔的牛津、波士顿办公室培训和实习等。

（五）建设高水平主题出版物走出去评价机制

当今，中国在全球经济中是第二大经济体，在某些领域科学技术发展水平已经跃居世界前列，中国在全球治理体系中已成为推动者和塑造者，我国的主题出版已经具备了走出去的实力和水平并且取得了惊人的成绩，但我国主题出版走出去需要符合一系列分类的国际出版评价机制，我们可以根据评价机制来研发和设计适合走出去的高水平主题出版物，以需求侧为导向进行选题策划和内容创作，以此来提高主题出版走出去的质量，提高中国主题出版走出去的影响力，促进中国主题出版走出去健康发展。

（作者单位：上海交通大学出版社）

附 录

各国基本情况

序号	国家简称	国土面积（万平方公里）	人口数量（万人）	官方语言	主要宗教	GDP（亿美元）	币种	汇率（100元人民币/外币）	汇率来源
1	阿尔巴尼亚	2.87	285.00	阿尔巴尼亚语	伊斯兰教、东正教、天主教	153.00	列克	1598.00	中国银联国际
2	秘鲁	128.52	3249.55	西班牙语	天主教	2304.13	索尔	60.48	和讯网
3	卡塔尔	1.15	288.00	阿拉伯语	伊斯兰教	1491.00	卡塔尔里亚尔	57.10	中国银联国际
4	肯尼亚	58.26	4756.40	斯瓦希里语、英语	基督教新教、伊斯兰教、天主教、原始宗教、印度教	958.00	肯尼亚先令	1672.00	和讯网
5	蒙古国	156.65	330.00	喀尔喀蒙古语	喇嘛教	129.00	图格里克	4148.76	中国银联国际
6	尼泊尔	14.70	3000.00	尼泊尔语	印度教、佛教、伊斯兰教	304.00	尼泊尔卢比	1841.66	中国银联国际
7	斯里兰卡	6.56	2167.00	僧伽罗语、泰米尔语	佛教、印度教、伊斯兰教、天主教、基督教	840.00	卢比	3071.33	和讯网
8	斯洛伐克	4.90	545.70	斯洛伐克语	罗马天主教	1050.80	欧元	13.03	和讯网
9	坦桑尼亚	94.50	5910.00	斯瓦希里语、英语	天主教、基督教、伊斯兰教、原始拜物教、犹太教	659.46	坦桑尼亚先令	35958.29	和讯网
10	土耳其	78.36	8315.50	土耳其语	伊斯兰教、基督教、犹太教	7171.00	土耳其里拉	134.30	中国银行
11	文莱	0.58	45.95	马来语	伊斯兰教、佛教、基督教	136.00	文莱林吉特	20.80	和讯网
12	约旦	8.90	1083.00	伊斯兰教	伊斯兰教	438.00	约旦第纳尔	10.99	和讯网

说明：

1. 本表检索时间为 2021 年 7 月 5 日。

2. 本表中国土面积、人口数量、官方语言、主要宗教、GDP、币种等信息，来自中华人民共和国外交部网站 "国家（地区）" 的相关介绍。由于来源不同，部分数据可能与正文有出入。

3. 数据均保留两位小数。